纪念中国媒介素养研究 20 年系列著作

彭少健　主编　王天德　副主编

U0732855

小学媒介德育课程教学活动实录

刘勇武　主　编

陈晓丽　叶永清　副主编

中国广播影视出版社

图书在版编目（CIP）数据

小学媒介德育课程教学活动实录 / 刘勇武主编. --
北京 ：中国广播影视出版社，2017.7
（纪念中国媒介素养研究 20 年系列著作 / 彭少健主
编）
ISBN 978-7-5043-7893-4

Ⅰ.①小… Ⅱ.①刘… Ⅲ.①德育—多媒体教学—教
学研究—小学 Ⅳ.①G621

中国版本图书馆 CIP 数据核字（2017）第 074402 号

小学媒介德育课程教学活动实录

刘勇武　主编　陈晓丽　叶永清　副主编

策　　划：庞　强　刘　媛
责任编辑：叶怡雯
封面设计：宋晓璐・贝壳悦读

出版发行：中国广播影视出版社
电　　话：010-86093580　　010-86093583
社　　址：北京市西城区真武庙二条 9 号
邮　　编：100045
网　　址：www. crtp. com. cn
电子信箱：crtp8@sina. com

经　　销：全国各地新华书店
印　　刷：北京市金星印务有限公司

开　　本：710 毫米×1000 毫米　1/16
字　　数：463（千）字
印　　张：23
版　　次：2017 年 7 月第 1 版　2017 年 7 月第 1 次印刷

书　　号：ISBN 978-7-5043-7893-4
定　　价：68.00 元

编 委 会

目　录

总　序

彭少健

王天德

今年是我国媒介素养研究 20 周年。2017 年 5 月 5 日中国广播电影电视社会组织联合会媒介素养研究基地联合浙江传媒学院媒介素养研究所召开了"纪念中国媒介素养研究 20 周年座谈会"。来自中国内地各省、市和香港地区，日本等众多专家学者济济一堂，共同回顾 20 年来我国媒介素养研究的起源与发展、著名人物和他（她）们的学术思想、理论升华和实践经验，以及我国媒介素养研究之路，并出版《纪念中国媒介素养研究 20 周年系列专著》。为此，作此总序，纪念之。

我国媒介素养的研究，追溯到 1997 年中国社会科学院新闻与传播研究所卜卫研究员发表在《现代传播》第一期上的《论媒介教育的意义，内容和方法》一文，至今已整整 20 周年了。20 年来，对媒介、媒介素养、媒介素养教育的研究，成为大学传播学界的重要内容，同时也引起了党政部门、传播领域以及中小学界的极大关注，成为传播学研究的一个重要分支。人民日报也相继发表《媒介素养是门基本功》、《领导干部要提高"新媒体素养"》、《假新闻泛滥，信息时代更考验媒体素养》、《新闻发布会上看媒体素养》、《传统媒体人的新媒体素养》、《公务员应有新媒体素养》、《涵养媒介素养，才有最美和声》等评论文章。以突出的内容和篇幅引导人们对媒介素养研究的关注和对媒介素养实践的关注。实际上，媒介素养研究领域的专家、学者发表了浩如烟海的文章，出版了众多著作，基本形成了对媒介素养研究的框架。如卜卫的《论媒体素养教育的意义、内容和方法》、《学会解读大众广播——国外媒介素养教育概论》、《对媒介素养教育及其研究的反思》，张开的《媒介素养教育在信息时代》、《媒介素养概论》，闫欢与白传之的《媒介教育论》，王天德的《我国网民网络素养现状与开展普及性教育研究》、《大学生媒介素养读本》，张舒予的《视觉文化概论》，宋红岩的《农民工新媒介参与和利益表达》和《新媒体视域下"沉默的螺旋"理论的检视与研究》等专著与重要论文，以及彭少健、王天德主编的《中国媒介素养研究报告》已出版 2008、2010、2012、2014、2016

五本和年度报告4本书。除这些专著与论文外，还有卜卫的国家社会科学基金课题《传播媒介素养在社会主义精神文明建设中的作用》，王天德的国家社会科学基金后期资助项目《中国网民网络媒介教育实证研究》和国家网信办的《中国网民网络素养现状与开展公民网络素养普及性教育研究》，彭少健的国家广电总局《媒介素养研究》，宋红岩的教育部规划课题《长三角新生代农民工媒介使用与社会认同研究》，张海波的中国教育学会"十二五"重点规划课题《儿童媒介素养教育研究中心专项调研》。所有的专著，论文和课题，影响和引领了我国媒介素养研究的方向和进程。

2003年，在没有官方背景支持下，张开率先在中国传媒大学召开了首届中国媒介素养教育国际研讨会，而后又相继在2009年、2012年、2015年召开了三届国际研讨会。彭少健紧随其后，于2007年在浙江传媒学院召开了第一届中国（西湖）媒介素养高峰论坛，并于2008年，2010年，2012年，2014年，2016年相继召开了六届高峰论坛。这两个全国性会议，搭建起了我国媒介素养研究交流的平台，有力地推动了我国媒介素养研究的互动、合作与共赢。张洁的黑芝麻胡同小学和王天德的夏衍中学的媒介素养教育实验首开了中国的媒介素养教育进校园活动。王天德还相继在长坑小学、夏衍中学等全国14所中小学开展各种形式的支教活动，把媒介素养知识普及到中国西部和东部的中小学。高科的媒介素养师资培训，张海波的儿童媒介素养教育，闫欢、何村的小学媒介素养教育，邱小云的中小学媒介素养教育，臧海群的贫困山区媒介素养教育，南山的受灾群众媒介素养教育，都象一面面红旗，插遍了祖国的大江南北，山山水水。

我国媒介素养研究与实践经过20年的努力，已经开始接近世界先进水平。

在这样的背景下，我们迎来了中国媒介素养研究20周年。我们有必要、有责任对20年的研究成果作一疏理、作一展示、作一检阅，有必要、有责任对其经验进行总结、进行推广、进行扬弃，有必要、有责任对这些研究者进行褒奖、进行研究、进行挖掘。因此，2016年，中国广播电影电视社会组织联合会媒介素养学术委员会决定出版一套系列专著，以纪念之。这套系列专著，今天付锌出版了。系列专著前期共4本，分别是《中国媒介素养研究人物史》、《视觉文化与媒介素养研究手册》，《中学媒介素养读本》，《小学媒介素养教育课堂实录》。籍此机会，我们将这套系列专著作一概要介绍，以期读者总摄其纲。

《中国媒介素养研究人物史》是我国首部研究我国媒介素养研究史的专著。它从对人物的研究切入，全景式、概略性地展示了我国媒介素养研究的历史，为我国的媒介素养研究史的深入研究奠定了基础。本书共分列了我国当代媒介素养研究领域的 13 位学者与专家，他们分别是：卜卫、张开、王天德、张舒予、闫欢、何村、南山、高科、张海波、宋红岩、骆中成、刘勇武、杜军。他们分别在不同的专业，不同的岗位上对我国媒介素养或作学术研究，或作实践研究，都对我国媒介素养研究作出了卓越贡献，是我国媒介素养研究领域的翘楚。

卜卫，中国社会科学院新闻与传播研究所研究员。是她最早引进媒介素养概念，并对西方的媒介素养教育开展解读性的研究，是我国早期媒介素养研究的领军人物，20 年的研究成果斐然，成为中国媒介素养研究的奠基式人物，奠定了她在我国媒介素养研究领域的地位。卜卫 1997 年就发表了《论媒介教育的意义、内容和方法》，至今仍孜孜不倦地活跃在媒介素养研究的舞台上。她的学术思想深刻影响了我国媒介素养研究的方向，她的生动的社会实践活动是建构她学术思想的树之根、水之源。她是目前为止我国媒介素养研究领域学术研究与实践推广相结合的典型代表，在我国媒介素养研究领域产生了广泛的影响。她的学术思想为广大研究者所引用、追随和研究，她的以"权利"和"实践"为核心的媒介素养研究思想影响了我国媒介素养研究的方向。

张开，中国传媒大学教授。是我国又一位值得尊敬的媒介素养研究的先驱者。她从 2000 年开始接触并研究媒介素养，是我国较早开展媒介素养研究、具有较大影响力的学者。她的诸多文章和专著对我国媒介素养研究产生了很大影响，她从 2004 年开始组织召开国际媒介素养研讨会，一开就是四届，而且开到了西部兰州和境外香港。是我国第一个最具影响力的全国性交流平台，她的学术思想和学术传播影响和推动了我国的媒介素养研究，是我国不可多得的媒介素养研究的标杆式人物，为我国媒介素养研究的融合以及与世界的接轨作出了重要贡献。

王天德，浙江传媒学院媒介素养研究所研究员。研究重点青少年的媒介素养。他在彭少健的支持下，在全国 14 所中小学开展了媒介素养教育试验，组织了众多大学生开展了媒介素养支教和科普活动，建立了中国广播电影电视社会组织联合会媒介素养研究基地和学术委员会，浙江省媒介素养教育研究会，具体组织了"中国（西湖）媒介素养高峰议坛"六届，成为我国又一个媒介素养研究最具影响力的平台。他在我国媒介素养学术研究和实践研究的结合中有着自己的独到见解和成果，为我国媒介素养实践推广提供了重要样本。

张舒予，南京师范大学教授。她从 2001 年开始思考"视觉文化与信息技术"，并开设了课程。她出版的专著"视觉文化概论"，举起了视觉素养大旗，引起了社会极大关注和各大媒体转载，文汇报为此曾发表书评。之后她又在研究生中开设"视觉文化与媒介素养"课程，该课程相继被评为南京师范大学精品课程、江苏省精品课程和国家精品课程。该项目也是我国最早进入课堂、最早开展推广和实践的媒介素养教育课程。张舒予在媒介素养研究中治学严谨、论证严密、标准严格。在我国视觉素养与媒介素养融合研究中作出了重要贡献。

闫欢，东北师范大学教授。她的媒介素养研究，从对领导干部的研究开始，是我国较早开展媒介素养研究的学者之一，也是我国少有的把媒介素养研究作为自己研究重心的研究者之一。她从美学的视觉出发，把正向心理学中的积极因子融入到媒介素养研究之中，开创了我国媒介素养中的积极素养研究先河，强调个体对媒介积极影响的主动寻求，增添了媒介素养研究的内涵。

何村，黄山学院教授。是我国比较早地从事农村小学媒介素养研究的大学教授，他不辞辛劳奔波在农村推广媒介素养常识。在渤海大学从事媒介素养研究，组建了《媒介素养研究中心》。曾组织大学生宣讲团在锦州市新民乡中心小学，八家子小学等小学开展了媒介素养的宣讲，并在徽州农村开展了"我的可爱家乡"办报活动。同时在休宁临溪中心小学指导小学生创办《小学生报》，通过社会实践提升小学生的媒介素养意识。

南山，四川省社会科学院研究员。他的媒介素养研究，源于上世纪80年代中期的四川省青少年犯罪调查的结论：媒介传播的某些信息与引起犯罪的原因相关联，这些信息可以归纳为娱乐，生活和消费的媒介意识范畴。他认为，传播色情、暴力影像信息而诱发犯罪的结论是可以成立的。尔后他又把重点放在突发性事件传播中的媒介素养研究上，撰写了大量文章，推介媒介素养概念，引导正确媒介传播观。是我国媒介素养研究的重要力量之一。

高科，广东省中山市委党校副校长、教师进修学院院长。2010年在一次媒介素养座谈会上，高科笔下出现了"学生——媒介素养——教师——培训"一组相关联的词组，从此开启了他的媒介素养师资培训之路。他利用教师进修学院培训教师的有利条件，在全市范围内开展了媒介素养师资培训，开发出了第一个媒介素养教育培训课程体系，是国内教师媒介素养培训的先驱，开拓了媒介素养教育新领域。

张海波，广东省广州市少年宫副主任。他连续六年开展《儿童与媒介》的研究，是苹果世代研究第一人。他系统描述作为"苹果时代"的中国90后儿童的数字化成长和轨迹及媒介素养状况，在对儿童在线风险和家庭教育现状研究基础上，提出了一整套基于我国儿童数字化成长规律以及教育实践基础上的"三位一体"对策，以及符合我国国情的儿童媒介素养教育的目标，方法和路程。

宋红岩，浙江传媒学院马克思主义学院副教授。她10年来，钟情于媒介素养研究，在社会化问题凸现的背景下，她从媒介，媒介素养、媒介素养教育的研究入手，勾勒出我国公民媒介社会的媒介素养现状，特别是对农民工的媒介素养现状的研究、新媒介生成机理和学校德育主体间的耦合现状研究、网络社会中的网络媒介素养现状研究。她的《长三角新生代农民工媒介使用与社会认同》的教育部课题，填补我国新生代农民工的媒介素养研究空白，其成果发表在《新闻传播研究》国内传播类顶尖刊物上。

骆中成，杭州建筑职业学校党支部书记。骆中成原系杭州市夏衍中学副校长，他在夏衍中学任上，2008 年就开展了学校的媒介素养课程教育，10 年来，他领导的中学媒介素养教育成为我国中学媒介素养教育的开山鼻祖，到目前为止，在中学开展媒介素养教育仍不多见。他的中学媒介素养教育经验先后在多届"中国（西湖）媒介素养高峰论坛"上介绍，外去广东介绍和本市教育系统介绍，他的媒介素养教育课程，成为"浙江省第二届精品课程，"他本人也因此成为浙江省媒介素养教育研究会副会长。

刘勇武，浙江省缙云县长坑小学校长，小学正高级教师（教授级）。他 20 年来默默地耕耘在山区小学。十年来，又默默地耕耘在媒介素养教育的田野里，成为我国山区小学媒介素养教育的典范。长坑小学的生活德育驰名全国小学界，媒介素养教育，尤其近年来媒介德育课程开创了我国小学德育教育和媒介素养教育相结合的新格局，既为德育教育课程打开了新的局面，又为媒介素养课程找到了新的突破口，他的学校因此成为全国教育系统先进集体。他本人也成为小学正高级教师、省特级教师和省劳动模范。

杜军，北京市黑芝麻胡同小学原校长。2008 年杜军首次把媒介素养课程引进学校，成为城市小学最早开展媒介素养教育的开拓者。她通过制定课程纲要、确定实验对象、明确参与教师、调整上课方式、加强阶段研调、鼓励共同成长、提供制度保障、给予资金支持、搭建研究平台等环节，使黑芝麻胡同小学的媒介素养教育进入全国视野。

《视觉文化与媒介素养研究手册》是张舒予教授率领南京师范大学视觉文化研究所的年轻教师、访问学者、博士后、博士生和硕士生历经 8 年时间持续坚持编写并不断补充更新完善的资料性作品。

当前视觉文化与媒介素养的研究日新月异。越来越多的研究者开始关注这个新兴研究领域及其发展，对相关资料信息的需要也日益迫切。《研究手册》将现有"视觉文化与媒介素养"相关研究成果进行了尽可能多角度的有效收集与分类梳理，从基础理论、研究学者、出版书籍、国内外期刊、在线课程、网站平台及软件工具等方面做了目录归类，试图涵盖国内外重要研究概况与成果，进行视觉文化与媒介素养的阶段性资料汇总，以期为该研究领域不同研究志趣的研究者和广大爱好者提供宝贵丰富的原始资料、信息来源、研究参照与方法启示。

《视觉文化与媒介素养研究手册》旨在追溯"视觉文化与媒介素养"的起源与发展，围绕"视觉文化与媒介素养"的成果，以理论研究、分国别的研究概况、研究机构、研究人物、研究著作、期刊杂志、学校课程、在线课程、专题网站、资源平台、软件工具等为维度，进行归类与分析，以此形成对"视觉文化与媒介素养"研究发展的现状梳理与阶段总结的系统全面信息资源，真正成为方便研究者查询使用的研究手册。

研究手册包含的主要内容为：

1."视觉文化与媒介素养"的理论研究资料，梳理与"视觉文化与媒介素养"直接相关的理论基础与研究主题；2."视觉文化与媒介素养"在世界部分国家研究的概况、发展历史与现状；3."视觉文化与媒介素养"研究的资源建设概览，围绕"硬件"资源与"软件"资源建设成果进行梳理，"硬件"资源以人、事、物等为主线，分析当前在"视觉文化与媒介素养"研究领域内影响较大的研究学者、研究项目、研究机构、出版著作、期刊杂志等；"软件"资源围绕课程、网站、平台、工具与软件等，梳理与"视觉文化与媒介素养"研究相关的部分国家成熟的在线开放课程、专题网站、资源平台与软件工具等。

《视觉文化与媒介素养研究手册》的编撰不仅是资料的详尽收集和细致梳理，同时也是一种深入系统的研究工作。编撰人员主要采用了：1. 文献研究法：对国内外收录论文、书籍与论文集等数据库，以"视觉文化"、"视觉素养"、"媒介素养"等为主要关键词进行文献搜索。在各大搜索引擎网站、图书馆的数字资源和 CSSCI 以及全国博硕士学位论文库等，进行上述关键词的网站搜索，获取一手的文献资料素材加以解读、分析与归类。2. 调查研究法：制定调查问卷与访谈提纲，使用面对面或电子邮件的方式对"视觉文化与媒介素养"研究方面的重要人物进行访谈，并开展必要的实地调研方式，获取更多研究资料。3. 内容分析法：对获取的资料进行逐一的内容分析，圈定有价值的资源进行深度研究。对已被筛选的研究成果进行价值论证，考察是否涵盖了现有的大部分研究成果，并能够在一定程度上代表现有"视觉文化与媒介素养"的发展阶段。如若没有价值，则需要继续搜索有价值的研究成果完善研究内容。4. 社会网络分析法：利用 citespace、ucinet 等社会网络分析工具进行对"视觉文化与媒介素养"相关研究进行可视化分析与梳理归类。

《视觉文化与媒介素养研究手册》主编张舒予，南京师范大学教育科学学院教授，博士生导师，视觉文化研究所所长。长期耕耘于视觉文化与媒介素养研究领域，创新开发的"视觉文化与媒介素养"课程产生良好影响，评为国家精品课程和国家精品资源共享课程。主持多项国家和省部级科研项目，发表多篇学术论文，在教学科研实践中培养一批优秀的博士生和硕士生，多次获得科研与教学成果奖励。

《视觉文化与媒介素养研究手册》编撰工作起始于 2008 年，一直延续至 2016 年底，经历了三个阶段三次更名：从百科全书、百科辞典、最后定名为研究手册。副主编卢锋、肖婉和吴文涛是 2007 级、2014 级和 2015 级博士生，分别担当了三个阶段期间的负责人角色。前后共有 10 届 50 余名博士生、硕士生、博士后和访问学者参与了研究手册的创意设计研讨、资料的收集梳理、内容分类和文字编写工作。

　　《中学生媒介素养读本》是我国又一本提供给中学生阅读和教师教学参阅的教材。自从 1992 年联合国教科文组织出版了《全球传媒教育的新趋势》以后，媒介素养教育已成为世界潮流。为了顺应这一潮流，将媒介素养教育纳入学校课程体系是我国实施素质教育的重要途径。在中小学开设合理的媒介素养教育课程，对青少年进行系统的媒介素养教育，对提高青少年的综合素质无疑起着很重要的作用。

　　因此，加大中学生媒介素养课程开发的力度，因地制宜，编写适合中学生知识结构和心理特点的教材读本成为教育工作者的重要使命。本册读本即秉承这一理念，从着眼于系统提高中学生媒介素养入手，帮助中学生形成对媒介信息的批判意识、创造意识、道德意识、法律意识，提高对不良信息的免疫力，培养健全阳光的媒介心理，实现中学生全面健康成长。

　　当今社会，信息化飞速发展，我们接触的媒介越来越多，如何正确认识、理解和使用媒介对于我们中学生而言既具有必要性，又具有紧迫性；既是一份义不容辞的责任，更是时代所赋予大家的一种使命。

　　媒介与政治算是一对孪生兄弟，一方面媒介与政治都具有强烈的社会性，任何人都会或多或少地受到二者的影响；另一方面媒介与政治又都具有鲜明的时代性，会随着社会的发展而不断进步，一定程度上代表时代发展的标杆。在信息技术飞速发展的今天，媒介的多样性与便捷性前所未有，它对人们的影响也超乎想象，深入到生活的方方面面，尤其是对人们参与政治生活的影响不可小视。为了顺应这一时代发展，需要认真剖析媒介与政治的关系，需要提高全民在政治领域中的媒介素养，特别是中学生的政治媒介素养。

　　媒介作为经济营销的重要载体，经过时代的变迁，从古时的飞鸽传书到现在电商时代，媒介在发展、在变化，呈现出越来越丰富、越来越现代化的趋势。媒介为经济发展助力，起着非常重要的作用，但在媒介的发展中也暴露出一些不可小觑的问题，需要同学们具有基本的辨别能力。

　　媒介与教育关系密切，媒介的变革推动教育手段的多样化与生动化。特别是进入互联网时代以来，自媒体下的移动学习、在线学习的兴起、大数据与智慧课堂等在课堂教育中的应用，深深影响着教育与学习方式的转变。在教育教学活动中可供选择的媒介越来越多，每一种媒介都有其自身的优势与不足，无论现代教育媒介还是传统教育媒介，与教育都可以做到有机结合。媒介在教育中能否发挥好作用，关键是看媒介使用与教育内容、教育组织形式、受教育者的个性特征是否吻合。

在全媒时代的今天，以网络为首的媒介作为人类社会进步的标志和科技发展的产物，给我们的生活带来翻天覆地的改变。我们清楚的看到各类媒介已经完全融入到我们生活中，与我们的生活密不可分，特别是网络媒介也已经成为青少年学习知识、获取信息、交流思想、开发潜能、休闲娱乐的重要平台。我们的生活依赖各类媒介，享受着媒介带来的诸多便利。但是与此同时，各种媒介所带来的负面影响也冲击着现代文明。如何有效地利用媒介，趋利避害，需要我们每一位青少年朋友正确了解媒介和运用媒介，提高媒介素养。

科技的发展引领着媒介技术的革新，媒介技术的革新又推动着社会信息传递的多样化和便捷化。在媒介传递信息的历程中，科技又总是一个重要话题。

传播媒介的变化对文学形态的影响是十分明显的。不同时期，我们的媒介传播方式不同，文学的流行程度和流行形态也都呈现出不同的特点。新媒介的出现使得传统的阅读方式受到挑战，我们开始更多的进行网络阅读，于是便有了网络小说的兴盛。媒介的发展让更多年轻人成为流行语言的创造者，让我们的语言打破常规，以更包容和灵活的方式呈现在大众面前，出现了各种新奇的甚至是怪诞的语言形式。同时我们原本"高冷"的文学，尤其是古典文学，在新媒介和新的阅读方式带动下，开始与流行文化相结合，打破藩篱，变得更加的亲切和活泼，获得了新的生命力。所以，新媒介的发展对于文学而言既是机遇也是挑战，关键在于我们要在顺应时代发展的前提下，用好新媒介，提升自我的文学素养。

媒介的更新推动着艺术的发展，使艺术的表现力更加生动，更加丰富多彩。同时，艺术作品借助媒介的力量，传播更为广泛，更为持久，产生更为深远的影响。随着艺术的传播方式与渠道的多样化与便捷化，媒介传播中的一些负面因素也会渗透到艺术中来，作为青少年应树立正确的审美观，才能分辨出美丑，拥有一双慧眼，才能去甄别真伪。

媒介与历史是一对孪生兄弟。自媒介问世以来，不论是文字符号、报刊杂志，还是广播电视、互联网，都与历史结下了不解之缘，它们以不同的方式去记录所处时代的历史、报道评论所处时代的历史，为后世了解历史、探索历史真相提供了重要佐证。但不同媒介由于政治立场与价值观的不同、时局变迁的影响、媒体自身的社会资源条件与媒介素养的差异，对历史事实的报道却不尽相同，有些甚至大相径庭。青少年需要对媒介所报道的历史进行正确解读和甄别。

体育是一种有目的、有意识、有组织的社会活动，伴随人类社会的演进而逐步发展，其与媒介的关系也随之日益密切。在现代社会，体育需要媒介，媒介也离不开体育。社会越发达，体育与媒介的关系就越密切。媒介影响着人们的体育意识与行为，缩短了体育活动与人们之间的距离，丰富了社会娱乐内容，改变了人们的生活方式，使体育的社会覆盖面加大。媒介通过体育运动吸引社会注意力，刺激消费，促进了体育产业和体育市场的发展，进而波及到政治领域，在许多重大赛事上插入了不少政治元素。与此同时，媒介宣传也存在着推崇锦标主义，塑造明星功利化，报道娱乐化、庸俗化和虚假化的现象，值得我们警惕。

随着学校条件的改善，现代教育技术设备的更新，各种媒介纷纷涌入校园，丰富了同学们的生活。媒介信息的制作与创造是新时代中学生们必不可少的一个重要能力，而学校开展与媒介相关的社团活动，无疑为莘莘学子提供了展示能力的舞台。与此同时，新媒介的滥用与无序化，也冲击了校园正常教学活动。因此，强化新媒介的管理，构建文明有序的校园通讯网络秩序，成为许多学校面临的重要课题。

着眼于通过典型的媒介案例解读训练来提升青少年的媒介素养也是本书的特点。媒介案例选择具有一定的代表性，地域上有国外和国内；层次上有以传统报刊业为主的的第一媒介时代案例、也有以互联网为主的第二媒介时代案例；内容领域上包括政治类、经济类，意识形态价值观类案例。这些案例涉及到媒介素养中的认知与使用、辨析与批判、制作与创造、道德与审美等内容。

《小学媒介德育课程教学活动实录》是我国山村小学媒介素养教育的第一本课程教学活动实录。他把媒介素养教育和德育教育结合在一起、融合在一起，形成了一门符合学校教育现状和规律的新型课程。主编刘勇武参加工作22年，一直扎根山区农村学校，致力于生活化德育的实践，在这过程中，他们取得了一些成绩，当然也碰到了不少的困惑与难题。比如：很多孩子放学在家，他们的课余生活大多都是和电视相伴，而且随着社会进步，电脑网络手机等占据了孩子们课余生活的大部分，不可否认，不管是电视、电脑还是手机，包括通过其他媒介接触到的信息，在一定程度上对学校教育可以起到极正面的作用。但同时，由于孩子们的自制力、辨析力等发展的限制，使用不好，更多是带来一些负面的效应，对学校教育起到反面作用，这些现象出现冲击了学校的德育工作。而他们也清楚地知道，在信息社会，这些问题是他们学校教育者所必须面对的。如何使用媒介和运用信息培养青少年独立思考能力，研究根植于中国传统道德文化的现代性表达范式，把媒介素养教育与传统德育相结合，形成媒介德育的建构，培养青少年在媒介领域正确进行道德选择和评价的能力与水平，培养青少年在媒介领域正确进行道德自我培育与自我实践的能力与水平，是他们从2008年开始致力研究与实践的。

在这个过程中，他们认真探索构建课程化、活动化的小学媒介德育体系，在提升小学生对媒介信息的使用以及辨析方面，对媒介德育功能的开发和利用方面，对媒介生活的正向养成和渗透方面进行深入地实践，形成了学校"生活德育教育""劳动德育教育"、"艺术德育教育"、媒介素养教育发展出的"媒介德育教育"、农村留守儿童"幸福生活能力教育"相互融合，相互渗透的三位一体新型德育教育模式，开发了新的德育学科课程体系和课程链条，使学校的德育教育走出了一条德育教育内容网络化、德育教育管理网格化的新路子。

如何在课堂上可以深入实施媒介德育，他们也一直在探索，本课程是长坑小学与浙江省媒介素养研究会共同开发的旨在创设和推广小学生媒介德育的课程。本课程以小学生为授课对象，根据他们的身心发展特点，提供其掌握资讯训练，了解媒介所造成的个人、团体社会化的影响、媒介在自己积累知识中所扮演的角色，掌握熟练使用及思辨媒介内容的能力，以适应未来的"传媒社会"。

他们确定的课程教学目标是：

1. 认识生活中一些常见的媒介，了解一些常见媒介制作技巧与技术，了解不同媒介的表现系统与传播方式，了解日常生活中常见媒介类型与叙事如何产生意义。了解各媒介艺术手段的差异及由此带来的优缺。以自己特有的方式品味各媒介独特的美学形式

2. 初步形成能动使用媒介的概念，认识到媒介内容不等于现实内容，媒介塑造的虚拟现实不等于客观现实，初步了解媒介背后隐藏的传播目的。初步认识媒介讯息背后隐有价值观念，思考自身对媒介的认识，媒介的喜好。对自己媒介使用行为（如电视观看、上网等）有所了解并给予评估，养成良好的媒介使用习惯；能够制作简单的媒介文本等。

3. 初步具备正确解读媒介作品的能力，正确认知媒介内容的再现性，对社会、对他们生活产生的影响，能简单解读媒介再现所潜藏的价值内涵与意识型态，学会区分媒介现实与社会现实，区别事实与虚构。反思自己媒介行为，学会以批判质疑的应对媒介所传播的信息与热点问题。学以致用，指导自己在现实生活中具体行动，多引领传播正能量的信息。

本课程研究的最终实效，将会达到学校、学生、家长和社会的四方共赢，在整体和谐发展中实现"生命教育"的远景。

因为媒介德育课程没有现行具体的教学内容，所以在设定主要教学内容，他们重点参考现行有的媒介素养教育的内容，依托大的媒介教育内容，分年段，分微观、中观、宏观三方面，确定他们媒介德育课程大的内容要点及核心内容，再从中确定媒介德育课程的教育主题，具体内容。具体课程操作中，必须基于小学生对媒介的直观经验，在基础级水平时介绍些概念的简单形式，然后随着学生的成熟和生长逐级探究、发展和延伸的方式来教授。

他们主要探索实践的媒介德育课程具体教学专题：

主题	课时内容要点
媒介德育与影视文化	1. 初识电影电视 2. 为文明观影点赞 3. 从影视认识青春 4. 与诚信牵手同行 5. 我说"身边好人"故事会
媒介德育与动画欣赏	1. 初识 3D 动画 2. 我说动画世界 3. 结缘动画片 4. 小小动画师 5. 我演动画实践活动
媒介德育与网络使用	1. 从微信看自媒体 2. 亲情呼唤"低头族" 3. 绿色网络生活 4. 安全健康网上行 5. 演 e 自媒体的精彩
媒介德育与流行文化	1. 认识流行文化 2. 从"跑男"看真人秀节目 3. 我谈流行歌曲 4. 乐享流行游戏 5. 品品身边的流行文化
图片的德育功效	1. 不一样的世界 2. 你的爱,我知道 3. 感悟幸福,快乐成长 4. 认识关爱,心怀感恩 5. 用照片传播最美人物
媒介德育与戏曲赏析	1. 初识传统戏曲 2. 认识脸谱与行当 3. 欣赏戏曲行头 4. 由梅兰芳看角色 5. 画脸谱,唱大戏
媒介德育与广告辨析	1. 初识缤纷的广告 2. 广告里的含金量 3. 辨析真假广告 4. 广告里的爱意——从公益广告 FAMILY 说起 5. 我爱我校公益行
媒介德育与传统阅读	1. 品味网络语言 2. 体味语言传承 3. 妙用表情包 4. 看影视与原著 5. 小绘本,大道理
媒介德育与新闻写读	1. 初识新闻媒体 2. 新闻大比拼 3. 新闻真假辨 4. 新闻里的社会 5. 新闻采写实践活动

主题	课时内容要点
媒介德育与报刊分析	1. 走近报纸媒介 2. 报纸的成长史 3. 学会选报读报 4. 我的报纸缘 5. 我的电子报

今天,他们在媒介德育课程化方面的一些做法,汇编成《小学媒介德育课程教学活动实录》这本小册子。在整理这本册子的过程中,他们对他们在媒介德育课程化研究实践的思路做法,又重新梳理了一遍,也发现了下一阶段他们需要改进的很多方面,并对他们总体的实践思路、实践方向、实践路径进行了系统的反思小结,对许多方面重新进行了设计,这可能是他们编写这本册子自己最大的收获。

上述四本书,是 20 年我国媒介素养研究的重要成果,有从人物的视角研究我国媒介素养研究历史进程的,有从知识性的角度解读媒介、媒介素养、媒介素养教育使之成为随身可带的知识性的词典性质的手册的,也有从中小学的角度研究媒介素养教育课程目标、课程内容、课程方法的。总之,这些著作都是我国媒介素养研究的精品力作,对于促进我国媒介素养研究将越来越显示出历史性的作用。同时,将会在我国媒介素养研究中不断创新实践,不断推陈出新,不断修订完善。也希望全国媒介素养研究学者、专家、广大师生、业界人士不吝赐教,以便使这套系列专著更加符合我国媒介素养研究和实践的真谛,更好地为广大研究者和实践者服务。

彭少健
中国广播电影电视社会组织联合会媒介素养研究基地主任、学术委员会副会长,浙江省媒介素养教育研究会会长,浙江传媒学院媒介素养研究所所长,教授。

王天德
中国广播电影电视社会组织联合会媒介素养研究基地副主任、学术委员会委员兼秘书长,浙江省媒介素养教育研究会副会长兼秘书长,研究员。

2017 年 5 月 15 日于杭州

植根乡土的媒介德育实践
（代序）

前不久，接到长坑小学刘勇武校长电话，告知我《小学媒介素养德育课程教学活动实录》一书已经完稿，即将付梓出版了，并邀请我为此书写序。听后，十分高兴，欣然答应为其作序。这是因为长坑小学在校长刘勇武率领下，十年磨一剑，终于将媒介素养教育在不断地教育实践中，在理论上、学术上得到了升华。这本书的出版，是我国小学教育领域又一本有关媒介素养教育的书籍，而且是小学教育家组织编写的、特具小学范式、与其他小学生媒介素养教育读本不同的专著。这是一本提供小学媒介素养教师教学的参考书，是长坑小学十年来开展媒介素养教育的经验总结和教学成果展示。参加教学实践和书稿撰写的老师大多是他们学校长期从事媒介素养教育的教师，还有一部分是刘勇武作为省德育特级教师而组建的工作室团队的成员。这本书的出版，对于小学媒介素养教育具有重要的参考价值和教学指导意义。

在一个媒介化生存时代，每一个人都必须具备一定的媒介素养，这是人们适应社会、自我发展的必备条件。媒介素养的养成不是天生的，它需要后天的教育、灌输、影响和潜移默化才能形成。小学生从小接触媒介，尤其是网络媒介，对网络媒介有着天然的喜爱。但他们业余时间花费在网络上的时间中，一半以上是用来"玩游戏"、"看电影"、"听音乐"的，这说明，小学生哪怕是山区小学生在与网络打交道过程中，都是大量地使用其娱乐功能。这不是说小学生使用娱乐功能不好，而是说应当引导小学生在使用网络时一定的正向指向性。这就是说，要努力地让我们的教师明白，让小学生拥有一定程度的媒介素养是我们责无旁贷的任务。

什么是媒介素养？我认为，媒介素养就是公民通过一定的传播平台和载体，传播和接收的区分、使用、控制、转换、再加工不同质的信息构成所需要的知识、能力、水平、技巧和人文精神。就是受众对媒介素养的认知和使用、辨别和批判、转换和创造、道德和审美能力的辩证统一。在这里，我们应当理解在网络的巨量信息中区分、使用、控制、转换、再加工有用信息和淘汰无关信息需要较丰富的知识储备；应当理解判断信息的真假，认清信息的价值导向，转换和创造新的信息，需要较高的能力和水平；应当理解要对诸多信息进行分析和排列，根据有用性的原则进行整合，最大限度、最快速度地提取信息的有效性，需要专门的技巧；应当理解对信息的评价、批判、扬弃，要依靠道德的观念和正向的、积极的、美学的心理做指导。由此可见，媒介素养是一种以媒介为基础的、以信息为内容的、由受众共同演绎的"参与式文化范式"，这个范式的主体是受众，客体是信息，载体是媒介。人类社会的媒介发展经历了口语传播媒介→文字传播媒介→视听传播媒介→网络融合传播媒介的过程。其相适应的素养发展过程也经历了传统素养→视听素养→信息素养→媒介素养的过程。1998年英国大卫·帕金翰的《英国媒介素养教育：超越保护主义》一文，对媒介素养的发展进行了梳理。认为，媒介素养研究的发展经历了四个阶段。第一阶段是甄别模式，代表人物是利维斯·汤普生，其核心观点是文化保护，保护本国的文化传统、语言环境、价值观和民族精神的纯正、健康。这是保护主义模式。第二阶段是文化研究与大众艺术模式，其代表人物威廉·姆斯。认为文化的表达是多元的，既有贵族式的，也有大众化的，应当依据学生日常的文化体验进行教学。第三阶段是屏幕教育与解密意识形态。20世纪70年代由莱恩·马斯特曼提出。他强烈反对利维斯的阶级倾向的评估方法，认为，符号学的方法可以提供冷静客观的、严密准确的分析方法，要求学生敞开自己的主观好恶，通过系统性的分析，找出媒体文本背后所隐含的意识形态企图，使自己从文本的影响中解放出来。以上三个阶段呈现了明显不同的媒介素养解读倾向，一是保护主义。保护主义强调要保护青少年不受媒介伤害，保护民族文化不受外来文化伤害，保护本政治利益集团意识形态不受伤害。二是认为民主化运动的一部分，推崇利益的多元化和文化的多元化以及价值观和意识形态的多元化。三是批判性的，对各类媒体文本的意识形态进行解读、辨析和批判。到了第四阶段，即超越保护主义阶段。20世纪90年代以后，媒介素养教育不再被界定为一种与学生的媒介体验天然对立的教育，也不再被视为一种甄别方法，将媒介素养教育降低为"抵制"、"免疫"的调门，更客观地将媒介素养教育定位在培养学生的媒介理解力和媒介参与能力上，让学生了解媒介机构、媒介类型、媒介技术、媒介语言、媒介受众等具体内容上。

在我国小学，媒介素养教育的一个重要任务，仍然是要保护我们的小学生不受媒介不良信息侵害。虽然世界上对媒介素养教育的研究已经经历了七八十年，跨越了若干个阶段，但对我国小学生而言，在西方文化、价值观不断地浸透的状态下，保护小学生在吸收西方优秀文化的同时，根植于我国优秀的民族文化和革命传统文化，仍然任重道远，保护青少年依然是我们的重要任务。只不过这种保护不是狭隘的、封闭的、束缚性的，而是开放的、改革的、创新性的保护。长坑小学十年如一日，在提升小学生对媒介信息的使用以及辨析方面，对媒介德育功能的开发和利用方面，对媒介生活的正向养成和渗透方面，孜孜不倦地承担起了更多责任，形成了学校"劳动德育教育"、媒介素养教育发展出的"媒介德育教育"、农村留守儿童"幸福生活能力教育"相互融合，相互渗透的三位一体新型德育教育模式，开发了新的德育学科课程体系和课程链条，使学校的德育教育走出了一条德育教育内容网络化、德育教育管理网格化的新路子，开创了新的局面。《小学媒介德育课程教学活动实录》就是一本鲜明的适合小学教育特点的媒介生活德育教师读本，就是一本极具小学特色的素质教育教师参考书，它为我国素质教育在小学推行提供了新的视角和范式。

浙江传媒学院媒介素养研究所常务副所长、教授
浙江省媒介素养教育研究会副会长兼秘书长
中广协会媒介素养研究基地常务副主任、学术委员会委员
联合国媒介素养及跨文化传播教席（网络成员）

王天德

2017 年元月于琼海御景湾

长坑小学媒介德育课程教学计划
缙云县长坑小学课题组

现代人的的生活与媒介密不可分，媒介不单占据我们的时间，更塑造我们的知觉和想法。尤其是近年来，媒介竞争愈发激烈，媒介内容乱象横生，良莠不齐。儿童认知能力有限、模仿能力强，在接收这些媒介信息时难免会因好坏不分，虚假难辨，而受到不良影响。现实中的一些危险信号也是数见不鲜，偶像崇拜、网络沉迷等，惨痛的教训让我们开始反思——如何才能避免儿童免受媒介不良内容的毒害呢？媒介素养教育已成了全世界的共识。

怎样能让现代媒介更好为学校教育服务，能为学校德育服务。2007年，长坑小学开始进行媒介素养教育与学校德育教育的融合实践，寄希望能够通过媒介德育在自媒体时代规范学生的行为，能够有利于学校德育工作的开展。

媒介德育旨在帮助学生发展对大众媒介的本质有知晓和批判的能力，懂得大众媒介所运用的技术以及这些技术所产生的影响。更具体地说：媒介德育是一种教育，这种教育的目的是增加学生对媒介如何运作、媒介如何传递、如何组织起来以及如何建构现实的理解和享受，借助现代媒介手段，融入学生核心素养特别是小学生思想品行方面的教育。媒介德育也旨在让学生具有创造媒介产品的能力。

本课程是长坑小学与浙江传媒学院媒介研究所共同开发的旨在创设和推广小学生媒介德育的课程。本课程以小学生为授课对象，根据他们的身心发展特点，提供其掌握资讯训练，了解媒介所造成的个人、团体社会化的影响、媒介在自己积累知识中所扮演的角色，掌握熟练使用及思辨媒介内容的能力，以适应未来的"传媒社会"。

媒介德育的总体目标是"让学生可以真正认识媒介，并对媒介如何依附于经济、政治、社会与文化有所了解；同时对于大众媒介文化具备正确的学习态度，能够从不同的观点收集信息、寻找证据借以思考和分析，并了解各种媒介的使用技能，在需要的时候能够适度运用媒介表达自己的意见"。

一、媒介德育课程教学目标

由于是初次探索，媒介德育课程教学目标很难具体确定，针对各个不同年龄段孩子不同的身心特点，我们在确定媒介德育课程大的教学目标时，首先确定我们学校媒介素养教育的具体目标：

（一）媒介素养教育目标：

1. 了解媒介信息内容与各种表意符号的特性

媒介标题对我们的视听产生什么样的影响？媒介所呈现的讯息是事实的描述还是媒介制造者个人的意见？不同媒介会使用不同的语言符号，往往会使我们对同一事件产生不同的看法。具体目标是：

A. 了解不同媒介的表现系统（媒介语言与组织规则）。

B. 了解媒介类型与叙事如何产生意义。

C. 了解一些常见媒介制作技巧与技术。

2. 思辨媒介再现，了解现实世界、媒介世界与脑中世界的区别与联系

媒介已经把我们一辈子没有去过、没有看到、没有体验过的地方、人物、事件都塑造成了一个样板。人在媒介中如何被呈现？是否会有某些刻板印象？具体目标是：

A. 辨识媒介内容中年龄、性别、种族、职业等各种方面的刻板印象和权利阶级之间的关系。

B. 能简单比较媒介内容与实际生活中的情景、人物、事件等区别与联系。

C. 能简单解读媒介再现所潜藏的价值意义与意识形态。

3. 反思受众的意义

受众是媒介从业人员的顾客，还是媒介组织利用所谓的视听率，卖给广告商的商品？为什么我们要去麦当劳、肯德基？为什么要去迪士尼游乐园？名牌、偶像、流行是如何透过媒介的推销影响我们的消费行为？具体目标是：

A. 能结合实际想想我们个人的媒介行为。

B. 初步了解个人与文本的意义协商本质。

C. 初步了解文本的商业意义中的"受众"概念。

D. 初步了解广告工业的主要概念：视听率、广告的社会文化意义。

4. 分析媒介组织

谁拥有媒介？谁主宰着媒介节目的菜单？媒介上的节目与讯息是谁的看法，写稿的记者？节目制作人？媒介公司的老板？此外，了解公共媒介与商业媒介的本质差别，也可以帮助我们深入了解媒介的运作过程。具体目

标是：

A. 初步了解媒介组织的"把关"过程如何影响文本制作。

B. 初步了解揭示媒介组织的所有权如何影响文本选择与组合。

C. 初步了解公共媒介与商业媒介的区别。

5. 影响和使用媒介

媒介表现的良莠是由社会中公民与媒介共同互动的结果，传播表达与接近使用媒介是公民的基本权利之一。具体目标是：

A. 了解媒介公民权的意义。

B. 实践媒介应用。

C. 区别被动的"受众"与主动的"阅听人"。

D. 主张个人肖像权、隐私权。

E. 主张公共资讯开放。

（二）媒介德育课程目标：

参考大的媒介素养教育目标，我们确定了如下的课程教学目标：

1. 认识生活中一些常见的媒介，了解一些常见媒介制作技巧与技术，了解不同媒介的表现系统与传播方式，了解日常生活中常见媒介类型与叙事如何产生意义。了解各媒介艺术手段的差异及由此带来的优缺。以自己特有的方式品味各媒介独特的美学形式。

2. 初步形成能动使用媒介的概念，认识到媒介内容不等于现实内容，媒介塑造的虚拟现实不等于客观现实，初步了解媒介背后隐藏的传播目的。初步认识媒介讯息背后隐有价值观念，思考自身对媒介的认识，媒介的喜好。对自己媒介使用行为（如电视观看、上网等）有所了解并给予评估，养成良好的媒介使用习惯；能够制作简单的媒介文本等。

3. 初步具备正确解读媒介作品的能力，正确认知媒介内容的再现性，对社会、对我们生活产生的影响，能简单解读媒介再现所潜藏的价值内涵与意识形态，学会区分媒介现实与社会现实，区别事实与虚构。反思自己媒介行为，学会以批判质疑的态度应对媒介所传播的信息与热点问题。学以致用，指导自己在现实生活中具体行动，多引领传播正能量的信息。

本课程研究的最终实效，将会达到学校、学生、家长和社会的四方共赢，在整体和谐发展中实现"生命教育"的远景。

二、媒介德育课程主要教学内容

因为媒介德育课程没有现行具体的教学内容，所以在设定主要教学内容，我们重点参考现行有的媒介素养教育的内容，依托大的媒介教育内容，分年段，分微观、中观、宏观三方面，确定我们媒介德育课程大的内容要点及核心内容，再从中确定媒介德育课程的教育主题，具体内容。媒介素养教育大的要点及核心内容如下：（表格内容引用百度文库施永忠《浙大附中学生媒介素养教育课程计划》）

学段	内容层面	内容要点		核心内容
基初级（1～4年级）	微观	媒介常识	各媒介类型、特点	简单介绍常用媒介如书籍、报纸、杂志、广播、电影、电视、网络等媒介特点（重点把握电视、网络、书籍）。了解简单的媒介演变历史，注意媒介之间的联系、区别，区分印刷媒介与电子媒介。
			各媒介主要（节目或栏目）形态	讲解电视、电影、网络各自的常见类型，重点理解电视节目的形态与内涵，如电视剧、纪录片、新闻、真人秀等；把握广告的含义，初步了解版面、栏目、节目等重要的媒介概念。
		媒介制作（知识及实践）		简介广播、电视、电影节目制作过程，区分节目的元素（如配乐、特效、化妆、布景、道具等）。学会使用照相机，学会上网发布信息。分组尝试新闻、广告仿制，尝试报纸写作、编辑全过程。参观报社、印刷厂、电视台，组织小调查。尝试将不同媒介文本互相转化。
	中观	传播者认知		初步了解媒介背后隐藏有"作者"、"把关人"，有一定的传播目的。
		信息来源认知		初步思考信息来源是否可靠，尤其是新闻、广告。
		受众认知		谁接受信息？了解受众的含义及在传播中所处的重要地位。初步判断不同类型节目针对的受众群（如动画片、新闻、广告）。
		媒介使用习惯反思及训练		思考自身媒介使用习惯，对自己媒介使用行为（如电视观看、上网等）有所了解并给予评估。了解并辨识媒介信息（如广告、新闻、影视）对自身的心理影响。根据个体需要选择媒介训练、科学使用媒介、监督媒介等训练。如如何选择有益的书籍（不要仅仅看封面），如何避免因看电视、用电脑损伤视力，如何利用网络搜集学习资料、如何安全使用网络等。
	宏观	媒介与现实之关系反思		媒介现实与社会现实的区分（突出影视与网络，媒介与现实暴力的比较），区别事实与虚构（如影视剧、新闻、动画、童话）；广告、新闻的真实性等。
		媒介讯息隐藏的价值观念		初步认识媒介讯息背后隐有价值观念，如阶级立场、商业意图，性别偏见等。辨识与理解不同或相对观点的呈现，如同一则新闻，不同立场报道的差异性。媒介热点事件讨论等。了解媒介使用基本道德规范。调查流行歌曲词曲的内容倾向，流行音乐歌手广受喜爱的原因等。

续表

学段	内容层面	内容要点	核心内容
提高级（5～6）	微观	媒介常识	了解各媒介艺术手段的差异及由此带来的优缺点。以自己特有的方式品味各媒介独特的美学形式（突出影视）。如懂得欣赏影片拍摄手法、感受音乐中的节奏与气氛等。了解相关常用术语。
		媒介制作	了解电视、电影节目制作知识。学习摄像机、录音机、编辑软件的基本使用。了解报纸发行知识、媒介经营运作、媒介形象设计等基本知识。了解影视制作中使用了哪些重要技术（电脑特技）。鼓励学生善用网络发表自己的见解。鼓励以小组形式，制作媒介产品（新闻报道，活动录像等）。通过为不同的观众和不同的目的制作媒介作品，来证明理解形式、内容和观众之间的关系。
	中观	传播者认知	明了"议程设置"、"把关人"含义。了解国内与国外媒介组织体制的区别（如公共媒介与商业媒介的区别）、媒介组织所有权对讯息传播的影响等。
		信息来源认知	能判断信息来源是否可靠。能够发现虚假、不良信息，不盲从。
		受众认知	能基本辨别讯息明显针对的受众群。了解不同受众对同一讯息会有不同反应和评价。受众的社会地位、性别等对理解媒介及其信息有没有影响。受众是如何寻求、选择、消费和反应文本。
		媒介使用习惯反思及训练	了解自身媒介喜好；反思个人媒介行为；善于使用媒介来学习、交流。知道分辨非法盗版物、会在网络上建主页等。加强媒介选择训练、媒介内容评估和批判训练、科学使用媒介训练（避免网络、电视成瘾等）、监督媒介、媒介投诉训练、利用媒介促进学习训练。利用传播媒介刷新自我，服务社会。
	宏观	反思媒介与现实之关系	变革媒介观念。能正确认知媒介内容的再现性。会比较媒介内涵与实际生活中的情境、人物、事件等媒介与社会真实的关系（爱情片、科幻片、历史剧、新闻等）。认识媒介暴力的影响，媒介对个人的生活方式、对社会的影响等。
		媒介讯息隐藏的价值观念	能解读媒介再现所潜藏的价值内涵与意识形态，辨识媒介内容中年龄、性别、种族、职业、阶级等各种面向的刻板印象和权力阶级间的关系，如：如何理解港台和西方电视剧、如何理解西方媒介的新闻、好莱坞电影等。了解媒介帝国主义、媒介管理的法规或政策，如外国新闻与中国新闻的比较、美国之音的媒介性质等；电视台的广告收入；认识广告工业的主要概念：收听/收视率、广告的社会与文化意涵。价值观讨论；媒介热点问题/现象大讨论。媒介道德议题分析。让学生统计媒介（新闻、戏剧、广告等）中男性与女性出现次数的比例、角色和他们的媒介形象，帮助学生了解媒介建构社会不同性别行为的标准。

上表仅罗列了核心内容的要点，其表述是概括性的、理性化的。说是"三段进阶"，其实是螺旋式上升的过程。具体课程操作中，必须基于小学生对媒介的直观经验，在基础级水平时介绍些概念的简单形式，然后随着学生的成熟和生长以逐级探究、发展和延伸的方式来教授。

基础级重在媒介启蒙，主要偏重于媒介基本常识扫盲、初步形成能动使用媒介的概念，使他们认识到媒介内容不等于现实内容，媒介塑造的虚拟现实不等于客观现实，养成良好的媒介使用习惯；提高级则要参与更深层的学习，系统性更强，也更趋理性化，应该帮助小学生初步具备正确解读媒介作品的能力，能够制作简单的媒介文本等。

具体在开课时则应灵活机动，不应拘泥于媒介素养"微观—中观—宏观"的线性顺序，可以从学生熟悉的媒介或媒介类型入手，以一串十，列专题单元式讲解为佳。至于开设哪些专题单元讲解，请看以下数据分析：

小学生日常使用最多的前五位媒介是电视、书籍、网络、电影、手机。为此在具体安排课程时建议应多以此五种为例来讲解。对于电视、网络、电影应该引起足够的重视（书籍媒介日常学校教师已经比较注重），手机作为较新的媒介，也应得到应有的关注。

在电视媒介使用方面，最喜欢的电视节目类型中，小学生最爱看的电视节目首先是"影视剧类"，其次是"娱乐类"。因此，帮助他们正确认知这两类节目即成教学的重点。同时，在基础级时首先要关注流行的娱乐节目（如选秀类节目）以及影视剧。小学生最爱看的是"动画类"和"科幻类"电视剧，但随着年龄的渐长，爱看"动画类"渐减，而爱看"爱情类"渐多。因此，不同的层级以及学段需关注不同的电视剧类型。

在网络媒介使用方面，小学生比例较高，其上网主要的目的依次为：学习、玩游戏、聊天（分别为：33.6%、24.6%、20.2%）。小学生上网目的更趋娱乐化、多样化，在媒介德育过程中因此要特别针对其为学习而上网比例的锐减、聊天比例的剧增而加强引导。

从电影媒介来看，小学生对动画片的喜爱明显（46%、19%）。小学生看电影最多的方式都是通过电视看电影，而且上网看电影者学生也较多（13%～15%），随着年级的增高呈上升趋势，因此必须注意影碟选择、上网习惯的培养。

手机使用方面，主要目的是与家人联系方便、交朋友的需要。对各种媒介新闻，小学生最信任依次为电视新闻、报纸新闻、网络新闻（81%、8.2%、2.4%），特别是电视新闻信任比非常高。对各媒介广告，他们最信任的依次为：电视、网络、报纸、手机（55.3%、9.8%、8%、3.6%），尤其是电视广告占绝对比重，但值得注意的是新兴媒介网络、手机广告的信任度在小学生中都已占一定比重，亟须加强引导。

因此，针对其实际媒介使用情况，建议开设电视、网络、书籍、电影、手机专题：在电视专题中可突出娱乐节目、电视剧、新闻、广告单元；在网络专题中可突出网络学习、网络游戏、网络聊天单元等。也可以以影响较大的媒介文本现象或形式为专题，如广告、新闻、媒介暴力等。以专题单元的形式串起多项核心内容，如电视剧单元，可讲解的核心内容有：什么是电视剧，它的特点是什么，有哪些类型，它的制作流程，谁制作的，想表达什么，给谁看的，效果如何实现，其中的人物和情节真实吗，它隐藏着怎样的价值观，对我有怎样影响⋯⋯

三、媒介德育课程具体教学专题

我们主要探索实践的媒介德育课程具体教学专题：

主　题	课时内容要点
媒介德育与影视文化	1. 初识电影电视 2. 为文明观影点赞 3. 从影视认识青春 4. 与诚信牵手同行 5. 我说"身边好人"故事会
媒介德育与动画欣赏	1. 初识 3D 动画 2. 我说动画世界 3. 结缘动画片 4. 小小动画师 5. 我演动画实践活动
媒介德育与网络使用	1. 从微信看自媒体 2. 亲情呼唤"低头族" 3. 绿色网络生活 4. 安全健康网上行 5. 演 e 自媒体的精彩
媒介德育与流行文化	1. 认识流行文化 2. 从"跑男"看真人秀节目 3. 我谈流行歌曲 4. 乐享流行游戏 5. 品品身边的流行文化
图片的德育功效	1. 不一样的世界 2. 你的爱，我知道 3. 感悟幸福，快乐成长 4. 认识关爱，心怀感恩 5. 用照片传播最美人物
媒介德育与戏曲赏析	1. 初识传统戏曲 2. 认识脸谱与行当 3. 欣赏戏曲行头 4. 由梅兰芳看角色 5. 画脸谱，唱大戏

主　题	课时内容要点
媒介德育与广告辨析	1. 初识缤纷的广告 2. 广告里的含金量 3. 辨析真假广告 4. 广告里的爱意——从公益广告 FAMILY 说起 5. 我爱我校公益行
媒介德育与传统阅读	1. 品味网络语言 2. 体味语言传承 3. 妙用表情包 4. 看影视与原著 5. 小绘本，大道理
媒介德育与新闻写读	1. 初识新闻媒体 2. 新闻大比拼 3. 新闻真假辨 4. 新闻里的社会 5. 新闻采写实践活动
媒介德育与报刊分析	1. 走近报纸媒介 2. 报纸的成长史 3. 学会选报读报 4. 我的报纸缘 5. 我的电子报

四、媒介德育课程主要教学形式：

（一）课堂教学

1. 启发式教学法：阐述基础知识内涵。问题先行，由浅入深、层层递进，教师着重讲授课程内容的重点难点，阐明课程内容的内在逻辑关系，通过讲解、演示使学生了解基本概念、知识等，掌握基础内容，完成知识模式的学习。

2. 案例分析法：增进知识体验理解。引用丰富的视觉文化和媒介实例，结合课堂讲授，对案例进行分析、评价、分析、引导和调动，学生积极思考，在掌握基本知识的基础上完成理解模式的学习。

3. 对话讨论法：提升知识应用能力。将学生进行分组，每组给定一个主题，分组进行相关的思考与讨论。这种方式培养了学生团队精神、小组合作能力，并增加了师生间的交流与信息反馈，使教师更好地了解学生的学习情况，以便适时给予正确引导，从而完成能力模式的学习。

（二）探究性学习

探究学习是当代教学中一种有效的教与学的方式，主要用之于体现学生自主探索、研究思考的过程中。课堂教学和课外实践都应采用探究学习。

1. 亲身体验，用心感受

亲身体验是探究学习的第一要义，通过学生亲身感受和体验中国传统文化的深厚底蕴，激发他们对文化探索的兴趣和欲望，并在体验的过程中激起心灵的震撼，更有目的地去了解掌握传统文化。

2. 发现问题，解决问题

引导学生主动发现问题、积极解决问题。在课堂教学和课外实践中为学生设定一定的研究主题，要他们主动去探索，自己发现问题并尝试解决存在的问题，培养了浓厚的学习兴趣，还提高了发现问题、分析问题、解决问题的能力和水平。

3. 查找信息，利用信息

引导学生主动去查找、分析并合理利用信息，在处理信息的过程中能够加深对信息的理解，能够正确、有效地利用信息解决问题、学习知识，并在学习知识的同时提高媒介素养和视觉素养。

4. 合作交流，相互促进

引导学生主动有效地进行合作，更好地来完成学习任务，为探究性学习提供了更为广阔的空间。在学习中通过积极主动的合作，能够更加有效地去解决问题，同时培养团队精神，锻炼协作配合的能力，提高综合素质。探究性学习的各种方法相辅相成，灵活应用于"媒介德育"课程教学中，其显著成效在丰富的课堂教学与课外实践中得到体现。

（三）课外实践

主要是学生将课堂学到的知识应用到现实中，做到理论与实践相结合，使理论学习指导实践方向，并在实践过程中加深对理论的理解。

1. 历史的方法：考察不同时期媒介样式与内容的关联

引导学生以历史的眼光观照中华传统视觉艺术，通过解析表征样式与风格的演变，加深对中国历史进程的认知，既达到提高民族视觉艺术欣赏水平的学习目标，又能够唤醒文化自觉意识，对民族文化能够认真反思，消除盲目自卑，提高民族自信心，增强对中华文化凝聚力和向心力的认识和理解，做到"各美其美"；

2. 比较的方法：分析各种媒介表征的特色与应用价值

引导学生用比较的眼光来比照各种媒介，通过解析其外在表征样式与风格的不同，加深对各种媒介内在差异的认识，既达到能指认所指的学习目标，又能以开放和理性的态度正确理解认识多种媒介的价值，做到"美人之美，美美与共"。

3. 观察的方法：解读多样媒介形式背后的文化内涵

引导学生由能指、所指观察传统媒介，不仅仅是简单地用眼睛去看，还要用心灵去"看"，去体验。进而达到深刻理解中国传统媒介外在形式背后的丰富内涵，做到客观、正确地了解、认识和对待绚烂多姿民族文化。

（四）主题活动

主题活动作为一种过程性学习方式，在以素养培养为目标的课程学习中具有重要作用。学生通过积极参与主题活动，不断拓宽知识结构、培养批判性意识、积极参与社会的能力，逐步提高个人的综合素养。主题活动适用于以开阔学生视野、培养学生综合素养为目标课堂教学和课外实践。

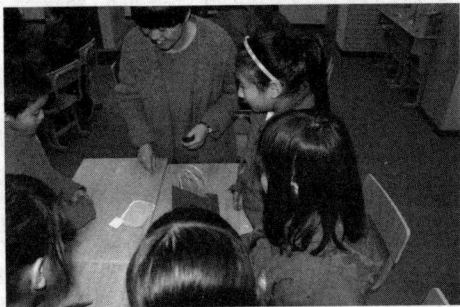

1. 师生协商，设置主题

恰当的主题是主题活动有效开展的先决条件。主题的设置可以采用师生协商的方式来确定。学生根据其兴趣爱好、学习与生活需求提出主题，教师归纳总结学生提出的主题，师生讨论确立要讨论主题。通过师生协商而形成的主题不但贴近学生生活，能够激发其探究的兴趣，而且有利于培养学生发现问题的能力。

2. 引入主题，提出问题

教师通过案例法、先行组织者、设疑激趣、谈话等方法来引入主题；教师不断细化主题，围绕主题提出一系列问题，即将主题分解为可操作的、开放性的、引导性的问题，以便让学生明确主题的目标、内容和活动。

3. 确立分组，合作探究

明确所要探究的问题之后，教师引导学生分组协作。主题活动是一种过程性学习，让学生在活动和体验中学习，因此探究活动是主题活动的核心。在合作探究活动中教师引导学生合作完成任务，学生之间优势互补并进行跨学科的学习，培养学生与人共事的能力、交流能力和团队精神。比如，在媒介素养主题活动中的探究活动可以包括小组讨论、媒介制作、媒介项目、辩论赛等。

4. 成果分享，多元评价

分享与交流是主题学习的关键步骤之一，也是从他人汲取更多"营养"的有效手段。因此教师组织学生分享交流学习成果，成果分享与交流过程不仅是应用各种媒介表达思想的过程，也是学生反思和借鉴的过程。教师要对学生的学习成果进行评价、同时还要进行小组互评、学生自评。另外，评价不仅是对结果的评价，教师更多地关注学生的课堂参与状况、思维能力和协作能力等方面的表现。

主题活动的方法如下图所示：教师和学生共同确定主题，学生通过媒介案例分析了解媒介特征，掌握媒介分析方法，通过合作探究，培养学生的交流、探究等能力，最后学生分享学习成果，进行交流、借鉴等。整个过程中，教师处于引导、指导的地位，并在主题活动结束进行总结评价，反馈给学生。主题活动的各种方法并不是孤立的，在媒介德育主题教学中教师根据主题的性质选择合适的活动方式，其优势在灵活的课堂教学与课外实践中得到了充分发挥。

五、小学媒介德育课程的教学管理

（一）环境管理

以多媒介技术和丰富的案例资源为支持，创设恰当的媒介环境和现实环境，以师生互动的方式，使理论教学与实践体验紧密结合。

1. 课堂教学环境：师生交流讨论的空间

课堂教学环境着力于小学生的媒介素养的培养。通过案例剖析、感悟体验等综合性的学习活动，使学生理解媒介形式与内容的内在关系。在组织学生讨论媒介素养的热点问题、争议问题、未解难题时，引导学生在探究中提高学习能力，认识媒介传播的特征，了解媒介时空与现实时空之间的差异及其原因，同时增强文化自觉意识和对媒介虚拟文化的独立评价能力。经过如此训练，达到练就敏锐的眼光和敏感的心灵的目的，增强运用媒介促进自我发展的能力。

2. 实践教学环境：学生观摩创作的场所

课程紧密结合实践，创造良好的实践性教学环境。鼓励和指导学生把课堂学到的知识理论举一反三，撰写论文和设计多媒介演示作品，在课堂上进行案例分析与交流；吸收学生投入调研实践中，完成力所能及的工作；发挥网络教室的优势，让学生有机会制作虚拟现实等新媒介工具，亲身体会信息时代新媒介的特点；观摩体验新媒介，解析其创作过程，切身感受新媒介的魅力。

3. 网络教学环境：学生自主发展的平台

配合课程教学精心进行网络教学环境建设。在理念上，体现人文关怀的两个方向：从单一的认知目标到人才培养的多元观念，从单一的学习资源中心到温馨的网上精神家园。为此，网络资源的符号形式与文化内涵充分融合，教育数字资源与感悟精神家园有机结合，唤起学生通过媒介关注整个人生世界和意义世界，有效激发学生通过媒介追求更加美好的生活方式和崇高的精神境界。在实践上，依托浙江图书馆以及学校数字图书馆，开发以传统文化资源为主要内容的专题网络资源，如发挥网络互动功能，建立"《小学生媒介德育》课程QQ群"，并通过设计合适的讨论主题，让学生主动运用现代媒介，自觉交流新见解，自我建构新知识，自然生成新智慧，更有效地运用媒介促进自我发展，实现自我完善。

（二）资源管理

为了配合《小学生媒介德育》课程的教学，我们开发和挖掘学校周边的《缙云报》、缙云电视台、缙云文化馆、桃花古道、缙云婺剧团等单位，提供实践基地，实现教学科研相长，探索媒介素养培养的有效途径，收集大量的文献资料，积累丰富的素材资源，进一步开发为当代小学生喜闻乐见的媒介德育的丰富教学案例。

1. 资源特色：以民族文化为主题

立足学校的山乡背景，聚焦信息技术支撑下的媒介德育实践；理论研究与资源开发相结合，民族文化挖掘与媒介德育相结合，个人体验与群体交流相结合，真正实践"从眼睛到心灵"的思想追求与既定目标。借助电子阅览室的资源，让学生在线或下载学习；提供媒介素养训练资源和下载软件资源，支持学生知识自学或进行自我培训；为专题提供技术和空间，支持个人的学习反思和知识管理；提供QQ群讨论和交流，让不同意见与认识交流碰撞，产生思想火花。总之，资源建设可概括为：集中式组织管理，开放式交流互动，理论性学习争鸣。

2. 资源呈现：结构化组织与视图化表达

运用多媒介等现代化教学手段，采用文本和图像结合、超文本和多媒介结合，简洁、完整和清晰地表达内容，以结构化的表达形式组织内容，以视图化的知识表征呈现内容。不仅要发挥图像所见即所得的直接意义，让学生方便快捷地获取文化知识，还要以暗示、对比、隐喻等间接方式赋予内涵，从而提高阅读的创造性想象力和深度思考能力，让学生不断通过引申、顿悟、迁移，提高解读和应用媒介的水平。

3. 资源使用：师生兼具使用者与创造者双重身份

为有效支持学生学习过程建构媒介的知识、分享不同观点见解和生成应用媒介的智慧，资源建设中提供丰富多样的知识建构和信息交流工具，如资源开发工具、自我评价工具等。从而学生可以主动参与学习活动，不断生成新的信息、新的主题、新的思想、新的目标。师生们既是原有资源的使用者与共享者，又是新资源的生成者与创造者。使师生在信息与信息、思维与思维的碰撞和交融中领悟媒介素养的魅力，在多重视角中辨析媒介素养的多元价值，在个性化和社会性的互动中运用媒介实践创新和自我发展。

4. 资源更新：构建动态资源库和教学管理平台

课程面向不同学科背景的学生，由于知识结构、上课地点、授课时间等客观条件的限制，可能会影响学生对理论深度的把握，产生应用效率的差异，因此我们将不断完善网络资源平台，特别是学校数字图书馆的建设和资源充实，以满足不同学生的多元学习需要，支持学生的可持续发展。QQ 群及学校网站是对如何利用媒介促进教师教学主体、学生主导教学方式的有益探索，也是对信息技术支撑下学生如何自主管理的有益尝试。

5. 具体教学安排

授课对象：小学各年龄段学生

授课地点：配有摄像机的微格教室或电子阅览室、社团或社会实践活动基地

课时安排：每周两节

六、小学生媒介德育课程的评价：

1. 考核方式

学期末以成果集的形式展示，成果集分：

教师类——教案、教学设计、教学反思、教学课件等；

学生类——学生作品、学生搜集资料、反馈卡、学习单等。

2. 计分方式

以每一阶段的课堂表现，参与程度，成果为参考依据。（填入记分册及综合评价手册中）

3. 成绩构成

对学生的评价主要以小组为单位，各小组参照学校制定的评价标准，通过个人自评、小组互评、教师审核，最后确定等级（优秀、合格、不合格）。

七、推荐教学参考书目：

1. 陆晔 等著：《媒介素养：理念 认知 参与》，经济科学出版社 2010 年版。

2. 单晓红 主编：《媒介素养引论》，浙大出版社 2008 年版。

3. 李军林：《信息时代的媒介素养》，湖南人民出版社 2010 年版。

4. 陈龙 主编：《媒介素养通论》，中南大学出版社 2007 年版。

5. 崔清活：《中英传播学教育的建构与演变》，山东人民出版社 2011 年版。

6. 范红：《媒介素养读本》，清华大学出版社 2007 年版。

7. 林子斌：《多元文化教育的新课题——媒介素养》，中国传媒大学出版社 2005 年版。

8. 谢金文：《新闻 传媒 传媒素养》，上海社会科学出版社 2004 年版。

9. 王岳川：《媒介哲学》，河南大学出版社 2004 年版。

10. 蔡帼芬等《媒介素养》，中国传媒大学出版社 2005 年版。

11. 张开：《媒介素养概论》，中国传媒大学出版社 2006 年版。

12. 蔡骐、蔡雯：《媒介竞争与媒介文化》，复旦大学出版社 2007 年版。

13. 段京肃、杜骏飞：《媒介素养导论》，福建人民出版社 2007 年版。

14. 袁军：《媒介德育论》，中国传媒大学出版社，2010 版第 2 版。

15. 刘勇、汪海霞：《当代媒介素养教程》，合肥工业大学出版社 2007 年版。

16. 彭少健：《中国媒介素养研究报告（2010)》，中国国际广播出版社 2010 年版。

17. 彭少健：《中国媒介素养研究报告（2012)》，中国国际广播出版社 2012 年版。

18. 彭少健：《中国媒介素养研究报告（2016)》，中国广播影视出版社 2016 年版。

19. 宫淑红、张洁：《媒介德育理论与实践》，山东人民出版社 2010 年版。

20. 王婷：《面对媒介的策略 新闻发言人媒介素养实务》，中国传媒大学出版社 2011 年版。

21. 吴鹏泽：《中国与日本学生媒介素养比较研究态度和策略》，华南理工大学出版社 2011 年版。

教学活动设计与实录

第一主题　媒介德育与影视文化

第1课时　初识电影电视

活动目标：

1. 通过欣赏电影片段，了解电影及基本类型，认识影视的表现手法——蒙太奇；

2. 通过欣赏电影片段，演电影，知道电影来源于生活；

3. 了解电影的意义，感悟在观看电影的同时，能保持自身独立的思考，善于观察，敢于批判。

活动重点：通过欣赏电影片段，了解电影的基本类型和意义。

活动难点：在看电影的同时，能保持自身独立的思考，善于观察，敢于批判。

活动情境：在微格教室里创设模拟影院的场景看照片、看电影、演电影。

活动过程：

一、说照片，初识电影

1. 欣赏自己喜欢的三张照片，小组交流：三张照片自由组合，创编故事。全班指名交流。

2. 出示直击 12 组老式胶片电影放映机视频素材，小组讨论：什么是电影。电影就是根据"视觉暂留"原理，利用照相、录音等手段，把外界事物的影像以及声音摄录在胶片上，通过放映、还音，在银幕上造成活动的影像以及声音，以表现一定内容的技术。

3. 再欣赏三张照片，小组讨论：如果用 A—B—C，C—B—A，B—C—A，B—A—C 等次序连接，又能创编出什么故事呢？小组交流。之后全班指名交流

4. 小结引出什么是蒙太奇。三个不同的镜头以不同的次序连接起来，就

会出现不同的内容和意义。这就是影视中经常运用的表现手法——蒙太奇。蒙太奇，用在电影上就是剪辑和组合，表示镜头的组接。

二、初识蒙太奇及其起源

认识蒙太奇的起源。那你知道蒙太奇手法是怎么来的吗？我们来了解一下。

1895 年 12 月 28 日法国的卢米埃尔兄弟在巴黎的一家咖啡馆里放映了他们拍摄的短片，标志着电影的诞生。但是早期的电影工作者并不懂得蒙太奇。

播放视频：世界第一部影片《工厂的大门》。

格里菲斯是世界上第一个自觉使用蒙太奇的电影艺术家（《党同伐异》《一个国家的诞生》）。

20 世纪 20 年代，苏联电影大师库里肖夫、爱森斯坦、普多夫金在前人的基础上把蒙太奇发展成为一套完整的电影理论体系，拍出了《战舰波将金号》《母亲》等一系列经典影片。那影视剧是怎么拍摄出来的？

三、了解蒙太奇的类别和作用

1. 播放《他们的世界》片花，使同学们对影视剧拍摄有基本的认知。

2. 课堂提问：你印象中的影视剧是怎样拍的？（在学生回答问题过程中引入蒙太奇在影视剧拍摄中的重要作用）。

3. 影视剧的画面是分别拍摄的，运用蒙太奇手法把众多的镜头剪辑来，可以表现完整的思想内容，叙述故事，构成一部为广大观众所理解的影片（或某一片段）。可见，在影视剧拍摄中蒙太奇手法是相当重要的。蒙太奇手法可以分为两类：一是叙事蒙太奇；二是表现蒙太奇。我们来看两个视频。

4. 播放视频叙事蒙太奇《还珠格格》。

四、看电影，说类型

1. 欣赏《舟舟的世界》、《湄公河行动》、《长发公主》电影片段，说说你觉得他们是属于什么电影类型。你给他们介绍一下几种类别。

2. 了解电影类型：纪录片、故事片、动画片，还有比较少见的实验电影。

纪录片的目的在于提供影片外世界的真实信息。纪录片的特征：一般都标有"纪录片"的标签，可以在事情实际发生时电影制作者将其记录下来，也可借助图表、地图或者其他手段（如"摆拍"）来传递信息。《好死不如赖活着》《中国远征军》等都是属于纪录片。

故事片呈现的是虚构的人物、地点或事件。故事片的特征：拍摄方式是虚构的，但可能和现实有一定联系。

实验电影从三十年代开始以美，国为首先发展起来的非商业性电影，这种电影主要是用 16 毫米腔片拍摄的短片，没有传统的故事情节，主要表现风格是超现实主义和抽象主义。典型作品《一出盛夏午后的妄想狂喜剧》。

动画片：一种特殊形式的电影。中国曾称为美术片，在世界上统称 animation。

动画片与真人表演的影片在制作阶段的方式不同。动画片的类型：绘制的动画片、通过剪纸制作的动画片、黏土、模型、木偶制作的动画片、CG动画片。

刚才影视是从形式上可以分为纪录片、故事片、动画片，还有比较少见的实验电影，从内容上可以分为喜剧片、悲剧片、剧情片、文艺片、爱情片。

-------------------------------- 活 动 实 录 --------------------------------

一、说照片，初识电影

师：同学们，今天我们每个人都带来了三张自己喜欢的照片或图片。请大家用"ABC"给这三张照片或图片标上序号。

全体学生标"ABC"序号。

师：请每个同学将自己的三张照片自由组合，创编成一个故事。每个同学在小组里交流自己创编的故事。

小组1故事：第一张是我拿着鸡蛋玩耍，第二张是我不小心把鸡蛋摔碎了，第三张妈妈在教育我的照片。我创编的故事是有一天我看见那个圆圆的鸡蛋很好玩，然后拿到院子里去玩，手滑了一下，鸡蛋就掉到地上摔破了。妈妈看见了狠狠地批评了我一顿。

小组2故事：第一张我背着书包的照片，第二张是我拿着手抓饼。第三是一个存钱罐。我创编的故事是早上，我去上学的路上，准备买一个手抓饼，在等手抓饼的过程中，我看见另一个孤寡老人在讨饭。妈妈说："孩子，手抓饼不放里脊肉，放鸡蛋吧。把省下来的钱给她买吃的。"然后我就把省下来的钱都给了孤寡老人。我妈还给了她50元钱。

小组3故事：第一张照片我看消防叔叔叠被子。第二张照片是一床叠得歪歪扭扭的被子。第三张是一床像豆腐块的被子。创编的故事是暑假里，我跟着消防叔叔学叠被子，消防叔叔认认真真地教我叠被子。第一次我叠出来的被子歪歪扭扭，经过不懈努力，我终于叠出了像豆腐块的被子，我高兴极了。

生小组内交流创编的故事。

师：刚才看到每组的同学都非常认真地交流了自己创编的故事。现在请每组派一个代表交流自己创编的故事。（指名学生交流创编的故事。）

生1：第一张照片是我在家里收拾东西，第二张照片是我背着包。第三张照片天黑了我在新华书店里。创编的故事是星期天，我收拾自己的背包，然后我去新华书店看书，看得很入迷，天黑了都忘记了回家。

生2：第一张照片是我在收拾东西，第二张照片是旅游车上，第三张照片是海边玩耍。故事是暑假里，我们全家人一起收拾东西，准备去旅游，我们开心地坐上了旅游车，几个小时候我们到温州一个海边玩耍。

生3：第一张照片是沙漠中的城堡，第二张照片城堡迷宫，第三张照片是夕阳。故事是有一天，我走在沙漠中，看见一个魔法城堡，我高兴地跑过去，走着走着，迷路了。我不停地走啊走，终于在天黑时，找到了出口。

师：刚才同学们根据照片讲了很多有趣的故事。那照片和电影有什么联系呢？我们来看一个视频，大家认真看。（学生观看直击12组老式胶片电影放映机视频素材。）

师：看了刚才的电影，你觉得照片和电影有什么关系？

小组讨论：电影和照片的关系。

> 电影是由一幅幅静止画面（图片）通过 24 幅/秒的速度连续播放而形成活动图像（影像）的。利用了人眼的视觉特性——视觉暂留，利用照相、录音等手段，把外界事物的影像以及声音摄录在胶片上，通过放映、还音，在银幕上造成活动的影像以及声音，以表现一定内容的技术。

师：请同学们再拿出标了序号的三张照片。如果用 A—B—C，C—B—A，B—C—A，B—A—C 换一下次序连接，又能创编出什么故事呢？

请同学们分小组讨论，讨论完之后指名全班交流。

生1：第一张照片是夕阳，第二张照片是沙漠中的城堡，第三张照片城堡迷宫。故事是在夕阳中，沙漠里的城堡美丽极了，远远看去就像一个美丽的城堡迷宫。

生2：第一张照片是天黑了我在新华书店里，第二张照片是我背着包，第三张照片我在家里收拾东西。创编的故事我在新华书店里看书，看得相当认真，不知不觉天黑了，我刚进背着背包回家，回到家，我开始收拾房间里的东西。

师：三个不同的镜头以不同的次序链接起来，就会出现不同的内容和意义。这就是影视中经常运用的表现手法——蒙太奇。

二、初识蒙太奇及其起源

师：你知道什么是蒙太奇吗？这真是一个很深奥、专业的问题，我们一起来学习一下。（点课件）

> 蒙太奇，引申用在电影上就是剪辑和组合，表示镜头的组接。

师：那你知道蒙太奇手法是怎么来的吗？我们来了解一下。（点课件）

> 生1：1895 年 12 月 28 日法国的卢米埃尔兄弟在巴黎的一家咖啡馆里放映了他们拍摄的短片，标志着电影的诞生。但是早期的电影工作者并不懂得蒙太奇。

生欣赏世界第一部影片《工厂的大门》。（播放视频）

师：那谁又是世界上第一个自觉使用蒙太奇的电影艺术家呢？（点课件）

生 2：格里菲斯是世界上第一个自觉使用蒙太奇的电影艺术家（《党同伐异》《一个国家的诞生》）。

生 3：20 世纪 20 年代，苏联电影大师库里肖夫、爱森斯坦、普多夫金在前人的基础上把蒙太奇发展成为一套完整的电影理论体系，拍出了《战舰波将金号》《母亲》等一系列经典影片。

三、了解蒙太奇的类别和作用

师：那你知道影视剧是怎么拍摄出来的吗？请看《他们的世界》片花。

生观看《他们的世界》片花，使同学们对影视剧拍摄有基本的认知。

生讨论：你印象中的影视剧是怎样拍的？

生 1：很多高高的架子架在那里。

生 2：雪是有人将像雪一样的东西从上面飞下来。

生 3：导演先把电影内容想好，再按故事拍，再按照一个个片段拍，每个片段过关以后，剪辑师再帮它们剪辑成一部电影。

师：说得真好，刚才这位同学说的导演先把电影内容想好，再按故事拍，再按照一个个片段拍，每个片段过关以后，剪辑师再帮它们剪辑成一部电影。其实这样的手法就是蒙太奇手法。电影之所以这么精彩跟蒙太奇手法分不开。

师：可见，在影视剧拍摄中蒙太奇手法是相当重要的。蒙太奇手法可以分为两类：一是叙事蒙太奇；二是表现蒙太奇（心理蒙太奇）。我们来看两个视频。

生欣赏视频《叙事蒙太奇》、《还珠格格》。

师：我们认识了电影的表现手法——蒙太奇，我们再来欣赏几个电影片段。说说他们属于什么电影类型。（点课件）

四、看电影，说类型

师：你准备好了吗？现在我们来欣赏电影。

生欣赏电影《舟舟的世界》

生讨论：这个电影是什么类型？

生 1：纪录片。

生欣赏《湄公河行动》。

生讨论：刚才我们看了《湄公河行动》电影片段，你觉得它属于什么电影？

生 2：我觉得是战争片。我看过这个电影，它讲了中国警察为中国商船船员报仇的故事。

师生讨论：该片根据"10·5 中国船员金三角遇害事件"（湄公河惨案）改编，讲述了一支行动小组为解开中国商船船员遇难所隐藏的阴谋，企图揪出运毒案件幕后黑手的故事。影片于 2016 年 9 月 30 日在中国上映。那它到底是属于什么类型的电影呢？等一下我们认识了电影的类型之后再来讨论。

生 3：我觉得它属于动作片。

师：我们猜测到此结束。我们再来看一部电影《长发公主》。

生看电影《长发公主》。

师：同学们好激动，都看过这部电影吧？

生 4：《长发公主》

师：看来同学们对这部电影很熟悉，看了很激动。你觉得这部电影是属于什么电影？

生 5：动画片。

师生讨论：我们刚才看了三部电影，我们回头来看一下电影有哪些类型？

生讨论得出：电影的类型有纪录片、故事片、动画片，还有比较少见的实验电影。（点课件）

生 6：首先电影的类型有纪录片。纪录片的目的在于提供影片外的世界的真实信息。就像我们刚刚看的《舟舟的世界》一样，是为了记录一个智障儿童舟舟为什么能成为有名指挥家的故事。不是请人演，而是真实发生的。纪录片是在事情实际发生时电影制作者将其记录下来，也可借助图表、地图或者其他手段（如"摆拍"）来传递信息。《舟舟的世界》是在事情实际发生时电影制作者将舟舟的生活记录下来，所以它是纪录片。《好死不如赖活着》《中国远征军》等都是属于纪录片。

师：那《湄公河行动》是属于什么电影呢？

生 7：故事片。

师生讨论得出：该片根据"10·5 中国船员金三角遇害事件"（湄公河惨案）改编，讲述了一支行动小组为解开中国商船船员遇难所隐藏的阴谋，企图揪出运毒案件幕后黑手的故事。影片于 2016 年 9 月 30 日在中国上映。

生 8：故事片呈现的是虚构的人物、地点或事件。故事片的特征：拍摄方式是虚构的，但可能和现实有一定联系。比如，刚刚上映的《湄公河事件》就是以历史上真实发生的湄公河事件为背景拍摄的一部电影，很值得一看，老师推荐没有看过的同学可以去看看。

生 9：动画片：一种特殊形式的电影。中国曾称为美术片，在世界上统称 animation。动画片与真人表演的影片在制作阶段的方式不同。动画片的类型：绘制的动画片、通过剪纸制作的动画片、黏土、模型、木偶制作的动画片、CG 动画片。

师总结：电影的类型有纪录片、故事片、动画片，还有比较少见的实验电影。

> 生10：实验电影是从 30 年代开始以美国为首发展起来的非商业性电影，这种电影主要是用 16 毫米腔片拍摄的短片，没有传统的故事情节，主要表现风格是超现实主义和抽象主义。典型作品《一出盛夏午后的妄想狂喜剧》。

回顾电影的类型：纪录片、故事片、动画片、实验片。

刚才影视是从形式上可以分为纪录片、故事片、动画片，还有比较少见的实验电影，从内容上可以分为喜剧片、悲剧片、剧情片、文艺片、爱情片。我们可以在欣赏影视中慢慢地学会辨别。

第 2 课时　为文明观影点赞

活 动 设 计

活动目标：

1. 通过诗朗诵、看视频，让学生知道文明观影的注意事项；

2. 行为引导，当身边出现不文明观影行为时，学生明白如何制止；

3. 通过讨论，知道为什么要文明观影，做一个文明的观众。

活动重点： 行为引导，当身边出现不文明观影行为时，学生明白如何制止；

活动难点： 通过讨论，知道为什么要文明观影，做一个文明的观众。

活动情境： 多媒体教室装饰成影厅，让学生可以直接感受影厅的氛围。

一、诗歌朗诵，引出主题

1. 诗朗诵《在影院里》。

2. 观看公益广告电影《捉妖记》之《文明观影》。

除了视频上胡巴提到的 5 点文明观影的注意事项外，还有哪些要注意的事项。

学生讨论：

a. 自觉遵守影剧院、体育场（馆）规定，凭票按时按顺序入场，对号入座。

b. 衣着整洁，举止文明，室内观看演出、比赛时不戴帽，不把衣物垫在座位上。

c. 观看演出、比赛时要有礼貌，尊重演员、运动员和裁判员，不无故提前退场。

d. 自觉维护公共秩序，不喧闹起哄，不辱骂演员、运动员、裁判员，不向演出、比赛场地投掷物品。

e. 保持清洁卫生，不在场内吸烟，不随地吐痰和乱扔废弃物。

f. 爱护公共设施，不蹬踩座椅，不在建筑物或桌椅上涂写刻画。

二、演一演如何制止不文明观影行为

演一演：

小组 1：有人在电影院中打手机、大声喧哗，你怎么办？

小组 2：拿着电影票太迟进场该怎么做？

小组 3：有人在电影院中乱扔垃圾，你怎么做？

……

给学生足够的表演时间，然后上台展示，边展示边板书学生表演中有价值的信息。

三、议一议为什么要文明观影

分组讨论：为什么要文明观影？

1. 群体要安静的场所，情节打断；

2. 反映个人素质；

3. 对电影拍摄者、电影院工作人员以及其他观影人的尊重。

四、图片展示文明观众守则，对照图片找找身边需改进的不文明行为

1. 图片展示文明观众守则：

a. 自觉遵守影剧院、体育场（馆）规定，凭票按时按顺序入场，对号入座。

b. 衣着整洁，举止文明，室内观看演出、比赛时不戴帽，不把衣物垫在座位上。

c. 观看演出、比赛时要有礼貌，尊重演员、运动员和裁判员，不无故提前退场。

d. 自觉维护公共秩序，不喧闹起哄，不辱骂演员、运动员、裁判员，不向演出、比赛场地投掷物品。

e. 保持清洁卫生，不在场内吸烟，不随地吐痰和乱扔废弃物。

f. 爱护公共设施，不蹬踩座椅，不在建筑物或桌椅上涂写刻画。

2. 对照图片找找身边需改进的不文明行为。

活 动 实 录

一、诗歌朗诵，引出主题

1. 请听诗朗诵《当我们在影院里》

甲：文明是一种美德，做一个文明观众则是尊重他人的行为。

乙：鼓掌是细雨，湿润着表演者紧张的心田，使之长出更美的小苗。

甲：手机狂响是斧头，打碎了表演者自信的玻璃，使演出支离破碎。

乙：静心聆听是清风，吹拂着表演者希望的树叶，使大树更加茂盛。

甲：起哄是橡皮，擦除了表演者精心准备的图画，使之没有一切生机。

乙：让我们用文明的言行给演出者编织出一片自信成功的天空。

甲：文明不是拘束，文明也不是纪律。

乙：文明是思想，是意识，是自觉的行为。

合：做文明观众，创尊重的舞台吧！

2. 观看公益广告电影《捉妖记》之《文明观影》

请勿打电话、请勿吸烟、请保持安静、观众厅内禁止摄录、请勿使用电子产品

除了视频上胡巴提到的 5 点文明观影的注意事项外，还有哪些要注意的事项？

学生讨论：

生1：不随便说话。

生2：爱护公共设施，不蹬踩座椅。

生3：不随地吐痰和乱扔废弃物。

生4：不大声说话。

生5：不在建筑物或桌椅上涂写刻画。

二、演一演如何制止不文明观影行为

小品演一演：

小组1：有人在电影院中打手机、大声喧哗，你怎么办？

创设情境表演：影院里，同学1拿着电话打，"你在干什么呀？我正在电影院里看电影。"同学2皱了皱眉，同学1继续大声："你来不来看电影？这个电影可好看了。"同学2忍无可忍说："不好意思，你好，打断你一下，这里是电影院，打电话可以出去吗，或者声音小点好吗，谢谢你。"

小组2：两人相约看电影，你和同学约好看电影，只剩1张票，同学没票，偷偷溜进场，你该怎么做？

创设情境表演：电影院门口，两同学相约看电影，只买到一张票。"没事，你先进去，等一下我再想办法进来。"电影院里，电影正要开始放，同学来了，"哎，你怎么进来？""我趁工作人员不注意，偷偷溜进来。""真好，下次我们都可以不买票。"两人开始看电影了。

小组3：有人在电影院中乱扔垃圾，你怎么做？

创设情境表演：安安静静的电影院里，大家正在认真地看电影，小丁撕开了薯片，嘎啦嘎啦，大声地吃起了薯片。吃完薯片，顺手把包装袋扔在地上。坐在旁边的小红忍不住说话了："同学，这里是电影院，是公共场所，不能乱

扔垃圾哦。"接着，她顺手捡起包装袋，扔进了垃圾桶。小丁脸红了。

给学生足够的表演时间，然后上台展示，边展示边板书学生表演中有价值的信息。

三、议一议为什么要文明观影

分组讨论：为什么要文明观影？

生 1：为了保持更好的看电影效果。

生 2：部分镜头声音很小，安静才能听见。

生 3：不乱扔垃圾的话，清洁工人会少些麻烦。

生 4：你推我我推你容易发生不安全事故。

生 5：大声说话会影响别人。

生 6：在电影院里来来回回地走，别人都没法看电影了。

生 7：乱扔垃圾，工作人员很难打扫。

生 8：如果你坐在凳子最高处，后面的人都没法看了。

师小结：

1. 群体活动要安静的场所，情节被打断；

2. 反映个人素质；

3. 对电影拍摄者、电影院工作人员以及其他观影人的尊重。

四、图片展示文明观众守则，对照图片找找身边需改进的不文明行为

师：这是目前大家公认的文明观众守则，请大家自由读两遍。

1. 图片展示文明观众守则：

a. 自觉遵守影剧院、体育场（馆）规定，凭票按时按顺序入场，对号入座。

b. 衣着整洁，举止文明，室内观看演出、比赛时不戴帽，不把衣物垫在座位上。

c. 观看演出、比赛时要有礼貌，尊重演员、运动员和裁判员，不无故提前退场。

d. 自觉维护公共秩序，不喧闹起哄，不辱骂演员、运动员、裁判员，不向演出、比赛场地投掷物品。

e. 保持清洁卫生，不在场内吸烟，不随地吐痰和乱扔废弃物。

f. 爱护公共设施，不蹬踩座椅，不在建筑物或桌椅上涂写刻画。

2. 对照图片找找身边需改进的不文明行为。

生 1：前天我和小明去看电影，排队时，他拼命往前挤，没按顺序排队。

生 2：今天课间操排队，小红和小刚讲话。

生 3：下课了，小米把垃圾扔在地上。

生 4：早自习没开始时，小可爬到桌子上。

生 5：小仙课间说脏话。

生 6：马路上很多人闯红灯。

生 7：很多同学无缘无故弄别人，容易引发打架事件。

生 8：有些人乱丢香蕉皮，容易滑倒，如果这时正有车开过就非常危险。

师总结：是呀，生活中有那么多不文明的行为。亲爱的同学们，我们作为一名小学生，有义务，有责任弘扬礼仪传统。希望通过这节课，能让我们真正理解文明礼仪的重要性，让我们把文明的种子撒遍生活的每一个角落，让文明之花越开越盛，开遍每个家庭、开遍我们的校园、开遍全社会！

第 3 课时　借助影视　认识青春

------------------------------ 活 动 设 计 ------------------------------

活动目标：

1. 借助影视，认识什么是青春期；

2. 通过讨论交流，明白影视的德育功效；

3. 明白用影视教育，让人更容易接受。

活动重点：

1. 借助影视，认识什么是青春期；

2. 通过讨论交流，拓展认识影视的德育功效。

活动难点：运用影视的德育功效，教育他人。

活动情境：电脑教室，每人一台可以上网的电脑，让学生可以直接接触网络。

活动过程：

一、借助影视，认识青春

循环播放音乐《栀子花开》，待学生坐定后，音乐停。

1. 导入语：同学们，同学们想一想，进入五年级以来，我们以及周围同学的身体都发生了哪些变化？我们心里想的又和过去有什么不一样？

时间过得真快，不知不觉你们进入青春期。青春——多少人讴歌吟唱过的美妙字眼！当你逐渐步入这个既绚丽多彩又变幻不定的人生的重要时期，从生理到心理，从思想到行为，都会发生巨大变化。面对自己的这些变化，你们一定会感到好奇，但也会遇到一些烦恼和困惑，就像歌曲中唱到的"随着岁月由小变大，他的烦恼增加了。"那么我们是否准备好进入青春期了呢？准备好的同学，请把你们的双手交叉放于胸前。

2. 看来你们都是有备而来，那么首先请大家结合自身青春期变化和其他渠道谈谈青春期生理上的显著特征。

分小组讨论交流后看《青春期》视频。

男生：身体长高，出现胡子、喉结、声音变粗，出现阴毛、腋毛，生殖器官的发育，遗精。

女生：身体长高，声音变尖，乳房开始发育，出现阴毛，腋毛，生殖器官的发育，月经。

教师归纳：一般来说，女孩子的青春期比男孩子早，大约从 10—12 岁开始，而男孩则从 12—14 岁才开始。不过，由于个体差异很大，所以通常把 10—20 岁这段时间统称为青春期。青春期是指由儿童逐渐发育成为成年人的过渡时期。青春期是人体迅速生长发育的关键时期，也是继婴儿期后，人生第二个生长发育的高峰期。在青春期，不仅身体上有了明显的变化，而且心理上也常会发生很大的变化。

3. 观看《怦然心动》片段，在生活中，我们会对某个异性怦然心动，这是正常的。因为步入青春期后，对异性的追求也由内心的向往逐渐转化为外在的行为。常以各种方式主动接近异性，并希望得到对方积极的反应。同学们，青春期的生理和心理变化，使少男少女的感情世界经历大起大落的巨变，充满了希望、惊喜和平安。每一个走过这一旅程的人，当他回顾起往事的时候，总会留恋这一花季，愿我们每一个人都有一个美好的青春回忆！

二、借助影视，拓展认知

刚才我们通过影视，认识了青春，那我们通过影视，还能认识哪些呢？

学生小组交流讨论。

小组派代表反馈交流结果。

教师小结：

1. 开阔视野。人物，历史，未来，等等，都可以以如此栩栩如生地方式展现在我们眼前，那无与伦比的细节描述如同梦境一般虚幻且真实。还记得 *The Metrix*（黑客帝国）里对人工智能的经典描述吗？

2. 丰富情感。情节、台词、画面，我们通过感官所感受到的电影带来的一切，在内心深处形成感情的共鸣。还记得《忠犬八公》里那只令人感动的小狗吗？

3. 娱乐休闲。空闲下来的时候，一部开心的电影就可以带来好心情。在电影中体会人生百态，在电影中感受奇思妙想。两个小时的娓娓道来，足够打发一个下午的无聊了。还记得《千与千寻》里灵动勤奋的千寻吗？

4. 带来灵感。你是否也曾经看到电影中的各种浪漫情节，而试图在现实生活中重现那经典的一幕。求爱、感恩、悲伤、愤怒、激情、颓废，等等。还记得《大话西游》里经典的台词吗？

5. 提高品位。还记得《花样年华》里张曼玉所展现的旗袍的魅力吗？

三、借助影视，教育他人

你现在是五年级学生，如果你家里有弟弟妹妹刚刚读了一年级，他就餐浪费现象严重；你能不能找到相关的影视，用影视教育的方式让他更容易接受呢？

讨论交流。

小组交流讨论之后指名汇报。

教师小结：电影的教育功能不只包括爱国教育、有助于我们树立正确的历史观点、有助于传播正能量三点。因此我们应该多观看那些优秀的影视作品，加强个人的素质修养，让自己更好地认识自身、社会、自然、人生，把自己塑造成更加全面、更有思想的学生。

------- 活 动 实 录 -------

一、借助影视，认识青春

循环播放音乐《栀子花开》，待学生坐定后，音乐停。

导入语：同学们，同学们想一想，进入五年级以来，我们以及周围同学的身体都发生了哪些变化？

生1：身体变高，长高了，饭量越来越大。

生2：体重在迅速增加。

生3：男同学喉咙长喉结，说话声音变粗。

生4：女同学来月经了。

生5：同学们长大，进入青春期，长细细的胡子了。

生6：乳房发育变大。

我们心里想的又和过去有什么不一样？

生1：看到男同学感觉不好意思。

生2：以前没觉得妈妈烦，现在不喜欢妈妈唠唠叨叨说个不停。

生3：每次我写完日记，妈妈都喜欢看我的日记，我都不耐烦地说走开走开，别挡我写日记。

生4：爸爸妈妈想让我干什么的时候，我就是不想干。

师：这些变化都告诉你，已经开始进入青春期。青春——多少使人讴歌吟唱过的美妙字眼！当你逐渐步入这个既绚丽多彩又变幻不定的人生的重要时期，从生理到心理，从思想到行为，都会发生巨大变化。面对自己的这些变化，你们一定会感到好奇，但也会遇到一些烦恼和困惑，就像歌曲中唱到的"随着岁月由小变大，他的烦恼增加了。"那么我们是否准备好进入青春期了呢？准备好的同学，请把你们的双手交叉放于胸前。

师：看来你们都是有备而来，那么首先请大家结合自身青春期变化和其他渠道谈谈青春期生理上的显著特征。

分小组讨论交流。

小组 1：男生身体长高，声音变粗。

小组 2：女生身体长高，声音变尖。

小组 3：女生每个月来月经了。

小组 4：乳房开始变大，有点痛。

我们来看一段视频《青春期》，看看我们的身体究竟发生了哪些变化？

教师归纳：通过视频，我们了解了女孩子的青春期比男孩子早，大约从10—12 岁开始，而男孩则从 12—14 岁才开始。不过，由于，个体差异很大，所以通常把 10—20 岁这段时间统称为青春期。青春期是指由儿童逐渐发育成为成年人的过渡时期。青春期是人体迅速生长发育的关键时期，也是继婴儿期后，人生第二个生长发育的高峰期。在青春期，不仅身体上有了明显的变化，心理上也常会发生很大的变化。

进入青春期后，我们会对某个异性怦然心动，这是正常的。请看电影《怦然心动》片段。

生看电影《怦然心动》片段。

同学们，青春期的生理和心理变化，使少男少女的感情世界经历大起大落的巨变，充满了希望、惊喜和平安。每一个走过这一旅程的人，当他回顾起往事的时候，总会留恋这一花季，愿我们每一个人都有一个美好的青春回忆！

二、借助影视，拓展认知

刚才我们通过影视，认识了青春，那我们通过影视，还能认识哪些呢？你可以从自己的喜欢看的电影来说。

学生小组交流讨论：

小组 1：可以让我们知识更广泛，看科幻片想象力更丰富。

小组 2：有很多英语电影看了，对自己的外语有帮助。

小组 3：看了励志片会美化我们的心灵。

小组 4：看了电影，可以认识很多明星。

小组 5：如果看少儿不宜的影片不益于我们生长发育。

小组 6：看励志片，品德也变好。

小组 7：我看过自然传奇，增长课外知识。

小组 8：《猫和老鼠》是我非常喜欢的一部动画片，每次猫捉老鼠都会给我带来很多的快乐，这个故事告诉我们，只要有智慧，很弱小的人物能打败很强大的人物。

小组 9：我看过一个电影就教我们野外求生的技能。

小组派代表反馈交流结果。

生1：我喜欢看六一节时播放的电影《劳拉的星星》，里面的劳拉好善良，电影画面很美。

生2：我喜欢看《忠犬八公》，我都看哭了，被八公的忠心感动了。

生3：我喜欢看《湄公河行动》，看到中国人那么厉害，充满了骄傲。

生4：我看过一部电影叫《海底总动员》，我在里面看到了美丽的海底世界：碧蓝碧蓝的海水里生活着许许多多的海洋生物，有可爱的章鱼姑娘和美丽的水母，还有善良的大海龟。大海里面还有很多漂亮的海藻、海葵，还有五颜六色的珊瑚。

生5：我喜欢看《白雪公主和七个小矮人》，电影里的白雪公主虽然很善良和美丽，但很容易相信陌生人，还很贪心，随便拿别人的东西，她还随便吃陌生人的东西。最后害了自己。我不能像她那样随便相信别人，不贪小便宜，就不会受到伤害。

教师小结：

1. 开阔视野。人物，历史，未来，等等，都可以以如此栩栩如生地方式展现在我们眼前，那无与伦比的细节描述如同梦境一般虚幻且真实。还记得 *The Metrix* （黑客帝国）里对人工智能的经典描述吗？

The Metrix
黑客帝国

2. 丰富情感。情节、台词、画面，我们通过感官所感受到的电影带来的一切，在内心深处形成感情的共鸣。还记得《忠犬八公》里那只令人感动的小狗吗？

HACHI
忠犬八公

3. 娱乐休闲。空闲下来的时候，一部开心的电影就可以带来好心情。在电影中体会人生百态，在电影中感受奇思妙想。两个小时的娓娓道来，足够打发一个下午的无聊了。还记得《千与千寻》里灵动勤奋的千寻吗？

《千与千寻》

4. 带来灵感。你是否也曾经看到电影中的各种浪漫情节，而试图在现实生活中重现那经典的一幕。求爱、感恩、悲伤、愤怒、激情、颓废，等等。还记得《大话西游》里经典的台词吗？

大话西游

5. 提高品位。还记得《花样年华》里张曼玉所展现的旗袍的魅力吗？

花样年华

三、借助影视，教育他人

你现在是五年级学生，如果你家里有弟弟妹妹刚刚读了一年级，他就餐浪费现象严重；你能不能找到相关的影视，用影视教育的方式让他更容易接受呢？

讨论交流。

生 1：公益广告《请节约粮食》。

生 2：放一些非洲难民与饥荒的电影。

生 3：世界粮食日——学校勤俭节约教育视频。

生 4：节约资源公益广告。

教师小结：电影的教育功能不只包括爱国教育、有助于我们树立正确的历史观点、有助于传播正能量三点。因此我们应该多多观看那些优秀的影视作品，加强个人的素质修养，让自己更好地认识自身、社会、自然、人生，把自己塑造成更加全面、更有思想的学生。

第 4 课时　与诚信牵手同行

活 动 设 计

活动目标：

1. 知道诚实守信的基本含义，懂得诚实守信的重要性和撒谎、不讲信用的危害；

2. 了解电影表现手法细节的真实性，明白情节是虚构的，不能盲目模仿。

活动重点： 了解电影表现手法细节的真实性，明白情节是虚构的，不能盲目模仿。

活动难点： 懂得诚实守信的重要性；做一个诚实守信的人。

活动过程：

一、视频导入

今天，老师带来一个话题想和大家讨论。讨论之前，先请大家看一段视频《赵氏孤儿》（故事围绕"赵氏孤儿"展开，金陵共三年，晋国将军赵朔及其家人被司寇屠案贾害死后，赵朔临死时将自己唯一的骨肉赵武托付给他的手下程婴和公孙忤臼。屠案贾得知后下令关闭城门，挨家挨户搜索这个赵家唯一的血脉。）

播放视频。

故事进行到此，程婴应该何去何从？如果是你，你会做出什么选择？是牺牲自己和儿子，保全赵氏还是交出赵氏遗孤，保全自己及家人？

刚才我听出同学们的讨论中，"舍生取义"者占了绝对的优势。看来，"诚信"在我们现代人的眼中并没有贬值，今天这节班队课我们讨论的话题就是

"诚信"。

诚信是人与人交往中必不可缺的一种美德。现在我们还是看看《赵氏孤儿》的主人公程婴的选择究竟是怎样的吧？

播放视频《赵氏孤儿》程婴交出自己孩子的片段。

故事终于有了结局，真不愧为炎黄子孙，无论在古代还是今天，我们义无反顾地选择了"舍生取义"。那么，对程婴的做法，你是敬佩，是赞同，或者是反对呢？请谈谈你的看法。

二、探讨影视表现手法中的细节与情节的诚信

1. 播放《赵氏孤儿》电影，请学生仔细看在电影中人物的服饰、头饰造型。

学生交流范冰冰饰演的庄姬的服饰、头饰。

教师引导得出：庄姬身上的长袍服装款式从用上下连属的形式，宽松飘逸，发髻造型让观众一下子进入春秋晋国名门的身份。

交流探讨：如果《赵氏孤儿》电影中穿我们现代人的服饰，梳我们现代人的头发，可行吗？为什么？

小结：电影形象设计就在于通过发型、妆型、服饰、体态等表象的事物，来反映这个形象内在的东西。

2. 继续播放《赵氏孤儿》，呈现庄姬自杀身亡的镜头。

《赵氏孤儿》是在 2010 年上映的，在影视中范冰冰饰演的庄姬被韩将军杀死了。现实中呢？

在你们喜欢的《跑男》节目中，范冰冰风采依旧，出示范冰冰近照。

教师小结：电影虚构就是在坚持艺术真实的基础上，编剧通过合理的联想、幻想、想象、虚拟，进行"任意"地编造和虚构。编造和虚构的东西，有时甚至可以违背现实生活的常情常理。通过虚构，既可以表现现实世界所应有的，也可以表现现实世界还没有的，甚至不可能有的东西，不必是符合实存的现实。

三、辨析影视的真假

1. 播放《女孩模仿电视剧上吊身亡》的新闻视频。讨论：为什么会出现这样的悲剧呢？

讨论交流。

小结：影视剧的画面是分别拍摄的，影视情节有很多镜都是用蒙太奇等特殊手法表现的，是虚构的，我们不能盲目模仿。

2. 播放《我的兄弟顺溜》《湄公河行动》电影片段。

教师小结：影视情节有很多镜头都是用蒙太奇等特殊手法表现的，不是真实的，我们不能盲目模仿。

做人就像影视中的细节一样必须真实、诚信。一个人失去了诚信，就会产生信任危机，他的行为将会处处受到阻碍、抵制，不仅无法达到自己的目的，而且将妨碍自己的发展，甚至在社会上都无立足之地。

欣赏动画电影《狼来了》。同学们，从这个电影，你看懂了什么？讨论交流。

四、制作诚信书签

1. 同学们，我们需要诚信，我们的社会更需要诚信。你能不能在老师发给你的书签上写关于诚信的一句话、一个格言、一条警句，来提醒自己诚信为做人之本。

2. 现场书写，写完展示在黑板上。

当我们在诚信的十字路口徘徊的时候，别忘了看看这张卡片；当你的亲人、朋友忽略了诚信的时候，请你送给他这张书签。

3. 同学们，要实现中华民族的伟大复兴，实现我们心中的"中国梦"离不开诚信这一基石，而我们每一个人，都是托起这块基石的筑梦人，让我们与诚信牵手同行，让我们带着"诚信"这一宝贵的精神财富去开创美好灿烂的未来。

拓展：观看电影《赵氏孤儿》。

活 动 实 录

一、视频导入

今天，老师带来一个话题想和大家讨论。讨论之前，先请大家看一段视频《赵氏孤儿》（故事围绕"赵氏孤儿"展开，金陵共三年，晋国将军赵朔及其家人被司寇屠岸贾害死后，赵朔临死时将自己唯一的骨肉赵武托付给他的手下程婴和公孙忤臼。屠岸贾得知后下令关闭城门，挨家挨户搜索这个赵家唯一的血脉。）

播放视频。

故事进行到此，程婴应该何去何从？如果是你，你会做出什么选择？是牺牲自己和儿子，保全赵氏还是交出赵氏遗孤，保全自己及家人？

生1：我觉得他会留下赵氏遗孤，要不就没电影放了。

生2：我觉得他会牺牲自己的儿子。

刚才我听出同学们的讨论中，"舍生取义"者占了绝对的优势。看来，"诚信"在我们现代人的眼中并没有贬值，今天这节班队课我们讨论的话题就是"诚信"。

诚信是人与人交往中必不可缺的一种美德。现在我们还是看看《赵氏孤儿》的主人公程婴的选择究竟是怎样的吧？

播放视频《赵氏孤儿》程婴交出自己孩子的片段。

故事终于有了结局，真不愧为炎黄子孙，无论在古代还是今天，我们义无反顾地选择了"舍生取义"。那么，对程婴的做法，你是敬佩，是赞同，或者是反对呢？请谈谈你的看法。

讨论交流看法

生1：我对程婴非常敬佩，为了赵氏孤儿牺牲自己的儿子，一般人做不到。

生2：我反对这么做，老婆孩子都死了，他好可怜。

生3：我赞成程婴这么做，受人之托忠人之事。

师：程婴的做法着实让人敬佩，我们再来看看这部电影，请大家把目光聚焦在人物的服饰、头发造型。

二、探讨影视表现手法中的细节与情节的诚信

1. 播放《赵氏孤儿》电影，请学生仔细看在电影中人物的服饰、头饰造型。

学生交流范冰冰饰演的庄姬的服饰、头饰。

生1：庄姬的衣服很漂亮，长长的，很飘逸。

生2：庄姬的头发就是古代人的头饰。

生3：程婴的头发是古代男子的发辫。

生4：韩将军的盔甲很适合他，很威武。

教师引导得出：庄姬身上的长袍服装款式从用上下连属的形式，宽松飘逸，发鬟造型让观众一下子进入春秋晋国名门的身份。韩将军的打扮就是标准的将军，威武庄严。

交流探讨：如果《赵氏孤儿》电影中穿我们现代人的服饰，梳我们现代人的头发，可行吗？为什么？

生1：电影都穿现代人的衣服，短发，那就不伦不类了。

生2：我会觉得很别扭，很奇葩。

生3：电影的形象要符合他电影人物的形象。

生4：如果都穿现代人的衣服就感觉没有古代人的气息了，盔甲的气势就是不一样。

小结：电影形象设计就在于通过发型、妆型、服饰、体态等表象的事物，来反映这个形象内在的东西。

2. 师：我们继续看《赵氏孤儿》，呈现庄姬自杀身亡的镜头。

《赵氏孤儿》是在2010年上映的，在影视中范冰冰饰演的庄姬被韩将军杀死了。现实中呢?

在你们喜欢的《跑男》节目中,范冰冰风采依旧,出示范冰冰近照。

教师小结:电影虚构就是在坚持艺术真实的基础上,编剧通过合理的联想、幻想、想象、虚拟,进行"任意"地编造和虚构。编造和虚构的东西,有时甚至可以违背现实生活的常情常理。通过虚构,既可以表现现实世界所应有的,也可以表现现实世界还没有的,甚至不可能有的东西,不必是符合实存的现实。

三、辨析影视的真假

1. 播放《女孩模仿电视剧上吊身亡》的新闻视频。讨论:为什么会出现这样的悲剧?

讨论交流。

生1:我看到过电影拍摄,在天上飞的人都是有绳子吊在空中的。

生2:她不知道电影的这些情节都是假的。

师小结:影视剧的画面是分别拍摄的,影视情节有很多镜都是用蒙太奇等特殊手法表现的,是虚构的,我们不能盲目模仿。

2. 我们再来看两个电影片段。播放《我的兄弟顺溜》《湄公河行动》电影片段,加深学生印象。

师小结:影视情节有很多镜头都是用蒙太奇等特殊手法表现的,不是真实的,我们不能盲目模仿。

做人就像影视中的细节一样必须真实、诚信。一个人失去了诚信,就会产生信任危机,他的行为将会处处受到阻碍、抵制,不仅无法达到自己的目的,而且将妨碍自己的发展,甚至在社会上都无立足之地。

师:请欣赏动画电影《狼来了》。同学们,从这个电影,你看懂了什么?

讨论交流。

生1:骗人是不好的,最终害了自己。

生2:骗一次还可以,多次了就再也没人相信你了。

生3:你一而再再而三骗别人的话,当你遇到困难时就再也没人相信你了。

生4:事不过三,自作孽不可活,充分说明做人不能骗人。

生5:如果要撒谎也只能撒善意的谎言。

生6:我们应该要讲诚信,不骗人。

四、制作诚信书签

1. 同学们,我们需要诚信,我们的社会更需要诚信。你能不能在老师发给你的书签上写关于诚信的一句话、一个格言、一条警句,来提醒自己诚信为做人之本。

2. 现场书写,写完展示在黑板上。

当我们在诚信的十字路口徘徊的时候,别忘了看看这张卡片;当你的亲人、朋友忽略了诚信的时候,请你送给他这张书签。

3. 同学们,要实现中华民族的伟大复兴,实现我们心中的"中国梦"离不开诚信这一基石,而我们每一个人,都是托起这块基石的筑梦人,让我们与诚信牵手同行,让我们带着"诚信"这一宝贵的精神财富去开创美好灿烂的未来。

拓展:观看电影《赵氏孤儿》。

主题活动　寻访身边的好人

活 动 设 计

活动目的:

1. 引导广大少年儿童在学习实践中认识了解身边的好人好事,营造学习、弘扬道德模范和身边好人的高尚情操,培养少年儿童对党和社会主义祖国的朴素感情。

2. 让学生在活动中发现身边的好人好事和别人的优点。

活动重点:

引导广大少年儿童在学习实践中认识了解身边的好人好事,营造学习、弘扬道德模范和身边好人的高尚情操,培养少年儿童对党和社会主义祖国的朴素感情。

活动难点: 让学生在活动中发现身边的好人好事和别人的优点。

教学情境:

布置学生查找阅览"我身边的好人"书籍、照片和音像资料,并做好摘抄和读后感。以《寻访身边的好人》为题要求每位写一篇随笔。

活动过程:

甲:我们是春天的幼苗,老师精心把我们照料,苗壮的绿叶上有您的汗珠,鲜艳的蓓蕾上有您的微笑。大家知道此时此刻我们正在想啥?请猜猜谜语就知道了!

小小红三角,天天跟我跑,只要脖上戴,"五自"记心里。你若猜不着,向我瞧一瞧。(手指胸前)是什么?

同学们齐答:红领巾!

乙：小小四方角，意义可不小，星火合成旗，队会少不了。是什么？同学们齐答：队旗！

甲：队会开始唱，歌声多嘹亮。先烈是榜样，使命记心上。是什么？

同学们齐答：队歌！

乙：大家知道我们少先队的队歌歌名是什么吗？齐答：——《少年先锋队队歌》。

甲：在响亮的回答声中，我们开始了今天的队会，我们这期队会的主题是（甲乙大声齐说）："寻访我身边的好人"。

1. 出示"寻访身边好人"照片、视频。

2. 讲身边的好人故事。

小组交流

小组讨论交流：让 3—5 位同学讲自己搜集"我身边的好人"故事，边讲边呈现照片、视频。

3. 由学生自由发言，谈感想。

4. 对号入座，猜一猜谁是"我身边的好人"。

让学生朗读自己所写的随笔《我身边的好人》，但不准说出文中主人公的姓名，然后让其他同学根据文中事实，来猜猜主人公是谁。以此来引导学生发现身边的好人好事和别人的优点。

结束总结：

1. 班主任：同学们，今天我们＿＿＿＿＿＿＿中队"寻访身边好人"主题活动，在同学们的认真准备下，终于成功举行了。大家通过活动，了解到身边更多的感人故事。老师真心希望，大家能紧随党的领导，热爱祖国，勤奋学习，积极实践，为党续写新的一页。现实中我们的班级里，就有很多同学，在默默无闻地为班级为大家做着好事。如热爱劳动的小柯；如已回到家中，为了完成值日又赶回学校的林子；还有那位不知名的"护花使者"……我们每个人身上都有善的种子，只要把我们的爱心付诸行动，我们每个人都可以成为"身边的好人"。

- - - - - - - - - - 活 动 实 录 - - - - - - - - - -

一、**猜谜导入**

甲：我们是春天的幼苗，老师精心把我们照料，苗壮的绿叶上有您的汗珠，鲜艳的蓓蕾上有您的微笑。大家知道此时此刻我们正在想啥？请猜猜谜语就知道了！

小小红三角，天天跟我跑，只要脖上戴，"五自"记心里。你若猜不着，向我瞧一瞧。（手指胸前）是什么？

同学们齐答：红领巾！

乙：小小四方角，意义可不小，星火合成旗，队会少不了。是什么？同学们齐答：队旗！

甲：队会开始唱，歌声多嘹亮。先烈是榜样，使命记心上。是什么？

同学们齐答：队歌！

乙：大家知道我们少先队的队歌歌名是什么吗？齐答：——《少年先锋队队歌》。

甲：在响亮的回答声中，我们开始了今天的队会，我们这期队会的主题是（甲乙大声齐说）："寻访我身边的好人"。

二、分享身边好人的照片、视频、故事

甲：请看我们同学寻访到的第一个身边好人——一指老师张雄峰的视频。

乙：请看苏村好干部周根富的照片。

甲：请看身边好人环保少年张开颜。

1 讲自己搜集"我身边的好人"故事，边讲边呈现照片、视频。

乙：刚才我们看了身边好人的照片和视频，现在我们来听听他们的故事。

三尺讲台"一指"老师

9 岁时，张雄峰父母离异，14 岁时一场车祸夺去了他的左手和右手的四个手指。初中毕业后，张雄峰只身来到县城闯荡，摆地摊、做小本生意、帮人放录像……1997 年，经县残联推荐，张雄峰来到杭州华强中专（现为浙江省残疾人技术学校）就读会计专业。3 年后，张雄峰毕业了，但未找到工作。

一天傍晚，失意的张雄峰坐在杭州断桥边发呆，忽然看见一名单臂单脚的残疾人坐在那里卖字画。两人一见面就非常投缘，聊天中张雄峰知道，对方自称"独行侠"，骑自行车环游中国，经过杭州，就卖些字画积攒路费。"独行侠"的经历让张雄峰突然涌出一股激情：自己还有一双完整的脚，他能克服，自己怎么不行？

2001 年夏，得知家乡教育局要招代课教师，张雄峰报了名。此举立即引来质疑："好手好脚的人都不一定能上，他行吗？"但张雄峰通过努力成了柘岱口中学一名语文代课教师兼班主任。

张雄峰知道，他要面对的困难是常人的几倍。刚开始用大拇指练习粉笔字时，他一拿起粉笔就掉，捡起来再掉，没多少时间，大拇指就发酸、发疼，连筷子都拿不起来。但他坚持苦练，居然没几个月就写出一手漂亮的粉笔字。

但张雄峰所面对的不只是学会用粉笔。刚接班时，他发现班级问题很多：学生纪律差、成绩不尽人意、课堂气氛不活跃……第一次走上讲台，他对学生说："张老师是一名残疾人，能在这里当老师很不容易。你们要努力学习，长大了要比张老师更有本领。"他讲了许多人生经历，学生被感动得哭了。

此后的每天，他都围着学生转，白天，除了上课、改作业，还要对几个"调皮大王"个别教育；晚上，除了备课、练字，还要看一些教育书提高教学能力；双休日，又要翻山越岭家访。

一年后，他的班级期末考试成绩在全县排名第七。学生还利用课余时间做了不少好事。村里的孤寡老人吴仕洲长期卧病在床，同学们每周都去看望她，帮忙做家务，聊天解闷。

2003 年 9 月，张雄峰被调到高坪小学。短短 3 个月，他又和这里的学生打成一片。张雄峰说自己最大的心愿是能够在三尺讲台上奉献一生。

苏村好干部周根富

终年 57 岁的周根富，生前是北界镇的一名普通干部，但他的突然离去，却牵动了太多村民的心。苏村的村民来了，北界镇的干部群众来了，他曾经工作过的古楼、应村、金竹、石练、濂竹等乡镇的村民也来了……近 300 人从四面八方赶来参加周根富的追悼会。

拨开人群，郑权伟来到周根富的遗像前深深地鞠了一躬："是他，最后一次上门劝说我们转移，救了我丈母娘和老丈人……"

生死一瞬间，他和没来得及转移的群众一起失联。

周根富的生命，定格在 2016 年 9 月 28 日 17 时 28 分许。那一刻，高悬在苏村"破崩岩"的一处高山，在台风带来的暴雨冲刷下，发生山体滑坡，当天已三进苏村劝离村民的周根富，和来不及转移的部分村民一起失联。

直到现在，周根富的办公室依然保持着他离开时的样子：一部电话、一摞工作笔记，还有半杯没来得及喝完的茶。

他的工作笔记，停留在 9 月 28 日 14 时 30 分：苏村地质灾害点，在侧面已发现新的塌方，两边已塌，中心独立，省专家明天来测点。到村里去……

看得出，"到村里去"这 4 个字，明显加重了笔力。

苏村的破崩岩自然村，共有 43 户人家 143 名村民。这些年，年轻人纷纷外出务工，村里常住人口只剩下 58 人，且多为老年人。

"鲇鱼"来势汹汹，苏村又是地质灾害隐患点。28 日，包括周根富在内的 23 名干部分成 4 组，来到位于半山腰的村里做工作。

"这个村以前也经常有石头从山上滚下来，所以大家没太在意。"从山体滑坡灾害中死里逃生的村民苏瑜民回忆。

当天 16 时多，一些原本已经被转移安置到苏家大院的村民坚持要回家做饭，周根富和同事们第三次进村劝说。

17 时 28 分许，伴随着"隆隆"声，飞溅的泥浆裹挟着巨石倾泻而下，瞬间将房屋、农田和村道尽数掩埋。

最后见到周根富的是北界镇农经员周瑞禄。出事时，他正开着车往村外跑，和周根富仅隔着 10 米远的距离，连按了几下喇叭叫他上车。然而，鸣笛声在塌方的巨响中显得那么微弱。

几乎是一瞬间，逃生的村道倾陷，周瑞禄连同车子一起被埋。顽强的求生本能驱使他循着一丝光亮，撞碎车窗逃了出来。站在废墟之上，他大声呼喊着"周叔"，却再也没能见到老周的身影。

"他真是个大好人，一次次来劝我们撤离，救了村里多少人啊！"灾民临时安置点里，87 岁的苏村村民苏光佑说，当天傍晚他也撤到了苏家大院，后来跟着几个乡亲返回家里拿东西。前脚刚到，后脚周根富就上门来劝了。就在苏光佑走出家门 100 米左右的时候，山体滑坡了。

梅溪小学"环保少年"张开颜

张开颜是梅溪小学一名品学兼优的好学生，她勤劳能干，助人为乐，也特别爱护环境卫生，经常参加环保活动。

在家，她种植花草，美化环境；在校，她常常弯腰，为校园的洁净出力；外出游山玩水时，看见垃圾她也能主动拾起，把垃圾分类放进垃圾箱。她还爱动脑筋，变废为宝，许多废弃的瓶子、吸管、纸片等，被她制成了洒水壶、装饰画等。

2016 年 6 月 5 日"世界环境日"，她和同学一起到遂昌平昌广场，参加"蓝天自造"环保宣传活动。用矿泉水瓶制作小花篮，参加了万人签名、清理白色垃圾等活动。

张开颜同学拥有一双勤快的小手，一颗环保的心灵，无愧于"环保少年"的称号。

梅溪小学勤俭少年蓝琳

今年九岁的蓝琳，是遂昌县梅溪小学三（6）中队的中队长。她是一个活泼可爱的女孩，平时学习刻苦努力，做事认真负责。在家孝敬长辈，在校尊敬老师，团结同学，是个品学兼优的学生。曾荣获"三好学生""学习之星""诵读能手"等称号。

蓝琳同学的父母都在温州上班，她和奶奶在学校附近租了一间房子。奶奶平时在餐饮店里做事，小蓝琳就主动做一些家务，扫地、洗衣、叠被、洗碗。走进她家，你会看到小小的房间收拾地一尘不染，东西都整整齐齐地摆放着。最显眼的要数墙上贴着的那一张张奖状，虽然才读了一年书，已经获得了 19 张奖状，有拼音的、体育的、计算的、社会实践的。她说每次她把奖状拿回家，奶奶就特别高兴，要把这面墙全部贴上奖状，让奶奶每天开开心心的。

　　小时候，爸爸妈妈在温州打工，她就在温州读幼儿园。阿姨开了一个废品收购站，蓝琳经常和爸爸妈妈一起去帮忙，看着大人们辛苦的汗水，她知道钱来之不易。同时，她发现，很多送到废品收购站的东西，都还有用武之地呢。她和大人们一起把一些东西清洗、修补，又派上了新用场。那时候，她的书包、本子，家里的小床、柜子都是在废品堆上淘出来的。每次向别人介绍自己不花钱就得到的东西，她就有无比喜悦的成就感。

　　要读小学了，她回到了遂昌，和奶奶在一起。她变得更加"抠门"了。使用学习用品时，不浪费一张纸、一支笔，从不追求时尚学习用品。把没写完的作业纸收集起来，订成一本当草稿纸，铅笔用短了，套上一个水笔套继续使用，平时，她自己的一支笔，一块橡皮能用很长时间。她把喝过的奶盒、水瓶子、饮料瓶等放在一个大口袋里，平时路上看到了，也会捡起来。隔一段时间就去卖一次，虽然每次卖的钱不多，但时间长了也攒足了几十块钱，她不舍得花存在自己的储蓄罐里，要买学习用品时，就从这里拿钱。她衣着朴素整洁，只求保暖、干净就行，从不与同学攀比。有时，爸爸妈妈打电话来问需要寄什么东西来吗？她总是说不用不用，我这里什么都有。她对自己吝啬，可是却很愿意帮助别人，有一回在街上，她看到遂昌中学的一个哥哥生了重病，在募捐，就把自己准备买笔袋的十元钱捐了出去。她说，我的旧笔袋虽然拉链不好了，但还能用用，以后再买吧。

　　"节约是一种美德"已经深深印在蓝琳的心里了。身为中队长，在严格要求自己的同时，也影响了中队的队员们。她带领队员们把矿泉水瓶和废旧纸张收集起来，卖了以后买课外书，放到班级的书柜里。当班级的同学去上体育课、音乐课时，她总是最后一名离开教室，为的是看看班里的电器、风扇之类的有没有关，看看同学洗手时水龙头有没有关紧，没有的话会主动去拧紧滴水的水龙头，她做事认真负责，尽心尽力，在她的带动下，同学们不仅都养成不乱丢垃圾的习惯，而且都主动攒起可利用的废品，班级里都是"人走灯灭"，勤俭氛围蔚然成风，同学们还小手拉大手，把勤俭的习惯带到了自己的家庭。

　　蓝琳同学用自己的实际行动践行着美德少年的深刻内涵，也用自己在学习生活中的点点滴滴为身边同学树立了学习的榜样。她就像校园里的一缕清新的空气，又或是一抹温暖的阳光，带给人恒久的感动。

　　学生自由发言，谈感想。

　　生1：一指老师在周末时给我们免费上书法课，真的是好人。

　　生2：我听我妈妈说苏村好干部周根富救了很多村民。

　　生3：我觉得张开颜比我们小都能做得怎么好，我也应该像她学习，从身边的小事做起。

　　生4：我觉得自己也应该勤俭节约，减轻父母的负担。

三、对号入座，猜一猜谁是"我身边的好人"。

甲：我们来玩一个游戏，让学生朗读自己所写的随笔《我身边的好人》。

乙：要求不准说出文中主人公的姓名，同学们要根据文中事实，来猜猜主人公是谁。

生1：在我们班中，有一位女生，她瘦瘦高高的，脸上白里透红，脖子上有一颗痣。她走起路来，十分轻盈，就像一只高挑的仙鹤。她特别爱笑，遇到一点好笑的事，就捂着嘴巴笑个不停。她待人宽容。有一次，我看见她的水笔笔芯十分好看、耐用，便向她买，她当时就给我一根还未用过的笔芯，我刚要付钱，就被她给拦住了，说："不用给钱，送给你。""那怎么行！""真的不用。"经过我再三的请求，她终于收下了我的钱。经过这件事，我更加看清了她的人：处处都想着别人，不管自己。哈哈！同学们，你们猜出来他是谁了吗？

生2：是一个瘦瘦的、个子不高的男孩，他长着一双大大的眼睛，笑起来非常可爱，他既是我的同学也是我的好朋友。在班级里，他是一个品学兼优的好学生。记得有一次我在做题的时候，被一道数学题难住了，于是我就瞎写了一个结果准备交给老师。在排队等候交卷的时候，我碰到了他，我问他刚才不会的那道题我的答案是否正确，他摇了摇头说："你的答案是错误的，还是让我给你讲讲吧。"说着他把我带回了座位，清清楚楚地把那道题的步骤写下来耐心给我讲解，并告诉我这类题型该注意哪些问题，最后我受到了他的启发，终于会做这种类型题了。你能猜出他是谁吗？

甲：看来我们身边的好人可真多呀。

乙：雷锋的精神依然存在我们的生活被千千万万的人所学习与继承，以美而纯洁的心灵让更多的人感受到爱与美。请听合唱《爱的奉献》。

四、表演唱《爱的奉献》。在歌声中介绍主题活动。

辅导员结束总结：同学们，今天我们_____中队"寻访身边好人"主题活动，在同学们的认真准备下，终于成功举行了。大家通过活动，了解到身边更多的感人故事。老师真心希望，大家能热爱祖国，勤奋学习，积极实践，为党续写新的一页。现实中我们的班级里，就有很多同学，在默默无闻地为班级为大家做着好事。如热爱劳动的小柯；如已回到家中，为了完成值日又赶回学校的林子；还有那位不知名的"护花使者"……我们每个人身上都有善的种子，只要把我们的爱心付诸行动，我们每个人都可以成为"身边的好人"。

第二主题 媒介德育与动画欣赏

第1课时 初识3D动画

活动设计

活动目标:

1. 在欣赏动画片段的过程中,了解动画的分类、动画的历史、动画制作的过程;

2. 能通过小组合作构思动画故事,明白动画制作要用上夸张和变形的手法,并且进行创新。

3. 在认识动画的过程中让学生学会辩证地看待动画,要有主见地选择适合自己的动画。

活动重点、难点:

通过小组合作构思动画故事,明白动画制作要用上夸张和变形的手法,并且进行创新。

活动流程:

一、激趣导入

1. 说说自己家乡百山祖的动漫节给自己留下印象最深的是什么?

2. 出示《疯狂动物城》的一段动画,组织学生观看。

二、动画大竞猜

1. 初触动画:组织学生组成小组,并把自己课前收集的几组动画片的图片整理好进行看图猜动画片名。

2. 按小组进行猜图比赛,并引导学生说说猜中的动画片中自己最喜欢的人物及看完动画的感受。

三、动画的分类

1. 组织每个小组的组长把自己带来的动画图片贴在黑板上,并给这些动画分类。

2. 师出示课件：

> A. 按不同的国家来进行分类的，分为中国卡通和外国卡通。
> B. 按动画表现的素材分，可以分为动物类、人物类、自然类的动画片。
> C. 按照动画技术分，可分为人工绘制、电脑制作和定格拍摄等。
> D. 按照动画形式分，可分为长篇动画、中长篇动画。

3. 小组成员之间讨论分类，再让学生交流汇报。

4. 在学生交流时穿插介绍动画的历史。

四、看动画了解动画发展史

组织学生欣赏部分动画片段，并及时介绍我国动画发展史。

1. 组织学生欣赏《大闹画室》的片段。

师及时讲解：这是我们中国的第一部动画片，叫作《大闹画室》。这是在 1962 年出现的，制作而成的。

2. 组织学生欣赏《骆驼献舞》片段。

师讲解：这是我国的第一部有声的动画片，叫作《骆驼献舞》，是 1935 年出现的。

3. 组织学生欣赏中国的第一部黑白动画片《铁扇公主》及《大闹天宫》。

师讲解：《铁扇公主》是 1941 年制作而成。在新中国成立后，我们中国的第一部彩色动画片叫作《大闹天宫》，在 1961 年制作而成。

五、了解动画制作过程

1. 播放视频《琪琪历险记》制作过程，生观看。

2. 组织学生讨论：看完《琪琪历险记》的制作过程，你对动画的制作有什么样新的看法吗？

3. 老师播放手翻书的视频。（边播放边讲解：手翻书是指有多张连续动作漫画图片的小册子，因人类视觉暂留而感觉图像动了起来。也可说是一种动画手法。手翻书制作时要注意从最后一张开始往前画。）

4. 老师组织学生完成手翻书，并出示要求及温馨提示。

> 要求：（1）每组自选或自定一个主题，6 分钟完成手翻书。（主题：踢球、送花、钓鱼、跑步等）
> （2）编成一个小故事。
> （3）推荐选手上台展示。
> 温馨提示：手翻书要从最后一页开始往前画。

5. 学生小组讨论思考并制作手翻书，老师巡查并指导学生。

6. 制作好的小组向大家展示手翻书的内容。

（六）师小结：同学们，动画片伴随我们走过了童年。那么它给我们的童年留下了非常精彩的一幕。在今天这节课我们了解了动画片，了解了动画的制作过程，也对动画有了新的认识，相信同学们今后会更加爱看动画片，也会对动画片有不同的了解。今天这节课就先上到这里。

活 动 实 录

活动流程：

一、课前谈话激趣

师：同学们好！在中秋节的时候，我们庆元百山祖举办了一个动漫节，我从我们班有些同学的中秋作文上也看到了，还有些同学的作文获奖了呢。那么，动漫节上都有什么呢？

生1：各种各样有趣的动漫人物，比如说：光头强、熊大熊二等。

生2：还有柯南……

师：这些动画人物从二次元的世界走到了我们现在三次元的世界，给我们大家带来了很多快乐。那么今天呀，老师就带你们走进二次元的世界：认识动画班会活动课。那么相信动画片同学们都看过不少，对吧？

生齐答：对。

师：下面老师带来其中前段时间非常火的一个动画片的片段，在看的时候，同学可以认真欣赏其中非常精彩的环节，看过之后告诉我这是哪一部动画片。

（师播放动画片，引导学生做一个文明的观众。）

师：这部动画片的名字叫什么？

生齐答：《疯狂动物城》。

师：《疯狂动物城》原名《动物大都会》，由里奇·摩尔、拜恩·霍华德及杰拉德·布什联合执导，该片讲述小镇女青年"兔朱迪"前往大城市展开寻梦之旅，后与看起来一点都不和谐的"狐尼克"组成搭档，并破获一桩动物界大案的故事。动画片向大家传递了真善美，构建了独立的世界观，小朋友能看懂，也带给观看的大人一些思考。

二、动画大竞猜

师：对《疯狂动物城》这部动画片大家都有所了解。那你们还了解其他的动画片吗？现在请大家把自己课前收集到的动画图片拿出来，我们一起玩一个游戏：动画大竞猜。我们以小组为单位举手竞答，比一比哪个小组最厉害。

第一组的学生出示《喜羊羊与灰太狼》的图片。

生：《喜羊羊与灰太狼》，我最喜欢喜羊羊了，聪明可爱。

师：是呀，这部动画伴随着很多同学度过快乐的童年。第二部是什么动画片呢，你又最喜欢哪个人物？

第一组出示《风之谷》的图片。

生：《风之谷》，这部动画片是讲人类与自然的。

第二组的学生出示《海绵宝宝》的动画片图片。

生：《海绵宝宝》。我最喜欢的是海绵宝宝了，每次看到它在做汉堡时，我都觉得很想吃汉堡。

生：我最喜欢《海绵宝宝》里的章鱼哥，它虽然有时很倒霉，但它只要甩动长长的脚，我就会觉得很滑稽，它带给了我很多快乐。

第二小组出示《哆啦 A 梦》图片，指名学生回答。

生：《哆啦 A 梦》。

生：《哆啦 A 梦》是一个青春奋斗励志故事。看完后，我觉得不是每个人都能像大雄一样遇见哆啦 A 梦，让生活绚烂多彩。不过我觉得只要经过不懈努力一定能蜕变成自己生命里的蝴蝶，去打开通往美好未来的大门。

第三小组出示龙猫图片，指名回答。

生：《龙猫》。

老师引导学生四人小组讨论看《龙猫》后的感受，最后要求小组推荐一人用一句话来表达自己小组形成的看法。

生：《龙猫》这部动画片向我们讲述了一个温馨、天真的故事，相信每一个看过《龙猫》的人一定会对那种单纯深切的姐妹深情感到无比亲切。

生：平淡的开始，平淡的结局，却处处让人觉得亲切，也让我们看到了期待。这部动画片倒映出了我们美好的心声，充满了期待、希望和惊喜。

生：《龙猫》生活中，不是每一个人都是十全十美的，但是我们可以尽量把心里的自私任性改改。

生：看了这部电影，我知道了一个道理：不管你是一个怎么样的人，只要你有最真诚的心，就可以打动别人。

师：动画带给我们的不光是快乐，更让我们了解了亲情、真诚、自身的不足，所以当我们看一部动画片时，我们要学会辨别，并学会取舍，取之所长补己之短。

师：《龙猫》是一部动物动画片。在我们中国三万五千年前的石器时代洞穴上的野牛奔跑分析图，画上四条腿，表示动物的运动。这是人类试图创作动画的最早证据。大家一起来看看这张当时的野牛奔跑图吧。

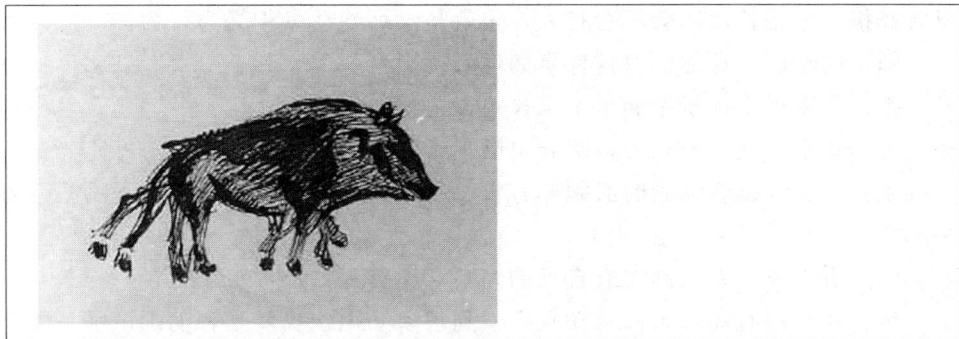

第四小组出示《钢之炼金术师》的图片。

生：《钢之炼金术师》。看了这部动画片，我知道了付出不一定会有回报，但是如果因为付出了不一定有回报而从此不付出的话，那是什么也得不到的。我们学生不管怎么样，都要像爱德和艾尔一样为了实现目标而努力奋斗。

第四组同学出示《围棋少年》的图片。

生：《围棋少年》，这部动画片让我明白了善有善报，恶有恶报。

生：老师，我来补充一点。动画片中江流儿那种不屈不挠的精神真是我们这一代人所缺少的。我们应该以实际行动来学习他的这种精神，不怕挫折，顽强学习，成为一个有用之才。

> 在进行动画大竞猜的游戏时，及时让学生把自己准备好的动画图片贴在黑板上。

师：动画大竞猜这个游戏看出了同学们对动画了解的还真不少。那么，你对动画的其他方面了解吗？谁能起来说一说啊？

生：就是，动画片里的一些声音都是有配音的。

师：哦，你知道了动画片是真人配音的，你们喜欢的主持人何炅就给很多动画片配过音。

生：动画片能连贯的放出来是因为背后有很多漫画师把它们连在一起投放出来的。

师：你对动画原理也有所了解，真不错。

生：很多电影的动作都是先有真人做然后再改编成动画人物。

师：看来我们班男生对动画还是比较了解的。

生：动画片中的动画人物是由不同的角色设定的，比如说她的头发眼睛肤色还有服装设计出来的。

师：所以每个人物都是独一无二的，对吗？你说。

生：动画片很多小孩子很喜爱。比如我弟弟也经常争着吵着要看《熊出没》。可是我弟弟有时就会把动画中的不文明行为和语言带到生活中。然后家里人都担心他成长以后会不会打人，也就是学那些动画中暴力行为。

师：同学们，那你们对这件事如何看待呢？

生：我觉得小孩子不懂事，家长可以进行引导。

生：我来补充，家长可以引导自己孩子学动画中的好行为。

生：我是觉得看动画时必须要有自己的判断，哪些行为是好的，哪些行为是不好的。

师：讲得好，看动画要有自己的判断。还有呢？

生：我觉得看动画可以从动画中学到很多知识，我就是看动画识字，还学会了一些生活技能呢？

师：动画里有好的，也有不好的，那我们同学要学会辩证地看待动画。

生：我所知道的动画片呢，它是分为两种，一种是卡通，一种是动漫。

三、动画的分类

师：你是从动画分类上来介绍。说到动画分类，那我们真要好好研究交流一下，刚才我们每个小组都把自己带来的动画图片贴在黑板上了，那我们来给这些动画分分类。

师出示课件：

A. 按不同的国家来进行分类的，分为中国卡通和外国卡通。

B. 按动画表现的素材分，可以分为动物类、人物类、自然类的动画片。

C. 按照动画技术分，可分为人工绘制、电脑制作和定格拍摄等。

D. 按照动画形式分，可分为长篇动画、中长篇动画。

小组成员之间讨论分类。

组织学生交流汇报。

生：我们小组是按国家分类，《喜羊羊与灰太狼》、《围棋少年》是中国动画，《疯狂动物城》、《海绵宝宝》、《哆啦A梦》、《龙猫》、《钢之炼金术师》是外国动画。

生：我们小组是按照动画表现的素材来分，可以分为动物动画片，比如《疯狂动物城》、《喜羊羊与灰太狼》、《海绵宝宝》；人物动画片有《围棋少年》、《钢之炼金术师》；自然动画片有《龙猫》、《风之谷》。

生：我们小组是根据动画技术分类，《哆啦A梦》、《龙猫》、《钢之炼金术师》、《围棋少年》、《风之谷》都是人工绘制；电脑制作有《疯狂动物城》、《喜羊羊 灰太狼》、《海绵宝宝》。

师出示图片介绍。

师：人工绘制动画其实早在公元前1600年就有了。埃及法老拉美西斯二世为伊希斯女神建造了一个有110根柱子的神庙。每根柱子上都画着女神连续变换的动作图。骑士或战车的驾驭者经过时，可以看到伊希斯女神好像动起来一样。

师：萨乌马特洛普的视觉暂留玩具（魔术画片）：一张由两根绳上下或者左右连着的纸片。一面画着鸟笼，一面画着鸟。转动上面或拽动绳子，纸片会旋转，两幅画就融合起来，就会看到鸟儿钻进笼子。

生：老师，我们小组讨论时都说不知道什么叫定格动画，所以也就不知道哪些动画是属于定格动画呢？

师：好的，那我们首先来了解一下定格动画的概念。

课件出示：

所谓定格动画就是将拍摄对象进行逐格拍摄，然后将其连续放映从而生成一个形似活了的人物或者想象中的虚拟角色。一般而言，我们所谓的定格动画都是黏土偶、木偶或者用混合材料制作出来的角色参加演出，这种动画的表演形式在传统意义上和手绘动画的发展历史进程一样久远。

出示动画片《阿凡提》的片段，让学生欣赏。

师：我们刚才已经了解了定格动画的特点了，那你们能说说自己知道的定格动画有哪些吗？

生：《了不起的狐狸爸爸》是不是呀？

师：讲得真不错，比如《星球大战》、《帝国反击战》也是属于定格动画。那最后一种按照动画形式分，哪个小组来说呢？

生：我们小组就是按动画形式分的，《疯狂动物城》《龙猫》是电影动画，时间约两个小时左右，制作精良，是属于中长篇。其他的动画片是剧集动画，都是好几十集或几百集的，属于长篇动画。

四、看动画了解动画发展史

师：了解了动画的一部分分类方法，那接下来我们一起来看几部动画片吧。

组织学生欣赏部分动画片段，并及时介绍我国动画发展史。

1. 组织学生欣赏《大闹画室》的片段。

师及时讲解：这是我们中国的第一部动画片，叫作《大闹画室》。这是在1962年出现的，制作而成的。

2. 组织学生欣赏《骆驼献舞》片段。

师讲解：这是我国的第一部有声的动画片，叫作《骆驼献舞》，是1935年出现的。

3. 组织学生欣赏中国的第一部黑白动画片《铁扇公主》及《大闹天宫》。

师讲解：《铁扇公主》是1941年制作而成。新中国成立后，我们中国的第一部彩色动画片叫作《大闹天宫》，在1961年制作而成。

我们中国动画，提到我们的中国的动画发展史离不开有四位主要的人物，分别是万古蟾、万籁鸣、万超尘、万涤寰4人。他们是我们最早的一批动画片制作人。

五、了解动画制作过程

师：是的，同学们随着科学技术的发展我们的动画片技术越来越精彩，今天啊，我们就来看一看现代动画的制作过程。这是一部《琪琪历险记》的制作过程。

师播放视频《琪琪历险记》制作过程，生观看。

师：好了，同学们，看了《琪琪历险记》的制作过程之后，我们发现动画的制作也是非常有趣的，那么了解了动画制作之后，你对动画的制作有什么样新的看法吗？

学生们思考讨论中……

生：一开始在没有上这堂课之前，我觉得制作动画片是一件非常简单的事情。但是，看完这个影片之后，我才知道原来制作动画片需要这么多的环节，我们应该向那些制作动画片的人致敬。

师：懂得感恩，我们确实是要做一个会感恩的人。

生：在看到这个视频以前，我觉得制作动画片是非常无趣、无聊的一件事，但是时间是非常短。但是看了这个视频以后，我晓得制作动画有很多乐趣。我今后也要像动画师一样做事情认认真真，才会把事情做得非常精致。

师：同学们都深有感触。的确，正是有动画制作师的无私付出以及他们精湛的技术所在，所以才有了精彩的动画片。那么，老师带来一小段《琪琪历险记》制作成功之后的小片段，大家来欣赏一下。

播放视频《琪琪历险记》片段。

师：同学们，动画制作师通过自己的努力，可以制作出这么优秀的作品，你们想不想也来当一当动画制作师呢？

生：想。

> 老师播放手翻书的视频，边播放边讲解：手翻书是指有多张连续动作漫画图片的小册子，因人类视觉暂留而感觉图像动了起来。也可说是一种动画手法。手翻书制作时要注意从最后一张开始往前画。

老师组织学生完成手翻书，并出示要求及温馨提示。

> 要求：（1）每组自选或自定一个主题，6分钟完成手翻书。（主题：踢球、送花、钓鱼、跑步等）
>
> （2）编成一个小故事。
>
> （3）推荐选手上台展示。
>
> 温馨提示：手翻书要从最后一页开始往前画。

学生小组讨论思考并制作，老师巡查并指导学生。

师：好，同学们先停下你手中的笔，我们先来看一看第六组同学，有两位同学已经画好了。先来看看他们的作品，请 xx 同学介绍下你画的故事情景。好吗？

生：我画的是一个火柴人，他无聊地坐在碧绿的草地上发呆。这时，远处走来了他的一个朋友，递给他一个羽毛球。他眼珠一转想了一个主意，把羽毛球放在头上当帽子，欢快地跳起舞。后来，他朋友给他一根绳子，灵活地跳起绳。最后，火柴人还摆了一个很帅的 pose。

师：非常感谢你的分享。接下来我们一起欣赏第二部作品。

生：我们小组的主题是：踢足球。两个人在草地上踢足球。一个人踢得太高了，就踢到另一个人的头上，那人被吓得晕倒了。

师：团队的力量就是大，不一会就制作出了这么精彩的手翻书，谢谢你们小组的制作。因为时间的问题，老师发现下面还有很多好的作品，现在不能一一呈现出来。所以，同学们可以课后继续画，然后班级内下一次再交流。同学们今天这节课了解了动画，而且同学们亲手画过动画之后，你对动画片的了解仅仅只停留在好玩、有趣上吗？你对动画片又有了什么新的认知呢？来，说一说。

生：上完这节课呢，我突然想到一句话。"慢工出细活。"正是动画制作这些为我们这样精细、细心制作出各种各样的漫画，才能让我们快乐地在电视中看到动画片。

师：所以，我们应该要珍惜他们的劳动成果。

生：在我们快乐的背后，其实有一群人在加班加点地为我们工作着。他也许只为我们快乐的一瞬间，然而短短一瞬间，却是他很多很多心血的凝结。所以，我也特别敬佩动画制作人的精神。

生：上了今天的课，我觉得应该向这些动画制作人学习不怕苦不怕累的精神。

师：同学们，动画片伴随我们走过了童年。那么它给我们的童年留下了非常精彩的一幕。在今天这节课我们了解了动画片，了解了动画的制作过程，也对动画有了新的认识，相信同学们今后会更加爱看动画片，也会对动画片有不同的了解。今天这节课就先上到这里，下课。

生齐答：老师，再见。

第 2 课时　我说动画世界

活动设计

活动目标：

1. 通过欣赏中国、日本、美国三国的动画片，让学生能在比较中感受到三国之间的动画主题各有什么特点和动画的表现形式。

2. 在进行动画主题和表现形式的对比中，让学生能逐渐形成自己的主见，并正确表达出来。

3. 在比较和交流动画主题特点和表现形式中，学生感知了动画中的正能量，并以此激励自己遇到困难或逆境时能奋发向前。

活动重点、难点：

在进行动画主题和表现形式的对比中，让学生能形成自己的主见，并正确表达出来。

活动过程：

一、组织学生观看"东京八分钟"，导入学习

1. 师边播放"东京八分钟"边介绍：2016 年里约奥运会闭幕式在马拉卡纳球场进行。最引人瞩目的环节莫过于"东京八分钟"——众多经典动画卡通人物纷纷亮相，包括哆啦 A 梦和 Hello Kitty，这 8 分钟惊艳世界。需要提及的是，超级玛丽通过 AR 新技术呈现在人们面前。从虚拟世界切换到现场时，安倍晋三化身超级玛丽出现在马拉卡纳球场中央设置的"绿色管道"中。

2. 揭题。

二、比较各国之间动画主题特点

1. 看完之后请同学们说说看了"东京八分钟"觉得有什么特别的地方？

①引导学生说说自己喜欢的日本动画以及原因。

②师根据学生的交流小结日本动画的主题特点。

（日本动画在主题上确实是有个共同的特点：动画的内容不同，但都有较多打斗镜头，在表现了主人公的友情、亲情或爱情等亘古不变的主题，向大家展现的是人性的真、善、美，以及人类的前途和命运等具有现实意义且容易引起共鸣的话题。）

2. 组织学生向大家推荐自己喜欢的中国动画及原因。

师根据学生的交流并小结中国动画的主题特点：我知道了我们中国动画在动画主题上的共同点就是：强调内容的健康性，突出了中国文化的优良传统，不会像日本动画那么血腥，更没有色情。所以我觉得我们中国的动画片更适合儿童看，既能学到知识，又能在动画片中习得做人的道理和继承中华传统美德。

3. 组织学生小组讨论：结合动画片来介绍美国的动画主题有什么特点？

师小结美国动画主题的特点。

三、了解比较三国动画的不同表现形式

1. 接下来请同学们小组合作比较三国动画的表现形式有什么不同。

组织学生拿出抽屉里的学习单完成。

学习单

	中国	日本	美国
最喜欢哪部动画片的人物			
像这样的动画片还有哪些			
动画片的表现形式			

2. 老师出示资料：随着动画片领域的不断发展壮大，对动画片的分类也就越来越多。经过归类，大致有以下几种分类方式：按照视觉形式类型可以分为平面动画（2D）、立体动画（3D）。按照叙事风格分可以为文学性动画片、戏剧性动画片、纪实性动画片、抽象性动画片。照传播途径可以分为影院动画片、电视动画片、实验动画片。另外根据播放时间分为动画片长片、动画片短片。根据体裁分为单部动画片和系列动画片。按照艺术表现形式可以分为油画动画片、水彩画动画片、国画动画片、剪纸动画片、木偶动画片、黏土动画

片、皮影动画片，等等。

3. 小组展示学习单，交流美国动画的主要表现形式。

以《冰雪奇缘》为例进行交流。

4. 小组展示学习单，交流中国动画主要表现形式。

①以《大鱼海棠》为例进行交流。

②老师趁机介绍相关知识：上下五千年、悠悠文明史，造就了中国动画片百花齐放的格局。同是水墨动画片，就可以运用多种风格的画意。齐白石、贾又福、李可染的笔法在不同的动画当中体现了不同的风格。从绘画到雕塑，从剪纸到皮影，很多优秀的民族民间艺术，都是我们值得借鉴的好材料。对优秀传统文化的借鉴和对本土现实生活的提纯，使中国的动画片呈现地道的中国风貌。例如：《三个和尚》借鉴了中国戏曲风格；《骄傲的将军》表现的是京剧风格；《渔童》、《牛冤》等剪纸片吸取的是中国皮影和民间剪纸的外观形式。再例如，《大闹天宫》成功运用了中国古代寺观壁画；《鹿铃》、《山水情》脱胎于中国画中的写意花鸟和写意山水；而《南郭先生》、《火童》则融合了汉代画像石和画像砖的刚健风格。

③请你根据自己的了解把动画片与相对应的表现形式连一连。

   皮影动画片   水彩画动画片   剪纸动画片

     木偶动画片   黏土动画片

5. 小组展示学习单，交流日本动画主要表现形式。

以《蜡笔小新》为例展开交流。

四、小结，课外拓展

1. 今天这节课我们欣赏了中国、美国、日本三国动画的主题特点和主要表现形式，你们有什么收获吗？

2. 师小结。

活 动 实 录

活动过程：

一、组织学生观看"东京八分钟"，导入学习

师：同学们有看过里约奥运会开幕式中的"东京八分钟"吗？现在我们就一起来看看，看完之后请同学们告诉我你看到了什么特别的地方？

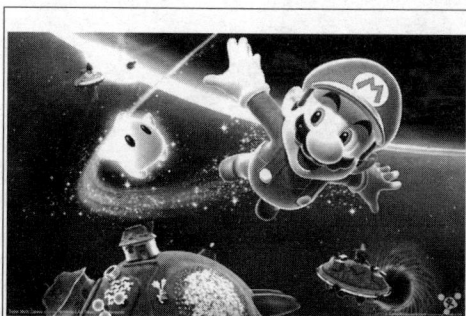

师边播放边介绍：2016 年里约奥运会闭幕式在马拉卡纳球场进行。最引人瞩目的环节莫过于"东京八分钟"——众多经典动画卡通人物纷纷亮相，包括哆啦 A 梦和 Hello Kitty，这 8 分钟惊艳世界。需要提及的是，超级玛丽通过 AR 新技术呈现在人们面前。从虚拟世界切换到现场时，安倍晋三化身超级玛丽出现在马拉卡纳球场中央设置的"绿色管道"中。

师：动画有趣吧，它还藏着很多秘密呢，这节课我们再一起走进动画，了解中、美、日三国之间的动画主题各有什么特点和表现形式。

师板书课题：动画世界我来说。

二、比较各国之间动画主题特点

师：同学们在刚才的"东京八分钟"看到了什么特别的地方？

生：它融入了日本最有名的动画元素。

师：哆啦 A 梦是作为 2020 年日本东京奥运会的形象大使。老师最喜欢的日本动漫是美少女战士，那同学们最喜欢的日本动漫是什么，向大家推荐一下吧？

生 1：我最喜欢的是《火影忍者》。动画片中的忍者们都坚守着自己的忍道，用自己忍道来规范着自己的行为，引导自己走的路，而这个忍道在我们现实生活中就是——信念。我们知道信念是最能支持人奋发向上的动力。

师：信念是我们人生中支持我们前行的动力，当我们生活和学习中遇到困难和挫折时，也要像忍者一样坚守自己最初的信念，克服困难勇往直前，取得最后的胜利。

生 2：我最喜欢《海贼王》，路飞为了自己的理想，和为了自己的朋友，让自己变得更强，他为了自己朋友做出的各种事情都让我很感动。我今后也要像路飞一样对朋友宽容、乐于助人。

师："对人以诚信，人不欺我；对事以诚信，事无不成。"是的，对朋友要真诚和多为朋友着想，这样朋友才会越来越多。希望我们同学在观看动画片时能多从正能量的角色身上汲取自己所需能量。

生3：我最喜欢宫崎骏的动漫，比如《千与千寻》。我很喜欢她不屈不挠的精神，不管是对帮助过自己的还是伤害过自己的人都抱有一份宽容的心。

师：同学们，刚才三个同学向我们推荐的三部日本动画都有什么共同的特点？

生：主题上都有共同的特点，最后都是有美好的结局。

生：我补充一点：三部动画片里都有打斗，但向我们传播的是"邪不压正"，都有美好的结局。

师出示图片并介绍：正像你们俩说的，日本动画在主题上确实是有个共同的特点：动画的内容不同，但都有较多打斗镜头，在表现了主人公的友情、亲情或爱情等亘古不变的主题，向大家展现的是人性的真、善、美，以及人类的前途和命运等具有现实意义且容易引起共鸣的话题。日本动画中较多打斗的场面不适合我们小学生看，因此，当我们观看动画时就要学会辨别，多学学主人公的真善美，做一个行为文明优雅的小学生。值得一提的是宫崎骏的作品作为日本动画片的杰出代表，大家课外可以有选择地观看他的动画作品，好好感受一下日本动画的这一特点。

师：好看的日本动漫的确多得数不胜数，但咱们自己中国的动画也不甘示弱，谁能来向大家推荐自己喜欢的中国动画？

生1：《大鱼海棠》，剧中处处透露着中国元素，处处展现东方之玄妙：从主角"椿、鲲、湫"命名说起，均可在古籍中找到。

生2：《大圣归来》这部动画片在情节上，用时空中的一个点延展了唐僧的成长和孙悟空的内心，平添了许多的惊喜。在造型上，好莱坞魔怪元素和国产动画片神妖人形象的相遇，给人强烈的带入感。

师：《大圣归来》融合了《大话西游》里的唐僧、83版《西游记》里的八戒，以及西式的笑料包袱，恰恰完美地塑造了属于《大圣归来》自己的孙悟空，不愠不火，毫无违和感。这也是《大圣归来》角色的一大创新哦。

（欣赏中国的动画图片）

师：听了你们的介绍，我知道了我们中国动画在动画主题上的共同点就是：强调内容的健康性，突出了中国文化的优良传统，不会像日本动画那么血腥，更没有色情。所以我觉得我们中国的动画片更适合儿童看，既能学到知识，又能在动画片中习得做人的道理和继承中华传统美德。

师：讲完了日本、中国的动漫我们自然也会想到了美国的动画，那美国动画：变形金刚、猫和老鼠同学们看过吗？那我们小组讨论一下美国的动画主题有什么特点，可以结合动画片来介绍。

学生小组讨论，并在纸上写下小组讨论的结果，再推荐一人汇报。

生：我们组觉得美国动画片主题的特点是：反面人物总是被冥冥中的上帝惩罚，如《美女与野兽》中，野蛮的猎手加斯顿失手掉下深渊，《钟楼怪人》弗罗洛主教从巴黎圣母院的顶楼坠落等。

生：我们小组觉得美国动画注重个人主义，崇尚自由，比如《狮子王》、《蜘蛛侠》、《绿巨人》，等等，大都反映了个人英雄主义的主题。

师：美国动画主题的特点确实如同学们所说的，同时美国动画题材单一，主要强调影片的教育作用和民族文化，在任何情况下都必须遵循公认的社会准则和道德规范也是它的动画主题特点。

三、了解比较三国动画的不同表现形式

师：刚才我们一起来了解三个国家动画的主题特点。接下来请同学们小组合作比较三国动画的表现形式有什么不同。请大家拿出抽屉里的学习单，在完成学习单之前老师有一点小提示：同学们可根据我们刚才了解三国动画主题特点的方法来完成，就是根据自己熟悉的动画片来讨论各国动画片的表现形式。

出示学习单，组织学生小组讨论完成，老师巡回检查，并及时加入到有疑问的小组中帮忙。

学习单

	中国	日本	美国
最喜欢哪部动画片的人物			
像这样的动画片还有哪些			
动画片的表现形式			

老师提示：很多同学在判断动画的表现形式上遇到了问题。同学们我们到影院看电影要戴什么眼镜呀？

生：3D!

师：3D就是动画的表现形式，那我们中国很多传统动画表现形式是什么呢？

生：2D。

生：我们中国很多传统动画表现形式还有木偶动画片、黏土动画片等。

师：我们同学讲得都很好，但是你们发现刚才同学们的交流有什么问题吗？

生：问题？我觉得问题是同学们没有按一定的标准来说动画表现形式，因为2D动画片、3D动画片、木偶动画片、黏土动画片，是从不同的方面来区分动画的表现形式，但具体原因我也讲不清楚。

师：思维敏捷，一下就发现问题所在了。那为了让我们同学了解得更清楚，那我们可以来看看这段资料。

出示资料：随着动画片领域的不断发展壮大，对动画片的分类也就越来越多。经过归类，大致有以下几种分类方式：按照视觉形式类型可以分为平面动画（2D）、立体动画（3D）。按照叙事风格分可以为文学性动画片、戏剧性动画片、纪实性动画片、抽象性动画片。照传播途径可以分为影院动画片、电视动画片、实验动画片。另外根据播放时间分为动画片长片、动画片短片。根据体裁分为单部动画片和系列动画片。按照艺术表现形式可以分为油画动画片、水彩画动画片、国画动画片、剪纸动画片、木偶动画片、黏土动画片、皮影动画片，等等。

师：同学们可以根据这一点来讨论完成学习单。动画变现的形式很多，那么你可以根据自己最常见的一点进行讨论交流。

展示小组学习单，了解美国动画的主要表现形式。

生：美国的《狮子王》、《辛巴达七海传奇》，日本的《千与千寻》，中国的《大闹天宫》、《七色鹿》都是属于2D动画片。中国3D动画片有《大鱼海棠》、《猪猪侠》等，美国3D动画有《疯狂动物城》、《爱宠大机密》等。日本的3D电影有《海贼王》等。

师：美国在3D动画片走在了前沿，1995年美国皮克斯的《玩具总动员》标志着动画进入三维时代。接下来我们一起来欣赏《冰雪奇缘》片段，了解一下美国动画的主要表现形式。

学生欣赏《冰雪奇缘》。

生：《冰雪奇缘》它有一个特点就是说着说着就唱起来了。

师：其实美国的动画充满了音乐性，还有结局通常是圆满的。这也是美国动画的一种主要表现形式。那么美国动画的主要表现形式是：三维动画、音乐性、长时动画。

展示学习单，了解中国动画主要表现形式。

师：刚才大家谈到了近日正在热映的中国 3D 动画电影《大鱼海棠》，这部动画中有很多中国的元素，不知道你们注意到了吗？

生：剧中的有些角色的灵感来源于古代神话故事，比如说：椿、鲲、湫等。

生：我还看到了我们庆元常见的廊桥。

师出示资料，引导学生了解：

《大鱼海棠》这部动画片从场景到角色，影片参考了许多神话故事以及现实中存在的素材。除了一眼就能看出素材来源于福建土楼的场景，还有许多中国元素隐藏在各个小细节中：1. 动画中部分角色的灵感来源神话，椿、鲲、湫等人物都是来自中国神话的，还有白泽、后土、句芒、嫘祖等。

2. 古代器物、建筑篇随处见。动画中的花楼机是我国古代织造技术最高成就的代表，箜篌是中国汉族十分古老的弹弦乐器，还有福建土楼、如升楼、古廊桥等古建筑。

3. 椿在山间伫立的场景灵感来源于中国特有的梯田地貌，用一种写意的方式表现了美感。

师：那我们传统的动画还有哪些表现形式呢？

生：皮影、剪纸……

师组织学生欣赏中国传统动画的图片，加深对中国元素特点的印象。

老师出示图片趁机介绍相关知识：上下五千年、悠悠文明史，造就了中国动画片百花齐放的格局。同是水墨动画片，就可以运用多种风格的画意。齐白石、贾又福、李可染的笔法在不同的动画当中体现了不同的风格。从绘画到雕塑，从剪纸到皮影，很多优秀的民族民间艺术，都是值得我们借鉴的好材料。对优秀传统文化的借鉴和对本土现实生活的提纯，使中国的动画片呈现地道的中国风貌。例如：《三个和尚》借鉴了中国戏曲风格；《骄傲的将军》表现的是京剧风格；《渔童》、《牛冤》等剪纸片吸取的是中国皮影和民间剪纸的外观形式。再例如，《大闹天宫》成功运用了中国古代寺观壁画；《鹿铃》、《山水情》脱胎于中国画中的写意花鸟和写意山水；而《南郭先生》、《火童》则融合了汉代画像石和画像砖的刚健风格。

师：了解了中国传统动画的表现形式，那按照艺术表现形式分类也就不难了。我们来完成一题连线题吧。

请你根据自己的了解把动画片与相对应的表现形式连一连。

皮影动画片　　　　水彩画动画片　　　　剪纸动画片

木偶动画片　　　　　　黏土动画片

师：那我们中国动画主要表现形式是什么呢？

生：中国动画主要表现形式是：人物传统美，大量采用剪纸、水墨、皮影、木偶、黏土等中国传统艺术。

师：我们中国的动画大多采用中国传统艺术的表现形式，所以身为祖国未来接班人，我们也要把这些传统艺术继承下来，并把它们发扬光大。

展示学习单，学习日本动画的主要表现形式。

师：接下来我们看看这组同学的汇报。

生：我们小组的同学最喜欢的日本动漫是《蜡笔小新》，我们觉得日本动画最主要的表现形式就是故事叙述，不仅搞笑，还富有哲理、想象力，也有很多感人的地方。

师：一语中的，你们小组的同学概括的真好，日本动画的主要表现形式还有一个：日本动画大多采用 2D。

师：今天这节课我们欣赏了中国、美国、日本三国动画的主题特点和主要表现形式，你们有什么收获吗？

生：三个国家的动画各具特色，今后我知道如何选择动画看了。

生：我今后看动画时，不仅仅看的是动画的内容，我会结合今天学到的知识去判断动画的主题以及动画的变现形式了。

生：我也特别像当动画师了，我们一定要把中国传统美德和传统艺术继承并发扬光大。

生：我觉得今天的学习让我感受到了我们国家的厉害，中国动画的表现形式那么多，真要感谢动画师们辛勤付出。我今后也会像动画师们克服各种困难，一步一步实现自己的目标。

师：是啊，每部动画就像每位小朋友们一样都是不一样的存在，希望今后同学们能够带着刚才自己的收获在学习中、生活中克服各种困难、挫折，实现自己的梦想，把我们国家建设得更美好。

我们这节课就上到这里！

第3课时　结缘动画片

活 动 设 计

活动目标：

1. 欣赏动画片《熊出没》，能比较出动画片中传递出的不同的价值观，能形成自己的观点，并且在辩论的过程中能阐述清楚自己的观点。

2. 学会辨别动画片中不同的价值观，能树立自己正确的价值观，并在生活、学习中严格要求自己成为一个品行端正的四雅少年。

活动重点、难点：

能正确面对动画片中不同的价值观，并能树立自己正确的价值观，并在生活、学习中严格要求自己成为一个品行端正的四雅少年。

活动准备：

1. 每位学生都观看一两集《熊出没》的动画片，并写出自己认为《熊出没》是一部好的动画片的十个理由或者写出认为《熊出没》不是一部好动画片的十个理由。

2. 分组，分成三组：正方、反方、裁判组。

3. 小组确定好正反两方队长，并明确队长职责：负责陈述、总结以及参与辩论。

4. 小组各自设计辩论赛的方案及准备内容：正反方围绕主题进行动画片剪辑、动画图片、道具、照片等的准备；裁判组准备红牌、黄牌、绿牌资料收集等。

活动过程：

（一）激趣导入：

1. 看图猜动画片。

2. 经典语录，猜动画人物。

3. 经典动作：我模仿，你来猜。

4. 揭题：动画片对我的影响。

（二）探究动画片对我的影响

1. 讨论动画片的利弊。

老师给大家播放两个事例，请同学们边看边思考，你看完后有什么想说的？

出示两个事例，组织学生观看：

> 一个视频（模仿灰太狼烤肉被烧伤男孩来京治疗）。
>
> 一篇文章（小芳是位独生子女，在家里是大人们的掌上明珠，所以养成了事事以自我为中心的性格，在学校中没有一个朋友，但喜欢看动画的小芳看了《喜羊羊和美羊羊》的动画后，学会了分享、团结同学，现在已经拥有了很多好朋友）。师：这两件事情都是在看了《喜羊羊与灰太狼》后发生的，你看了之后有什么想说的？

2. 师小结，我们同学刚才都形成了一致的观点：①不要刻意的地、盲目地模仿危险动作；②学习动画片中好的方面对我们成长才有帮助。

（三）我是小辩手

要求正反两组同学面向而坐，裁判组同学坐中间。

> 师出示辩题：
>
> 正方：《熊出没》是一部好的动画片
>
> 反方：《熊出没》不是一部动画片
>
> 两方队长进行 150 秒陈述。

1. 正反方队长陈述环节。

2. 裁判组给正反方队长的陈述亮分。

3. 正反方相互质询环节。

师讲解质询环节的要求：首先由正方质询反方，反方只作回答，不提问，90 秒。接着反方质询正方，正方也只做回答，不提问，90 秒。

4. 裁判组根据正反方质询环节的表现亮分。

5. 自由辩论时间，再裁判组给出正反方的表现分。

6. 小结陈词：要求用一句话总结陈述各自的观点。

（四）师小结：动画片有利有弊，要看自己的取舍，要看自己是非辨别能力，我希望今后同学们都能在观看动画片时学习正能量，并以此激励自己面对困难、挫折时能坚持不懈、奋发向前，直至达到自己的梦想。

活 动 实 录

活动过程：

一、激趣导入：

1. 看图猜动画片

师：老师先和大家玩个游戏，这个就是老师微信的头像，大家看过这个动画片吗？（PP 师出示"哆啦 A 梦"图片）

生：看过，哆啦 A 梦。

师：这个呢？

生：大耳朵图图、西游记、海贼王、网球王子。

2. 经典语录，猜动画人物

师：接下来我们进行第二个游戏，猜猜这位是哪个卡通人物？

（师出示①我爱吃东西，吃很多东西，吃完东西要睡觉，睡个大懒觉，懒觉睡多了，再吃东西，再睡懒觉。提示：出自《喜羊羊与灰太狼》）

生：懒洋洋。

> 我一定会回来的！

②师出示经典语录：

师：这个又是谁呢？

生：灰太狼。

师：一下就猜出来了，看来我要拿出点绝活了。

③师出示

> △直到最后一刻也不能放弃希望，一但死心的话，比赛就结束了。
>
> △不到最后一秒，就不会知道究竟是谁胜利。所以哪怕只有一秒，也别轻言放弃。

师：这个又是谁呢？

学生小声议论，但猜不出是谁。

师：老师给大家一点提示：出自灌篮高手，是一位教练哦。

生：安西教练。

3. 经典动作：我模仿，你来猜

师：接下来我们进行第三个游戏：我模仿，你来猜。

请两位学生上讲台模仿经典动作，下面的学生进行猜测。

生 1：真想永远只有一个。

生：柯南。（生齐答）

师：模仿柯南的动作很标准哦，给他点掌声。

生 2：不要着急——休息——休息一会儿。

生：一休哥。

师小结：动画片在同学们生活中是不可或缺的，它带给我们很多快乐。今天这节课我们继续研究动画，看看动画会给我们带来什么影响。

4. 揭题：动画片对我的影响

二、探究动画片对我的影响

1. 讨论动画片的利弊

师：等会儿老师会给大家播放两个事例，请同学们边看边思考，你看完后有什么想说的？

出示两个事例，组织学生观看：

> 一个视频（模仿灰太狼烤肉被烧伤男孩来京治疗）。
>
> 一篇文章（小芳是位独生子女，在家里是大人们的掌上明珠，所以养成了事事以自我为中心的性格，在学校中没有一个朋友，但喜欢看动画的小芳看了《喜羊羊和美羊羊》的动画后，学会了分享、团结同学，现在已经拥有了很多好朋友）。师：这两件事情都是在看了《喜羊羊与灰太狼》后发生的，你看了之后有什么想说的？

生：我觉得在制作动画的时候，必须把那些危险动作标明出来，如果没有标明出来，万一有些不懂事的小孩子就会去模仿那些危险的事情，那么后果将不堪设想。

生：我觉得还是要自己有主见，不能刻意模仿动画片中的危险动作。

师：对，我们小学生要学会辨别动画片中的好坏，特别是危险动作更不敢模仿，不然会有生命危险的。

生：动画片是一把双刃剑，有好的地方，也有坏的地方。我们可以多学学动画片中好的方面，但不要去模仿坏的方面。

师：讲得很好。那么说明了我们在看动画片的时候，不能刻意地、盲目地去模仿。（板书）

师小结：我们同学刚才都形成了一致的观点：①不要刻意的地、盲目地模仿危险动作；②学习动画片中好的方面，这对我们成长才有帮助。

师：同学们，49 位同学看熊大、看熊二，可能有 49 个熊大、49 个熊二。为什么会有这种现象呢？

生：每个人看问题的角度不一样。

师：说得非常好，每个人看问题的角度不一样，那得出的结论也会不同。今天我们就要进行一场辩论赛，好好论一论各自的观点。大家按照自己课前分好的组赶紧做好，准备我们的辩论赛。

三、我是小辩手

要求正反两组同学面向而坐，裁判组同学坐中间。

> 师出示辩题：
> 正方：《熊出没》是一部好的动画片
> 反方：《熊出没》不是一部动画片
> 两方队长进行 150 秒陈述。

1. 正反方队长陈述环节

正方生队长陈述：我们小组认为《熊出没》是一部好的动画片：首先我觉得《熊出没》给我们增添了很多课后乐趣，《熊出没》的情节很多是很有趣的，很搞笑的，大家看动画片时都经常被熊大、熊二萌萌的表情和憨憨的动作给逗笑，不仅给我们学习解压，还让我们学会了乐观的精神。其次我想讲的是动画片中的人物，熊大熊二面对光头强一次次砍树破坏森林的行为，他们一次次地站出来保护森林，他们这种团结、百折不挠的精神不正是我们身上所缺少的吗？他们这种精神不正是我们小学生所应该学习的吗？最后我们从《熊出没》的主题上来看看吧，这部动画片向大家宣传的是要我们保护森林，保护好我们的大自然。大家肯定还记得熊大熊二的口号吧："保护森林，熊熊有责"。大家都知道森林是人类的'摇篮'，人类依赖于森林，不仅因为森林能给我们提供丰富的木材和林副产品，还因为森林有地球之肺的美称，它能大量地吸收二氧化碳，不断制造人类和其他生物所需的氧气。但是现在有很多人却不知道保护森林，很自私，总向森林索取，不知道总有一天森林的可再生资源和不可再生资源都会从地球消失，那人类也会随着森林的消失而灭绝；总而言之，我方认为《熊出没》是一部好的动画片。

反方生：我认为《熊出没》不是一部好的动画片。动画中的两只熊经常不经同意就跑到光头强家中进行破坏和偷窃，并且把光头强的家搞得一团糟。假如观看动画片的小朋友没有辨别能力，那他觉得只要自己喜欢，也可以像熊大、熊二一样乱闯别人的家，在学校看到自己喜欢的东西也可以随便拿，那不是很糟糕了吗？《熊出没》这部动画向观看者灌输着这种错误思想，我觉得是非常不好的。你方刚才强调说动画片中两只熊非常可爱，非常逗人笑，但你们有没有注意到两只熊经常暴力殴打光头强，让光头强忍无可忍，这也会给小朋友带来不好的影响，小朋友在与同学朋友相处时遇到不高兴或不顺他意的时候也选择用暴力处理问题，那不是会让小朋友没了好朋友了吗？没了好朋友还事小，要是让学校里的小朋友没有了规矩、没有了纪律那会更糟糕的。最后我还想说一点，刚刚我们大家观看的视频中的"小朋友模仿灰太狼烤羊"的事件，最后受伤的还是小朋友啊。所以我觉得《熊出没》不是一部好的动画片。

裁判组：我组的组员一致觉得正方刚才的陈述要比反方更有层次性，并且还用上了我们上一节课所学习的动画主题，所以我们给正方加一分。

师：我觉得裁判组的队员们听得非常认真，并且知道从双方的发言中判断他们各自的发言是否把自己的观点阐述清楚了。确实是正方更有条理，先从动画片给观看者带来的愉悦来说，接着说动画片带给观看者的正能量，让大家知道了在生活、学习中都要不怕困难，不怕挫折，勇往直前才能实现自己的梦想，最后回到主题上——保护森林，并把自己课外收集到的资料引用到阐述自己方的观点中。正方条理清楚，层层深入，这一分应该得。

2. 正反方相互质询环节

师讲解质询环节的要求：首先由正方质询反方，反方只作回答，不提问，90秒。接着反方质询正方，正方也只做回答，不提问，90秒。

正方提问：《熊出没》里面熊大熊二很团结，他们经常团结起来制止光头强砍树保护森林，难道你们不觉得这种团结的精神不值得我们去学习吗？

反方：他们团结是因为他们要去对付光头强，把他的东西抢过来，假如是吃的话，熊二一定会抢过来就先吃掉，假如团结起来干坏事也是好的，那我无话可说。

正方：那你们首先要搞清楚他们为什么团结起来？

反方：他们团结起来就是为了惩罚光头强，把他的东西抢来吃。

正方：你们也承认他们是团结，那就是说《熊出没》向我们传达了团结的精神，而团结的精神是我们要学习的。你方是不是承认它是一部好的动画片了？

反方：我可没有这么说啊。

正方：那我想请问你们看不看《熊出没》？

反方：看啊。

正方：都看了还说不是好动画片，说得过去吗？

反方：我们想说的是动画片中熊大熊二是憨憨的、萌萌的让人很喜欢，但是他们的言行却让人不敢苟同，他们经常捉弄光头强不说，还满口方言"俺，俺……"的，让刚学说话的小朋友学会了，那不是就影响了他说标准的普通话了。

正方：判断一部动画片是不是好的，我想总不能用单一的标准来衡量吧。动画片中好的方面很多，你们都不说。

反方：我也想说判断一部动画片是不是好的，总不能用单一的标准来衡量吧。《熊出没》动画片中向观看者传达了很多负面的能量，比如说他们经常破坏光头强的家和他的工具，故意设陷阱伤害光头强，有时还会说一些不文明的话，熊二好吃总抢光头强的蜂蜜吃，等等。不好的地方这么多，而你们只纠结于刚才的一两处优点，我想说的是胜败已定。

裁判组：时间到。我们组的组员一致决定把这1分加给反方。反方善于抓住对方观点中的漏洞进行反击。

反方质询正方回答。

反方提问：在质询前，我想让大家看我们课前准备好的《熊出没》的两个片段。

大家观看视频。

反方：我想请问对方，刚才的两段动画中，你们有什么发现呢？

正方：我看到熊大熊二在尽心尽责地保护森林，他们的这种精神值得大家学习，我们做每一件事都那么认真，害怕有完成不了的事吗？

反方：看来刚才看时不认真，那我来帮回忆回忆，在第一段视频中光头强和熊大、熊二是从小认识的，可第二段视频却说光头强是来到森林才认识熊大、熊二的，你们觉得这是不是前后矛盾啊。

正方：那可能是情节的需要啊。

反方：一部动画前后矛盾是情节需要的话，那我想问问大家这样的动画片还是不是好的动画片。

正方：刚才我们不是说了吗，判断《熊出没》是不是一部好动画片总不能用一个标准就下结论吧。

反方：那行，就请我们的正方队友想想：光头强是不是常被捉弄得从树上掉下来或从房子里被扔出来，还有他被车撞了也没有被碾死，这么离谱的事要是被不懂事的小朋友看到了，会发生怎样的后果，你们想过吗？

正方：这就是动画的不真实性啊，我们知道动画很多内容都是虚幻的，想象的，难道动画也要像我们现实生活一样，那还谁会看呀。

正方：我想补充一点，我们前几节课中不是说了看动画时要有自己的辨别能力吗？你总不能把所有不好的事都怪罪到动画上吧，这只能说是观看者自己的是非判断能力弱。

裁判组：时间到，我们一致觉得这次质询中双方不相上下，相互之间都有理，并没有说服对方。那双方各得 1 分。

师：我觉得我们的同学真的很厉害，一下就能找到对方辩论时出现的漏洞，比如说在正方质询时，正方明明已经胜券在握了，但是在关键时反方抓住了正方的"判断一部动画片是不是好的，我想总不能用单一的标准来衡量吧。"进行反击，让劣势的反方反败为胜。第二场的反方质询中，正反知道了自己方的弱点后谨言而为之，让反方无机可乘。其实在这过程中很多同学肯定能感受到不管做什么事，不到最后关头，胜利都不知道是属于谁。所以同学们在学习上和生活中都要牢记一点：坚持就是胜利。

3. 自由辩论时间

正方：《熊出没》是我们常看的一部动画片，它给了我们很多的快乐，让我们放松，让我们学到做人的道理，我不得不说这是一部好动画片。

反方：你们在自说自话，《熊出没》好不好是要大家说了算的。

正方：你们喜欢美好的回忆吗？

反方：当然喜欢，谁也不例外，但这跟我们今天辩论的话题有关吗？

正方：等我们长大了，有人谈起《熊出没》，你肯定会想到自己美好的童年生活，你也承认《熊出没》是好动画片啦。

反方：美好的回忆都是美好的吗？现在我想起自己小时候的糗事、尴尬事也会发出笑声，这也是美好的回忆。那你能说糗事、尴尬事是好的吗？

反方：我方有份资料给大家看看。

有人对动画片《喜羊羊与灰太狼》进行统计，在这部每集只有约 15 分钟的动画片中，其暴力画面出现的频率确实过高，平均每集会出现 7.33 个含暴力内容的画面。

另外，在儿童模仿《喜羊羊与灰太狼》烧伤事件中原告代理人曾在法庭上发言：灰太狼一共被红太狼的平底锅砸过 9544 次，被扎过 1380 次，被煮过 839 次，被电击过 1755 次。总之，经各种数据统计足以说明此部动画片中含有大量的暴力性画面，当然，它不可能只是个例，在我国自产或引进的各类动画片中含有暴力性内容的有相当一部分，这应当引起媒体，相关审查机构以及家长和老师们的重视。接下来，笔者将试图分析，这种现象如何对儿童的攻击性行为带来影响。

正方：你的资料里不也说了这是个例，那怎么能以偏概全呢？其实一部好的动画对观看者的人生观是有帮助的，不少动画的主人公都是通过自己的努力达到美好的结果，比如《熊出没》中的熊大、熊二面对光头强的一次次砍树不胜其烦地保护森林，这就是我们常说的坚持不懈。

正方：对呀，我们最缺的就是坚持不懈的精神了，假如我们能像两熊一样坚持不懈面对生活和学习中的挫折，那什么事是我们不能完成的呢。

反方：我也承认动画中有好的，但负能量的东西更多，以致小学生常常会好坏不分。更重要的是学好很难，学坏就简单多了。

正方：下面我们来看几张触目惊心的图吧。

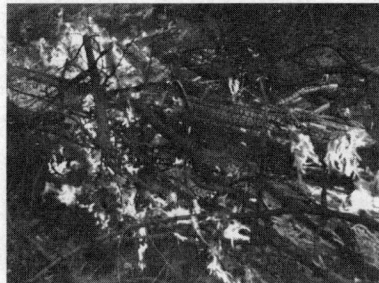

正方：我们国家近几年发生了很多次的森林火灾，它给国家带来了不可估量的损失。其实就是人们的森林防火意识太弱了。而《熊出没》中也有这样一个镜头：光头强出去打猎，抓了野鸡，想弄个烤野鸡，火苗引燃了周围的树木，结果少了半座森林，小伙伴们和光头强的家都没有了，到处都是一片荒凉的场景。这不就是用动画的形式告诉大家不能在森林里用火吗？多好的方式呀，形象生动，森林防火从小培养。

裁判组：在自由辩论的过程中，我们组觉得反方和正方的同学都积极准备，还把自己课外收集到的资料用在证明自己的观点中，这一点我觉得很值得大家学习。并且辩论过程中都能积极应对，快速做出反应，所以双方各得一分。

师：其实在自由辩论的过程中，正方也很积极地加入到辩论过程中，相互补充，很团结，这是非常好的表现。同时反方的同学在课外准备资料时很认真，很充分，并且正确地引用到今天的观点中，这就是我们常说的"不打无准备之战"。希望我们同学能在今后的学习中积极准备，做好充分的准备迎接各种挑战。

4. 双方小结陈词

要求用一句话总结陈述各自的观点。

正方一辩总结陈词：《熊出没》的主题是告诉我们保卫森林、保卫地球、保卫家园，当然也有一定的暴力倾向，但是这个暴力倾向的背后告诉我们一个又一个的道理，这也就是常说的动画片有利也有弊，既然它那么受小孩大人的欢迎，我想总是利大于弊吧。所以我觉得《熊出没》是一部好的动画片。主要是我们自己观看时要有是非判断能力，不随意模仿。

反方一辩总结陈词：对于《熊出没》，我方还是觉得负能量多于正能量，观看时会带给观看者很多不好的影响。

师：现在我想问问同学们：《熊出没》是不是一部好的动画片？

生：老师，是好的动画片。

生：老师，我觉得今天的辩论让我明白了不能用"好不好"来评价一部动画片。

师：那你觉得应该如何评价一部动画片呢？

生：可以从动画的主题、动画的内容是否健康，动画的人物是否带给观看者正能量，等等。

生：我觉得更重要的是观看者的心态、取舍、是非判断能力等。

师小结：动画片制作精美、情节精彩、语言有魅力、音乐有感召力、动感效果强，这就是吸引我们的地方。纵观今天的辩论，我觉得辩论的目的已经达到了，大家心里都很清楚动画片对我们小学生的影响了：动画片有利有弊，要看自己的取舍，要看自己是非辨别能力，我希望今后同学们都能在观看动画片时学习正能量，并以此激励自己面对困难、挫折时能坚持不懈、奋发向前，直至达到自己的梦想。

第4课时　小小动画师

⋯⋯⋯⋯⋯⋯⋯⋯⋯⋯⋯ 活 动 设 计 ⋯⋯⋯⋯⋯⋯⋯⋯⋯⋯⋯

活动目标：

1. 通过创设情景，欣赏动画片，从而产生自己动手画动画的兴趣。

2. 引导学生积极思考，与同学交流自己的想法，提出自己的看法，创造出自己的小动画，培养学生的动手能力。

活动重点、难点：

探讨并学会制作简易的动画小制作。

活动准备：

教师收集各种动画片的图片资料，动画片录像及制作小动画的材料（手转灯笼、扇子、相框等）。

活动过程：

一、直接揭题，导入新课

1. 组织学生观看《麦兜·饭宝奇兵》，并引导学生谈感受。

2. 师小结：一部好的动画能带给我们感动，能带给我们道理。那同学想不想自己也来当回动画师，把感动带给更多的人呢？那行，今天我们就带着我们的小小梦想开启今天的课吧。

3. 出示课题：我来当小小动画师。

二、探寻研究，寻找方法

师提着一个走马灯，并沿着教室走一圈，并要求大家认真观察。

1. 让学生说说刚才看到了什么？

2. 老师介绍马灯的来历。

> 这是中国传统玩具之一，灯笼的一种，常见于元宵、中秋等节日。灯内点上蜡烛，蜡烛产生的热力造成气流，令轮轴转动。轮轴上有剪纸，烛光将剪纸的影投射在屏上，图像便会不断走动。因多在灯各个面上绘制古代武将骑马的图画，而灯转动时看起来好像几个人在你追我赶一样，故名走马灯。

3. 再让一名学生提着走马灯沿着教室走一圈，让学生继续观看。老师再介绍"蒙太奇"手法和视觉暂留的概念。

4. 了解几种制作动画的方法：转动式动画、翻动式动画、抽拉式动画。

5. QQ 上连线动画师，让学生了解《制作动画小技巧》。

三、动手制作，创意评比

1. 各个小组讨论以"梦想"为主题制作一个动画。

2. 小组讨论各自的准备制作的动画内容。

3. 出示三点温馨提示：①小组内做好分工，做到人人都参与；②制作过程中小声讨论，不影响别的小组。③制作动画的时间是 15 分钟。

结束后我们评出相关的一些奖项。下来请各组长到上面来领取材料。

4. 动画小制作后，各小组展示优秀作品。

四、小结，课后延伸

同学们！通过刚才制作动画和汇报交流的环节，我确实看到了我们 601 班的风采，经过你们积极主动的参与和实践中让我感受到了你们真的很棒，那么，老师也希望你们在今后的生活中能够勤于动手、勇于创新、敢于实践，做一名敢于实现自己梦想的好少年。

-------------------- 活 动 实 录 --------------------

活动过程：
一、直接揭题，导入新课
师：早就听说你们601班的同学思维敏捷动手能力强，那么你们今天想不想继续把自己的表现展现给大家看呢？
生：想。（全班大声回答）
师：你们最喜欢什么动画片？
生：《麦兜·饭宝奇兵》。
师：这是我国新近刚出的动画片，我猜你们也会喜欢，那我们一起来观看一段视频吧。

师：看完有什么感受？
生：我觉得麦兜的妈妈真伟大，她能够为自己孩子闯那么多难关；她能做很多吃的；她又是那么爱麦兜，生病了照顾他，带他去"蓝天白云，椰林树影，水清沙白"的马尔代夫，期许着他能够做奥运冠军。我觉得母爱真伟大，我们也要好好感谢自己的母亲，因为每一位母亲都很伟大。
生：我觉得麦兜是一个有梦想的人，他会为了自己的梦想而努力，虽然结果并不一定好，至少我看了后觉得只要努力了就不会后悔。
师：一部好的动画能带给我们感动，能带给我们道理。那同学想不想自己也来当回动画师，把感动带给更多的人呢？那行，今天我们就带着我们的小小梦想开启今天的课吧。
出示课题：小小动画师。

二、探寻研究，寻找方法

1. 师出示一个走马灯，并沿着教室走一圈，并要求大家认真观察。

师：同学们，你们刚才看到了什么？

生：我看到老师手上的灯会自己动。

生：老师手上的灯转起来时就像在放动画片。

师：看到大家好奇的眼神，我就知道大家迫不及待想知道老师手上提的是什么吧？这是走马灯，想了解它吗？我们一起来欣赏吧。

这是中国传统玩具之一，灯笼的一种，常见于元宵、中秋等节日。灯内点上蜡烛，蜡烛产生的热力造成气流，令轮轴转动。轮轴上有剪纸，烛光将剪纸的影投射在屏上，图像便会不断走动。因多在灯各个面上绘制古代武将骑马的图画，而灯转动时看起来好像几个人在你追我赶一样，故名走马灯。

师再让一名学生提着走马灯沿着教室走一圈，让学生继续观看。

师：我们的祖先很聪明吧，走马灯其实跟我们动画中的一种表现手段——蒙太奇手法有关。

师出示。

"蒙太奇"源自法语，原为建筑术语，意指组接、构成的意思。用于动画就是指是"剪接和组合"之意，蒙太奇手法是在动画制作中把分切的镜头组接起来的手段，而随着时代和科技的不断发展，动画与电影越来越相近，蒙太奇手法的运用对动画质量有着举足轻重的影响。

师：是不是很有趣啊，一个画面一个画面组成的，但是给我们的视觉产生了动画的效果，这就是叫视觉暂留。

师：谁能根据刚才的看到的走马灯说一说"视觉暂留"是怎么回事？

生：一个物体快速地移到另外一个物体上面，我们脑中会留下画面。

师：那么停留在上面大概多少时间呢？（追问）

生：很快，大概十分之一秒。

2. "视觉暂留"的原理

师：很快是吧，0.1秒，那么我们一起看看视觉暂留的原理。

> 当人们看到一个物体时，即使它马上离开，它的图像也会在人们的视线中停留大约 0.1 秒的时间，不会马上消失。我们把这种现象叫作视觉暂留。而制作动画片就是利用了人们眼中的视觉暂留制作出来的。

3. 了解几种制作动画的方法：

师：通过刚才的了解，我们知道了动画片的原理：动画片其实是把一个个画面串联在一起，然后按照一定的速度把它播放出来，就变成了动画片。那么有什么方法能让动画片产生动的效果呢？刚才在走马灯中也是一种方法体现，你发现了吗？谁来说一说？

生：走马灯就是转动式动画。当马灯的轮轴转动起来，上面的画面就转动起来，好像是活的。

师：讲得真好，走马灯其实就是所谓的转动式动画，它指转动一个圆柱形的物体，使整个画面好像在运动，就像完成一连串的动作。所以刚才好多同学看到走马灯都很好奇，这灯上转动起来的时候这些画面就像是活的。不信的话等会大家来试着来做一个走马灯啊。

生：老师，我们第一节认识动画中，老师教我们做的手翻书肯定也是其中的一种吧。

师及时出示一段视频：展示小草从发芽到长叶到开花这么一个过程。

学生观看时，老师介绍：这种方法其实就叫翻动式动画，就像是翻书的感觉。

除了这两种方法，今天苏老师还要教给你们两种。

> 抽拉式动画：通过抽拉一系列动作相关联的画面，在视觉上产生动画效果的制作形式。
>
>

"抽拉式动画"：就是通过抽拉一系列动作相关联的画面，在视觉上产生动画效果的制作形式。把这里看成是一个视频，然后从头到尾的抽拉，就看到了蝴蝶在飞的那种效果。你们觉得动画神奇吗？

生：神奇！（生大声回答）

师：刚才我们了解了三种动画演示方式，你们有没有发现其实制作动画也没那么难了。"世上无难事，只怕有心人。"所以做事时要多动脑筋，肯定能找到解决问题的方法。

4. QQ 上连线动画师，让学生了解《制作动画小技巧》

师：我们班的××的叔叔就是一个动画师，平时就在动画公司上班，他已经参加很多动画的设计、制作了，现在我们用 QQ 连线他，让他带我们参观一下他们工作的地方和他们是如何设计动画的。如果你们有什么问题，可以及时地向动画师提出来啊。

师：这就是专业的动画制作者们制作动画的过程，但在我们课堂上是没办法实施的，那我们只能用手工绘制。在制作的过程中，老师给你们两个建议：

（1）制作的画面要简化，可以用简笔画。

（2）在演示的过程时，分解动作时间分配要均匀。

三、动手制作，创意评比

师：想一想，如果让你们制作一个动画，你们各个小组讨论下以"梦想"为主题，你们会制作什么样的动画？

1. 小组讨论各自的准备的内容。

师：我发现我们班的同学都很有想法，下面老师有两点温馨提示：（1）小组内做好分工，做到人人都参与；（2）制作过程中小声讨论，不影响别的小组。结束后我们评出相关的一些奖项。下来请各组长到上面来领取材料。给你们制作的时间是 15 分钟。

（学生制作动画的画面，教师巡视指导）

2. 动画小制作后，各小组展示优秀作品。

师：团结力量大啊，我们各个小组的作品已经完成好了，大家赶紧把自己小组的物品摆放整齐。我们请各小组派代表上来展示汇报。

第一小组展示动画内容，并讲解。

生1：我们小组给今天的作品取名《助人为乐的快乐》。有位小姑娘看到一位老奶奶颤颤巍巍、一步三摇非常艰难地过马路，马路上车来车往很不安全，她赶紧上前帮忙，在扶老奶奶过马路时，这位小姑娘想：要是能发明某样东西自动帮助行动不便的人过马路那该多好呀。小姑娘回到家中就上网查资料，请教老师和爸爸妈妈，最后她研究出了一个智能机器人，专门站在每个十字路口，只要智能机器人看到行动不便的人需要过马路就会立刻上前变成一把会自动控制方向的椅子，并把人扶在自己身上。

师：你们的想法很特别，紧扣主题"梦想"进行创作，那么你们小组创作时有什么想法吗？

生：我们小组今天是最快完成的一个小组。在制作时，我们每位同学相互配合，相互帮助，我想说团结力量大。

生：我们的感悟是从这个小小的制作中我感受到助人为乐的快乐。

生：这个主题是我提出来的，今后我会努力读书，真正创造出我们动画中的智能机器人，让更多的人得到帮助，让我们的社会越来越好。

师：制作动画是有趣的，动画的内容是感人的，动画制作人是有梦想的。相信你们，好好努力学习去实现自己的梦想吧。

第二小组展示并讲解。

生：我们小组动画片的名称是：种子的梦想，表现的是克服困难和感悟生命。春天来了，一颗种子已经在土里静静地等待了一个冬天了，它伸伸腰想要看看外面的世界。可是，它怎么努力也伸不直腰，原来是有一块石头挡住了它的道路，怎么办呢？它没有放弃，而是坚持一直往上长，它的头破了，它的衣服破了，它都不在乎，因为它心中一直有个念头：我要出去！我要看看外面美丽的世界！慢慢地，慢慢地，石头被种子的韧劲一点一点移开了。有一天，种子终于钻出了出地面，"哇，好美丽呀！"青青的小草陪伴着它，温暖的阳光照耀着它，细细的春雨滋润着它，友好的小鸟围着它，慢慢地，种子长成了一棵参天大树。

师：怎么样？（全场响起了掌声）

生：今天的这活动，我感受到了动漫制作的辛苦和坚持不懈的精神。

生：是呀，我们在制作刚开始时，大家协调得不好，各干各的，结果发现效果不是之前所设计的，因为在画时有同学又加入新想法，可有没有及时沟通，别人是不清楚的。

生：我发现合作好要多沟通，多听取大家的意见。

师：我想你们想告诉大家的是：不管多简单的事合作起来都会有很多问题，但是我们只要善于听取别人的意见，及时沟通，及时更改就一定能很好地完成这件事的。谢谢你们的分享，希望你们下次合作会更好，效率会更高。

生：我们会的，加油。

第三小组展示汇报。

我们小组的动画名字是：飞翔的火柴人，表现的是火柴人追求自己梦想的过程。有一天，火柴人在电视上看到飞机跳伞员在空中表演跳伞，他们动作优美，图案各异，深深吸引了火柴人，火柴人也很想自己有一天能在天空飞翔，他就在家中设计各种飞翔的工具。一起先，火柴人总是失败，常被摔得鼻青脸肿，还被人取笑，他也常常怀疑自己是否能实现自己的梦想，有时他也想放弃，但一觉睡醒，他又充满活力和信心，他觉得只要坚持就一定能成功的。火柴人的行为感动了大家，大家都纷纷来帮助火柴人，有人提供更好的制作材料，有人提供技术无偿帮助设计……直到有一天，火柴人成功飞上蓝天，他看到了他梦寐以求的世界：祖国气壮山河的山水就似一幅美丽的山水画。

师：真是功夫不负有心人呀，火柴人终于经过自己的努力飞上了蓝天。我想采访一下你们的组员。你说说你们是怎样想到这个主题？

生：飞翔是我们很多同学的梦想，我就把我们的梦想付诸在火柴人身上，让火柴人实现我们的梦想。

师：我想问问你们，那么你们画飞翔的火柴人时，遇到了什么困难？

生：火柴人的造型该如何设计？大家都想设计成自己想象的样子，所以我们刚开始争论了很长时间，最后才投票决定好。

生：我觉得做事要有一个核心人物，重要的事由他做主，其他人做好配合。

师：其实你们想说的是做事要团结，相互信任，相互协作吧。

四、小结，课后延伸

师总结：同学们！通过刚才制作动画和汇报交流的环节，我确实看到了我们601班的风采，经过你们积极主动的参与和实践中让我感受到了你们真的很棒，那么，老师也希望你们在今后的生活中能够勤于动手、勇于创新、敢于实践，做一名敢于实现自己梦想的好少年。

主题活动　我演动画

活动设计

活动目标：

1. 了解动画文化以其独特的娱乐意义与意识形态影响着当代青少年的生活方式、价值观念和审美情趣。

2. 通过表演，让学生从多方面进行小组交流，发表各小组观点。

3. 在表演和交流中，引导学生正确地鉴别动画的行为是否正确，形成一种正确地对待动画片的态度。

活动重点：

引导学生正确的鉴别动画的行为是否正确，形成一种正确的观看动画片的态度。

活动过程：

一、激趣谈话

1. 我听说我们的同学很厉害，能自己动手画动画，还能自己表演，是吗？那让我们拭目以待你们精彩的表演吧。

2. 揭题：我来演动画

二、热身运动：演动画片的经典语言及动作

1. 指名学生表演自己课前准备好的动画中的经典语言或经典动作。

2. 学生边看表演边猜动画人物，老师及时引导学生评价各自的表演情况。

3. 师引导学生了解动画表演的小技巧。

同学们，刚才你们的表演很精彩，那我们大家一起回顾一下，动画表演更精彩可以怎么做？

三、组织学生各自准备表演自己动手画的动画

1. 组织学生做好表演前的准备工作。

2. 第一组上台表演《种子的梦想》。

（1）表演主要内容：一颗种子已经在土里静静地等待了一个冬天了。春天来了，它伸了伸腰想要看看外面的世界。可是，它伸腰时碰到了硬硬的东西，怎么也伸不直腰，原来是有一块石头挡住了它的道路，怎么办呢？它急得大哭起来："我想要出去，石头呀，你给让让路行不行？我实在是动不了身啊。"可是巨大的石头一动不动。一天，两天，三天……它没有放弃，一直坚持往上长，它的头破了，它的衣服破了，它都不在乎，因为它心中一直有个念头：我要出去！我要看看外面美丽的世界！慢慢地，慢慢地，石头被种子的韧劲一点一点移开了。有一天，种子终于钻出了出地面，它看到青青的小草，看到了美丽的桃花，看到了碧蓝碧蓝的天空，它情不自禁地感叹道"哇，外面的世界真的好美丽呀！"温暖的阳光照耀着它，细细的春雨滋润着它，种子长成了一棵参天大树。

（2）引导学生谈谈观后的感受。

3. 第二组上台配音表演《皇帝的新衣》。

（1）学生表演。

（2）引导表演学生谈谈配音表演的感受。

（3）让观看的学生说说看后的感受。

4. 第三小组用方言表演动画《助人为乐》。

（1）学生表演。

（2）引导表演学生说说：在刚刚的表演中，最喜欢的是谁吗？为什么？

（3）师小结。

四、组织学生了解《了不起的狐狸爸爸》这部纯手工做的动画制作的过程。

1. 老师出示资料：

> 《了不起的狐狸爸爸》于 2007 年在伦敦开始正式制作，2009 年初制作完毕。其中，道具组花了 7 个月的时间才制作好导演觉得完美、无可挑剔的第一个狐狸先生的模型，而为拍摄本片一共准备了 535 个模型。狐狸先生制作了 17 个不同风格的模型，甚至连尺寸都不太一样，一共有 6 种不同的大小。

2. 《了不起的狐狸爸爸》的片段吧。

3. 师小结。

活动实录

活动过程:

一、激趣谈话

师:今天我们要上的这堂课叫作什么?

生:动画表演。

师:是的,上节课我们完成了动画制作,这节课希望能使你们的动画变得生动、精彩,那该如何表演呢,下面我想请大家先来热热身。大家先在自己头脑中想想最喜欢的动画人物是谁?然后用你最精彩的动作把他的经典动作或者把他的经典语录表演出来,只要同学们能猜出来你演的是谁,那你就成功了。我还可能把他请到我们的课堂中哦。

学生自己思考或相互小声讨论。

二、热身运动:演动画片的经典语言及动作

生(1):俺老孙来也!妖怪!还我师傅来!(其他生笑)

生:孙悟空!

师:我看同学们的表情和笑声就可以看出他表现得非常精彩。那请表演者自己来说说为什么能表演得那么逼真吧?

生:其实大胆地表演就可以,我知道孙悟空的声音是尖尖的,所以表演时就故意捏着自己嗓子说话。

师:那就是表演时要抓住人物的主要特征才形象。接下来我们进行第二个表演。接下来我们请出能腾云驾雾,能降妖除魔的孙悟空。

生表演:我一定会回来的!啊!

生:灰太狼!

师:表演的同学请停一下,我想采访你,你自己觉得表演得怎么样?

生:我自己觉得还可以表演得更好一点,因为刚才有点紧张,动作不够到位，"啊"的声音可以拉长一点。

师：那我再给你一个机会，你想不想再试试，把更好的表演带给大家。

生：我一定会回来的！啊——！

师生掌声表扬有进步的表演。

生：真想只有一个！

生：柯南。

生：我觉得他的表演很逼真，特别是他那一回头，特像我的偶像——柯南。老师，我也想表演。

生表演时，特意借了一副眼镜带上，手插口袋表演，冷冷地说"真相永远只有一个！凶手就是你！"

师：我们的演员真的敬业，看来让动画表演更逼真海得借助一些道具，那样模仿得更像。

师：请一位女生来表演。

女生表演：大难不死，必有锅粥。

生：麦兜。

师：你们怎么一下就知道了？我还没有猜到是谁呢？

生：这是我们最喜欢的动漫人物啊，萌萌的，好可爱呀。

师：那我们也请出这位迷倒你们的小萌萌吧。

师：还有同学要来试吗？你来试一试。

生：年轻的渔夫哟，你丢的是金节操，还是这个银节操，还是这个又破又烂的铜节操呢？（其他生笑）

师：这是什么？

生：河神。

师：他的表演有语言，还加上了什么？

生：动作。

师：可惜了，今天老师不能把刚才同学表演的河神请到课堂上，下次我一定也去看看他的动画。同学们，刚才你们的表演很精彩，那我们大家一起回顾一下，动画表演更精彩可以怎么做？

生：抓住动画人物声音的特征。（师板书：抓人物声音特征。）

生：可以借助道具，加上动作。（师板书：借助道具，加上动作。）

生：还可以表演人物动作。（师板书：人物动作。）

师：同学们，我们刚才通过自己的表演动画了解了一些方法，那接下来你们要大展身手了。那为了让大家看到更多精彩的表演，给大家五分钟的时间准备各自的表演吧。

三、组织学生各自准备表演自己动手画的动画

第一组上台表演《种子的梦想》。

表演主要内容：一颗种子已经在土里静静地等待了一个冬天了。春天来了，它伸了伸腰想要看看外面的世界。可是，它伸腰时碰到了硬硬的东西，怎么也伸不直腰，原来是有一块石头挡住了它的道路，怎么办呢？它急得大哭起来："我想要出去，石头呀，你给让让路行不行？我实在是动不了身啊。"可是巨大的石头一动不动。一天，两天，三天……它没有放弃，一直坚持往上长，它的头破了，它的衣服破了，它都不在乎，因为它心中一直有个念头：我要出去！我要看看外面美丽的世界！慢慢地，慢慢地，石头被种子的韧劲一点一点移开了。有一天，种子终于钻出了出地面，它看到青青的小草，看到了美丽的桃花，看到了碧蓝碧蓝的天空，它情不自禁地感叹道"哇，外面的世界真的好美丽呀！"温暖的阳光照耀着它，细细的春雨滋润着它，种子长成了一棵参天大树。

师：感谢我们勇敢的第一组同学，他们给我们带来精彩的表演，那么观看了这精彩的动画表演，你们想说什么？

生：我发现他们小组的同学表演时好专注呀，把种子坚持不懈的精神表现得淋漓精致。

生：种子的精神值得我们大家赞扬，值得我们学习，今后我们学习中遇到困难也要努力克服。

第二组上台表演《皇帝的新衣》。

生报幕：大家好，我们小组给大家带来的《皇帝的新衣》的配音表演。我们把上节课制作的动画做成了 ppt，小组的成员配音。

生 1：报——报——皇上，三个和尚求见！

皇上 2：和尚？他们有什么事，我忙得很哪。

生 1：他们说有天大的好事要求见你，你肯定会高兴的。

生 2：那就宣他们进来吧。

三个和尚快步走进，并拜见了皇上。

胡恩阿剪：皇上，我们是从卡卡哇哇国来的三个和尚，这是胡恩阿布，这是胡恩阿衣，我是胡恩阿剪。皇上，我们给您带来了一件衣服，这件衣服质地非常非常柔软，只适合您这么高贵的人穿，最最重要的是这件衣服刀枪不入，绝对不会让您受到半点伤害。

胡恩阿衣：皇上，现在请让我把这件衣服披在我身上试试吧。

皇上点点头。胡恩阿布从侍卫处拿出一把尖锐的刀在众人面前一一展示，并拿刀快速地冲向胡恩阿衣，还没到胡恩阿衣的面前就被弹出了几步摔在地上，并嚎啕大叫。

胡恩阿衣 3：皇上，你觉得怎么样，这可是神衣啊，价值连城的。

皇上两眼发光：真是神衣，真是神衣。

皇上不禁上前摸衣服，胡恩阿衣赶紧往后退了几步，忙说："皇上，这乃神衣，你必须吃斋念佛三天沐浴更衣再换呀，不然神衣不灵了。"

皇上：赏黄金万两！

三个和尚大摇大摆地走出大殿，在门口悄悄说：我们赶紧撤了。不然等那傻子发现就吃不了兜着走了。

师：这又是一个新版的《皇帝的新衣》了，你们怎么会想到这个点的呢？

生：我们想到现在的社会越来越多的骗子，他们的招数层出不穷，并且经常是一群骗子联合起来骗人的，我们就借这个《皇帝的新衣》告诉大家，骗子的招数在不断更新，遇事要冷静，不要被骗子给骗了。

师：对，我们要擦亮眼睛学会识别骗子的招数。谢谢你们的精彩表演。

第三小组表演《助人为乐》。

生：大家好，我们小组表演的是《助人为乐》，我们的表演很有特色，我们是用我们自己当地的方言表演的，你们可要好好看，好好听哦。

> 内容是：有位小姑娘看到一位老奶奶颤颤巍巍、一步三摇非常艰难地过马路，马路上车来车往很不安全，她赶紧上前帮忙，在扶老奶奶过马路时，这位小姑娘想：要是能发明某样东西自动帮助行动不便的人过马路那该多好呀。小姑娘回到家中就上网查资料，请教老师和爸爸妈妈，最后她研究出了一个智能机器人，专门站在每个十字路口，只要智能机器人看到行动不便的人需要过马路就会立刻上前变成一把会自动控制方向的椅子，并把人扶在自己身上。

师：看来同学们都意犹未尽，那么在刚刚的表演中，你们喜欢吗？为什么？

生：我特别喜欢这个表演，他们竟然想到用我们自己的当地方言表演，这样就给《助人为乐》带来了很多的笑点。

师：融入了地方方言，亲切有趣，给大家带来不一样的感受。要表扬这组的同学敢于创新。同学们，这节课让我们体验了演自己创作的动画的乐趣。你们的收获都体现在了脸上，但我们要知道一部动画的制作其实远比我们想象的还要艰难，你们喜欢看的《了不起的狐狸爸爸》就是一部纯手工做的动画，你们知道它前前后后花了多少时间吗？

四、组织学生了解《了不起的狐狸爸爸》这部纯手工做的动画制作的过程

老师出示资料：

> 《了不起的狐狸爸爸》于2007年在伦敦开始正式制作，2009年初制作完毕。其中，道具组花了7个月的时间才制作好导演觉得完美、无可挑剔的第一个狐狸先生的模型，而为拍摄本片一共准备了535个模型。狐狸先生制作了17个不同风格的模型，甚至连尺寸都不太一样，一共有6种不同的大小。

师：惊呆了吧，同学们，正是有了两年多的时间的准备，才有我们那么喜欢的动画片的产生。所以观看动画片时，我们要感谢动画片幕后那么多工作人员的辛勤付出，我们要合理安排时间、好好珍惜看动画的时间。下面我们一起来欣赏一段《了不起的狐狸爸爸》的片段吧。

欣赏动画片段。

师：我们今天的课就上到这里。下课！

第三主题　媒介德育与网络使用

写在前面的话

自媒体时代，人人都有麦克风，人人都是大记者，人人都是新闻的传播者。在近5亿网民、3亿微博的努力之下，焕发出巨大能量：境内50余家微博客网站，每天更新帖文达2亿多条。

随着无线互联和智能手机的普及，互联网颠覆人类社会现存一切的开始，每一个人就是一个电视台，可以直播你所亲历的任何事件。这种媒介基础凭借其交互性、自主性的特征，使得新闻自由度显著提高，传媒生态发生了前所未有的转变。各种网络平台，在很大程度上实现和扩展了公民的知情权、话语权、参与权和监督权，它是为了让人们更好地生活，而不是相反。超越法律界限、道德底线的言说在网上蔓延，形成了某种话语狂欢，也堵塞了网民成为公民之路。网络时代，既要关注网络舆情，又不能忽视那些"沉默的大多数"，特别要注意不能夸大网络舆论在推动社会变革中的作用。毕竟，网络表达并不是经过全面调查、实证分析、周密论证而得出的结论，网络意见必须借助理性才能够转化成推动实践的力量。网民对社会现象发表批评意见固然有其积极意义，但也要看到其中不乏主观臆断、人云亦云等。

网络既能促进沟通，也可能会加深隔阂。网络赋予每个网民发言机会，也要求发言者承担不得损害公共利益的义务，还要有公共人格意识。网络赋予每个网民发言机会，也要求发言者承担不得损害公共利益的义务，拒绝不实传播，适度宣泄自己的情绪等，还要有公共人格意识。

第1课时　从微信看自媒体

活 动 设 计

活动目标：

1. 用手机微信在课堂上购买义卖品，认识神奇的微信功能。

2. 通过使用手机微信，认识微信特点，了解自媒体的特点。

课前准备：

1. 收集 10 件学生捐赠的物品，生成商品二维码，书写品名，介绍，起拍价。

2. 建立班级微信群，筹备抢购会。

活动流程：

一、唱游歌曲介绍朋友，认识手机微信

1. 请同学们结合日常生活体验唱游歌曲同学们，看我写一个词语：朋友。感恩朋友，朋友就越来越多，大家踊跃来介绍你的朋友，好吗？

唱游歌曲《你的朋友叫什么？》

x x ｜ x x ｜ x . x ｜ x — ｜

你 的 朋友　叫　什么？

x x ｜x x x ｜ x x ｜ x x x ｜

他 叫　　他 叫

谢谢你们大方的介绍。大家感恩的朋友是父母，是亲人，是朋友，是同学，是小动物，看来我们的朋友们，就在我们的身边。

2. 接下来老师也来介绍一个新时代的朋友：手机微信。

二、微信抢购会，现场献爱心

1. 谁认识手机微信这个朋友，请举手。

2. 现场购买捐赠品，体验感受微信购物功能。

微信扫一扫二维码，进入班级义卖购物页面，开展购物活动。

3. 小结：大家很有爱心，这笔爱心款将全额资助病患。

三、制作微名片，学用神奇功能

1. 除了买东西，微信还有什么其他功能呢？

摇一摇交朋友、收发红包、传送照片、拍摄视频照片、视频语音聊天、购买车票门票、理财……

3. 介绍一两项你最喜爱的功能，在小组里合作制一张介绍微信的名片。

4. 全员参与展示交流，评比最佳制作奖。

四、刷新朋友圈，感受自媒体的神奇

1. 怎么用手机把这么好的作品分享给大家呢？

2. 对，当场发朋友圈。

3. 点赞最优发送小记者。

五、拓展活动，熟练运用微信的功能

1. 在朋友圈发声：寻找需要帮助的人，如经济困难的，患病就医难的。

2. 联系身边受助者，送出义卖款。

活 动 实 录

一、唱游歌曲介绍朋友，认识手机微信

主持人 A：同学们，看我写一个词语——朋友。一起读一读。

生：朋友。

主持人 B：我们感恩朋友，朋友就会越来越多。请大家踊跃来介绍你的朋友，好吗？

生 1：我有一位好朋友，他是我的爸爸，每当我遇到困难，爸爸总是会帮助我。

生 2：小花狗是我的好朋友，放学了，我就跟它一起玩。

生 3：学校里有我的朋友，家里也有我的朋友。邻居王华常常和我一起做作业，玩跳绳，我们可是形影不离的。

主持人 A：把我们身边的朋友介绍给更多的人吧，请用歌曲《你的朋友叫什么》唱出来。

（主持人邀请伙伴们轮流唱游，唱完的一个从座位上站立起来，在教室里排成队转动走一圈）

视频出示课件，组织唱游，引出主题。

主持人 B：感恩朋友，朋友就越来越多，谢谢大家踊跃的介绍。

（小组里也轮流一次，每一位同学都介绍一位好朋友。）

主持人 A：大家感恩的朋友是父母，是亲人，是朋友，是同学，是小动物，看来我们的朋友们，就在我们的身边。

主持人 B：接下来老师也来介绍一个新时代的朋友——手机微信。

二、微信抢购会，现场献爱心

老师：同学们看，为了更好交上这个朋友，现在我们就掏出手机，做一个购物达人游戏。

（学生拿出手机，扫描屏幕上二维码，进入班级义卖抢购页面。）

主持人 B：认真读介绍，选择你最想买的东西，根据最低价起步，开始在班级微信群里义卖抢购，出价最高者胜出。

主持人 A：同学们，激动人心的时刻来到了，请开始出价吧。

（全部学生用手机在微信群里出价，购买，老师整理结果）

主持人 B：很好，十件爱心商品已经找到了主人，下面请老师公布结果。

老师小结：大家很有爱心，这笔爱心款将全额资助病患。

三、制作微名片，学用神奇功能

主持人 A：只需扫一扫，就可以抢购物品真是刺激又方便，那我们还可以用微信做什么呢？

生 1：微信用起来很方便，可以买火车票、机票。

生 2：可以语音聊天，摇一摇认识新朋友。

生 3：还可以视频，打电话就不用花钱了。

主持人 B：对，对对，微信作用实在是很强大呀。让我们分小组讨论，制作出关于介绍微信的名片。

（发参考材料给学生选择补充，选择一两项你最喜爱的功能介绍，在小组里合作制一张介绍微信的名片）

1. 我的好朋友：微信（英文名：We Chat），是腾讯公司于 2011 年 1 月 21 日推出的一个为智能终端提供即时通讯服务的免费应用程序。智能手机都可以安装微信，目前微信支持苹果的 IOS，谷歌的 Android，微软 Windows Phone 以及诺基亚的塞班 S60V3，S60V5 等四个智能手机操作系统。

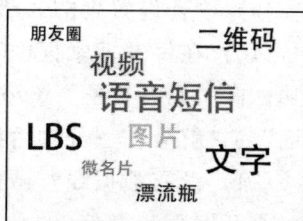

```
朋友圈              二维码
        视频
     语音短信
  LBS    图片
     微名片       文字
        漂流瓶
```

2. 微信多种传播方式。

3. 微信强大的功能。

（1）双击聊天信息，文字放大全屏阅读。微信聊天时，看到别人发来一段比较长的文字时，双击一下这条信息，就能全屏放大阅读，再也不用将视线局限在那个小小的绿框中。

（2）收藏自己的语音、图片，点缀自己的小空间。你可能已经很熟练收藏聊天窗口和朋友圈的内容，但你知道其实还可以收藏你自己的东西吗？进入我的收藏界面，点击上面的"＋"号，可以收藏自己的语音、图片和地理位置等。比如你突然有个灵感，可来不及文字输入，那就选择"语音"把想法录下来，收藏在微信里！

（3）不想打字，说说话一秒变文字！自动在聊天界面中，点击右下角的"＋"号，再点击"语音输入"，对着麦克风说话，就能进行语音识别，你想要输入的文字就会显示在输入框中。小编测试后，觉得识别准确率超高哦！太方便了！

（4）微信字体，没有最大，只有更大！微信的字体大小只有小、中、大三个选项。但最新版又添加了"超大"号。大家可以设置体验下，真的非常大，非常霸气！

（5）惊喜：特定文字变超萌表情从天而降！比如，输入"生日快乐"后，屏幕上会掉下来蛋糕的表情输入"么么哒"，则会掉下来"送飞吻"的表情；

输入"miss u"、"想你了"则会掉下来"小星星",惊喜吧?

(6) 关闭群消息提醒,享受安静假期。进入你想关闭提醒的群,进入"详细设置",关闭"新消息通知"。让你不仅可以正常收到群聊天内容,也能够不被毫无节操、一刻不停的诸多消息所骚扰。

(7) 同步聊天记录,保存难忘瞬间。操作起来很简单,在底部栏选择"设置",进入"通用"中,选择"聊天记录迁移",就可以轻松上传和下载聊天记录啦!值得注意的是,目前上传的聊天记录只能保存七天哦!

(8) 微信当免费电话打!微信已经开通直接语音通话功能!这跟免费打电话还有区别吗?嘿嘿!和好友开启右下角"+"中的"音频聊天"(Voice Call),直接轻松畅聊。ABC小编温馨提醒,请在wifi下使用喔,以省流量。

(9) 语音设置提醒,吼吼也能设闹钟!

(10) 在好友搜索框中输入"语音提醒",选择带认证的那一个,添加关注成功。向"语音提醒"(voicereminder)发送语音,如"三分钟后提醒我打个电话",它就会在三分钟后提醒你,是不是超级方便呢?

(11) 没有数据线?微信文件传输助手帮你搞定!

打开网页版微信(http://wx.qq.com),再用手机"扫一扫"网页上的版二维码即可登录自己的微信,然后就可以在手机与电脑间随心所欲地互发消息,传送图片、音频、视频等文件啦。

(12) 怎么查看公众号以往的内容?点该公众号的"查看历史消息"全部看到。

(13) 轻松搞定群发消息,图文并茂送祝福!点击右下角"我",进入"通用"中的"功能"里的群发助手。选择要群发的对象,编辑要发送的文字、图片、视频等内容,一键发送。会议通知、节日祝福等就能轻松发给你的各个联系人!

主持人B:我们请小组全员参与展示交流,以投票的方式评比出最佳制作奖。

主持人A:微信如此强大的功能,你会了吗?微信是科技时代发展的产物,微信的功能随着时间的推移和科技的发展还会一直不断地更新下去,一些更加实用的技术在创新和发展。

主持人A:看一组数据就更清楚了。

课件出示看图:微信是一种更快速的即时通讯工具,具有零资费、跨平台沟通、显示实时输入状态等功能,与传统的短信沟通方式相比,更灵活、智能,且节省资费。(资费低、省流量、方便、快捷、经济、实惠)

①用户增长图表

②微信的成长图片:课件展示版本从1.0到4.3

③功能界面越来越丰富：课件展示

抢红包、扫一扫、摇一摇、发红包、传照片、拍视频、聊天，买车票，理财……

主持人A：是啊，如今，微信已经成为很多人的老朋友，用微信，已经是比玩微博、QQ更时尚、更新潮的生活方式之一。可以说，现在我们的生活正在因为微信而悄然发生改变。

主持人B：随着微信功能的不断增多，应用人群的不断拓展，使用微信的人群越来越多。有了微信，人们可以随时随地和好友互动，可以轻松获取各种资讯。

四、刷新朋友圈，感受自媒体的神奇

主持人A：如果有好的作品用手机可以怎么分享给大家呢？

生1：可以拍照片，发到空间里，朋友圈。

生2：可以投稿，登报。

生3：发微信朋友圈。

主持人B：对，我们当场来发朋友圈。

主持人A：我们拿出手机，都来发。

（各自发朋友圈，点赞最优发送图文的小记者。）

老师点评：我们已经不知不觉进入了自媒体时代。在这个时代，人人都有麦克风，人人都是大记者，人人都是新闻的传播者。在近5亿网民、3亿微博的努力之下，焕发出巨大能量：境内50余家微博客网站，每天更新帖文达2亿多条。

生：哇，好好啊。

生：厉害，这么伟大。

五、拓展活动，熟练运用微信的功能

主持人B：接下来，让我们在朋友圈发声：寻找需要帮助的人，如经济困难的，患病就医难的都可以。（各自发朋友圈，寻找需要帮助的人）

生：也可以打电话问医生家长。

主持人A：请老师联系身边受助者，我们在周末送出义卖款

主持人B：手机微信是携带方便的"小灵通"，看朋友圈，手指不出微信，朋友圈里就可以阅尽天下事。

主持人A：微信，让彼此陌生的人彼此认识或者相互帮助，这就是自媒体时代带来的好处。

活动：家委会组织送出义卖款。

第 2 课时　亲情呼唤 "低头族"

------------------------------ 活 动 设 计 ------------------------------

活动目标：

1. 通过自主调查，引导了解父母长时间玩手机的现象和危害。

2. 激发孩子用真情唤醒父母健康使用手机，关注孩子成长，共创温馨家庭氛围。

3. 调整使用手机的习惯，了解手机的发展史，提升手机媒介素养。

课前准备：分四组展开调查父母三个问题：手机为什么能如此吸引父母的注意力？手机又能给家庭生活带来哪些影响？长时间看手机是否存在安全隐患、健康隐患呢？拍摄成影音录像。

活动流程：

一、亲情调查时：低头的父母

1. 是谁抢走我爸妈：观看漫画故事《妈妈，我要成为你的手机》。

2. 读作文：爸妈，我想对你说。

3. 诉说父母玩手机而忽视孩子的陪伴交流关心。

4. 调查交流：手机为什么能如此吸引父母的注意力？手机又能给家庭生活带来哪些影响？长时间看手机是否存在安全隐患、健康隐患呢？

带着三个问题兵分四路，分组展开调查。组织交流，视频录像：

正面：有的家长是利用空闲时间上网查资料，看书、聊微信；有的家长为了娱乐身心，玩游戏、看视频，每天看手机的时间在 1 小时至 5 小时不等。

负面：过多低头，影响了身体健康，手机带来的生活负面影响

作为一名少先队员，怎样发挥小主人的大能量，帮助父母合理、健康使用手机呢？

二、亲情寻觅中：巧施妙计

集思广益写倡议——搭建心灵沟通桥——亲情在延伸。

三、小小故事会：我与手机的感人故事

现场采访（对象：有手机的同学，没有手机的同学）你们用手机做什么？

打游戏，爆粗口，上网查资料。

四、认识手机的发展史

1. 看看现代手机之父。

2. 手机的基本通信原理。

手机把声音转换为数字型号发射到基站，再由基站转到你所拨的手机上，对方的手机把数字信号转换成声音 。

3. 手机的发展演变。

1973 年，世界上第一台手机摩托罗拉 DynaTAC 8000X 重 2 磅，通话时间半小时，销售价格为 3995 美元，是名副其实的最贵重的砖头。

1987 年，模拟移动电话 也称"大哥大"，只能进行语音通信，收讯效果不稳定，且保密性不强。

2002 年，彩屏手机支持彩信业务的 GPRS 和上网业务的 WAP 服务，以及各式各样的 Java 程序等。

2011 年，智能手机不仅可以通话，还具备语音、视频、上网等大部分电脑功能。

4. 手机在中国的发展。

1987 年 11 月 18 日，广州开通了中国第一个移动电话局，这标志着中国移动通信时代的开始。

2003 年 7 月，我国移动通信网络的规模和用户总量均居世界第一，手机产量约占全球的 1/3，已成为名副其实的手机生产大国。

2003 上半年，中国移动用户总数达 2.34 亿户，普及率为 18.3 部/百人。

2009 年 1 月初中国移动获 3G 牌照，格式 TD－SCDMA，自主知识产权。

而今天，手机不再是身份的象征，全国拥有手机的用户超过 5.2 亿，平均不到三个人就有一部。手机外形越变越小，功能却越来越强，拍照手机、音乐手机、炒股手机……相继出现。

5. 手机功能分类：沟通类应用（如短信、即时通讯、社交网站、电子邮件等）；娱乐类应用（如小说、游戏、音乐、视频等）；资讯类应用（如手机报、网络新闻、搜索、炒股、微博等）。

目前沟通类应用还是占据了主要的地位，但伴随着以 iPhone、Android 为首的新一代操作系统的流行，娱乐类、资讯类应用的发展前景将更加广泛。

（请同学们列举自己生活中常用的手机功能。）

6. 看看我们的电话手机，怎么用：请同学回答，手机功能是越多越好还是简单一点好，你本人更倾向于用怎样的手机？

五、辩论会：玩手机游戏的好与坏

活动准备：

1. 对全班进行一次网络使用率的调查。

2. 将班级分组，给以双方各自的论点。

3. 由小组长组织，根据各自得观点收集相关资料。

辩论赛："网络游戏的利大于弊还是弊大于利"。

甲：随着时代的进步和事物的发展，网络已经成为我们生活中不可或缺的一部分，网络给我们带来了太多太多的新鲜事物，E-mail、BBS、QQ等新鲜的名词都出现在了我们日常的生活中，网上冲浪成了许多学生课余的一大爱好。

乙：是啊，网络给我们的生活带来了新的变化，这个世界的信息传播更快了，这个世界上的人的生活更丰富多彩了。

甲：可在给我们带来便利的同时，网络也给我们带来了许多值得全社会共同关注的问题。比如青少年健康上网、学生沉溺于网络游戏、网吧问题等，都值得我们共同探讨和解决。

乙：那么今天就让我们以主题班会的形式，一起探讨网络这把双刃剑。

甲：正反两方的辩论都很精彩，网络是一把双刃剑。

六、课堂小结：

整理评价：手机游戏对学生有利的一面。比如说：能够开发孩子的智力；锻炼反应速度；通过游戏学习新的知识等等。但是每天要控制学生玩手机游戏的时间，时间不能太长，一天最多玩半个小时到一个小时。对游戏的内容也要仔细筛选，下载一些益智健康的游戏供学生玩。而且长时间玩手机游戏的危害更是很大，如：长时间玩游戏的危害比如会产生辐射，对身心健康产生影响；浪费大量时间，减少了看书学习的时间；对视力产生较大的影响；而游戏里更有充钱等陷阱。

六、拓展作业：写几句话给手机

活 动 实 录

一、亲情调查时：低头的父母

主持人 A：同学们，你们喜欢看漫画吗？

生：喜欢。

主持人 A：这节课看一组漫画连环画，请看屏幕上的《妈妈，我要成为你的手机》。

主持人 B：看完故事，你想到了对故事中的妈妈说什么？

生 1：妈，我多么希望自己就是你的手机，你到哪我到哪，而我就可以在你的手心里。

生 2：我希望妈妈多陪陪我。我妈妈也差不多是这样的。

生 3：我准备一把钥匙，把妈妈的手机锁起来。

主持人 A：我这里，还有一篇作文，想不想听一听。

主持人 B：行，读一读

（看课件，分自然段朗读作文：《爸爸，我想对你说》）

我的爸爸高高瘦瘦，英俊潇洒，爱好广泛。想知道他最大的爱好是什么吗？首先，不是打牌；其次，也不是下棋；然后……呵呵，那是什么呢？——玩手机！

自从老爸买了个智能手机，可以说整天都手捧手机，眼盯手机，几乎是一刻不离。吃饭时手机放桌上，嘴巴在动，眼睛是盯着手机一动不动；亲朋好友聚会时，在等待的空隙，玩手机是必需的一道菜；上厕所时，手纸可已忘记带，手机是绝不会忘记带的……如今这手机，已经成了爸爸心目中比老婆、儿子还亲近的家伙。

记得那天早晨，爸爸刚起床，一边打着哈欠一边揉着惺忪的睡眼，然后慢慢踱步走向洗手间。在饭桌前吃饭的我，看着爸爸的身影，心里念叨着："肯定要回头找手机！肯定要回头找手机！"果然，还没有念到第三遍，爸爸仿佛瞬间清醒了似的，快速返回卧室，又迅速手握着手机，一边开机一边往洗手间跑去。

"天啦，又要等上半小时才会出来！"我向妈妈摇头晃脑地断定道。妈妈也摇了摇头，笑着洗碗去了，然后回了一句话："待会要上厕所的可就糟了！哈哈哈……"

啊！上厕所！说到上厕所，刚喝了一大杯牛奶，还真想上厕所啦！我赶紧奔向洗手间，急促地敲着门："老爸，快点快点！我要上厕所啦！"只听老爸的声音在洗手间里缓缓响起："慌什么慌嘛？忍住哈！我才进来多久啊！一条新闻都还没有看完啦！"又是看新闻，我就知道爸爸在里面边上厕所便看新闻，这新闻那么多，什么时候才看得完呀？

想到这儿，我便敲门为拍门："老爸，求求您快点吧！那新闻等你出来又看嘛！拜托！""出来看，出来哪有上厕所时看得心安理得啊？这叫充分利用时间！再等等！"

噢，我的心已经碎了一地。就这样，在我的拍门声中，在我的哀求声中，老爸依然是待够了半小时才大摇大摆地从洗手间里走出来！

电视里说，现在社会有太多的像爸爸一样的人，整天抱着手机，一个个都成了"手机控"，走路时，上班时，休息时，坐公交赶地铁时，甚至过马路时，都低头看手机，电视上把这样的人都称为"低头族"。那我也就送我爸爸一个最时髦的称呼吧——"低头族"爸爸。

唉，什么时候我的爸爸能够不当"低头族"呢？

主持人 A：同桌讨论一下，你家里的爸爸妈妈与这个故事里的爸爸像吗？

齐答：像。超级像，我跟他说话常常要说很大声才行。

主持人 B：那我们来交流调查：手机为什么能如此吸引父母的注意力？手机又能给家庭生活带来哪些影响？长时间看手机是否存在安全隐患、健康隐患呢？

带着三个问题分四组展开调查，拍摄成录像带到课堂上来交流。

主持人 A：我们来看一看第一个问题：手机为什么能如此吸引父母的注意力？

生 1：我觉得里面有很重要的东西。我也很好奇。

生 2：有些广告很有吸引力，不知不觉就点进去了。

生 2：我爸爸是被微信迷住的。

主持人 A：谁来总结一下。

生：新奇的东西，带来惊喜、刺激，他们就每天会投入，而会叫我们别吵。

主持人 B：手机又能给家庭生活带来哪些影响？

生：爸爸在家里熄灯后还偷偷看手机，影响我睡觉了。

生：晚上，爸爸很少说话，就只顾手机，我家好像只有我和妈妈。

生：我爸爸以前洗完手就去看手机，水杯里的水就会满出来也不知道。

主持人 A：第三个问题，长时间看手机是否存在安全隐患、健康隐患呢？

生：会导致视力下降。

生：维生素缺乏，会得色盲症。

生：还会影响脖子后面的脊椎。

生：我专门问了自己的爸爸，我发现他很会低头玩手机，现在脖子都会酸，影响了身体健康，手机给他带来了生活的负面影响。

二、亲情寻觅中：巧施妙计

主持人 B：看来大家的发现都各不相同。那作为一名少先队员，怎样发挥小主人的大能量，帮助父母合理、健康使用手机呢？

分组写材料1.集思广益写倡议。

2.搭建心灵沟通桥：制作心愿卡，画出提醒父母的七色花，写上自己的心里话。

生 1：爸爸，你在外地工作，不要太会玩手机，对身体不好。

生 2：妈妈，在我问问题的时候不要沉迷于手机游戏，请耐心回答。

三、亲情在延伸：故事会

主持人 A：好，看来手机是我们的好朋友。下面我们就举办一个小小故事会——我与手机的故事。

生：我开始讲了哈。那是一个风和日丽的早晨，爸爸送给我了一部可爱的手机，还陪我买了一个美丽的手机挂饰。我拿到手机后，好心情就像小兔子跳高，"噌"地一下上升了一大截。

我的手机是翻盖的。手机的盖子是黄绿色的，中间有一个"m"的图案，手机的左侧有三个小小的按钮，它们均有各自的功能：两个是调音的，最下面一个是快捷键。手机的头顶上还有一个小洞洞，那是用来挂手机挂饰的。我的手机挂饰是两个小圆球，毛茸茸、软绵绵的，小圆球上还有一只可爱动人、活灵活现的"米老鼠"，它是天蓝色的，很容易让人想起天空、大海、小溪……手机开机和关机的时候，按键就会闪动着红、黄、蓝、绿各种色彩，非常好看。手机屏幕上显现的是一个翩翩起舞的小女孩，在她的身边还有两只白天鹅，它们好像正在仔细地观看小女孩跳的天鹅舞。手机的屏保是一个在跳啦啦队舞蹈的小姑娘，她手里拿着两个茸球不停地挥舞着，一边挥舞还一边叫一二一、一二一、一二一……

我的手机不仅外表好看，功能也很多。闹钟就可以设置好几个，早晨6：30的、中午1：45的、晚上9：00的，各种各样，这部手机还可以听音乐、登QQ、发短信、上网页、玩游戏……我手机的游戏可多了，有学唱歌、踢足球、吃方块……登QQ对我来说是一件天大的好事，可爸爸老是要和我作对，把qq删除掉了。我真是命苦啊！

我爱我的手机，它将成为我生命中重要的那一小部。

生2：我也来讲。眨眼间，已到了2036年。我作为一名资深科学家，带着我的神奇手机赶赴南极考察。

来到南极，我正想加衣服保暖，却觉得身上暖烘烘的。原来是我那台手机打开了保暖装置，正在用温暖器为我保暖。

我这次考察的目的是想从企鹅身上提取一些细胞来研制抗癌药。我蹑手蹑脚地靠近企鹅群，突然，我脚下响起了"啪啦啪啦"的声音，我还没反应过来，就掉进了冰洞里。我全身冰冷，不住地颤抖。正当我用力想爬出去的时候，我那台神奇的手机突然发出耀眼的五彩光芒，我一下子腾空而起，逃离了冰洞。我想：好险啊，幸亏手机把我救了起来。

正当我大口大口地喘着粗气时，企鹅们便跑上来啄我。只见许多企鹅把我团团围住，令我动弹不得。想踹开，不忍心踹，逃吧，转个身都难，怎么办呢？我想：看来我只好求助手机了。想到这里，只见手机上的天线动了动，像在开启一个装置。果然，很快从手机的音响里喷出一条五彩水柱，我惊奇地望着手机，企鹅们顿时温顺起来，慢慢地散开了。嘿，这次又是手机救了我！

在手机的帮助下，我成功地从企鹅身上提取到了我要的细胞，发明出了治愈癌症的药物，成了世界上最伟大的科学家。我真诚的感谢我那神奇的手机！

主持人 A：真能干，你已经想到以后几年的手机发展了呀。现在不妨来看看手机的发展史。

课件展示：认识手机的发展史

（一）图文材料：手机的基本通信原理

手机把声音转换为数字型号发射到基站，再由基站转到你所拨的手机上，对方的手机把数字信号转换成声音。

1. 手机发出信号，将呼叫号码发到基站。

2. 基站收到信号，告知移动交换中心。

3. 移动交换中心向全网发出呼叫，查找被呼叫号码的基站位置。

4. 被呼叫基站收到后发出应答信号。

5. 移动交换中心收到应答信号后，分配一个信道给通话双方。

6. 从这个信道中间被呼叫号码发送铃音，通知机主，机主按通话键，两人即可通话。

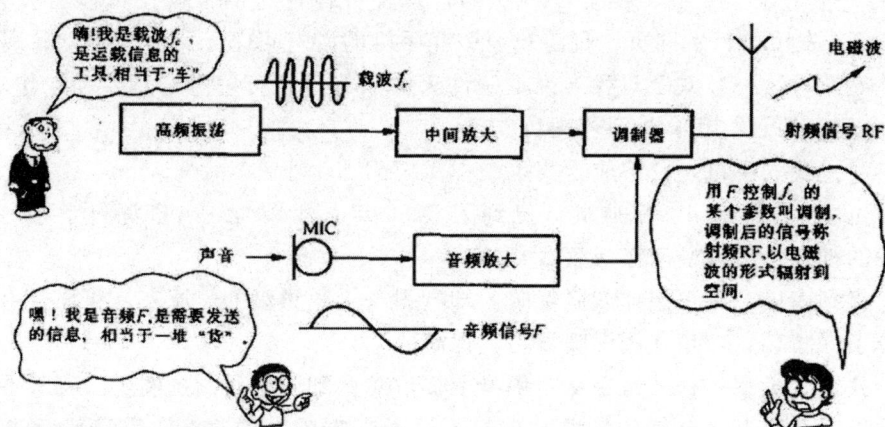

（二）手机的发展演变

1973 年，世界上第一台手机摩托罗拉 DynaTAC 8000X 重 2 磅，通话时间半小时，销售价格为 3995 美元，是名副其实的最贵重的砖头。

1987 年，模拟移动电话也称"大哥大"，只能进行语音通信，收讯效果不稳定。且保密性不强。

2002 年，彩屏手机支持彩信业务的 GPRS 和上网业务的 WAP 服务，以及各式各样的 Java 程序等。

2011 年，智能手机不仅可以通话，还具备语音、视频、上网等大部分电脑功能。

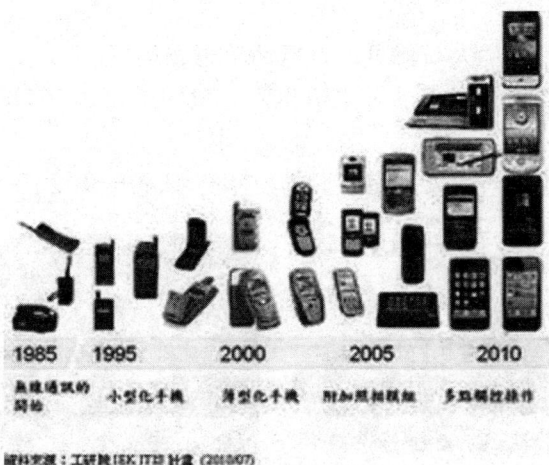

资料来源：工研院 IEK ITIS 计画 (2010/07)

（三）手机在中国的发展

1987 年 11 月 18 日，广州开通了中国第一个移动电话局，这标志着中国移动通信时代的开始。

2003 年 7 月 我国移动通信网络的规模和用户总量均居世界第一，手机产量约占全球的 1/3，已成为名副其实的手机生产大国。

2003 上半年，中国移动用户总数达 2.34 亿户，普及率为 18.3 部/百人。

2009 年 1 月初中国移动获 3G 牌照，格式 TD－SCDMA，自主知识产权。

而今天，手机不再是身份的象征，全国拥有手机的用户超过 5.2 亿，平均不到三个人就有一部。手机外形越变越小，功能却越来越强，拍照手机、音乐手机、炒股手机……相继出现。

（四）手机功能分类

1. 沟通类应用（如短信、即时通讯、社交网站、电子邮件等）。

2. 娱乐类应用（如小说、游戏、音乐、视频等）。

3. 资讯类应用（如手机报、网络新闻、搜索、炒股、微博等）。

目前沟通类应用还是占据了主要的地位，但伴随着以 iPhone、Android 为首的新一代操作系统的流行，娱乐类、资讯类应用的发展前景将更加广泛

（请同学们列举自己生活中常用的手机功能。）

主持人 A：我想看看我们的电话手表，怎

么用？

生：只要碰到陌生人，就可以打电话给爸爸妈妈。

生：对，我的手机还可以防止陌生人打进来，可以存 50 多个电话。就只是与这些人联系。

生：可以定位，可以发家庭微聊，有积分积累升级。

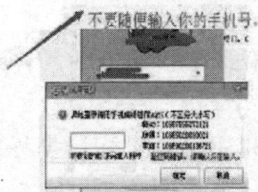

生：还可以计时器，可以看时间，年月份。

主持人 B：看来你们的手机也很强大呀。请同学回答，手机功能是越多越好还是简单一点好，你本人更倾向于用怎样的手机？

生：越简单越好，可以省钱。

生：我认为手机功能越多越好，这样可以抢很多红包。

生：最重要的是可以联系到更多亲戚朋友。

4. 辩论会：玩手机游戏的好与坏。

老师：我们来现场采访（对象：有手机的同学，没有手机的同学）你们用手机做什么？

生：我用手机读英语。

生：我用手机买东西、打游戏，超级好玩。

生：我用手机看一些优秀的作文。也有很多同学拿手机玩游戏，现在我们就来组织一场玩手机游戏的好与坏辩论赛。

师：是的，有不少同学拿手机玩游戏，下面我们就来组织一场辩论赛，分利大于弊的一组，弊大于利的一组，第三四组当评委。

主持人 A：发言对象就确定为各小组代表，大家先在小组里讨论。

老师：接下来就开展辩论赛"手机网络游戏的好处大于坏处还是坏处大于好处"。

甲：随着时代的进步和事物的发展，手机网络已经成为我们生活中不可或缺的一部分，网络给我们带来了太多太多的新鲜事物：E-mail、BBS、QQ 等新鲜的名词都出现在了我们日常的生活中，在手机上进行网上冲浪成了许多学生课余的一大爱好。

乙：是啊，手机网络给我们的生活带来了新的变化，这个世界的信息传播更快了，这个世界上的人的生活更丰富多彩了。

甲：可在给我们带来便利的同时，网络也给我们带来了许多值得全社会共同关注的问题。比如青少年健康上网、学生沉溺于网络游戏、网吧问题等，都值得我们共同探讨和解决。

乙：那么今天就让我们以辩论的形式，一起探讨网络这把双刃剑。

甲：正反两方的辩论都很精彩，网络是一把双刃剑，到底是利大还是弊大，主要取决于能否正确对待网络交往。那么我们该如何用好网络，做好网络主人？

主持人小结，整理评价：手机游戏对学生有利的一面。比如说：能够开发孩子的智力；锻炼反应速度；通过游戏学习新的知识，等等。但是每天要控制学生玩手机游戏的时间，时间不能太长，一天最多玩半个小时到一个小时。对游戏的内容也要仔细筛选，下载一些益智健康的游戏供学生玩。而且长时间玩手机游戏的危害更是很大，如：长时间玩游戏的危害比如会产生辐射，对身心健康产生影响；浪费大量时间，减少了看书学习的时间；对视力产生较大的影响；而游戏里更有充钱等陷阱。

老师：通过本次辩论的开展，希望能引导和帮助大家对低头，有更深入的了解和认识。

5. 拓展作业：写几句话给手机。

生：手机，你是我们共同的朋友，我们都喜欢你。

生：低头抬头之间，我们的距离最美。

老师总结：手机，连接了亲情，却代替不了亲情。下课后，请写几句话给手机。

第 3 课时　绿色网络生活

---------- 活 动 设 计 ----------

活动目标：

1. 学习并领会《全国青少年网络文明公约》的内容和实质；了解网络世

界的虚伪性、网络欺骗的危害性以及网络世界的法律法规。

2. 通过讨论网络对少年儿童的影响，初步培养学生辩证思维的能力；通过网上搜索，进一步巩固搜索引擎的使用。

3. 通过网络与道德案例分析，认识为什么要注意网络文明、网络安全；树立网络安全意识。掌握网络安全的基本自我保护方法。

活动重点：

1. 学习《全国青少年网络文明公约》树立网络安全意识。

2. 掌握网络安全的基本自我保护方法。

活动难点：

1. 通过对案例的分析、探讨、分析、交流，让学生认识到网络对青少年的正负面影响，树立正确的网络道德观，初步培养学生的辩证思维能力；

2. 如何识别和避免网络欺骗。

活动方法： 情境导入法、任务驱动法、自主学习、探究学习。

活动准备：

1. 培训组长，设计小组讨论的问题。

2. 打印、发放文明宣言，在课堂上选择一两句背诵展示。

让我们依法上网，严格自律，提高媒介素养。让我们文明上网，传播美好，弘扬新风尚。让我们理性上网，明辨是非，释放正能量。清朗网络空间的建设，青年不做置身事外的旁观者，而要做勇于担当的生力军！

在网络上种下一颗颗文明的种子，让旭日朝阳在这网络虚拟世界大放光明；以"好声音"来启迪他人，用"正能量"来感染社会。、

明是非、辨真假、拒绝谣言；弘扬真善美，自觉抵制不良信息——做网络文明传播使者！

我是学生，理性思考、不跟风、不造谣，这是我的网络文明志愿宣言。

依法上网、文明上网、理性上网，争当中国好网民。

我是一名志愿者，不造谣、不跟风、理性思考，传递正能量。

网络语言需谨慎，网络态度需端正，网络行为需艺术。做文明网络人。

千里之行始于足下，网络文明始于之尖。让我们文明上网，传播美好，弘扬新风尚。

响起雷锋精神时代的主旋律！大家一起来。

除网络陋习，树文明新风；真诚交心，拒绝欺骗；真理至上，拒绝谣言。在网络这片天空下，我们同呼吸共命运。

我是志愿者，科学上网，实事求是，文明用语，以礼待人，点击文明，演e精彩，阳光网络我来维护，文明上网我来践行。

讲网络文明，树净网新风；理性思考，文明上网，传递社会正能量！

安全上网，快乐上网，文明上网，劝阻网络不文明行为，揭露网上不文明行为的危害性，做到不信谣、不传谣、不浏览、不传播低俗内容。

活动过程：

一、观看视频，感受网络的强大力量

1. 我们现在正处于一个网络飞速发展的时代，网络给我们带来了很多的便利，大家想一下我们都利用互联网做了哪些事情呢？现在老师给你们播放一个视频大家看一下视频中的主人公都干了哪些事情吧。（播放视频）

2. 观看订机票、查天气、看地图、订酒店、收发邮件、微博地图、视屏聊天、视频会议、网络购物、订出租、订餐，等等。

二、认识《青少年网络文明公约》

1. 我们刚刚从上面的视屏可以看出网络几乎渗透到我们生活的每一个角落，我们可以利用网络高效快捷的做很多事情。但是生活在现实社会中的我们需要法律来维持秩序，那么生活在高速发展的信息化社会是不是也需要一种公约或者一种秩序来维持呢？

2. 出示课件，自学讨论《青少年网络文明公约》，首先大家来一起看一下公约的内容。

点评：

（1）要善于网上学习，不浏览不良信息；我们通常上网学习都在哪些网站呢

课件展示百度文库、谷歌、新世纪读书网、青年文摘网、中国科普网、学生科技网、网上科学馆、新浪网，等等。

（2）要诚实友好交流，不侮辱欺诈他人

我们在网络上通常看到一些不文明不健康的词语或者网站，大家看一下课件看这上面出现的语言暴力你们有没有遇到过。（课件）

小组讨论：当我们遇到这些语言暴力的时候应该怎么做呢？

（3）要增强自护意识，不随意约会网友

①同学们回答的都很好，现在有一位王强小朋友，他在聊天时使用了文明用语，也没有恶意传播不良信息，但是他也遇到了一件伤心的事情，这是什么事情呢？请同学们仔细看一下下面这个视频。（视频二）

②对了，他轻易的和好友见面结果被欺骗了，在网络这个虚拟的世界中我们和对方聊天，并不能判断对方是好人是坏人，所以根本不能轻易地约见网友，王强小朋友只是被轻易地被骗，你能不能说一下你知道的哪些更严重的网络上当案例呢？

（4）要有益身心健康，不沉溺虚拟时空

看来大家对网络上当受骗的信息了解的还是很多的，对于我们青少年来说

自我保护能力和判断能力还没有成熟，约见网友一定要谨慎。有些同学可能也相信网络，但是就是喜欢玩游戏，而且长时间地坐在电脑旁边，下面我们看一下这个同学的遭遇，并回答"玩游戏不后悔"是对还是错？

（5）要维护网络安全，不破坏网络秩序

现在网络的一些弊端负面我们都看到了，要想有一个正确的网络安全秩序要做到哪些呢？如何做一个合格的网民呢？

三、出谋划策：如何正确上网

四、我的上网，我标准

五、拓展作业：绿色微博传播你我

活 动 实 录

一、观看视频，感受网络的强大力量

（播放视频：网络飞速发展的时代）

主持人：我们现在正处于一个网络飞速发展的时代，网络给我们带来了很多的便利，大家看这个视频中的主人公都干了哪些事情吧。

生：观看订机票、查天气、看地图、订酒店。

生：收发邮件、看微博找地图、视频聊天、视频会议、网络购物、订出租、订餐，等等。

出示电脑的图片，主持人：我相信全班所有小朋友对这个都非常的熟悉。暑假你们都跟它一起待了好长的时间吧！

生：上网。

师：我们都可以在网上做些什么呢？

生：玩游戏、买东西、下棋、看电影、聊天、订机票、查天气、看地图、订酒店、收发邮件、微博地图、视频聊天、视频会议、网络购物、订出租、订餐等等。

唇枪舌战：网络是天使？网络是魔鬼？

生：有时候网络是天使，给我们带来帮助；有时候是魔鬼。

生：网络是魔鬼，会影响家庭生活，带来疾病。

出示图片：

师：我们在网络上经常会看到一些不文明不健康的词语或者网站，或者是一些谣言，这个时候我们该怎么做呢？

出示案例（网络诈骗、见网友、沉迷网络游戏），学生了解案例并讨论。

主持人：没错，网络几乎渗透到我们生活的每一个角落，我们可以利用网络高效快捷的做很多事情。其实，我们在网络上是有规范的。

二、认识《青少年网络文明公约》

主持人：生活在现实社会中的我们需要法律来维持秩序，那么生活在高速发展的信息化社会是不是也需要一种公约或者一种秩序来维持呢？

生：对，没错。

老师出示课件《青少年网络文明公约》，组织小组分别自学交流

小组长1：我们来讨论，首先我来读一下公约的第一条内容。（1）要善于网上学习，不浏览不良信息。

生2：我们通常上网学习都在哪些网站呢？

生3：我喜欢上百度文库、谷歌搜索不会做的题目，上新世纪读书网、中国科普网、网上科学馆看各种喜欢的书。

小组长1：那什么是不良信息呢？

生4笑：广告里很多不健康的点击页面，一点就是网游、黄色、暴力的呀，我觉得很恶心。

生5：骂人的也不健康，听妈妈说手机上拍的一些假新闻吸引人、骗人。

（2）要诚实友好交流，不侮辱欺诈他人

小组长2：我们在网络上通常看到一些不文明不健康的词语或者网站，大家看一下课件看这上面出现的语言暴力你们有没有遇到过。（出示图片）

生：我听说没有结婚的明星有孩子的，我看到过。

生：经常说从哪个班毕业的都是瘪三什么的。

生：我在网络游戏中，有被骂过。

小组讨论：当我们遇到这些语言暴力的时候应该怎么做呢？

生1：回击他，回击他。

生2：不行不行，如果是这样，不文明，也会惹上麻烦。我可不这样做，如果接到这些哄骗孩子的，我就挂掉电话，不去搭理。如果在聊天的地方看到，我也不理他们，我就先管好我自己。

生3：不用理会。

（3）要增强自护意识，不随意约会网友

小组长3：现在有一位王强小朋友，他在聊天时使用了文明用语，也没有恶意传播不良信息，但是他也遇到了一件伤心的事情，这是什么事情呢？请同学们仔细看一下下面这个视频。（视频二）

副组长3：对了，他轻易地和好友见面，结果被欺骗了，在网络这个虚拟的世界中我们和对方聊天，并不能判断对方是好人是坏人，所以根本不能轻易地约见网友，王强小朋友只是被轻易地被骗，你能不能说一下你知道的哪些更严重的网络上当案例呢？

生：我可没遇见过不好的，只是我知道我舅舅和舅妈可是网友，后来才结婚的呢。

小组长3：那是网络做了红娘，请问有上当受骗的案例吗？

生1：我知道，我隔壁邻居爱上网，也是跟我们差不多年纪大，他上次认识了一个比他年龄大的哥哥，聊了3天，向他借钱说是急用，我邻居汇给他200元，结果这个朋友就不见了呢。

生2：我想起来了，有卖东西的网友，熟了之后给你东西，结果是假货。

生：有，说只要存一百，每天给你高利息，结果是被骗的。

生：有些骗子说可以报名参加活动。结果报名费交了，又没有活动。

主持人：还有更严重的，还有电话诈骗。

（4）要有益身心健康，不沉溺虚拟时空

小组长4：看来大家对网络上当受骗的信息了解的还是很多的，对于我们青少年来说自我保护能力和判断能力还没有成熟，约见网友一定要谨慎。有些同学可能也相信网络，但是就是喜欢玩游戏，而且长时间地坐在电脑旁边，下面我们看一下这个同学的遭遇，并回答"玩游戏不后悔"是对还是错？

小品表演：痴迷游戏，视力下降，成绩下滑，和父母关系疏远了的小强。

（5）要维护网络安全，不破坏网络秩序

主持人：现在网络的一些弊端负面我们都看到了，要想有一个正确的网络安全秩序要做到哪些呢？如何做一个合格的网民呢？思考一下，同时我们来画一幅宣传话，作一个小结。

同桌合作，每人说出三四句标语。

三、出谋划策：如何正确上网

主持人：学了这节课，我知道大家愿意做一个健康文明的小网民。（板书：做文明的小网民）

签名活动：文明上网，从我做起（用相机拍下这个场景，合影）

师：同学们积极响应号召，从我做起，从现在做起，自尊、自律、自护，上文明网，文明上网，做一名文明的小网民！

四、总结：我的上网，我标准

老师：通过今天的学习，我相信大家心里都有了一个文明上网的标准。那么下课后就请大家拟定"文明网民"评定标准。同学们，我真诚地希望大家不要自投罗"网"，而一"网"情深，为避免"网"事不堪回首，我们应该"明明白白、健健康康上网，快快乐乐、开开心心下网，清清爽爽共渡网络好时光！"

五、拓展作业：绿色微博传播你我

1. 一周内，在腾讯微博上，每天进行一次"绿色微博传播你我"的绿色信息活动。内容可写雷锋日记、绿色短信感动事件的介绍，班级健康上网知识竞答，校园感人事件等。

2. "构建网络文明做敢于发声的少年"宣传语QQ群在线征集。

第4课时 安全健康网上行

------- 活 动 设 计 -------

活动目标：

1. 进一步知道网络的利与弊。

2. 了解网络的重要作用，掌握一定的网络知识，学会健康上网，趋利避害，并在活动中充分利用人与人、人与网络之间的互动性。

3. 初步认识和理解社会生活的复杂性，逐步形成辨别是非的能力。

4. 追求科学、健康、充实的网络生活。

活动重点：知道网络的利与弊；了解网络的重要作用，学会健康上网，趋利避害。

活动难点：辨别网络的利与害；在生活中如何把握住上网的"度"。

课前准备：案例、标语、相机等。

活动过程：

一、让学生现场采访调查，实话实说谈网络

1. 充当小记者，对本班同学进行关于网络交往的采访，主要问题有：

你有网友吗？

你心目中的网友是什么样子？你知道他们的国籍、地区、年龄、性别、职业等真实情况吗？

2. 谈谈你与网友交往的有趣故事。

3. 除了交网友，你上网还做哪些事？

二、学会选择双刃剑：筑起"安全防火墙"

让我们积极响应号召，从我做起，从现在做起，自尊、自律、自护，上文明网，文明上网，做一名文明、健康的小网民！

学会选择：双刃剑！

利：网络是一个信息的宝库，积极有用的信息有利青少年的生活、学习，引导青少年健康的成长。

弊：网络也是一个信息的垃圾场，各种负面信息会影响青少年的身心健康。

随着信息技术的发展，网络媒介已为人类信息传播提供了一个崭新的天地。国际互联网的发展，创造出全新的网络文化。所谓联网，不仅仅是计算机的联网，而且是人类知识的联网，是古今中外全人类的智慧的联网，是人脑的延伸。在这样的一个时代背景下，个人如果不会上网查找资料，不会从媒介获取信息，有效地利用信息，是难以融入信息时代的。媒介素养教育首先强调的是要学会从大众传媒中获取信息，学会使用媒体，学会善用媒体。

"安全防火墙"

迷恋网络游戏、网络聊天、接触网上不良信息，使青少年的身心健康受到了负面的影响。如今，未成年人网络犯罪的比例也正逐年递增。

1. 出示：特别提示。网友的"甜言蜜语"也许就是骗你进入"陷阱"的诱饵，"天上掉馅饼"的好事是从来不会发生的。同学们，请提高警惕，擦亮你的双眼吧。

2. 总结：在纷繁复杂的网络世界中，我们首先要在自己的头脑中建立起一道"安全防火墙"，避免受到伤害。

三、信守承诺签姓名：为安全护航

师：大家愿意成为一个健康文明的小网民吗？

1. 过渡：学了这节课，我知道大家愿意做一个健康文明的小网民。（板书：做健康文明的小网民）

2. 签名活动：文明上网 从我做起。（师用相机拍下这个场景，合影）

3. 总结。

四、网络世界的安全隐患

五、如何正确地甄别社交网络中的信息

1. 虚假信息产生原因：

对于新闻报道来讲，产生的因素虚假新闻会更多一些；对于商家来讲，大多是为了谋取更高的经济利益而制造和传播虚假信息。

2. 获取信息中存在的问题

（1）贪图小便宜的心理。网上有很多中奖信息，很多学生由于抱着侥幸心理去试试，结果被骗。

（2）网络是具有开放性的。网络上的一些学生们经常浏览的学习信息中常常夹杂着各种色情、暴力、凶杀等信息，这些信息的传播对学生的身心健康产生了极大的负面影响，这些信息的传播往往会潜移默化地影响着学生的判断能力。

（3）面对信息，我们常常很容易相信自己的亲朋好友所传播的，或者已经过多次传播的信息。而在这时，自我的信息辨别意愿有所减弱，从众心理趁虚而入，打破了对于信息的辨别真伪的能力。

3. 如何正确辨别网络信息

（1）根据信息的来源判别。

（2）不要盲目地相信得到的信息。

（3）多渠道获取信息。

（4）根据原有的经验判别。

（5）向权威机构进行核实。

六、遵守网络小守则

1. 在网上不要轻易给出自己的身份信息。如要给出要征询父母的意见。

2. 不要单独和网友见面。如果非常有必要见面，要到公共场合，最好有大人陪同。

3. 收到带有暴力、色情、威胁等语言的信件和消息，不要回复或反驳，马上通知家长。

4. 记住你在网上读到的信息不一定全是真的。

5. 单独在家，不要允许网上认识的朋友来访。

6. 切不可将网络电脑游戏当作一种精神寄托。

网络的虚拟性和全方位性为每一个人发挥自己的才能提供了舞台，同时也对青少年提出了新的行为要求。

七、拓展活动：传扬四条守则

────────────── 活 动 实 录 ──────────────

一、现场采访调查：实话实说谈网络

主持人：同学们，我们都是小记者，我们对本班同学进行关于网络交往的采访，主要问题有：你有网友吗？你心目中的网友是什么样子？你知道他们的国籍、地区、年龄、性别、职业等真实情况吗？

生1：我的网友就是我的同班同学啊。

生2：我有很多网友，最要好的一位，是有一次到杭州参加国际象棋比赛结识的棋友。

生3：我的网友才是真正的网友，从没见过面，也没看过照片，我们只在网络游戏里一起玩，后来，留了电话号码，要玩的时候通过电话约时间，一起玩游戏。

生4：我的网友会帮助我，他比我大，语音中听出来的，他玩球球大作战会帮助我，我很崇拜他。

主持人：第二个问题是心目中的好网友，请四人小组讨论交流一下。

生：诚实可靠的。

生：可以交流真心话的，不会笑话我，而是帮我出主意的。

主持人：说说你与网友交往的有趣故事？

生：有个网友和我一起做作业，我们都有学习上的交流和进步。

除了交网友，你上网还做哪些事？

生：有时候，会上网免费阅读。

生：我会和妈妈一起上网看一些菜肴，学会烧一烧。

生：我会打上：看天下。看看世界的丑陋与美丽。

生：我会上网看天气，还会看新闻。

二、学会选择双刃剑：筑起"安全防火墙"

主持人 A：其实，随着信息技术的发展，网络媒介已为人类信息传播提供了一个崭新的天地。国际互联网的发展，创造出全新的网络文化。所谓联网，不仅仅是计算机的联网，而且是人类知识的联网，是古今中外全人类的智慧的联网，是人脑的延伸。在这样的一个时代背景下，个人如果不会上网查找资料，不会从媒介获取信息，有效地利用信息，是难以融入信息时代的。

主持人 B：网络是一个信息的宝库，积极有用的信息有利我们的生活、学习，可以引导我们健康的成长。

主持人 A：网络也是一个信息的垃圾场，各种负面信息也会影响我们的身心健康。老师，请您教会我们怎样选择。

老师：好，媒介素养教育首先强调的是要学会选择！双刃剑！

主持人 A：让我们来制作安全锦囊。各小组长到我这里来领取彩色卡纸、彩笔、设计安全标语做锦囊。

内容参考有：

1. 不要在网上探询别人的隐私。

2. 不要认为在网上说说粗话无所谓。

3. 不要在网络上散布不良信息。可以吗？

老师：这一个个美观精致的安全锦囊，就是一道上网的安全防火墙，我们来评比交流展示一下。

生：我们画两只手交叉一起，就像一堵墙，上面写大字"拒绝邪恶"。

生：我画一个电脑，屏幕上写"安全"，下面是具体的小提醒。

生：我画一堵墙，他在使劲保护这面墙，不倒下来，这墙的名字就叫"珍爱生命"。

主持人 B：补充一点，网上的"甜言蜜语"也许就是骗你进入"陷阱"的诱饵，"天上掉馅饼"的好事是从来不会发生的。同学们，请提高警惕，擦亮你的双眼吧。

总之，纷繁复杂的网络世界中，我们首先要在自己的头脑中建立起一道安全防线，避免受到伤害。

三、信守承诺签姓名：为安全护航

主持人：我们愿意成为一个健康文明的小网民吗？

生：愿意。

主持人：我来带大家来念这一支儿歌：做知荣明辱的小网民，互联网，是个宝，查资料，转眼到；看新闻，真方便，黄赌毒，我不沾；写邮件，要真诚，谈学习，多沟通；玩游戏，要节制，护健康，不沉溺；网上聊，多当心，要自爱，不轻信；见网友，要谨慎，有礼貌，不骗人；买商品，要选准，不上当，讲诚信；开博客，懂礼仪，辨是非，守秩序；小朋友，网上行，知荣辱，讲文明。

学生跟着主持人念一念。

四、网络世界的安全隐患

课件出示数据：据之前的不完全统计，现在学龄前儿童（2—7岁）上网的比例约为26.2％；约八成小学生9岁前开始接触互联网，游戏是上网小学生的最爱。9000万网民中82％为青少年，全国约有440万的青少年患网络成瘾症。

课件出示案例：

"你小孩整天念叨着要回什么岛上去，有人要来攻打他的城堡，还说有人要害他。我们怀疑他因沉溺网络患上了精神疾病。"长沙的一位父亲接到学校老师打来的电话这样说道，44岁的长沙男子宋国友觉得天都要塌下来了。当他火急火燎地赶到学校，宋国友发现儿子脸色苍白，目光呆滞，嘴里念叨着："有人监视我，有一天上网时，屏幕突然跳动了一下，然后我想返回主页，怎么都回不去，就觉得电脑是被人监视了……"在学校的建议下，宋国友夫妇把孩子送到中南大学湘雅二医院检查治疗。检查结果让夫妇俩很难接受：儿子患上了精神分裂症，怀疑因长期沉溺网络所致。

上网成瘾就像是在身上养了一只吸血虫，开始只是叮在身上，日子久了血越吸越多，而青少年就会被网络腐蚀掉，这就像是吸烟，患上网瘾的时间越长，网瘾也就越难戒掉。

新闻中常会报道青少年在网上交友不慎，被对方骗取钱财，甚至是感情。网络本身是很好的媒介，但心术不正的人却容易利用网络做违法乱纪的事，危害别人，以达到自己的利益。

五、如何正确地甄别社交网络中的信息

发放资料，自由读一读：

1. 虚假信息产生原因：对于新闻报道来讲，产生的因素虚假新闻会更多一些；对于商家来讲，大多是为了谋取更高的经济利益而制造和传播虚假信息。

2. 获取信息中存在的问题

（1）贪图小便宜的心理。网上有很多中奖信息，很多学生由于抱着侥幸心理去试试，结果被骗。

（2）网络是具有开放性的。网络上的一些学生们经常浏览的学习信息中常常夹杂着各种色情、暴力、凶杀等信息，这些信息的传播对学生的身心健康产生了极大的负面影响，这些信息的传播往往会潜移默化地影响着学生的判断能力。

（3）面对信息，我们常常很容易相信自己的亲朋好友所传播的，或者已经过多次传播的信息。而在这时，自我的信息辨别意愿有所减弱，从众心理乘虚而入，打破了对于信息的辨别真伪的能力。

3. 如何正确辨别网络信息

（1）据信息的来源判别。

（2）要盲目地相信得到的信息。

（3）渠道获取信息。

（4）据原有的经验判别。

（5）权威机构进行核实。

图：媒体会选择你应该知道的真相。

六、遵守网络小守则

主持人：小组长带领制作一两条守则的小卡片，我们一起来看看。

1. 在网上不要轻易给出自己的身份信息。如要给出要征询父母的意见。

2. 不要单独和网友见面。如果非常有必要见，要到公共场合，最好有大人陪同。

3. 收到带有暴力、色情、威胁等语言的信件和消息，不要回复或反驳，马上通知家长。

4. 记住你在网上读到的信息不一定全是真的。

5. 单独在家，不要允许网上认识的朋友来访。

6. 切不可将网络电脑游戏当作一种精神寄托。

网络的虚拟性和全方位性为每一个人发挥自己的才能提供了舞台，同时也对我们提出了新的行为要求。

主持人：这里还有阅读材料补充：

手机防骗技巧

1. 首先，我们自己不要去下载那些收费软件。

2. 我们自己要养成良好的上网习惯。不要乱点击陌生人发来的邮件，或者链接，因为这有可能是骗子设下的陷阱。你一点击进去的话手机就被骗子侵入了。所以大家要注意。

3. 大家还可以安装安全软件来防护自己的手机。这样的话可以大大地减少手机被钓鱼网站侵入，从而造成损失。

4. 不在陌生的地方登陆自己的手机号码，或者其他账号信息。以免造成不法分子有机可乘。

5. 最重要的是不要泄露你的身份信息、账号信息，等等。这是最重要的，记得要好好保护自己的隐私。不要提供自己的信息给陌生人，任何时候都不要。

七、拓展活动：传扬四条守则

用自己喜欢的方式传扬四条守则：

1 网络聊天——用文明语言、不轻易见网友。

2 网络学习——时间安排科学合理。

3 网络游戏——不沉迷网游每天不超过 2 小时。

4 网络秩序——自觉维护从自身做起。

主题活动　演 e 自媒体的精彩

活 动 设 计

活动目的：

1. 认识网络的不同形式，倡导和鼓励同学们绿色上网、文明上网、健康上网

2. 倡导网络文明新风，使用网络文明语言，自觉抵制各种虚假、消极内容。

3. 培养学生的明辨是非、正确区分网络信息的正误，学会辨别、筛选网络信息，做网络的主人。

课前准备：背诵记忆文明上网宣言。

活动过程：

一、我是发声机，认识网络的不同形式

1. 孩子们，喜欢玩游戏吗？好，解说游戏开始，看图以"我是"开头，介绍不同的形式。

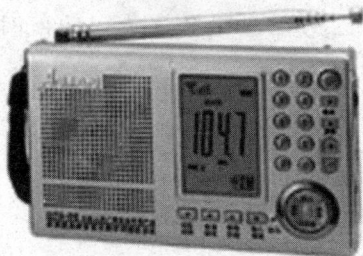

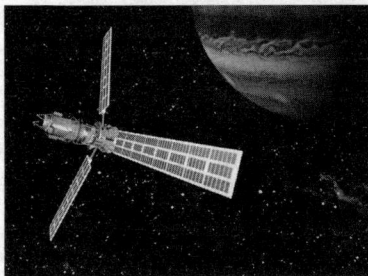

2. 小结：看电视、打电话、读报纸、听广播……我们生活在万千的网络中。

二、我来比一比，找到自己的独特之处

1. 网络与传统的报纸、广播、电视相比，有哪些独特优势呢？

2. 网络已走入人们的生活，世界是个宏大的网络，我们每个人每天都生活在网络的海洋之中，并扮演着越来越重角色，成为第四媒体。

三、点击文明，演 e 精彩：在不同网络空间发声

1. 网上交友是指通过计算机网络与未曾谋面的人交朋友。

2. 发声方式：收发电子邮件，参加电子论坛、在线聊天。

3. 如何正确对待网上交友？

利：有助于青少年的心理健康，有助于青少年开阔视野、增长知识。

弊：引起青少年与社会的疏离，有害信息、成年人信息的不良影响，使其沉湎其中，无心学习。

4. 网上购物：新兴产业的发展为我们的生活提供了各种方便。

5. 电子贺卡：网络改变了我们的交流方式。

6. 网游：边玩边说粗话，要不得。

四、拓展作业

网络时代，作为普通人我们到底该如何发声，相信大家拥有更好地想法。期待更多真诚的交流。

1. 请大家观察爸爸妈妈的微信朋友圈，微博记录，给爸爸妈妈一些修正参考的声音。

2. 作一条正能量作品发到朋友圈，做网络正能量的生力军，朋友圈里的小太阳，走到哪里哪里亮。

-------------------- 活 动 实 录 --------------------

一、我是发声机，认识网络的不同形式

老师：孩子们，你们喜欢当主持人吗？

生：喜欢。

老师：行，现在我们来玩一个主持人解说物品的游戏，请看图，开始以"我是＿＿＿＿＿＿"为开头，介绍你所看到的东西。

通过课件展示，孩子们看着图替代进入角色，初步认识媒介载体，介绍网络的不同形式。

生：我是录音机，我们的大脑就等于是芯片，我们的嘴是喇叭兼录音键，我们的耳朵是放音键。录音的人一定要把录进去的话完完整整地、一字不差地播放出来，否则为废品录音机。经过修理，我才可以回到游戏中。

生：四四方方一电器，里面外外都有人，里面想出出不来，外面想进进不去。猜猜，我是谁，对，我就是电视机。

主持人 A：这节课，就把我们班分成 6 组，命名为打印机、电话机、传真机、电视机、收音机、卫星。知道吗？每一组就是一个网络，世界是个更宏大的网络，我们每个人每天都生活在网络的海洋之中。看电视、打电话、读报纸、听广播，我们生活在万千的网络中。

主持人 B：网络是我们认识世界和改造世界的指南和向导。可以说，对于现代社会，没有网络，就等于失去人类存在和发展的基础。一次军事情报可使战争取得胜利，一份科技文献能产生划时代的发明，一条商业网络是企业成败的关键。

小组交流，互相补充。

二、我来比一比，找到自己的独特之处

主持人 A：网络与传统的报纸、广播、电视相比，有哪些独特优势呢？

组织讨论会，角色扮演

生 1：我是电脑网络，我已走入人们的生活，并扮演着越来越重角色，成为第四媒体。

生 2：我是报纸，上面有很多字画，可以告诉人们新事。带着我也很方便，但是与电脑比，还是电脑网络更快更强。

生 3：我是广播，我也是网络的一部分。

生 4：我是电脑网络，这里有我搜集的资料，听好了，随着网络信息技术的高速发展，我国已经进入了"全民网络"时代。据 2013 年第 32 次中国互联网发展状况统计报告，截至 2013 年 6 月底，我国搜索引擎网民规模已达 4.7 亿，网络新闻的网民规模达到 4.61 亿，博客和个人空间网民数量为 4.01 亿，微博网民规模为 3.31 亿，用手机上微博的网民数为 2.3 亿。其中网络微博客发展最为迅速，根据统计，我国 103 家微博客网站的用户账号总数已达 12 亿个。可以说互联网、移动网络已经走进千家万户，已经触及我们生活的方方面面，网络正越来越深刻地改变着我们的学习、工作以及生活，甚至影响着整个社会的进程。

三、点击文明，演 e 精彩：在不同网络空间发声

老师："全民网络"时代的到来，人人面前都有了一个"麦克风"，人人都是自媒体，人们的话语空间从而也得到极大拓展，一个异常复杂又精彩纷呈的网络舆论场开始凸现。

主持人 A：那我们怎么在不同网络上发声呢？

主持人 B：网络改变了我们的交流方式，我有一个秘诀：把我改成你，换位思考。举个例子说吧。

生：有个拍照软件很有趣，只要把脸对准手机的相机，拍出来的人物就会升出长舌头，脑袋流鲜血，吓人很好的。

生 2：我有我有，这个软件我也玩过，有一次，我把拍出来的照片发到朋友圈。爸爸就提醒我要删掉呢。

主持人：是啊，太吓人的影响不好，不如来做个传话游戏。

四组同学传话："我要好好说话，开开心心"一句话传到最后变成"你要好好上课，慢慢说话。"

主持人：可见不真实在悄悄产生。

小结：多问几个为什么，要有自己的独立判断，多元化的了解各方立场，通过自我的理性判断，无限接近事实真相。

主持人：网络上，我们都可以发表自己的感想，抒发自己的感情，多站在看者的角度去发声，一起努力吧。

四、拓展作业

主持人：下课后，请大家观察爸爸妈妈的微信朋友圈，微博记录，给爸爸妈妈一些修正参考的声音。再作一条正能量作品发到朋友圈，做网络正能量的生力军，朋友圈里的小太阳，走到哪里哪里亮。

第四主题 媒介德育与流行文化

第1课时 认识流行文化

-------- 活 动 设 计 --------

情境设计:

流行是一种趋势,流行的事物也无处不在,学生对于时下流行事物接受和吸收能力更是超强,让学生主动去寻找身边的流行元素,了解流行文化的定义,借用多媒体教室展示学生收集的流行元素,通过小组交流、集体交流等形式进行探讨和议论流行文化,让学生能正确对待流行文化。

活动目标:

1.通过媒介认识流行事物,了解流行文化的定义。

2.交流讨论流行文化,感知流行的历史和演变。

3.辨析流行文化的弊端,正确对待流行文化。

活动流程:

一、导入流行

1.激趣导入,班里的同学们能不能找找我们身边的流行。

2.分小组讨论收集组内的流行元素。

3.全班集体交流,小组用多种方式展示收集的流行元素。

二、初识流行

1.了解流行文化的定义

(1)小组交流

小组合作总结归纳流行文化的概念

(2)班内交流

小组汇报流行文化的概念,摘关键词形成板书。

2.ppt诠释流行文化,对比了解流行文化的概念。

3. 小结

随着当代社会的发展，流行文化已成了一股重要潮流，正因为它具备的以上特点，使得它找到了其迅速发展的土壤，深刻地影响着青少年价值观的形成和发展。

三、展示流行

其实流行已经涉及各个领域，包括衣服、音乐、美术、娱乐、建筑、语言等。老师将收集的流行事物，让学生来猜一猜。

1. 猜流行

活动一：猜流行服饰。

图片展示收集了一些流行的服饰，让学生猜猜出他们分别属于哪个时期的？（依次有汉服、唐装、中山装……）

活动二：游戏：疯狂猜歌名。

音频播放收集的各个时期的流行歌曲，让学生猜歌名，能唱的可以通过演唱的形式来表达或也可以全班齐唱。

活动三：看图猜明星。

图片展示各个耳熟能详的明星照片，让学生抢答。

2. 总结特点

通过上面的活动，了解了这么多的流行事物，说说他们都有什么特点。

小组交流：

四人为一小组，交流流行事物的特点。

全班交流：

概括特点，形成板书。

教师小结：每个时代，都有每个时代所流行的事物，它涵盖了各个领域，都烙印上了那个时代的印记。

四、面对流行

过渡：既然流行文化涵盖领域这么广，那么我们要怎么对待这些流行的事物呢？

1. 小组交流讨论：对待流行，交流你们的看法？

2. 形成正反两面进行阐述。

五、课堂小结

对于流行文化，我们首先应正确认识到流行文化并非"洪水猛兽"，而是时代的产物，是社会各方面因素的复杂产物，因此，我们要积极鼓励青少年去创造并开发健康的流行文化观念和样式，使青少年流行文化成为社会主流文化的重要组成部分。

我们建议：应进一步着眼于时代要求和世界科学文化发展的前沿，着力发展具有中国民族特色的青少年流行文化。

一、导入流行

师：同学们，我想知道谁是班里的"小灵通"，能不能来告诉我一下，我们班的同学们都在流行些什么呢？

1. 分小组交流

师：（先请同学们小组合作，四人一个小组，交流自己收集的流行事物，并挑选出一个同学的流行元素进行全班交流分享。）

2. 全班集体交流（投影、多媒体）

师：让我们来一起交流一下你们所收集的流行事物，哪个小组先来展示一下？（学生集体交流班内流行的事物，如：吃、穿、用、玩等方面。）

生 1：（电子白板展示图片）现在班里的同学们喜欢穿阿迪达斯、耐克、裙子……

生 2：（多媒体播放 MP3）我们一群人在一起喜欢听 TFboys、周杰伦……

生 3：展示小组同学喜爱的玩具，如：陀螺、卡片……

师：老师很想知道，你们这些流行的信息都是从哪些地方得来的呢？

生：电脑、电视、网络……

师：看来电脑、电视、网络等都成了我们班同学获取时尚嗅觉的媒介了，难怪个个都是流行风尚标啊！

二、初识流行

师：刚才同学们交流那么多流行的东西，那么什么是流行文化？能不能用一句话来概括一下呢？

1. 分小组交流

小组合作总结归纳流行文化的概念、梳理流行文化的特点。

2. 班内交流

师：哪个小组先来阐述一下你们概括的流行文化的概念？

生 1：我们小组认为，流行文化就是大家都在追捧的、喜欢的。

生 2：流行文化是……

……

师：百度词条是这样释义流行文化的。

PPT 出示流行文化的定义：流行文化就是一种被人们广泛接受及采用，进而迅速推广的文化。是按一定节奏、以一定周期，在一定地区或全球范围内，在不同层次、阶层和阶级的人口中广泛传播起来的文化。

师：从流行文化的概念中我们也能感受到它具有的特点是？

生：被人广泛接受、速度快、范围广……

3. 小结

师：随着当代社会的发展，流行文化已成了一股重要潮流，正因为它具备的以上特点，使得它找到其迅速发展的土壤，深刻地影响着青少年价值观的形成和发展。

三、展示流行

1. 猜流行

师：其实流行已经涉及各个领域，包括衣服、音乐、美术、娱乐、建筑、语言等。老师也收集了一些流行的东西，让你们来猜一猜。

活动一：猜流行服饰。

师：我收集了一些流行的服饰，谁能猜出他们分别属于哪个时期的？（教师依次出示：汉服、唐装、中山装……）

生1：图一我知道这是属于古时候人们穿的服装。

生2：图三是孙中山先生，他身上穿的是中山装，我们爷爷奶奶那个时代穿的衣服，就跟现在爸爸穿的西装很像。

生3：还有我们现在穿的衣服跟古时候的很不一样，现在穿得都很时尚。

……

师小结：确实，每个时期的服饰，都有它自己独特的特点，而且演变速度很快，瞧瞧我们现代人身上穿的衣服，多么具有时代的个性啊，它有时又是身份的象征，像我们在座的都穿着校服，就告诉大家我们都是小学生。

活动二：猜流行歌曲。

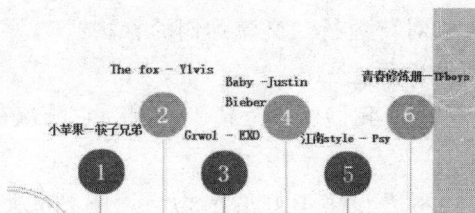

师：接下来，我们要进入疯狂的音乐世界，猜一猜，谁能以最快的速度听出来。

生：听音乐猜歌名，并且说说所知道的歌曲时代背景，教师随机补充。

活动三：猜明星。

师：流行明星，应该是大家最喜欢的话题了吧，那么你们认识他们吗？

（教师随机出示明星照片，学生猜测）

生：学生猜明星的名字。

2. 总结特点

师：通过上面的活动，我们了解了这么多的流行事物，能否说说他们都有什么特点。

小组交流：

四人为一小组，交流流行事物的特点。

全班交流：

生1：流行的事物范围都很广。

生2：每个时代流行都有那个时代的印记。

……

教师小结：每个时代，都有每个时代所流行的事物，它涵盖了各个领域，都烙上了那个时代的印记。

三、面对流行

过渡：既然流行文化涵盖领域这么广，那么我们要怎么对待这些流行的事物呢？

1. 小组交流讨论：对待流行，交流你们的看法？

2. 形成正反两面进行阐述。

正方观点：对于流行，我们要广泛接受，因为它能流行，一定有他的可取之处……

反方观点：流行中不乏很多不好的事物会影响到我们，所以我们要坚决杜绝。

中立观点：任何事物都有两面性，我们要辩证地对待，吸收流行中好的方面，摒弃流行中不好的一面。

教师小结：看来，我们班的同学们真是见解独特，对于流行文化的态度都有自己独特的感受。

四、课堂小结

对于流行文化，我们首先应正确认识到流行文化并非"洪水猛兽"，而是时代的产物，是社会各方面因素的复杂产物，因此，我们要积极鼓励青少年去创造并开发健康的流行文化观念和样式，使青少年流行文化成为社会主流文化的重要组成部分。我们建议：应进一步着眼于时代要求和世界科学文化发展的前沿，着力发展具有中国民族特色的青少年流行文化。

第2课时　从"跑男"看真人秀节目

活 动 设 计

情景设计：

时下综艺、真人秀节目盛行，学生盲目地跟风模仿，形成了一股综艺热潮，本堂课引导学生集体关注一档真人秀节目，通过图片，视频等方式，运用直观感受，让学生对时下流行的真人秀节目形成一定的批判意识和辨析能力。

活动目标：

1. 指导学生掌握获取、收集、处理、运用时下流行文化信息的能力。

2. 引导学生通过自主学习和小组交流等方式讨论对校园"跑男风"流行的看法，从而对待"真人秀"节目。

3. 通过讨论，让学生对时下真人秀节目具备一定的辨析能力。

活动流程：

一、激趣导入

1. 播放事先录制好的各类综艺节目的视频。通过观看视频，考考大家，谁的反应最快？（依次出示当下热播的综艺节目片段，如：《花儿与少年》、《奔跑吧兄弟》、《快乐大本营》《中国好声音》等节目）

2. 依次猜测出老师出示的综艺节目名称。

3. 了解获得综艺信息的渠道。

4. 感知媒介的概念。

5. PPT 出示，简单讲解真人秀的含义。真人秀：也称真人实境秀，一般是指邀请明星大腕进行趣味性游戏竞技，记录下来做成节目。或通过举办某一类别的比赛选拔活动等，以从多名参赛者中选取最终获胜者为目的，同时有着丰富的奖品，给观众带来愉悦，博观众眼球，可以获得广泛的经济效益的电视节目。

二、初谈"跑男"印象

（一）简单分析"跑男"热潮原因

1. 面对这么多霸占荧屏和头条的真人秀节目，你喜欢哪一档呢？引向热点真人秀节目《奔跑吧！兄弟》。

2. 交流分析"跑男"受欢迎的原因。

3. 四人小组交流分析"跑男"受欢迎的原因，组员交流讨论，组长收集并推荐一名组员发表意见。

4. 分组交流原因。

5. 集体梳理。

"跑男"受欢迎的原因：（1）明星效应；（2）趣味性……

教师小结：

正是由于超强的明星阵容和富有趣味性的游戏项目，使得这档节目深受大家欢迎，跑男的收视率高居所有真人秀节目的榜首，这也是属于真人秀节目独有的特点。

（二）真人秀节目特点

1. 真人秀节目如此丰富有趣，我们要怎么去看待这些真人秀节目？

小组交流：

四人为一小组，讨论交流怎样看待真人秀节目，组长对全组同学的意见进行整理，派代表发言。

全班交流：

1. 小组按顺序发表意见，其他进行补充。

2. 教师随机补充说明。

小结：

同学们通过自己的亲身体验，都讲述了自己对真人秀节目的看法，不管可以看，还是不可以看，我们都得对这些节目带有一点辨别的能力。

三、热议"跑男"

1. 回归跑男这档节目，除了阵容强大的明星、节目的趣味性竞技性，我们还能从这档节目中感受到哪些正能量？播放跑男精彩视频集锦（包含好的与不好的内容）

2. 小组讨论交流，形成板书：

积极向上的：文化元素，团队激励合作，缓解压力，传递快乐，全民健身等

消极的：如恶俗的表演、低俗的调侃（口头禅：你是猪吗？我们打一架吧！We are 伐木累!）

3. 反馈汇报，小结。

4.《跑男》这档节目，让我们的校园也流行着一股热潮。给我们校园的生活带来了一定的影响，那么怎么看待课间正在流行的这一股"跑男"的旋风？

5. 小组交流讨论。（生分小组讨论，师随机指导）

6. 小组生成观点。

积极向上的一面：

沉迷电视：回家就看，不做作业

追星模仿：

课间游戏：撕名牌、玩铃铛人、角色反转的游戏

流行口头：

7. 小组交流想法。

8. 小结：刚才各小组同学都表达了对于校园流行的这一股"跑男风"的不同看法，这其实就是同学们对于时下流行、热门的东西，要带有一定的批判意识，去其糟粕，取其精华。

四、课堂小结

从《奔跑吧！兄弟》这样一档时下热播的真人秀节目，同学们都学会带有一定批判的意识，去其糟粕，取其精华，那么对于其他真人秀的节目，同学们也得做到心中有一把尺，能权衡出内容的本质。

---- 活 动 实 录 ----

一、导入

师：同学们，观看了这么多有趣的视频，我先来考考大家，谁的反应最快？（依次出示当下热播的综艺节目片段，如：《花儿与少年》、《奔跑吧兄弟》、《快乐大本营》《中国好声音》等节目。）

生：（全班同学能以齐答的形式，依次猜测出老师出示的综艺节目名称。）

师：从刚才的反应来看足以表明我们班的同学对这些节目的关注，更可以看出双休日大家都在家干什么了。

（全班哄堂大笑）

师：同学们都是从哪些渠道看到这些综艺节目呢？

生：电视、电脑、手机、报纸……。

师：看来同学们的课外生活不是一般的丰富。给大家涨点知识，这些综艺节目都有一个名称叫真人秀。

简单讲解真人秀的含义PPT出示：

真人秀：也称真人实境秀，一般是指邀请明星大腕进行趣味性游戏竞技，记录下来做成节目。或通过举办某一类别的比赛选拔活动等，以从多名参赛者中选取最终获胜者为目的，同时有着丰富的奖品，给观众带来愉悦，博观众眼球，可以获得广泛的经济效益的电视节目。

师：自己读读关于，真人秀的解释。从这段文字中，你找到了哪些能概括真人秀的关键词？

生：博观众眼球、给观众带来愉悦、获得经济利益……

二、初谈"跑男"印象

师：面对这么多霸占荧屏和头条的真人秀节目，你喜欢哪一档呢？为什么？

生1：《快乐大本营》。

生2：《爸爸去哪儿》。

生3：《奔跑吧！兄弟》。

……

师：既然，大多数同学都喜欢跑男这档节目，今天我们就先来聊一聊跑男。（播放第三季跑男的宣传片，学生观看视频）

师：据说跑男的第四季又将强势归来，大家期待吗？

生（齐声答）：期待。

师：那么你们为什么那么期待？

生：节目中有很多喜欢的明星，很有趣，有很多笑点，游戏环节很精彩……

师：那么根据大家所说的，《奔跑吧兄弟》这档节目之所以这么受欢迎首先是有一群个性鲜明的明星。

师：（出示明星图片）我倒要来考考你们有多了解他们？这么模糊的照片，谁能立马认出他们是谁吗？

生：我知道被抬起的是 baby，左一是鹿晗，接着王祖蓝、陈赫、邓超、郑凯和李晨……

师：哇！你们这眼神着实厉害啊，那么你们对他们还有些什么了解吗？

生：我知道邓超是个"学霸"，李晨是"大黑牛"，"小猎豹"是郑凯，anglababy 是"女汉子"，王祖蓝负责搞笑，陈赫负责耍宝……

师：真人秀节目中除了有好多养眼的明星除外，还有哪些因素也是你喜欢的原因？

生1：里面的游戏挺好玩的，我们也会模仿着玩。

生2：节目很有趣。

师小结：正是由于超强的明星阵容，和富有趣味性的游戏项目，使得这档节目深受大家欢迎，跑男的收视率高居所有真人秀节目的榜首，这也是属于真人秀节目独有的特点。

师：真人秀节目如此丰富有趣，我们要怎么去看待这些真人秀节目呢？

小组交流：

四人为一小组，讨论交流怎样看待真人秀节目，组长对全组同学的意见进行整理，派代表发言。

全班交流：

师：哪个小组来说说你们的看法？

生1：我们觉得真人秀节目这么有趣，能很好地缓解我们的学习压力。

师：还有其他意见吗？

生2：我们觉得如果模仿节目中的游戏在现实玩，要考虑到安全。

生3：我们认为真人秀节目只是在博观众一笑，没有很深的内涵……

小结：

师：同学们通过自己的亲身体验，都讲述了自己对真人秀节目的看法，不管可以看，还是不可以看，我们都得对这些节目带有一点辨别的能力。

三、热议"跑男"

师：回归跑男这档节目，除了阵容强大的明星、节目的趣味性竞技性，我们还能从这档节目中感受到哪些正能量？（还收获到什么？还有什么收获？）

播放跑男精彩视频集景（包含好的与不好的内容）

小组讨论交流，形成板书：

积极向上的：文化元素，团队激励合作，缓解压力，传递快乐，全民健身等。

消极的：如恶俗的表演、低俗的调侃，（口头禅：你是猪吗？我们打一架吧！We are 伐木累！）

反馈汇报，小结。

师：《跑男》这档节目，让我们的校园也流行着一股热潮。给我们校园的生活带来了一定的影响，那么怎么看待课间正在流行的这一股"跑男"的旋风。

小组交流讨论。

（生分小组讨论，师随机指导）

小组生成观点。

积极向上的一面：

沉迷电视：回家就看，不做作业

追星模仿：

课间游戏：撕名牌、玩铃铛人、角色反转的游戏

流行口头：

小组交流想法。

生 1：我们小组觉得在课间玩这些游戏太危险了，或是影响别人。

（穿插实际案例，有危险的或是说影响到他人的）

生 2：我们觉得这些流行的口头禅不文明。

……

小结：刚才各小组同学都表达了对于校园流行的这一股"跑男风"的不同看法，这其实就是同学们对于时下流行、热门的东西，要带有一定的批判意识，去其糟粕，取其精华。

五、教师小结

从《奔跑吧！兄弟》这样一档时下热播的真人秀节目，同学们都学会带有一定批判的意识，去其糟粕，取其精华，那么对于其他真人秀的节目，同学们也得做到心中有一把尺，能权衡出内容的本质。

第 3 课时　我谈流行歌曲

活 动 设 计

情境设计：

流行歌曲作为一个世界性潮流风靡社会，特别是对小学生，有着势不可挡的冲击力和影响力。其实青少年对流行音乐是知其然而不知其所以然，让学生收录自己喜欢听的流行歌曲，通过课堂交流讨论，流行歌曲的特点，发现流行歌曲在校园中盛行的弊端，引导学生正确对待。

活 动 目 标：

1. 引导学生对流行歌曲的认识。

2. 明确对流行歌曲的喜爱应该注意的问题。

3. 了解流行歌曲作为一种文化所具有的特性和文化内涵，形成正确的审美观、价值观，提高对流行歌曲的鉴赏能力。

活 动 流 程：

一、导入

1. 游戏引入：疯狂猜歌曲（充分调动学生的课堂专注力和兴趣）。

2. 简单介绍游戏规则。

老师给出一段音乐，看看学生谁能以最快的速度猜出歌曲的名称来。

（游戏开始：教师依次播放热门的歌曲如：小苹果、江南 STYLE、青春修炼册等时下流行的歌曲。）

3. 学生依次进行猜测。

4. 解释流行歌曲的概念：流行歌曲准确的概念应为商品歌曲，即以赢利为主要目的创作的歌曲。它是商业性的音乐消遣娱乐以及与此相关的一切"工业"现象。它的商品性是主要的，艺术性是次要的。

5. 交流讨论流行歌曲的特点。

6. 小组交流讨论。

二、流行歌曲 VS 校园歌曲

1. 小组交流喜欢的流行歌曲和校园歌曲

（1）（学生交流互动，可以让学生清唱一下，或者全班合唱等方式，活跃教学氛围）。

（2）来唱唱我们会哪些校园歌曲呢？

2. 辨析特点

这么多动听的音乐，那你们平时是喜欢听流行音乐呢？还是喜欢挺校园歌曲呢？看来大家都侧重喜欢听流行歌曲，那么它到底什么样的特点，吸引大家如此着迷呢？

小组内交流：

四人小组交流，归纳总结、梳理流行歌曲的特点，生成在卡片纸上

全班交流，黑板展示：

小结：

师：同学们都用自己独特的见解，简单概括的流行歌曲的特点，之所以流行歌曲让我们欲罢不能，是因为它那朗朗上口、便于记忆以及优美的旋律。

三、正确对待流行歌曲

师：流行歌曲作为一种时尚文化走进校园势不可挡，也是社会发展的必然

趋势，这些歌曲在让校园生活充满生机与活力的同时也给传统的校园歌曲带来了不小的冲击。目前，流行歌曲，特别是成人爱情歌曲让学生的心理过早成熟，在一定程度上严重影响着学生的身心健康，一味遏制反而会适得其反，任其发展又不利于学生的身心健康。那么我们要怎么去对待校园中的这些流行歌曲呢？

小组交流。

分小组交流，对于流行歌曲在校园中出现的问题，我们要怎么去对待呢？

全班集体交流。

四、课堂小结

流行歌曲是生活中的七彩浪花，有的昂扬激越，有的低回婉约，有的含蓄隽永，有的欢快活泼，但不管怎样，它总能使我们的生活不再单调枯涩！我们需要具备的是一定的鉴赏和选择能力，用批判的意识去看待校园中盛行的流行歌曲，不盲目跟风，但对于歌曲中积极向上的一面，我们也要大力发扬，汲取正能量。

----------- 活 动 实 录 -----------

一、导入

1. 游戏引入

师：同学们，今天啊，我带来了一个游戏，大家想不想玩？

生：想！（游戏引入充分调动学生的课堂专注力和兴趣）

2. 简单介绍游戏规则

师：好！游戏的名字叫《疯狂猜歌名》，很简单，我给出一段音乐，看看谁能以最快的速度猜出歌曲的名称来？准备开始喽，启动你们的耳朵吧！

（游戏开始，教师依次播放热门的歌曲如：小苹果、江南 STYLE、青春修炼册等时下流行的歌曲。）

学生依次进行猜测。

师：老师甚是奇怪，为什么大家都这么熟悉这些歌曲，甚至有些前奏一想就能立马就能听出来了呢？

生1：因为这些歌曲经常听到。

生2：好听，一下就记住了。

生3：时下流行……

3. 师小结

正如刚才同学们所说的，因为这些歌曲好听、朗朗上口，便于记忆所以它流行起来了，成了流行歌曲，那么百度词条上是这么解释流行歌曲的。

PPT 出示流行歌曲的概念：流行歌曲准确的概念应为商品歌曲，即以赢利为主要目的创作的歌曲。它是商业性的音乐消遣娱乐以及与此相关的一切"工业"现象。它的商品性是主要的，艺术性是次要的。

4. 交流讨论流行歌曲的特点。

师：同学们从这段文字中有没有感受到一些重要的关键词。

小组讨论交流：（以赢利为目的、消遣娱乐为主、商品性是主要、艺术性是次要等）

二、流行歌曲 VS 校园歌曲

1. 小组交流喜欢的流行歌曲和校园歌曲

师：我想知道，我们班同学最近在传唱哪些流行歌曲呢？

生：《青春修炼册》、《小苹果》、《江南 Style》……

（学生交流互动，可以让学生清唱一下，或者全班合唱等方式，活跃教学氛围。）

师：这场面，堪比流行音乐演唱会啊！那么谁能来唱唱我们会哪些校园歌曲呢？

生 1：《外婆的澎湖湾》、《童年》、《蜗牛与黄鹂鸟》……

生 2：我们有专门的校园歌曲。

2. 流行歌曲 vs 校园歌曲

2. 辨析特点

师：这么多动听的音乐，那你们平时是喜欢听流行音乐呢？还是喜欢挺校园歌曲呢？

生 1：我喜欢听流行歌曲，朗朗上口好记。

生 2：我喜欢那个明星，所以喜欢听他的流行歌曲。

生 3：我觉得校园歌曲符合我们校园的环境。

师：看来大家都侧重喜欢听流行歌曲，那么它到底什么样的特点，吸引大家如此着迷呢？

小组内交流：

四人小组交流，归纳总结、梳理流行歌曲的特点，生成在卡片纸上。

全班交流，黑板展示：

组 1：我们组总结流行歌曲的特点是朗朗上口、便于记忆。

组 2：我们组觉得流行歌曲的流行与明星的人气有关。

……

小结：

师：同学们都用自己独特的见解，简单概括的流行歌曲的特点，之所以流行歌曲让我们欲罢不能，是因为它那朗朗上口、便于记忆以及优美的旋律。

三、正确对待流行歌曲

师：流行歌曲作为一种时尚文化走进校园势不可挡，也是社会发展的必然趋势，这些歌曲在让校园生活充满生机与活力的同时也给传统的校园歌曲带来了不小的冲击。目前，流行歌曲，特别是成人爱情歌曲让学生的心理过早成熟，在一定程度上严重地影响着学生的身心健康，一味遏制反而会适得其反，任其发展又不利于学生的身心健康。那么我们要怎么去对待校园中的这些流行歌曲呢？

小组交流：

分小组交流，对于流行歌曲在校园中出现的问题，我们要怎么去对待呢？

全班集体交流：

生1：我们觉得要对流行歌曲带有一定的选择性，选择适合我们学生的歌曲。

生2：我们要提高自己的鉴赏能力。

......

四、课堂小结

流行歌曲是生活中的七彩浪花，有的昂扬激越，有的低回婉约，有的含蓄隽永，有的欢快活泼，但不管怎样，它总能使我们的生活不再单调枯涩！我们需要具备的是一定的鉴赏和选择能力，用批判的意识去看待校园中盛行的流行歌曲，不盲目跟风，但对于歌曲中积极向上的一面，我们也要大力发扬，汲取正能量。

第4课时　乐享流行游戏

-------------------- 活 动 设 计 --------------------

情境设计：

做游戏是儿童的天性。每个人的成长都离不开游戏。从上古到如今，岁月在轮回，时代在变迁，而游戏让童心依旧、童趣依旧。让学生通过采访、调查、收集游戏活动形式，了解展示游戏的过去、现在、未来，带他们走进丰富多彩的游戏世界，体会游戏带给我们的快乐！

活动目标：

1. 让学生通过采访、调查、搜集游戏活动等形式，了解并展示游戏的过去、现在和未来，知道"玩乐"与"知识"是相通的。

2. 感受童年的游戏给自己的父辈和自己的生活带来的无穷无尽的快乐。

3. 在感受游戏魅力和乐趣的同时，不能沉迷于网络游戏，培养学生的自我约束力。

4. 对于热爱生活，团结同伴，增强合作竞争意识，提高组织和交往能力以及体验创造的喜悦和成功的快乐都有积极的作用。

活动准备：

（一）了解古代游戏与传统游戏

1. 绘制游戏调查表。

2. 通过图书馆查阅资料、上网搜索整理古代游戏的产生、发展和主要类型。

3. 采访祖父母辈和父母辈玩的游戏。

（二）分组合作

根据活动设计，大家自由组合成三组，各组还推选一名组长。

具体如下：

1. 分"传统游戏"组、"现代游戏"组、"网络游戏"组。

2. 收集资料：提出调查的要求，共同讨论通过哪些途径获得传统游戏、现代游戏和网络游戏的资料。

（可以通过采访祖父母和父母，记录下他们小时候的游戏；可以上网浏览或查阅有关描写游戏的童谣、古诗、短文等图文资料。）

活动过程：

一、课前谈话

1. 图片引入，猜一猜

师：同学们，你们们肯定熟悉！他是？

生齐答：玛丽奥。

师：他现在可是我的形象大使，也许从它的身上你就能找到称呼我的信息。谁先来猜猜？（生猜测）

2. 小结

同学们，刚才在猜的时候充分发挥了自己的聪明才智，希望在这堂课上，同学们也能像刚才一样，拥有一双善于发现的眼睛，并能有自己独特的见解。

二、激趣揭题，游戏真有趣

1. 游戏揭题

师：大家都是是从哪里认识到玛丽奥的呢？

生：游戏。

师：这游戏给你留下了怎样的印象呢？（有趣、富有挑战……）

师：听了你们的感受，想必这游戏一定非常有趣。

（出示板书：真有趣）

师：所以，今天我们这堂课的主题就是：游戏真有趣。

三、回味过去，那些年玩过的游戏

1. 出示图片、视频，回味传统游戏

师：游戏这么有趣，那么你们知道爸爸妈妈，爷爷奶奶甚至古时候的人都玩什么游戏吗？那我们就和哆啦 A 梦一起，乘着它的时光机，穿越时空，回味过去，感受一下那些年，他们玩过的游戏……

2. **体验传统游戏**

师：好！今天你们有福利了，老师给每组课前都准备了一个百宝袋，请拿出百宝袋，去感受一下传统游戏的魅力吧！体验时间只有一首歌的时间哦。

（学生分小组体验传统游戏：翻绳、扇纸片、扔石子……）

3. 感悟体验，畅谈感受

师：看大家玩的热火朝天，他们一定给你留下很深的印像，谁来把你刚才体验的感受说说？

四、交流网络游戏

1. 畅谈网络游戏

师：正如大家所说，传统游戏有很多优点。但是，随着时代的发展，我们可以玩的游戏更多了，一款游戏机、一台电视、电脑、手机甚至 ipad，等等。游戏都被这些媒介所装载，你最喜欢玩什么游戏呢？

2. 感悟网络游戏特点

师：相比于传统游戏，同学们对于网络游戏更熟悉，那么让我们同样用小组讨论的形式来梳理下网络游戏的特点

出示小组讨论要求，分小组进行讨论。

3. 正确对待传统和网络游戏

师：一边是荡漾在长辈这代人记忆中的童年传统游戏，一边是滋生在你们脑海中的网络游戏，我们该怎么看待呢？

分小组讨论交流，教师随机听取并参与交流。

五、深化主题，拓展延伸

师：最后，我的形象代言人玛丽奥还送给同学们一句话。

出示：世界上没有绝对的是与非，任何事物都有它的两面性。

师：世事无绝对，传统游戏并不一定就完美的无瑕疵，它也存在这缺陷，有一定的安全隐患，网络游戏也并不是祸害百出，在这信息高速发展的时代，拒绝网络是绝对不可能的，关键还得靠同学们的控制力。只有取其精华，去其糟粕，方能真正做到传承和不沉迷。

活动实录

一、课前谈话

1. 图片引入，猜一猜

师：同学们，你们们肯定熟悉！他是？

生：（齐答）玛丽奥。

师：他现在可是我的形象大使，也许从它的身上你就能找到称呼我的信息。谁先来猜猜？

生1：我猜老师姓马（玛），因为跟玛丽奥同姓。

生2：我觉得老师毛，因为他头上的帽子有个M。

师小结：很可惜，你们都没猜着，其实我姓"麻"，麻烦的"麻"，猜不着没关系，刚才在猜的时候充分发挥了自己的聪明才智，希望在这堂课上，同学们也能像刚才一样，拥有一双善于发现的眼睛，并能有自己独特的见解。

二、激趣揭题，游戏真有趣

师：好！我们开始上课。大家所熟知的玛丽奥他来自于哪里啊？

生：游戏。

师出示板书：游戏

师：从同学们异口同声的回答中可以看出，你们对这款游戏有一定的了解，来谈谈你对这款游戏的感受。

生1：玛丽奥的游戏有闯关性，富有挑战，很好玩。

生2：这款游戏很刺激。

生3：这款游戏跟其他游戏比起来更富有童真。

师：听了你们的感受，想必这游戏一定非常有趣。

出示板书：真有趣

师：今天我们这堂课的主题就是：游戏真有趣。

三、回味过去，那些年玩过的游戏

1. 出示图片、视频，回味传统游戏

师：游戏这么有趣，那么你们知道爸爸妈妈，爷爷奶奶甚至古时候的人都玩什么游戏吗？

师：那我们就和哆啦A梦一起，乘着它的时光机，穿越时空，回味过去，感受一下那些年，他们玩过的游戏……

（那些年，看古人用诗句记录了他们童年的美好时光，"儿童散学归来早，忙趁东风放纸鸢"（纸鸢就是风筝），或结伴一群人，在空旷的地方踢起了蹴鞠

（足球这一运动就起源于我们中国）。再看心灵手巧的小丫头，鸿毛成撮脚尖花，身似燕、脸如霞，那个身手不凡呐！有时，抓养几只蛐蛐儿，围坐在一起，一斗高下。

那些年，他们在一块儿斗鸡、玩老鹰捉小鸡、跳山羊、扇纸牌、石头剪刀布、折纸飞机、玩翻绳、一起过家家；那些年，跳皮筋、打乒乓球、玩弹珠、扔沙包、抖空竹、跳长绳，让那些年的生活多姿多彩，这都是游戏的魅力。而这些游戏我们都称他们为传统游戏。（板书出示：传统游戏）

2. 亲身体验传统游戏

师：看！老外都玩起来了。（出示国外友人体验传统游戏视频）

师：你们想玩吗？

生：想！

师：好！今天你们有福利了，老师给每组课前都准备了一个百宝袋，请拿出百宝袋，去感受一下传统游戏的魅力吧！体验时间只有一首歌的时间哦。

（学生分小组体验传统游戏：翻绳、扇纸片、扔石子、东西南北等游戏……）

3. 体验感悟，畅谈感受

师：看大家玩的热火朝天，他们一定给你留下很深的印像，谁来把你刚才体验的感受说说？

生1：我感受到爸爸妈妈那个年代生活环境的艰苦，他们所玩的游戏都十分的简陋。

生2：让我感受到爸爸妈妈那个年代他们的玩具没有我们现在的高端电子游戏。

生3：这些游戏虽然跟简陋，但是却给人带来无限的乐趣。

师：看来以上这些都是大家对传统游戏的直观感受，那么看也看了，玩也玩了，是时候发挥一下集体的力量了，接下来，请分小组交流，用一个词概括传统游戏的特点。

（幻灯片出示小组讨论要求，分小组进行讨论。）

师：好，哪个小组率先表达一下你们组的观点？

组1：我们小组觉得这些传统游戏给我们留下的印象是普通、有趣。特别是玩扔石子这个游戏的时候感受最深。

组2：我们从东西南北这款游戏感受到了这些游戏的难忘和纯真。

组3：通过刚才玩翻绳这款游戏，我感受到了传统游戏的简单和经典。

组4：我们觉得一根绳子就可以玩这样的传统游戏，同时也让我们感受到了游戏的乐趣。

师小结：传统游戏，对于你们来说他也许很遥远，但通过刚才的体验却给同学们留下了如此多的印象，这些都是那代人宝贵的回忆。

四、交流网络游戏

1. 畅谈网络游戏

师：正如大家所说，传统游戏有很多优点。但是，随着时代的发展，我们可以玩的游戏更多了，一款游戏机、一台电视、电脑、手机甚至 ipad，等等。这些都在改变我们玩游戏的方式。而这些电子设备都成了我们接触这些游戏的媒介。你们都通过这些媒介玩起了什么游戏呢？

生1：我的世界、逆战。

生2：英雄联盟、欢乐斗地主。

……

师：哇！一连串讲了这么多游戏，那么我要来考考大家是不是对这些游戏如此了解，看看这些是什么游戏？（猜一猜）

（出示网络爆红的游戏，学生纷纷猜测。）

师：同学么对这些游戏如此熟悉，我们也称他们为：网络游戏

（板书出示：网络游戏）

2. 感悟网络游戏特点

师：相比于传统游戏，同学们对于网络游戏的了解更为的熟悉，那么让我们同样用小组讨论的形式来梳理下网络游戏的特点

出示小组讨论要求，分小组进行讨论。

师：好！接下来，我们把机会留给刚才没有发表观点的小组。

组1：网络游戏让我感受到了场景的真实。

组2：枪战这款游戏让我感受到了真枪实弹的刺激感。

组3：网络游戏操作起来都有一定的难度，但它场景都很绚丽逼真。

组4：熊熊大作战，这款网络游戏在玩的过程中主要讲究相互之间的配合。

组5：网络游戏能让我们在学习劳累之余，放松下自己，具有一定的娱乐性。

师小结：网络游戏好玩、刺激、科幻、暴力……正因如此，大家都喜欢，有一个叫周卓天的同学就疯狂地迷上了它。

（播放视频，学生观看感悟。）

师：看了视频中的周卓天，你们觉得这游戏还真的有趣吗？（板书）

生1：这些游戏不是想象中的有趣，他会让我们沉迷。

生2：游戏玩多了，会让我们沉迷，一旦沉迷游戏，我们就会失去很多，应该多走出去和朋友一起玩玩。

生3：网络其实是一把双刃剑，用得不好就会伤害你，用得好的话会帮助你。

教师小结：网络游戏是把双刃剑，所以我们对待他的态度是不要过度沉

迷。(板书：不沉迷)

3. 正确对待传统和网络游戏

师：那让我们回过头再来看看这些游戏，一边是父母这代人记忆中的童年传统游戏，一边是滋生在你们脑海中的网络游戏，我们该怎么看待呢？

分小组讨论交流，教师随机听取并参与交流

师：好！哪个小组同学先来阐述一下你们的观点？

组1：网络游戏都是些比较吸引人的游戏要少玩，尽量不要玩。

组2：我们觉得对于网络游戏不能过度沉迷，对于传统游戏，我们应该把好的传承下去，不要让传统游戏消失。

组3：我们觉得两种游戏都适合我们玩，放松心情，但我们一定要注意把握一个度。

组4：网络游戏玩多了会影响视力，而传统游戏却有益于我们的身心。

教师小结：传统游戏离你们虽然遥远，但他那独特的魅力让我们要将他与之传承，网络游戏近在咫尺，又无法与之隔绝，我们唯有弃其糟粕，取其精华。两者是有利又有弊啊！

五、深化主题，拓展延伸

师：最后，我的形象代言人玛丽奥还送给同学们一句话。

出示：世界上没有绝对的是与非，任何事物都有它的两面性。

(生齐读。)

师：世事无绝对，传统游戏并不一定就完美的无瑕疵，它也存在这缺陷，有一定的安全隐患，网络游戏也并不是祸害百出，在这信息高速发展的时代，拒绝网络是绝对不可能的，关键还是得靠同学们的控制力。只有取其精华，去其糟粕，方能真正做到传承和不沉迷。

主题活动　评评身边的流行文化

活动设计

一、活动背景：

流行文化是时代的产物，是文化性和社会性的统一，是社会文化的重要组成部分，在一定程度上反映了社会前进的趋势。如今，在小学生中到处可见流行文化的影子。利用图片、文字、视频等方式就流行文化在小学生中身边的流行文化情况进行调查，分析流行文化对小学生成长的影响，并合理定位流行文化的价值，使其坚持正确的价值取向，努力创建和谐的文化环境。

二、活动目的：

文化是一个极具深刻意义与广义含义的名词。它包容万向，我们总能在身边寻找到些许它们的影子。"寻找身边的流行文化"旨在唤醒学生对身边流行事物的热情，通过以"评评身边的流行文化"这样一个趣味性的主题活动，希望大家主动参与，用敏锐的观察力洞悉身边的流行文化，提高自身的文化涵养。

三、活动准备：

1. 将全体学生分为 6 人小组，各自进行"身边流行文化"的全方位收集。

2. 结合自身小组特点，动手自作属于小组特色的流行物品。

四、活动过程：

（一）情景导入

播放当下学生间传唱较广的流行歌曲，调动现场气氛，引入活动主题——寻找身边的流行文化。

（二）我说流行

学生可以使用文字、图像等辅助工具自由发言介绍"身边的流行"这一主题。

1. 分小组对身边收集的流行文化（按吃、穿、用、玩……）等方面进行展示交流。

2. 分享有关身边流行文化的图片和小故事。

（三）现场 SHOW——流行文化无处不在

通过此环节加深学生对身边流行文化的认识。

1. 游戏："我爱记歌词"

由学生事先准备好"考题"：节选"不完整"的身边流行歌曲片段，请同学们补充完整，看看谁的记忆力好。

2. 流行相片展

摄影小组，利用空余时间段，拍摄捕捉一些同学身边的流行事物，并讲一讲照片中的故事。

3. 手工

学生可以利用一些常见的环保材料，制作流行的玩具、服饰、饰品等，可大胆地进行创作，锻炼学生的动手能力和拓展性思维。

4. 才情横溢，即兴创作

现场创作有关身边流行的文学作品，要融入真情实感，富有时代气息，贴近生活，表达出对生活的热爱。

（四）联系实际生活现象的讨论与反思

教师给出身边流行事物的校园现象，有学生畅所欲言，切记不能浅显地批判对或错、好或坏，要从各个角度对问题进行深入浅出的分析思考，可以结合自身经验或了解相关资料信息畅谈，由此锻炼学生的辨析逻辑能力。

讨论话题一：校园内穿着打扮追求"品牌"。

讨论话题二：校园追星问题。

（五）辩论会

围绕对身边流行文化的态度，围绕以下论题进行学生辩论赛。

辩题一：看待身边的流行文化和传统文化。

如今，只要你走进校园，就会发现现在的校园文化是以流行文化为主打的。这似乎和目前我国"弘扬民族传统文化"的主旨有所不符。那么，我们又应该怎么样看待这个问题呢？

我们现在的校园文化，不也正面临着这样一个危机吗？青少年们不了解自己民族传统文化的现象比比皆是。他们有些甚至一味排斥自己民族的传统文化。其实，民族传统文化和流行文化并没有明确的界限，现在的民族传统文化也能是流行文化，而今天的流行文化也可能积淀为明天的民族传统文化。我们不应该把两者对立、割裂开来。至于民族传统文化和流行文化如何结合，就看我们用什么样的方法了！

（六）树立正确价值观，辩证对待身边的流行文化

1. 正确认识身边的流行文化，认同并尊重其作用。

2. 正确对待流行文化。去其糟粕，取其精华，为我所用，开拓创新。

3. 不盲目、不跟风合理对待身边的流行文化。

五、活动的反思与拓展

1. 通过师生讨论交流、学生作品的战士与评比，指导学生总结研究成果，让学生在活动中充分展示自己。

2. 教师需要适当的引导与鼓励学生，激起活动兴趣，成为学生的良师益友。

3. 教育活动的开展需要全体学生的积极参与、主动配合、协调交流，有利于培养学生的主人翁精神，增强班级凝聚力。

4. 将活动中的感想心得融入运用到以后的学习生活中。

拓展一：记录一个"我自己的流行观"。

第五主题　图片的德育功效

活动总目标：

1. 认识摄影术，激发学生对摄影的兴趣。

2. 从战争年代的摄影纪实图片中感悟战争的残酷，激发学生振兴中华的信念。

3. 从图片中感悟成长的幸福，体会家人对自己的关爱。

4. 幸福是什么，通过图片理解幸福，帮助学生树立正确的幸福价值观。

5. 从图片中受到启发，感恩父母、老师、社会。

6. 写社会实践方案：用照片张扬我们身边的最美人物。

第 1 课时　不一样的世界

----------------- 活 动 设 计 -----------------

活动地点：丽水摄影博物馆

丽水摄影博物馆是中国第一家摄影博物馆。观众可以看到中国首批赴美留学幼童合影，最早的中国人像照片，慈禧太后、李鸿章、霍元甲等历史人物的真容，最早的国产照相机等上千件摄影文物。摄影博物馆分为"早期摄影在中国的传播"、"中国摄影艺术的诞生"、"战争年代的摄影纪实"、"新中国摄影艺术的繁荣"、"新中国摄影工业的发展"以及"早期中国摄影作品选"六个主题的内容。

活动目的：

1. 初步了解摄影术的诞生及其发展的基本脉络，进而了解"小孔成像"、卡罗式摄影等基本原理。

2. 了解摄影的强大功能，激发学生对摄影的兴趣，为进一步了解摄影的功用打基础。

活动重点：

对摄影有初步的认识，培养孩子们对摄影的兴趣和爱好。

活动难点：

参观摄影作品的有序组织。

活动准备：

1. 联系摄影博物馆。

2. 多媒体课件。

活动过程：

一、参观摄影博物馆

（一）参观前学习注意事项

1. 前进路队做到三个"不"：不推、不挤、不抢先。

2. 在博物馆内不能大声喧哗吵闹，不要拥挤。

3. 博物馆内的展品不能随意触碰。

4. 在讲解员解说时，保持安静，不要随意走动。

5. 不妨多留心提示牌，避免不必要的小尴尬。

（二）老师带领学生参观摄影博物馆，听馆内讲解员讲解相关知识

二、分组交流、分享收获

（一）学生寻找自己最喜欢的照片

（二）根据对博物馆六个主题内容的喜爱把学生分成六个小组

（三）分组交流，介绍照片，每组推荐一名同学汇报

学生汇报时，老师可补充介绍：

1. 一张好照片的评价要素

（1）一幅好照片要有一个鲜明的主题（有时也称之为题材），或是表现一个人，或是表现一件事物，甚至可以表现该题材的一个故事环节。主题必须明确，毫不含糊，使任何观赏者一眼就能看得出来。

（2）一幅好照片必须能把注意力引向被摄主体，换句话说，使观赏者的目光一下子就投向被摄主体。

（3）一幅好照片必须画面简洁，只包括那些有利于把视线引向被摄主体的内容，而排除或压缩那些可能分散注意力的内容。

2. 摄影术的诞生

（1）摄影术是光学、物理学、化学、机械学与电子科学的共同产物，是人类智慧的结晶，更为可贵的是这一历史性的发明为今后的一系列文明成果奠定了坚实的基础。

（2）对"小孔成像"的描述

摄影的发明源于"小孔成像"这一物理现象。在世界范围内，对于"小孔

成像"这一物理现象的记载最早见于我国的《墨经》一书。

（3）现代照相机的原型

"小孔成像"暗箱改进继而产生了"透镜"暗箱。最初的透镜暗箱是把双凸透镜镶在小孔上，因此，可以获得较亮较清晰的影像。随后，通过一系列改进，使之成为便于携带的手提式暗箱，这种结构即原理已经十分接近现代照相机，可以说是现代照相机的原形。

（4）世界上第一张照片——窗外的风景

1826 年，法国约瑟夫·尼普斯使用自己试制的感光材料，经过 8 小时曝光后，得到了世界上第一张照片——窗外的风景。

（5）达盖尔与摄影诞生日

1839 年 8 月 19 日，法国科学院与艺术学院举行了一次特别的会议，正式公布了"达盖尔式摄影术"，于是这一天就是世界公认的摄影术诞生日。

（6）摄影术的发展经历

3. 家乡与摄影的关系

（1）我们丽水秀美的自然风貌，独具魅力的田园风光和民俗风情成了摄影家取之不尽的创作源泉，早在 1999 年被中国摄影家协会命名为中国"摄影之乡"，这也是第一个被中国摄影家协会命名的中国"摄影之乡"。

（2）从 2004 年开始，丽水国际摄影文化节已经连续成功举办七届，分别是 2004 年第一届、2005 年第二届、2007 年第三届、2009 年第四届、2011 年第五届、2013 年第六届、2015 年第七届。从 2005 年开始，每两年举办一届。

三、活动结束，学生有序回学校

--------- 活 动 实 录 ---------

一、参观摄影博物馆

1. 参观前学习注意事项：

师：同学们，今天的主题班会课带领大家去丽水摄影博物馆了解不一样的世界。（老师板书主题：不一样的世界）

（生欢呼雀跃。）

师：丽水摄影博物馆，是中国第一家摄影博物馆，就在我们学校旁边的万象山脚下。我们即将出发前往参观，必须记住"注意事项"。

（1）前进路队做到三个"不"：不推、不挤、不抢先。

（2）在博物馆内不能大声喧哗吵闹，不要拥挤。

（3）博物馆内的展品不能随意触碰。

（4）在讲解员解说时，保持安静，不要随意走动。

（5）不妨多留心提示牌，避免不必要的小尴尬。

2. 老师带领学生参观摄影博物馆，听馆内讲解员讲解相关知识。

二、分组交流、分享收获

（一）学生寻找自己最喜欢的照片

师：同学们，刚才我们了解了"早期摄影在中国的传播"、"中国摄影艺术的诞生"、"战争年代的摄影纪实"、"新中国摄影艺术的繁荣"、"新中国摄影工业的发展"以及"早期中国摄影作品选"六个主题的内容。你对哪个主题内容最感兴趣，去找出自己最喜欢的照片，把自己的收获记录下来。

（二）根据对博物馆六个主题内容的喜爱把学生分成六个小组

（三）分组交流，介绍照片，每组推荐一名同学汇报

老师：同学们，下面进行分组交流，请读要求。

众学生读要求：1. 同组同学在组长的带领下轮流发言，记录员做好记录。2. 根据同学发言情况，每组推荐一名同学作代表发言。（学生分组交流10分钟）

老师：下面有请各组代表发言。

1. 早期摄影在中国的传播组

生：我是"早期摄影在中国的传播组"的代表，我们组了解到摄影术诞生后不久就传入中国，但其后很长时间内，在中国发展非常缓慢。直到20世纪初，以近代留学生为代表的先进知识分子群体的兴起和介入，才使得摄影术在中国的发展和传播出现了一次飞跃。这些先进知识分子利用国外有利条件和自身语言优势，翻译了大量西方摄影科技文献，用近代知识体系去探究摄影，并把研究成果付诸书籍或媒体。归国后，他们不仅带回了摄影技术，还力图把在西方促使摄影蓬勃发展的学术环境引入中国。清末民初，出版传媒业呈现繁荣景象，摄影术也迎来发展契机。留学生首创摄影画报、摄影杂志，载有大量照片的报纸、杂志和书籍也有很多是留学生创办的。

2. 中国摄影艺术诞生组

我是"中国摄影艺术诞生组"的代表，我们组从摄影博物馆了解到中国摄影术于19世纪40年代从广东传入并开始应用。中国自己的摄影艺术萌芽和发展始于20世纪初期，当时最典型的例子就是为慈禧太后拍摄"御照"的年轻摄影师勋龄。1903年回国后带回全套摄影器具任慈禧的摄影师。（指着慈禧的照片）这张照片就是当时勋龄拍摄的。

我们组同学最喜欢的是"20世纪初的北京永定门外场景"、"当时的小商人全家照"、"清宫贵妇与各国驻华使节夫人合影"等几张照片，因为它们都是历史的见证。

老师补充介绍摄影术的诞生：（结合 PPT 课件讲解）

（1）摄影术是光学、物理学、化学、机械学与电子科学的共同产物，是人类智慧的结晶，更为可贵的是这一历史性的发明为今后的一系列文明成果奠定了坚实的基础。

（2）对"小孔成像"的描述

摄影的发明源于"小孔成像"这一物理现象。在世界范围内，对于"小孔成像"这一物理现象的记载最早见于我国的《墨经》一书。

原理——小孔成像

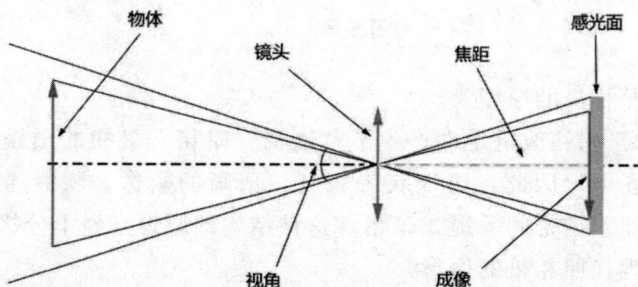

焦距变长

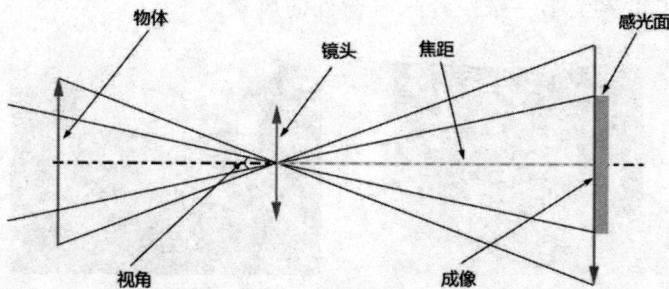

焦距变短

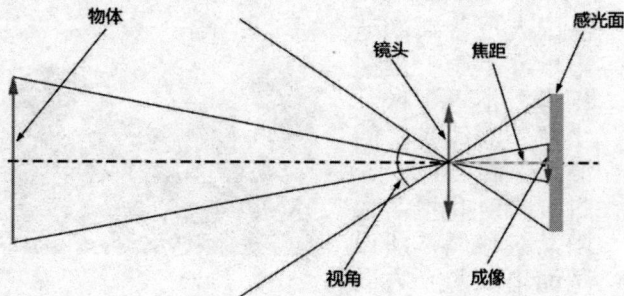

1、小孔成像：点上一支蜡烛，放在靠近小孔的地方。拿一张白纸，把它放在小孔的另一面。这样，你就会在白纸上看到一个倒立的烛焰。我们称它是蜡烛的像。当白纸离小孔比较近的时候，像大而明亮；当白纸慢慢远离小孔的时候，像慢慢变小，亮度变暗。

小孔成像

（3）现代照相机的原型

"小孔成像"暗箱改进继而产生了"透镜"暗箱。最初的透镜暗箱是把双凸透镜镶在小孔上，因此，可以获得较亮较清晰的影像。随后通过一系列改进，使之成为便于携带的手提式暗箱，这种结构即原理已经十分接近现代照相机，可以说是现代照相机的原形。

（4）世界上第一张照片——窗外的风景

1826 年，法国约瑟夫·尼普斯使用自己试制的感光材料，经过 8 小时曝光后，得到了世界上第一张照片——窗外的风景。

2、世界上第一张照片：1826年，法国人尼普斯制造出世界上第一架照相机，拍下了做"窗外的风光"的照片。在长达8小时曝光时间里，太阳从东移西，所以画面上的两个方向都有阴影。

• 左边有一座鸽笼，中央有仓库倾斜的房顶，右边可以看到建筑物的一角

（5）达盖尔与摄影诞生日

法国画家、舞台设计师达盖尔与尼普斯合作共同探索"日光就摄影法"。尼普斯逝世后，达盖尔继续了他的研究，改进了图像的清晰度和缩短了感光时间，并且设计了显影器，创造了"达盖尔式照相机"。

1839 年 8 月 19 日，法国科学院与艺术学院举行了一次特别的会议，正式公布了"达盖尔式摄影术"，于是这一天就是世界公认的摄影术诞生日。

（6）摄影术的发展经历：

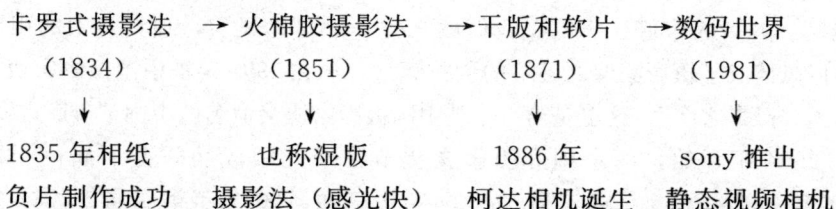

卡罗式摄影法　→　火棉胶摄影法　→干版和软片　→数码世界

　（1834）　　　　　（1851）　　　　　（1871）　　　　　（1981）

　　↓　　　　　　　↓　　　　　　　↓　　　　　　　↓

1835 年相纸　　　 也称湿版　　　 1886 年　　　 sony 推出

负片制作成功　 摄影法（感光快）　柯达相机诞生　静态视频相机

3. 战争年代的摄影纪实组

我是"战争年代的摄影纪实组"的代表，战争年代的照片是摄影人员用鲜血换来的，纪录战争的真实面孔！这些纪实摄影作品，将我们带入了一个战火纷飞、硝烟弥漫的岁月。1940 年百团大战中，涞灵战役获得胜利时，战士们在一座城堡上欢呼雀跃的场景，仿佛让我们看到了胜利的喜悦。

4. 新中国摄影艺术的繁荣组

我是"新中国摄影艺术的繁荣组"的代表，博物馆展出了新中国成立 60 年来国内百名著名摄影家不同时期的经典代表作品，像 "1949 年开国大典" 和 "1958 年欢送志愿军归国" 等照片，都见证了新中国的崛起。

5. 新中国摄影工业的发展组

我是"新中国摄影工业发展组"的代表，这些作品系统地展示了新中国工业发展的历史和现状，全面反映了东北老工业基地振兴十年来取得的辉煌成就。

老师补充：中国的工业摄影起步较晚，直到 1949 年，才出现唯一一位表现工业题材的老摄影家金石声。新中国成立后，工业化才真正进入快速发展时期，工业摄影得到全面、快速的发展，也产生了不少优秀作品和工业摄影名家。如李秀生的中国造船工业发展系列中的《螺旋》，就获得了 1983 年联合国举办的工业发展摄影展和平奖章。但与刘易斯．海因、尤金·史密斯、塞巴斯提奥·萨尔加多等一批世界顶级摄影大师比，在世界偌大的摄影艺术星空中，还很难找到属于中国摄影师的夺目星座。

6. 早期中国摄影作品选组

我是"早期中国摄影作品选组"的代表，早期中国摄影作品展示了人们十分重视对生产、生活、斗争的情景的记录和经验的总结。传世的古代器物、绘形的图画、文字的记载等，是我们认识和研究古代历史的主要依据。历史照片可以帮助我们"看见"过去，虽然只是零散的、片断的、瞬间的形象，但它是实在的、具体的、生动的印象。它蕴藏着丰富的历史生活内容，供人们去发掘、去体味。

三、了解家乡与摄影的关系

老师：大家知道中国第一个摄影之乡是哪里吗？

学生：丽水。

老师：哇，大家好厉害呀。我们丽水秀美的自然风貌，独具魅力的田园风光和民俗风情成了摄影家取之不尽的创作源泉，早在 1999 年被中国摄影家协会命名为中国"摄影之乡"，这也是第一个被中国摄影家协会命名的中国"摄影之乡"。

从 2004 年开始，丽水国际摄影文化节已经连续成功举办七届，分别是 2004 年第一届、2005 年第二届、2007 年第三届、2009 年第四届、2011 年第五届、2013 年第六届、2015 年第七届。从 2005 年开始，每两年举办一届。去年 11 月摄影节，我还去大修厂展区看了摄影展呢。

四、宣布活动结束，有序回校

老师：今天我们的班队课上到这里，请大家排队，有序回学校。

第 2 课时 你的爱，我知道

-------------------------------- 活 动 设 计 --------------------------------

活动目的：

从图片中反应出生活的点点滴滴，体会家人对自己无私的爱，懂得家人对自己疼是爱，严也是爱。

活动重点：体会家人对自己无私的爱。

活动难点：体会家长对自己严格要求背后深藏的爱。

课前准备：1. 收集各类家长与孩子一起生活、娱乐、出游、学习等各方面图片。

2. 准备卡片。

活动过程：

一、播放歌曲《爱我你就抱抱我》，宣布活动开始

二、感受慈之爱

1. 说说从生活中哪些事情看出爸爸妈妈是爱自己的？

2. 请看爸爸妈妈用图片为我们记录的点点滴滴。

3. 图片中主人和同学分享图片中的故事，回忆父母对自己的爱。

4. 主持人小结：同学们说得真好！爸爸妈妈的爱是丰盛的一日三餐，是一次次快乐的全家游，是一次次温馨的亲子阅读，是做错事后温声细语的教育，是失败时及时的鼓励。我们的爸爸妈妈是多么的慈爱，我们是多么的幸福！

三、感受严之爱

1. 学生感叹自己的不幸福与无奈。

2. 辨析：同学们，你们如何看待爸爸妈妈这些严厉的行为呢？这是爱我们的表现吗？同学们各自思考 2 分钟后交流。

3. 请代表发言。

4. 主持人小结：在同学们热烈的讨论和发言中，我们已经感受到了在这些严厉行为的背后，爸爸妈妈满满的爱，他们用这种严厉的方式培养我们各种各样的能力，为我们纠错，给我们指引。

5. 再看组图片（辛苦付出后满满的回报的图片）后也请图片中的同学说说图片中的故事。

6. 主持人小结：当我们看着自己漂亮的书写时，当我们在球场上和同学较量球技时，当我们勇敢地独自面对一切时，我们都应该感谢我们的爸爸妈妈，是他们日复一日的坚持，让我们多才多艺，让我们具有了基本的独立生活的能力。相信，哪一天爸爸妈妈不在家，我们肯定不会慌了手脚，饿了肚子。

7. 唱《幸福拍手歌》。

四、爱的回馈

1. 导入：同学们欢快的歌声，灿烂的笑容，证明了我们的快乐幸福，但是爸爸妈妈们没听到，也没看到，请我们同学把这份幸福写在你手上这张小小的卡片上，表达对父母的理解、感谢，表达对父母的爱。

2. 播放背景音乐《感恩的心》，同学写感受。

3. 请 3 位同学作为代表，朗读卡片内容。

五、感恩小结

同学们，家人带我们去旅游，给我们做好吃的，买漂亮的新衣服，心疼我们是一种爱，对我们要求严格更是一种爱。我们要坚信，父母都是爱我们的，他们所做的一切都是为我们好，是希望我们成长得更快、更好。我们作为孩子，要理解父母，感恩父母，回报父母的爱。谢谢大家！

六、活动结束

活 动 实 录

一、播放歌曲《爱我你就抱抱我》

二、感受慈之爱

师：大家都说爸爸妈妈是最爱我们的。同学们，你们觉得爸爸妈妈爱你吗？从什么地方看出爸爸妈妈是爱你的？

生1：爸爸妈妈经常安抚我，保护我，生病了还送我去医院，可以看出爸爸妈妈是爱我的。

生2：暑假期间，妈妈带我到龙泉青瓷小镇一起做青瓷，我觉得妈妈很爱我。

生3：有一次，我在桥上拍照，突然我身子一歪，掉进了河里，爸爸马上跳下来把我救了上来，这就是爸爸对我的爱。

师：同学们说得非常好，为了这次班会课，课前收集了一些图片，请看爸爸妈妈用图片为我们记录的点点滴滴。

（PPT播放图片）

师：亲爱的同学，一张张图片是我们童年生活的美好回忆，我们应该感谢爸爸妈妈，为我们留下这么珍贵的一幕幕，我想这也是他们爱我们的一种方式吧。请和我们分享图片中的故事吧。

生1：暑假里，爸爸妈妈带我到青海旅游。

生2：我很喜欢运动，爸爸妈妈有空就陪我和哥哥去骑车。

生3：妈妈经常给我准备漂亮、好吃的早餐，还陪我看课外书。

生4：十岁生日，爸爸妈妈带我到酒店吃饭，还请了很多同学和我一起过生日，爸爸妈妈很爱我。

生5：爸爸带我到龙泉青瓷小镇玩，还叫那里的哥哥教我做碗。

生6：爸爸陪我玩沙子，妈妈教我读报纸。

生7：妈妈带我到大草原玩。我在草原上骑马。

生8：暑假里，爸爸妈妈带我去深圳长隆野生动物园玩，我和大象合影。

生9：我们丽水山清水秀，妈妈带我到小溪里抓鱼。溪边还有漂亮的映山红。

生10：……

师小结：同学们说得真好！爸爸妈妈的爱是丰盛的一日三餐，爱是一次次快乐的全家游，爸爸妈妈的爱是一起玩耍，是一次次温馨的亲子阅读；爸爸妈妈的爱是生日派对上的欢乐，是一件件漂亮的新衣，爸爸妈妈的爱是做错事后爸妈的温声细语的教育，是失败时及时的鼓励。我们的爸爸妈妈是多么的慈爱，我们是多么的幸福！

三、感受严之爱

师：哎，我可没这样的幸福，老爸忙工作，忙出差，忙应酬，根本没时间管我，老妈一天到晚唠叨的就是学习学习再学习，书法、奥数、英语、篮球、游泳，兴趣班一大堆，说好的旅游也泡汤了。你们的爸爸妈妈对你们有像对我一样的事吗？

生：我妈更过分，还天天让我去买菜，男子汉大丈夫，兴趣班可以上，菜场不可进！

还叫我洗碗拖地，简直是虐待儿童。

生：我爸妈还禁止我玩电脑玩手机，看电视都限制时间。

师：同学们，你们如何看待爸爸妈妈这些严厉的行为呢？这是爱我们的表现吗？同学们各自思考2分钟，等一下交流。（2分钟后）时间到，请大家和旁边的同学交流交流，一定要说出理由哦，并推荐一名同学代表小组发言。

（同学讨论，请代表发言。）

生1：我们组认为爸爸妈妈要我们做家务是爱我们的表现，他们希望我们学会生活的本领，我们要经常做力所能及的事情。

生2：我们组认为家长给我们报兴趣班是希望我们学得更好，更优秀，但有些不喜欢的兴趣班真希望家长可以同意不去上。

生3：我们组认为家长限制我们使用零花钱是家长当心我们乱花钱，让我们学会理财。

生4：我们组认为家长给我们制定严格的作息时间表是希望我们合理安排时间，利用时间。

生5：我们组认为当我们作业不过关被批被罚也是家长爱我们的表现。家长希望我们能认真对待学习。

生6：我们组认为家长限制我们玩电脑玩手机也是爱我们的表现，家长爱我们才希望我们不浪费时间，好好学习。

师：同学们热烈的讨论和发言中，我们已经感受到了在这些严厉行为的背后，爸爸妈妈满满的爱，他们用这种严厉的方式培养我们各种各样的能力，为我们纠错，给我们指引。让我们再来看一组同学们的图片。

（PPT播放图片）

我们也请图片中的同学说说图片中的故事，和我们分享他当时的喜悦。

生1：我参加了"西湖国际青少年钢琴大赛"，在我捧着奖杯的那一刻非常激动和快乐，感觉平时的努力都是值得的。如果妈妈平时没有对我严格要求，就不能获得大奖。

生 2：我参加了"丽水市第二届舞蹈艺术节齐舞大赛"。能和同学们站在舞台上一起舞蹈，我很高兴。

生 3：我从一年级就开始练习书法，过年了能给大家写对联，听到大家的称赞，我觉得学书法真好。

生 4：……

师：当我们看着自己漂亮的书写时，当我们在球场上和同学较量球技时，当我们享受琴声的美妙时，当我们在轮滑场上的挥洒自如时，当我们勇敢地独自面对一切时，我们都应该感谢我们的爸爸妈妈，是他们日复一日的坚持，让我们多才多艺，让我们具有了基本的独立生活的能力。

生：相信哪一天爸爸妈妈不在家，我们肯定不会慌了手脚，饿了肚子。

师：感谢爸爸妈妈。他们或陪伴或放手，或鼓励或批评，或慈爱或严厉，我们就这样沐浴着爱的阳光幸福地成长，亲爱的同学们，你们感受到这份幸福了吗？让我们带着这份幸福唱起来，动起来。

（PPT 播放幸福拍手歌）

四、爱的回馈

师：同学们欢快的歌声，灿烂的笑容，证明了我们的快乐幸福，但是爸爸妈妈们没听到，也没看到，请我们同学把这份幸福写在你手上这张小小的卡片上，表达你对父母的理解、感谢，表达对父母的爱。

播放 PPT 背景音乐《感恩的心》，同学写感受。

师：同学们都已经写好了，我们请 3 位同学作为代表，把我们的心声传递给爸爸妈妈。

请 3 位同学朗读卡片内容。

生 1：爸爸妈妈，虽然你们会骂我，但我知道你们是深深地爱着我的，对吗？爸爸骂我是因为我作业写错了，妈妈骂我是因为我没有整理好房间。我知道了，我会尽力去改正这些错误的。（爱你们的女儿——周怡琳）

生 2：亲爱的爸爸妈妈：我爱你们！每次有了新的电影，你们都会按我的要求看哪场电影。每年暑假，你们都会带我去看外面的世界。谢谢你们！等以后你们老了，我也会按你们的要求照顾好你们，给你们养老！（你亲爱的女儿——吴施霆）

生 3：十岁是最纯真，最灿烂的年龄，也是最难忘，最值得纪念的年龄。爸爸妈妈，谢谢你们的养育之恩，谢谢你们用无私的爱把我养得这么高，这么好。你们更是让我知道了跨过十岁，不再只会享受家人、师长的关爱，更加懂得感恩。（我爱你，爸爸妈妈！——应姗姗）

师：3 位同学说得真好，同学们，回家请把卡片献给爸爸妈妈，作为一次爱的回赠。

五、爱的小结

同学们，家人带我们去旅游，给我们做好吃的，买漂亮的新衣服，心疼我们是一种爱，对我们要求严格更是一种爱。我们要坚信，父母都是爱我们的，他们所做的一切都是为我们好，是希望我们成长得更快，更好。我们作为孩子，要理解父母，感恩父母，回报父母的爱。谢谢大家！

生：谢谢张老师的发言，让我们牢记张老师的教诲。张老师当了我们 3 年的班主任，就像我们的父母一样，我们也要牢记这份爱，感恩这份爱。让我们再以最热烈的掌声表示感谢。

生：不论老师，还是爸爸妈妈，都为我们付出了那么多，我们应该铭记在心。

生：理解他们的爱，感恩他们的爱。

生：让我们把这份理解与感激化作行动，一家人相亲相爱，快乐幸福！

第 3 课时　感悟幸福，快乐成长

------ 活 动 设 计 ------

活动目的：

1. 现在的孩子对幸福的理解比较片面，甚至认为 吃、喝、玩、乐就是幸福。通过此次班会使学生形成正确的幸福观。

2. 通过对比贫困山区的孩子和非洲因饥荒濒死的儿童，了解自己现在的生活是无比幸福的，更要知道幸福需要我们去创造。

活动准备：

1. 学生提前带上自己和家人幸福生活的照片；

2. 回家收集父母长辈对自己关爱的故事；

3. 制作多媒体课件，培训小主持人。

4. 准备节目：歌曲《我们多么幸福》和《幸福拍手歌》；故事《幸福在哪里》。

活动过程：

一、分享照片，认识幸福

1. 导入

请同学们在小组内展示自己的照片，把你的快乐和同学分享。

2. 展示照片并讲解自己的快乐

3. 开始"认识幸福"：请大家来谈一谈

（1）什么是幸福？

（2）你觉得幸福吗？

（3）如果你感到幸福，请讲一件让你幸福的事或讲一个让你感受到幸福的人。给大家一分钟的准备时间。（注：在此期间，播放轻音乐）

（4）请同学们发言。

主持人 A：幸福是一个谜。你让一千个人来回答，就会有一千种答案。

主持人 B：下面我们进入《比较之中理解幸福环节》。看看他们眼中的幸福。

二、在图片、故事中理解幸福

1. 主持人讲解具有代表性的九张图片，认识世界各地的生活现状，如《冷暖相依》、《"为民小学"》、《我要上学》等。引入与孩子们自己的生活现状的对比，感悟幸福的含义与珍贵。

从小组到全班进行对比讨论交流。

三、展望未来，把握幸福

1. 我们今后应该怎么去追求幸福、把握幸福呢？下面，请同学们畅所欲言。

2. 小组讨论交流。

3. 齐唱《幸福拍手歌》。

四、班主任讲话

幸福就在我们的身边，在每一天的成长中，在我们所付出的汗水里，在爱我们的人那里。你们一定要幸福，因为有爸爸妈妈无私的付出，有老师和同学的关爱，有学校的人性化管理，还有美好的前程在等待着你们，所以，你们一定要幸福，更要努力，为了自己，更为了爱你们的父母、老师和同学。让我们的生活充满幸福的阳光吧！

五、活动结束

活 动 实 录

活动过程：

一、分享照片，认识幸福

主持人 A：每天早晨，我们踏着欢快的脚步走进校园，迎接我们的是敬爱的老师、亲爱的同学。在这里学习，我们无比快乐。

主持人 B：回到家里，父母用爱把我们托起，我们无比幸福。

主持人 A：我们是快乐小天使。

主持人 B：我们是快乐小精灵。

合：《感悟幸福 快乐成长》主题班会现在开始。

主持人 A：请同学们在小组内展示自己的照片，把你的快乐和同学分享。

（展示照片并讲解自己的快乐）由于时间关系，我们不能把大家的快乐一一展示给大家，所以我们决定，班会结束后办一个"欢乐留影展"，供大家欣赏，并进行交流。

主持人 B：有人说"被别人关爱就是幸福"。

主持人 A：有人说"幸福就是让爱你的人幸福"。

主持人 B：有人说"幸福就是在逆境中成长，从而磨炼自己"。

主持人 A：有人说"幸福是无私奉献、助人为乐"。

主持人 B：下面我们就开始"认识幸福"。请大家来谈一谈：

1. 什么是幸福？

2. 你觉得幸福吗？

3. 如果你感到幸福，请讲一件让你幸福的事或讲一个让你感受到幸福的人。给大家一分钟的准备时间。（注：在此期间，播放轻音乐）

4. 请同学们发言。

同学 1：幸福就是每天爸爸妈妈在身边，爸爸妈妈陪我去想去的地方。

同学 2：幸福是每天都能吃到好吃的！并且有可以分享的人！

同学 3：幸福就是每天能跟喜欢的朋友在一起。

同学 4：幸福就是……

主持人 A：幸福是一个谜。你让一千个人来回答，就会有一千种答案。

主持人 B：下面我们进入《比较之中理解幸福环节》，看看他们眼中的幸福。

二、在图片、故事中理解幸福

主持人 A：哪位同学愿意为大家朗读呢？

同学 1：自 20 世纪 80 年代以来，非洲少雨，连年干旱，成千上万的人民在饥饿中，在瘟疫中备受折磨而走向死亡。

那是一个苏丹女童，因饥饿跪倒在地，她即将死去，而兀鹰正在女孩后方不远处，虎视眈眈，等候猎食女孩在他们眼中。幸福应该是：没有饥饿。

同学 2：利比里亚首都蒙罗维亚政府军与反政府武装激战后，街道弹壳遍地，一个满身是血的女孩正在痛苦的呻吟，在战争中她失去了父母。在他们眼中，幸福应该是：没有战争。

同学 3：《冷暖相依》塞外的春天乍暖还寒。4 月的一个早晨，天空飘洒着纷纷扬扬的雪花。一个中年男子的菜摊车上坐着一个小男孩，孩子用给菜保温的被子围着，父亲不时用手给儿子掖掖被子。在阴暗的天气和漫天飞舞的雪花的衬托下，儿子稚嫩红润的小脸与父亲饱经沧桑的脸形成对比，父子俩面对生活的艰辛相依为命，特别是父亲使劲发出叫卖声时，使人看后心灵为之震颤。在他们眼里，幸福应该是：有一个温暖的被窝。

同学 4：年逾古稀，满头银发的老奶奶，佝偻着身子，拄着拐杖，背上还背着一大捆刚从山里拾来的柴火。她得加快步伐，赶在天黑之前回家。在她眼里幸福应该是儿女孝顺，子孙绕膝。

同学 5：大方县猫场镇狗吊岩村的这所"为民小学"，2003 年以前一直在这个岩洞里。狗吊岩村属于喀斯特地貌，没有成片的可耕地。村子距镇上 18 公里，是崎岖陡峭的机耕便道，不通班车。全村今年 3 月才通电，且供电不能保证。至今不通有线电话。坐在岩洞小学的教室里，孩子们每天的视野就是这样的。在他们眼里，幸福应该是：有一间好的校舍。

同学 6：1991 年 4 月，河南省新县八里畈乡王里河小学的学生，生活十分艰苦，连一张完整的桌椅也没有，但孩子们读书却很认真。在他们眼里，幸福应该是：可以上学读书。

同学 7：这个孩子名字叫王致中，他在贵州以背煤为生。一篓煤 40 公斤，从煤坑内向上爬 100 米，然后再走 1000 米山路，才可挣 1 元人民币。

这个孩子只有 10 岁，他身旁跟他差不多高的背篓，是他每天的劳动工具。他不能上学，因为家里没有钱交纳每年 140 元的学杂费，在他们眼里，幸福应该是：可以上学读书。

同学 8：曹会龙，今年八岁，贵州省峨嘎村小学学生。他最宝贵的："一个布书包"，原因：他没有回答，只是微笑。会龙没有布书包——为了拍照他向同学借来一个。他自己的书包是一个四百克洗衣粉塑料包装袋。

同学 9：《我要上学》拍摄于 1991 年 4 月，安徽省金寨县双河乡张湾小学，不管生活多么艰苦，苏明娟仍然刻苦学习。解海龙拍摄的"大眼睛"是点燃希望工程这场圣火的火炬，"大眼睛"本名苏明娟，1983 年出生在安徽省金寨县桃岭乡张湾村一个普通的农家，父母靠打鱼、养蚕和种田为生，一家人过着辛劳拮据、简朴的乡村生活。她的大眼睛里最大的幸福就是可以读书。

主持人 A：此刻在我们眼中，幸福是沉甸甸的！你感到自己幸福吗？如果10 分表示你感到非常幸福，1 分代表非常不幸福，你为自己的幸福打几分？

生 1：我为我的幸福打 9 分，幸福的是我身边有许多疼爱我、关心我的人，那 1 分是不幸福，但我会在不幸福中去寻找幸福。

生 2：我给我的幸福打 9 分，因为在我考试失败时，看到父母理解的眼神，听到父母鼓励的话，让我感到很幸福，丢失的那 1 分是我这次考试成绩不理想。

生3：我给我的幸福打10分，我因在学校的教室内学习而感到幸福，我认为自己的幸福不是真正的幸福，而真正的幸福是和大家分享我的幸福。

生4：我为我的幸福打8分，应为我生病时是不幸福，但我得到妈妈的关心，所以我还是很幸福的。

生5：我给我的幸福打10分，因为我觉得我与图片中的人比起来我是最幸福的。

生6：我给我的幸福打10分，在小的时候，我是那样的活泼、顽皮，可是到了上学的年龄，在父母的安排下，我很不心甘情愿地上了小学。随着时间的流逝，我也逐渐长大了，思想上也有所改变，一想到还有一部分孩子没有上学的机会，我是那么的幸福。

……

主持人B：和他们相比我们多么幸福啊！请欣赏歌曲《我们多么幸福》。

主持人B：她们的歌声真是太美了。是啊，我们的生活多么幸福啊，下面请李杨同学讲一个关于幸福的小故事，大家欢迎！

李杨：我讲的故事是《幸福的秘密》。很早以前，一个国王觉得自己不幸福，他派宰相去找一个幸福的人，将他幸福的秘诀带回来。宰相碰到男人、女人、穷人、富人。宰相分别问他们："你幸福吗?"男人回答说："不幸福，我没有功成名就。"女人回答说："不幸福，我没有羞花闭月的美貌。"穷人回答说："不幸福，没有钱。"富人回答说："不幸福，我的钱还不够多。"宰相询问了各种各样的人，但始终没有找到自认为是最幸福的人。返回的路上，一筹莫展的宰相听到远处传来了歌声，那歌声中充满了欢乐、活力和激情。宰相找到了那个唱歌的牧羊人。宰相问："你幸福吗?"牧羊人答道："是的，我很幸福，我是最幸福的人。"宰相惊奇地问："你为什么是最幸福的人"牧羊人说："我感激父母，感激生命，感激妻子，感谢朋友；感激这温暖的太阳，感激这和谐的春风，感激这湛蓝的天空，感激这广阔的大地。我感激世间万物，我怎么不是最幸福的人呢?"宰相又问："那你所有的愿望都实现了吗?"牧羊人回答："没有，那是不可能的，但这并不影响我感到幸福。"宰相问："为什么?"牧羊人回答："对能够改变的事情，我竭尽全力，追求美好，对不能改变的事情，我顺其自然。"幸福的秘密，就在懂得珍惜，因为珍惜才能满足，因为满足才能幸福。

主持人A：大家说李杨讲的好不好？那么通过这个故事你体会到幸福的真正含义吗？

生1：幸福就是珍惜自己所拥有的。

生2：其实幸福是一种给予，一种付出，一种奉献！人生是幸福组合，而不是悲剧的罗列，人是奉献的喷泉，而不是索取的枯井，给予别人一片温馨，自己也会得到真挚的幸福。

生3：把自己的目标降低，把生活中的每一天都看作生命中的最后一天。

生4：其实幸福是一种给予，一种付出，一种奉献！人生是幸福组合，而不是悲剧的罗列，人是奉献的喷泉，而不是索取的枯井，给予别人一片温馨，自己也会得到真挚的幸福。

主持人A：通过这个故事我们体会到，其实幸福离我们并不遥远。它平平常常，普普通通，只要你细心观察，耐心体会，幸福就在我们身边。

主持人B：一个幸福的人不是由于他拥有的多，而是由于他计较的少，懂得发现和寻找，积极发掘生活中美好的一面，幸福的感觉就会接踵而来。

三、把握幸福

主持人A：我们今后应该怎么去追求幸福、把握幸福呢？下面，请同学们畅所欲言。

生1：珍惜现在所拥有的一切，学会满足，不去追求一些虚无缥缈的东西。

生2：多观察美好的事情，多做自己想做的事，包容一切不开心的事，使自己变得更加幸福。

生3：为父母做一些力所能及的事，做好自己眼前的事，不要过高的要求自己，把握好眼前的幸福，开开心心地度过每一天。

生4：从现在开始我要做一个幸福的人，珍惜拥有，放弃烦恼，充实地过好每一天，让这个多彩的世界更加绚丽。

生5：幸福是靠自己争取的，当自己遇到困难时，应该把一些烦恼抛在脑后，不去想，深深吸一口气，用乐观的态度去面对每一点一滴，因此，我只在乎我所拥有的幸福。

生6：如果想要幸福快乐，就了解自己，真正可以面对自己，跟好朋友的互相交谈中，可以帮助自己看清不敢面对的问题，学一样一直想学的东西，别给自己设定太高的目标，这样你每获得一点点提高都会让你欣喜若狂。

……

主持人B：幸福没有绝对的答案，关键在于你对生活的态度，善于抓住幸福的人才懂得什么是幸福。

主持人A：幸福在每一天的努力里，每一分钟的关爱里，每一秒钟的期待里。

主持人A：幸福其实像陈年老酒，只有懂得品位的人才能慢慢感受到它的甘醇。

主持人B：我们追求幸福，向往幸福、赞美幸福，其实在我们身边每天都会感受到幸福的存在。只要我们努力学习，奋发向上，幸福就会陪伴在我们身边。

（生齐唱《幸福拍手歌》。）

四、班主任讲话：

幸福就在我们的身边，在每一天的成长中，在我们所付出的汗水里，在爱我们的人那里。你们一定要幸福，因为有爸爸妈妈无私的付出，有老师和同学的关爱，有学校的人性化管理，还有美好的前程在等待着你们，所以，你们一定要幸福，更要努力，为了自己，更为了爱你们的父母、老师和同学。让我们的生活充满幸福的阳光吧！

五、宣布活动结束

第4课时　认识关爱，心怀感恩

------ 活 动 设 计 ------

活动目的：

1. 通过本次主题班会，引导学生懂得为什么要感恩，怎样去感恩。

2. 教育学生从现在开始，从小事做起，努力学习，健康成长，用实际行动表达感恩之情。

活动准备：

1. 带和同学的合影，培训小主持人。

2. 搜集感恩图片，故事、诗歌等，制作多媒体课件。

活动过程：

一、观看图片导入

（一）播放图片（内容是同学间互助，老师教导，父母关怀我们，帮助陌生人等）

二、感恩同学

（一）小游戏活动

主持人甲：请同学们和你的同桌合作摆个"人"字的造型，一撇一纳，撇可以站着，纳可以坐着。（生摆造型）是不是互相支撑着这个"人"字才能站住？

主持人乙：人字的结构需要相互支撑，人与人之间需要相互关爱，才会有幸福和谐。

（二）放《友谊地久天长》伴奏曲开场

（三）看图片，谈感受

1. 展示同学合影，说同学间的友谊。

2. 多媒体展示，讲述名人的友谊以马克思和恩格斯、伯牙与钟子期的友谊为例，大家分组谈感受或启发，然后集体交流。

三、师恩最难忘

1. 播放图片，讲述相关故事。

2. 讨论：面对无私为我们奉献的老师，我们要用怎样的方式表达对老师的感激之情呢？

3. 请听歌曲《长大后我就成了你》。

四、感谢社会

1. 一起看几幅图，并请图片中的当事人讲述当时的故事。

2. 引申讨论：在你的生活中曾经接受过哪些同学的帮助？你想对他（她）说什么？

五、班主任讲话评议

-------------- 活 动 实 录 --------------

活动过程：

一、宣布班会开始

主持人 A：同学们，我们时时刻刻都在承受着家人的关爱、朋友的关心、老师的关注、社会的关怀。

主持人 B：对父母心存感恩，因为他们给予我生命，让我健康成长，他们的一次次牵扶下，让我自信地放飞理想。

主持人 A：对师长心存感恩，因为他们给了我教诲，让我抛开无知，懂得思考，在学习的历程中实现自我。

主持人 B：对兄弟姐妹心存感恩，因为他们让我在这尘世间不再孤单，让我知道有人可以和我血脉相连。

主持人 A：对朋友心存感恩，因为他们给了我友爱，让我在孤寂无助时倾诉、依赖，看到希望和阳光。

主持人 B：《心存感恩》主题班会现在开始。

二、感恩同学

（一）小游戏活动

主持人甲：请同学们和你的同桌合作摆个"人"字的造型，一撇一纳，撇可以站着，纳可以坐着。（生摆造型）是不是互相支撑着这个"人"字才能站住？

主持人乙：人字的结构需要相互支撑，人与人之间需要相互关爱，才会有幸福和谐。

（二）放《友谊地久天长》伴奏曲开场

主持人甲：友谊是一个圣洁而神秘，古老而年轻的话题。在学校这个大家庭的生活中，我们都是在同学的陪伴下度过的。我们一起笑过、哭过，也一起闹过，彼此建立了深厚的友谊。学习的道路上永远也缺少不了同学们的陪伴，如果没有他们，我们的学习道路将会非常枯燥。在困难的时候就没有及时的援助之手，在失意的时候就没有人及时地开导，也就没有人和我们一起分享破解难题后的喜悦。让我们感恩同学的默默陪伴，珍惜那份纯真的同学之情。现在，让我们继续走进幸福的世界，感受幸福吧！

（三）看图片，谈感受

1. 展示同学合影，说同学间的友谊

主持人乙：友谊是一只援助的手，把你从黑暗的泥潭里拉出来。友谊是一抹光明的微笑，使你乐观地面对生活；友谊是一座架起情感的桥梁，使你我心心相印，成为挚友。友爱犹如夏日的雨露，冬日的阳光。我们要让友谊之灯永不熄灭，让友谊之花香飘万里。现在，请同学们拿出和同学的合影，在小组内讲一讲你和同学之间友谊的故事。

（学生在小组内拿着自己和同学的合影讲述友谊故事。）

主持人乙：下面请小组代表发言。

生1：记得我刚上一年级的时候，我认识了一位同学，我们上学、放学都在一起。幸运的是有一天老师把我们调成同桌，我们开心极了。一次老师给我们布置了一份练习题，我们相互帮助，最后我们都考了100分。假日期间，一次我和她一起到游玩，她不小心摔倒了，我赶紧跑过去，把她扶起来，心疼地问她哪里摔痛了？就好像我自己受伤一样的心疼她。她很感动，目光中含着期盼，真情地对我说：谢谢你，谢谢你！我没事。今天玩得真痛快，浑身像是洗完澡一样，改天有机会再出来玩。

我们同在一个屋檐下，共浴一片太阳。学习上我们相互激励；生活中我们相互帮助，同学之间的友谊像温暖的阳光，照在我们的心上。我们应该珍惜友谊，珍惜同学之间的点点滴滴。珍惜美好的童年时光

生2：有一次美术课上，我忘记带水彩笔，同桌蔡梦菲把水彩笔借给了我，从此，我们就成了好朋友。

生3：有一次，上课铃声响起，大家都往教室跑去，我也跑着，没有注意跟高年级的同学撞在一起，当时穿着裙子，膝盖擦破了皮。看着同学们都快跑到教室了，而我还在操场上疼得站不起来。正在我无奈时，小路发现了往回跑

来帮我扶起来，一直扶着我走到教室，还帮我向老师解释迟到的原因。我觉得她就是我的好同学。

主持人甲：一个个感人的小故事让我们从中体会到了他们之间那真诚的友谊。古今中外，也有许多家喻户晓的关于友谊的故事。

2. 多媒体展示，讲述名人的友谊

主持人乙：（播放马克思和恩格斯照片后讲述）

1844 年，马克思在巴黎认识了恩格斯，共同的信仰使彼此把对方看得比自己都重要，马克思长期的流亡生活很苦，常常靠典当，有时竟然连买邮票的钱都没有，但他仍然顽强地进行他的研究工作和革命活动。恩格斯为了维持马克思的生活，他宁愿经营自己十分厌恶的商业，把挣来的钱源源不断地寄给马克思，他不但在生活上帮助马克思，在事业上，他们更是互相关怀，互相帮助，亲密地合作。他们同住伦敦时，每天下午，恩格斯总到马克思家里去，一连几个钟头，讨论各种问题。分开后，几乎每天通信，彼此交换对政治事件的意见和研究工作的成果。他们之间的关怀还表现在时时刻刻设法给予对方以帮助，都为对方在事业上的成就感到骄傲。马克思答应给一家英文报纸写通讯稿时，还没有精通英文，恩格斯就帮他翻译，必要时甚至代他写。恩格斯从事著述的时候，马克思也往往放下自己的工作，编写其中的某些部分。马克思和恩格斯合作了 40 年，建立起了伟大的友谊，共同创造了伟大的马克思主义。正如列宁所说的"古老的传说中有各种各样非常动人的友谊故事，后来的欧洲无产阶级可以说，它的科学是由两位学者和战友创造的。他们的关系超过了古人关于人类友谊的一切最动人的传说。"

主持人甲：下面我给大家讲伯牙与钟子期的友谊故事：

在春秋时期，楚国有一位著名的音乐家，他的名字叫俞伯牙。俞伯牙从小非常聪明，天赋极高，又很喜欢音乐，他拜当时很有名气的琴师成连为老师。

有一次，俞伯牙乘船沿江旅游。船行到一座高山旁时，突然下起了大雨，船停在山边避雨。伯牙耳听淅沥的雨声，眼望雨打江面的生动景象，琴兴大发。伯牙正弹到兴头上，突然感到琴弦上有异样的颤抖，这是琴师的心灵感应，说明附近有人在听琴。伯牙走出船外，果然看见岸上树林边坐着一个叫钟子期的打柴人。

伯牙把子期请到船上，两人互通了姓名，伯牙说："我为你弹一首曲子听好吗？"子期立即表示洗耳恭听。伯牙即兴弹了一曲《高山》，子期赞叹道："多么巍峨的高山啊！"伯牙又弹了一曲《流水》子期称赞道"多么浩荡的江水啊！"伯牙又佩服又激动，对子期说："这个世界上只有你才懂得我的心声，你真是我的知音啊！"于是两个人结拜为生死之交。

伯牙与子期约定，待周游完毕要前往他家去拜访他。一日，伯牙如约前来子期家拜访他，但是子期已经不幸因病去世了。伯牙闻听悲痛欲绝，奔到子期墓前为他弹奏了一首充满怀念和悲伤的曲子，然后站立起来，将自己珍贵的琴砸碎于子期的墓前。从此，伯牙与琴绝缘，再也没有弹过琴。

听了这些故事，你有什么感受或启发？

生1：真正友谊可以不用在风光岁月时一起酒肉共食用，但一定是患难之时的相互扶助，相互关心。

生2：真正友谊的朋友，是那个了解你品性，能读懂你的人。

生3：有着真正的友谊的朋友，他愿意陪你为着每一件大事小事，一起欢笑，一起流泪。

主持人甲：真正的友谊，它不是茶，愈冲愈淡。它是酒，愈陈愈醇，它不会因时间流水的冲洗而变淡；也不会因争吵而破裂；更不会因金钱的多少，地位的悬殊而断绝。真正的友谊它与日月同辉，与青山同在。

三、师恩最难忘

主持人A：父母的恩情最深最重，没齿难忘，可是在我们的生命和生活中不仅有父母，更有许多为我们耕耘和奉献的人——教师——一个神圣的职业。请看图片。

主持人B：在5.12汶川地震中，重灾区什邡红白镇中小学一名叫向倩的年轻女老师为了保护学生，身体断成两截。她的尸体被发现时，双手仍紧紧拥着两个学生！人们怎么掰，也无法掰开她紧紧搂住学生的双手！

主持人A：2005年4月1日中午，在江苏金坛街头，面对一辆疾驰而来的小轿车，一位52岁的小学女老师殷雪梅奋不顾身地用身躯护住自己的学生，从"虎口"夺回了七位小学生的生命。十万群众痛别英雄女教师。

主持人B：湖北的覃健回到她曾经任教的东莞，在民办的培英小学担任语文老师。然而，也就在她重返教师岗位3个月后的一天，学生放学过马路时，她和同事拉起绳索保护学生，自己被飞驰而过的轿车重重地撞倒在地。这位因教育走出大山、因感恩走向教育岗位的年轻女教师，生命的指针永远地定格在了28岁。

主持人A：在佳木斯市胜利路北侧第四中学门前，一辆客车在等待师生上车时，因驾驶员误碰操纵杆致使车辆失控撞向学生，危急之下，教师张丽莉将学生推向一旁，自己却被碾到车下，造成双腿截肢。

主持人B：徐美容今年50岁，是英山县温泉镇长冲初中的一名语文教师。酒驾摩托飞驰而来，她推开学生，自己身受重伤，倒在车轮下。

主持人A：同学们，看了这些图片，你有什么话说？

生1：我想对张丽莉老师说：你为了救学生，造成双腿截肢，你的学生会帮助你的，他们都是你的双腿。

生 2：老师就像我们的父母一样对我们好，在危险来临时会保护我们。

主持人 B："慈师真爱感动天地，圣母情怀流芳千古。"这些老师用师爱铸就了师魂，她们用自己的身体换回了孩子的生命，这就是一个老师在面对生与死时所做出的选择。这就是一个老师在平凡中铸就的伟大。

主持人 A：苍鹰感恩长空，因为长空让它飞翔；鲜花感恩雨露，因为雨露滋润它成长；高山感恩大地，因为大地让它高耸。面对无私为我们奉献的老师，我们要用怎样的方式表达对老师的感激之情呢？

生 1：上课认真听讲，课后及时完成作业。

生 2：一日为师，终身为父母。老师真的给予我们很多，作为学生我们更不应该忘记老师对我们的帮助和恩情。我们可以在节假日发信息、打电话给老师。送去我们最真挚的祝福。

生 3：上课积极举手，我们还可以给老师送去我们的手工艺品！

生 4：及时订正作业，按时背书，当老师的小助手，我可以帮老师管理班级纪律。

生 5：每天精神饱满面对老师，面对课堂。

主持人 B：同学们说得非常好，让我们从今天开始，从现在开始，用实际行动感谢老师的付出，下面请听歌曲《长大后我就成了你》。

主持人 B：教室里，老师总是俯下身子，校正我们每一个错字，纠正我们不准确的发音。

主持人 A：灯光下，老师时而握笔沉思，时而奋笔疾书，他付出的是真情，收获的是疲惫。

请听诗朗诵《老师，您辛苦了》。

四、感谢社会

主持人 A：拥有一颗感恩的心，不仅仅是感谢爱过我们和帮助过我们的人，而是在心存感激的同时，以同样的爱意和热情去回报周围的人，回报生活和社会。我们一起来看几幅图，我们有请图片中的当事人讲述当时的故事。

生 1：我在操场跑着跑着，不小心摔倒了，是张杰扶着我去的医务室。

生 2：美术课上，我忘记带水彩笔，同桌就借我水彩笔。

……

主持人 B：同学们，在你的生活中曾经接受过哪些同学的帮助？你想对他（她）说什么？

同学 A：我受过班里好多同学的帮助，我想说：谢谢他们在我碰到难题的时候帮忙解答，谢谢他们在我犯错的时候原谅我，谢谢他们一路陪伴我成长！

同学 B：去年我摔了，班里周正同学扶我去这去那，我想对他说：谢谢你当我的拐杖！

主持人 A：感谢曾帮助过我的人，他们用暖暖的心灯让我发现生命是如此丰富而厚重。

主持人 B：感谢肯接受我帮助的人，他们用淡淡的柔弱让我把这份善良延续。

主持人 A：下面有请班主任＋＋老师给我们致辞，掌声响起。

五、班主任讲话

亲爱的同学们，我们今天的主题活动开得很成功，大家通过丰富多彩的形式诠释了对感恩的理解。愿大家在以后的人生道路中时刻不忘感恩，勇敢面对生活！

六、做手语操，宣布班会结束

主持人 A：学会感恩能使人快乐。

主持人 B：感谢长辈，感谢老师，感谢伙伴，感谢一切帮助过我们的人！

主持人 A：感谢成功，感谢收获，感谢失败，感谢帮助我们成长的一切！

手语歌曲《感恩的心》。

合：感谢一切一切，心存感激，生活会更美好！《心怀感恩去成长》主题班会到此结束，谢谢大家！

主题活动 用照片传播最美人物

主 题 实 践 活 动 方 案

活动设想：将学习与社会实践相结合，要求学生走出校园，走向社会，去关心社会发展，去关注社会问题，去尝试解决自己研究的社会问题，成为学生课余生活的有益补充，开辟出有自己特色的社会实践的新途径。

活动目的：小学生社会实践活动，是小学生素质教育的内容之一，为提高学生自身的综合素质，让学生获得亲身参与实践的积极体验与丰富经验，到生活中去寻找最美人物，并用手中的相机记录生活，新近社会、学习知识、开阔眼界，形成从自己的周围生活中主动地发现问题并独立解决问题的态度和能力；发展他们的实践能力和对知识的综合运用和创新能力，养成合作、分享、积极进取等良好的个性品质。特开展一次小学生社会实践活动，具体事项安排如下。

活动时间：周末

活动地点：所选最美人物的工作场所或居住地

活动主题：平凡人，平凡事，不平凡的感动

活动准备：

1. 班主任利用班会课，宣布活动主题，从遵纪、礼仪、实践体验等方面进行一次专项教育，为社会实践做好准备。

2. 由 6—10 人组成社会实践活动小组，自己推选组长，聘请有一定专长的成年人（如本校教师、学生家长等）为指导老师，或由家长带领活动。

3. 每人准备一部具有拍照功能的手机。

4. 活动前联系好"最美人物"，约好活动时间、地点。

5. 强调要注意的事项：

（1）学生统一着装，穿好校服。

（2）注意文明、礼仪、有序。

（3）安全第一，听从指挥。

活动内容：

根据政府部门已评选出的"最美人物"，如最美教师、最美交警、最美城管、最美公交司机、最美的哥的姐、最美市民等，学生分组各选择一名最美人物，通过采访、观察他们的工作、生活情况，用手中的相机记录他们的形象。

活动要求

1. 家长认真做好学生的辅导，让学生学有收获，保证学生在学习、活动时的绝对安全。学生须遵守纪律，服从学校及家长的安排，确保社会实践的安全和活动的顺利开展，须遵守各项规章制度，要加强自我服务管理意识，培养生活自理能力，锻炼实践能力和合作交流能力。加强对学生生活常规的教育和良好习惯的培养。

活动突发事件处理原则：

保持镇静、沉着应对；学生优先原则；就地抢救原则；报警、求援原则；维持秩序、迅速疏散原则。

（一）处理外出应急预案

1. 学生必须按规定开展活动，不准单独行动。家长应当始终与学生为伍。

2. 教育学生遵守交通规则，不到危险场所玩耍，不攀爬险要，不摸带电的各种器械，不做有危险的游戏，不与陌生人争斗。

3. 遇学生受伤的情形。既要冷静又要反应迅速，要视其轻重而采取相应的措施，或拨打 120 或送附近医院。总之，绝不能不作为，更不能推诿扯皮。

4. 活动前，要教给学生一些避险或受伤后自救的方法。

5. 家长要随时关注、提醒要求学生不买、不吃变质和不洁的食品或暴饮暴食，如有学生腹泻、腹胀或食物中毒，应立即采取必要措施（如上报、救护等），并及时收集相关证据，以备查验。同时，还要注意观察了解其他同学的

状况，切忌麻痹大意。

（二）处理人身意外伤害及疾病应急预案

1. 发生突发事件如遇绑架抢劫事件，要以孩子的生命为重，保持镇静，巧妙周旋，尽可能赢得时间，以避免任何成员受到任何人身攻击或其他伤害。

2. 出现摔伤、扭伤、撞伤或疾病，应立即进行治疗，如伤情较重应马上送往就近医院抢救治疗，并及时上报病由、病情。

3. 如遇公共场所骚乱事件，家长应围成圈，保护好学生。细心、冷静地观察事态发展，不盲目奔跑，不随人流乱窜，待看清形势后再引导学生安全、迅速地疏散。

4. 提高认识，随时随地做好学生的安全教育，不能放松警惕。到目的地要视察周边环境，如有施工场地、山坡、河道水塘、凡学生有可能发生危险的地方要分头站岗，并注意学生动态，不允许学生出入危险场地。

5. 学生过马路要走人行道，并时时提醒注意交通安全，注意来往车辆，确保学生安全过马路。如遇突发事件不慌张，一定要冷静，果断采取措施。

6. 自始自终，活动中不得中途私自离开学生，保证本次活动顺利进行。

第六主题 媒介德育与戏曲赏析

第 1 课时 初识传统戏曲

情境设计：

戏曲是中华民族文化的化身，它将唱、念、做、打熔一炉，集诗、画、歌、舞为一体，历史悠久，博大精深。然而受到许多因素的影响，传统的戏曲音乐已经慢慢被人们所忽略。弘扬民族文化，传唱经典戏曲，是我们学生义不容辞的一项任务。

本堂课，我将地点设在电脑教室。让学生可以利用现代化设备去更好地搜集有关戏曲的知识，了解它们所表达的文化。

活动目标：

1. 通过熟悉的戏曲选段欣赏，初步了解戏曲的种类以及分类的方法。

2. 比较、探究婺剧的表现手法，知道婺剧的演奏器乐。

3. 感受婺剧的艺术魅力，激发学生学唱婺剧的兴趣。

活动准备：

网上搜集有关戏曲的资料。

活动流程：

一、赏选段，识戏曲

1. 课件播放《忽听得老娘亲来到帐外》选段。

（学生跟唱）

2. 播放京剧选段《红灯记》。

（学生欣赏）

3. 说一说两个选段的异同

讨论：你更喜欢哪个片段？为什么？

小结：戏曲是中国传统艺术之一，它起源于原始的歌舞，表演形式载歌载舞，有说有唱，有文有武，在世界戏剧史上独树一帜。

二、戏曲分类知识指导

利用多媒体搜集戏曲的分类知识。

1. 活动：

（1）学生分小组搜集、讨论。

（2）每组代表发言。

2. 师拓展点拨：

中国剧种繁多，它的基本分类方法是：

（1）按地域分。（课件展示图文）

（2）按照民族化风格界定。（壮剧、白剧等）

（3）按地域和特色音乐界定。（晋北道情、河南梆子等）

讨论：你在生活中看过哪些戏？你喜欢哪些戏曲人物？

（1）学生分小组选取教室的一角进行讨论。

（2）每组指派一人上台代表发言。

（教师根据学生的反馈，将主要戏曲人物罗列在黑板上。）

三、戏曲表演知识探究

（一）聚焦台上

（学生回到自己座位）

讨论：到底是什么让戏曲历经千年，魅力不减？

（课件播放戏曲选段）

学生自由说。

思考：戏台上的人物与我们生活中的表现有哪些不同？你会在平常的生活中，像他们一样表达的自己的内心世界和情感吗？

点拨：在舞台上，演员根据唱、念、做、打这四项基本功，将故事情节、人物性格展示得淋漓尽致。

（二）走进后台

（过渡）师：戏曲的魅力不仅在于舞台上演员精彩的表演、华丽的服饰，还因为后台里优美的配乐。

1. 播放《花头台》选段，学生欣赏并思考：其中有几种乐器。

介绍乐器四个大的种类：吹管乐、弹拨乐、打击乐、拉弦乐。

（教室四个角落分别标上四个大类。）

学生根据自己所学的乐器，走到相关的区域里。

四、戏曲基本功能认知

戏剧的基本功能

师：通过课前和刚刚的信息搜集，大家的活动和讨论，相信大家已经对中华戏曲有了初步的了解，你觉得戏曲给你带来了什么？

（审美功能、传承功能、娱乐功能。）

五、课后作业

实践活动：

课后搜集自己喜爱的人物脸谱；欣赏自己喜欢的一段戏曲，回校与同学们分享。

········ 活 动 实 录 ········

一、赏选段，识戏曲

1.课件播放《忽听得老娘亲来到帐外》选段，学生跟唱。

师：这个选段你们非常熟悉，知道唱的是什么吗？

生：是婺剧，《忽听得老娘亲》。

师：没错，婺剧的唱腔大家非常熟悉，我们村里表演的，就是婺剧。再来听一段。

2.播放京剧选段《红灯记》，学生欣赏。

师：这个片段与之前的婺剧，感觉相同吗？知道这是什么剧种吗？（京剧）

生：听上去和《忽听得》有很大的差别，听不太明白唱词。

生：我在电视上看到过，是京剧《红灯记》选段。

师小结：听得很仔细，唱腔以及吐字方面，是有很大的差别。

讨论点一

（过渡）师：你更喜欢哪段戏？为什么？

小组内自由讨论

组长搜集组员的信息，进行整理并反馈

讨论组一：我们组喜欢婺剧，更熟悉，而且都会唱了。

讨论组二：我在网上看到过，京剧是国粹，大剧种，世界上知道京剧的人更多。

师小结：你们都有自己的观点，值得表扬。

一段是我们熟悉的地方戏——婺剧，一段是国粹——京剧。

但是这两段曲子都有一个共同的叫法——戏曲。

戏曲是中国传统艺术之一，它起源于原始的歌舞，表演形式载歌载舞，有说有唱，有文有武，在世界戏剧史上独树一帜。

二、戏曲分类知识指导

（过渡）师：在我们中国，戏曲有上百种，那么它们可以怎么分类？你听过的那些有名的曲目，又是属于哪个剧种的呢？你们可以利用眼前的电脑去搜一搜。

活动：

1. 学生分小组搜集、讨论。

2. 每组代表发言。

活动组一：我们家乡有婺剧，那么别的家乡应该也有属于自己的家乡戏，我们最熟悉的就是刚刚这段《忽听得》，我们村常常演的戏还有《狸猫换太子》、《穆桂英挂帅》，我都跟着奶奶看过无数遍了。

活动组二：我听过安徽的黄梅戏，是在电视里，我妈妈也会唱《女驸马》的"中状元"那一段。

活动组三：我们组刚刚查到，河南一带有豫剧，但是我对这个剧比较陌生。

活动组四：我们杭州有非常出名的越剧，像《十八相送》、《天上掉下个林妹妹》都常常听大人们唱。上次 G20 的峰会上就有越剧的表演，两个女演员扮演梁山伯和祝英台。

师过渡：你说的这个表演，真是受到了世界人民的关注。没错，我们浙江最有名的就是越剧，一般女性来扮演男性角色。

师小结：你们刚刚说的，这也是我们最常见的划分形式。中国地大物博，不同的地区就形成了自己不同的戏曲特色，还有四川的川剧，湖南的湘剧，等等。

师：除了按照区域划分，刚刚你搜到的资料中，还有按照什么分的戏曲？

生 1：还有按照民族划分的。不同的少数民族会有属于他们民族风情的戏曲。白族有白剧。

生 2：壮族的壮剧，虽然我听不懂他的语言，但是旋律也非常高亢，就像他们这个民族一样。

生 3：我搜到了一个剧种叫"河南梆子"。

师点拨：嗯，你们搜集到的信息很全面。戏曲除了按照区域分，还可以按照民族风格来定。最后一位同学说的"河南梆子"和"晋北道情"，这是按照特色音乐来界定的。每个地方结合当地的特色，在戏曲的舞台上开出一朵朵美丽的艺术之花。

（过渡）师：刚刚有同学提到，他跟着奶奶在村子里看过不少戏，还有哪些同学也看过戏？

（全班举手）

讨论点二

（学生分小组选取教室的一角进行讨论）

师：看来戏曲对大家来说都不陌生，那么，你看过哪些戏？你喜欢哪些戏曲人物呢？

（1）小组讨论，每人都发表自己的意见

（2）每组指派一人上台代表发言

生1：我更喜欢越剧，是我们浙江的戏，听着很婉转，一般都是女还扮演角色，我觉得她们的声音都很好听。我最喜欢的是《十八相送》，梁山伯和祝英台的故事非常感人，这个电视也看过好几遍。

生2：我喜欢黄梅戏，我妈妈在家常常会唱《女驸马》，她喜欢里面的女驸马，我也被她影响了。

生3：我喜欢《杨门女将》，杨宗保和穆桂英都是我戏曲中喜爱的人物角色，电视我也看过。

（教师根据学生的反馈，将主要戏曲人物罗列在黑板上。）

三、戏曲表演知识探究

（一）聚焦台上（学生回到自己座位）

讨论点三

（过渡）师：黑板上这些人物，就是刚刚这几位同学介绍的。有英勇的穆桂英，还有多才的女驸马。舞台上精彩的演出，华丽的唱腔让这一传统艺术一直流传至今，不少国外华人也慕名而来。到底是什么让它历经千年，魅力不减呢？

（课件播放戏曲选段）

生1：戏台上的人物穿的衣服非常漂亮，唱地很动听。

生2：他们戴的和化的妆都很漂亮。

师：你们说的都正确，那么，戏台上的人物与我们生活中的表现有哪些不同？你会在平常的生活中，像他们一样表达的自己的内心世界和情感吗？

生1：他们会在舞台上唱歌，来代替说话。

生2：常常打斗。

生3：有个"白鼻子"的人不用唱的，会用念的，而且念起来很有节奏感。

师小结：你们的观察很仔细，讲得也很全面，在舞台上，演员根据唱、念、做、打这四项基本功，将故事情节、人物性格展示得淋漓尽致。

课件出示：

1. 以唱为主（唱）：歌唱。（婉转动听、高亢优美）

2. 以念白为主（念）：有音乐性的念白。（滑稽、富有节奏）

3. 以舞蹈动作为主（做）：舞蹈化的形体动作。（身形优美，动作流畅）

4. 以打为主（打）：武打和翻跌的技艺。（动作娴熟，技能高超）

（二）走进后台

（过渡）师：戏曲的魅力不仅在于舞台上演员精彩的表演，华丽的服饰，还因为后台里优美的配乐。

1. 播放《花头台》选段，学生欣赏

师：静静地听，说一说你能听出其中几种乐器。

生1：笛子、琵琶、二胡。

生2：中阮、扬琴、大鼓、大镲……

师：我们班也有很多民乐队的同学，这样的问题是绝对难不倒你们的。

活动

（过渡）师：戏曲当中，我们将这些乐器分为四个大的种类：吹管乐、弹拨乐、打击乐、拉弦乐。你能把自己学的那种乐器分分类吗？

（教室四个角落分别标上四个大类）

学生根据自己所学的乐器，走到相关的区域里。

四、戏曲基本功能认知与拓展

（一）认识戏剧的基本功能

师：通过课前和刚刚的信息搜集，大家的活动和讨论，相信大家已经对中华戏曲有了初步的了解，你们觉得戏曲给你带来了什么？

生：非常有意思，台上很热闹。

师：是的，这就是戏曲的娱乐功能。

生：里面的人物打扮得很好看，袖子长长的。

师：这是戏曲的审美功能。

生：戏剧是很多年前流传下来的，我们今天看的许多曲目也是几百年前的古人看到的

师：对，戏曲还有传承功能。

师点拨：除此之外，戏曲也是生活实际的写照，舞台上每个人物忠、奸、善、恶都十分鲜明，我们可以从中学到许多为人处事的道理。

（二）小结与拓展

师：正所谓"人生如戏"，舞台就是现实生活的一个缩影，并且以它独特的方式向我们展示世间百态、人情冷暖，这也真是它能流传千年的根结所在。

五、课后作业

实践活动：课后搜集自己喜爱的人物脸谱；欣赏自己喜欢的一段戏曲，回校与同学们分享。

第2课时　认识脸谱与行当

活 动 设 计

情景设置：

非遗进校园后，学生对戏曲表现出了极大的兴趣和热情。然而，要想真正了解到戏曲文化的精髓，绝不能只是"看个热闹"而已。脸谱作为戏曲的"门

面"，有着举足轻重的分量，了解脸谱，便可走进不同的人物。

今天的课堂设在美术教师室。教室里设有多媒体，并且有戏曲脸谱的装饰，通过这些资源，调动学生的多方面感官，让他们可以更近距离地接触到脸谱以及戏曲。

活动目标：

1. 引导学生初步了解京剧脸谱的知识，知晓戏曲中的主要行当。

2. 知道脸谱中色彩与人物性格的关系，能够以脸谱的形式用色彩表现人物的性格。

3. 初步学会欣赏京剧脸谱艺术，激发学生对祖国对传统文化艺术的热爱，明白任何人事不看表面的道理。

课前准备：

学生搜集不同的脸谱。

活动流程：

一、从花脸开始，戏说脸谱

（戏曲活动室）

1. 播放《说唱脸谱》选段

2. 讨论：

（1）曲中提到了哪些相关的人物。他们最主要的区别又在哪里？

（2）同是大花脸，为什么要选取这么多的色彩？小结：脸谱——我国戏剧中独有的一门艺术。在人的脸上涂上某种颜色以象征这个人的性格和品质、角色和命运，是戏曲的一大特色。

（3）思考：在教室的脸谱中，挑一张你最喜欢的，仔细瞧一瞧，你又有什么发现？

（每一张脸谱至少有三种以上的颜色，其中都以一种色彩为主，称为这个脸谱的主色。）

3. 探索脸谱背后的秘密

（课件播放戏曲选段）

（1）看选段，讲一讲人物的性格。

小结：性格与脸谱对应。

（课件展示）

主色红色—表现忠贞、英勇的人物性格。

主色黄色—表现凶暴、阴险、残忍的人物性格。

主色白色—表现阴险、疑诈、飞扬的人物形象。

主色黑色—表现正直、无私、刚直不阿的人物形象。

主色蓝色—表现刚强、勇猛、有心计的人物性格。

学生识记。

（2）说说脸谱

红忠紫孝，黑正粉老，

水白奸邪，油白狂傲，

黄狠灰贪，蓝勇绿暴，

神佛精灵，金银普照。

学生从脸谱诗中感知人物性格。

（3）趣味游戏，巩固认知

学生将课前所搜集的人物脸谱相互展示，根据色彩猜测人物的性格。

（4）说一说，如果你有一次选择脸谱的权利，你会在生活中选择哪一款？
为什么？

学生自由选择，并阐述理由。

活动：（六个小组分别选活动室的一角）

1. 分组排演。

2. 集中展示。

二、从脸谱入手，知晓行当

（学生回到自己的位置）

1. 初识。

（课件出示图片）生、旦、净、丑

2. 了解这些行当的基本分工。

3. 说一说你最喜欢哪一个行当？

（视频播放奸佞的生、旦，忠良的丑、净）

学生自由讨论，分组反馈。

小结：任何人和事都不能被外表所骗，不要以貌取人。

三、拓展作业

课后寻找一位你最喜欢的戏曲中的人物形象或者是演员，了解人物的性格
特点，回校与同学交流。

-------------------- 活 动 实 录 --------------------

一、从花脸开始，戏说脸谱

（戏曲活动室）

师：今天我们来到这个色彩斑斓的美术教室上课，先来欣赏一段熟悉的旋
律《说唱脸谱》。

1. 播放《说唱脸谱》选段
2. 展示歌词

那一天爷爷领我去把京戏看

看见那舞台上面好多大花脸

红白黄绿蓝颜色油的脸

一边唱一边喊

哇呀呀呀呀

好象炸雷其实大家就像在耳边

蓝脸的多尔礅盗玉马

红脸的关公战长沙

黄脸的典韦白脸的曹操

讨论点一：

（过渡）师：曲中提到了好几个人物。他们最主要的区别又在哪里？

生1：他们脸上的颜色不同，像面具一样。

生2：这首歌唱的就是戏台上的脸谱。

师小结：是的，这首歌叫作《说唱脸谱》，曲中的人物都有一副大花脸。这是我国戏曲特有的表现形式。演员们在脸上涂上某种颜色以象征这个人的性格和品质、角色和命运，是人物外部特征和内心情感最具代表的表现形式，也叫作脸谱。

（过渡）师：再来看一看我们教室里墙上的脸谱，挑一张你最喜欢的，仔细瞧一瞧，你又有什么发现？

生1：教室最左边那一张，脸谱上有很多种颜色，黑、白、黄、红，但红色部分最多。

生2：正中间这一张有黑、白、红三种颜色，但是白色比较多。

生3：有一些看起来很凶。

师点拨：你们确实发现了其中的奥秘，脸谱的丰富色彩极大增强了戏曲的魅力，每一张脸谱至少有三种以上的颜色，其中都以一种色彩为主，称为这个脸谱的主色。

讨论点二：

（过渡）师：同是大花脸，为什么要选取这么多的色彩？

（1）小组自由讨论

（2）每组指派一人，代表发言

讨论组一：在舞台上很好看，色彩斑斓。

讨论组二：如果是演坏人，就可以把自己画地凶一点，让人看了更害怕；如果是演好人，那就画地和蔼一些。

讨论组六：我觉得在台上表演，画了脸谱之后很吸引人。

讨论组三：他们的舞台和服装都是有很多色彩的，我们组觉得脸谱画起来之后，可以跟他们的衣服更搭一些。

师小结：你们的想法都很有见地，其实彩色脸谱诗很有讲究的，有时候要根据角色的需要来选择，它还藏了不少的秘密。那么，不同的色彩又有怎样特殊含义呢？

3. 探索脸谱背后的秘密

（课件播放戏曲选段）

讨论点三：

（过渡）师：选段中的人物都带着不同色彩的脸谱，你能从他们的行动和语言中，猜测到他们应该是怎样的人吗？

讨论组二：这个黑色脸谱的人，头上有月亮，应该是包公。他是一个铁面无私的清官。

讨论组三：我们认为刚刚红色脸谱的这个人，非常的勇敢，从他的话和动作中看出来是一位勇猛的将军。

讨论组四：刚刚我们组看到的白色脸谱的人，很阴险，会算计别人。

师小结：你们都观察得非常仔细，也很准确地找到了不同人物的性格特点，而这性格与他们的脸谱正好是对应的。也可以说，这是什么样的人，是忠是奸，都已经画在脸上了。

（课件展示）

主色红色—表现忠贞、英勇的人物性格。

主色黄色—表现凶暴、阴险、残忍的人物性格。

主色白色—表现阴险、疑诈、飞扬的人物形象。

主色黑色—表现正直、无私、刚直不阿的人物形象。

主色蓝色—表现刚强、勇猛、有心计的人物性格。

学生识记。

（3）说说脸谱

红忠紫孝，黑正粉老，

水白奸邪，油白狂傲，

黄狠灰贪，蓝勇绿暴，

神佛精灵，金银普照。

学生从脸谱诗中感知人物性格。

（4）趣味游戏，巩固认知

①学生将课前所搜集的人物脸谱相互展示，根据色彩猜测人物的性格。

②指名反馈

生1：这个人的主色是绿色，他应该是脾气很暴躁，很凶的。

生2：这个人脸上最多的颜色是黄色，我猜，他是一个心狠手辣的人吧。

生3：我找到的这张脸谱是张飞的，他就是黑色用得最多，我了解到的张飞是一个勇敢又直率的人

师小结：以后你们看戏，就可以根据他们的脸谱，来判断这个人的善恶了。

讨论点四：

（过渡）师：我们班里也有很多有个性的孩子，当然有些性格正好跟脸谱相似。如果你有一次选择脸谱的权利，你会在生活中选择哪一款？为什么？

生1：喜欢忠肝义胆、英勇无比的红色人物。

生2：喜欢有勇有谋的蓝色人物。

生3：黑色人物虽然不是特别好看，但是他们忠肝义胆，让我很敬佩。

师小结：多彩的脸谱后，有多彩性格。其实我们班的同学，性格也是丰富多彩，十分有个性。不如我们带上这几个熟悉的角色的面具，来演一演，老师已经为你们找好了台词。

（活动：六个小组分别选活动室的一角。）

①分组排演。

（学生回到自己的位置）

②集中展示。

活动组一：红色人物登场

生：玉可碎而不可改其白，竹可焚而不可毁其节。

活动组二：白色人物登场

生：宁我负人，毋人负我！

活动组三：黑色人物登场

生：我乃燕人张翼德也！谁敢与我决一死战？

师小结：演得不错，起码语气跟性格都对上号了。

二、从脸谱入手，知晓行当

（学生回到自己的位置）

师：戏台上除了大花脸，还有一些面容清秀的人物，我们一起来看一看。

1. 初识

（课件出示图片）生、旦、净、丑

师：这几个人物的妆容很大花脸比起来怎么样？

生：有几个很好看，没有那么多的色彩。

生：最漂亮的是花旦，是个女孩。

生：有一个的妆特别丑。

师小结：是的，这个角色就叫作"丑角"；生是男子，旦就是女子，他们面部妆容简单，略施脂粉，叫"俊扮"、"素面"、"洁面"；净角就是刚刚我们欣赏到的大花脸，性格刚烈或粗暴的男性；丑戏剧中较为滑稽的"丑角"，也称小花脸。这是按照不同的角色来判定，我们一起来揭示脸谱背后的不同分工。生、旦、净、丑，也就是戏曲中"行当"。

讨论点四：

（过渡）师：说一说你最喜欢哪一个行当？

讨论组一：我们组喜欢生角，他们看起来更干净，更好看。

讨论组二：我们觉得丑角也不错，很滑稽。

讨论组五：大花脸的净角出场都很气派。

（视频播放奸佞的生、旦，忠良的丑、净）

师：看完这段戏，你刚刚的选择有改变吗？

生1：我刚刚是喜欢生角和旦角的，但是这个视频里的两个人很坏，说我不太喜欢他们了。还是那个"白鼻子"的小丑比较善良，动作也很搞笑。

生2：我之前是不怎么喜欢这个小丑的，我觉得他鼻子白白的，不好看。但是刚刚这段戏里面他是个好人，我又觉得他没有之前那么丑陋了，还是他最善良。

生3：这个大花脸出场很有派头，也是个很公正的大官，我还是很喜欢他。

师小结：看来有些同学的想法已经改变了。其实戏曲中有长得好看的坏人，也有长得不是那么漂亮的好人。比如忠肝义胆的张飞，义薄云天的关羽，虽然都是大花脸，但是他们都有值得我们学习的精神。戏曲与生活相似，任何人和事都不能被外表所骗，不要以貌取人。

三、实践作业

课后寻找一位你最喜欢的戏曲中的人物形象或者是演员，了解人物的性格特点，回校与同学交流。

第3课时　欣赏戏曲行头

活动设计

情境设置：

在戏台上最吸引学生的，莫过于演员们精美绝伦的服饰。曹禺先生曾说过："没有舞台美术就没有戏曲。"中国传统戏剧服装俗称"行头"，它与脸谱一样，通过直观的方式，将人物的性格特征、身份地位展现出来。学生通常会被华丽的戏服所吸引，却往往没有意识到这些藏在服装背后的寓意。如果这个奥秘被揭开，必将更加激起他们对戏曲的热情。

本堂课，我将学生带到电脑房，让他们可以在课堂当中，一起搜集有关"行头"的信息，教室设有打印机，学生可以将自己搜到的信息及时打印出来并分享、反馈。同时，我将部分角色的戏服也带到教室，让大家可以更近距离感受，或者是穿上体验一番。

活动目标：

1. 初识"行头"，知晓戏服的来源，了解戏曲服饰的分类。

2. 明白戏服的功效以及演员要根据角色需要选择戏服的原因。

3. 从戏服的功效，正确认识校服的社会保护功能。

课前准备：

1. 布置学生穿上自己最喜欢的衣服到校。

2. 准备好状元服、贵妃服、大臣服等六件戏服以及衣架。

教学流程：

一、初识"行头"

1. 欣赏讲台上的戏服。（状元服、贵妃服、官员服）

2. 说一说你最喜欢哪一款，为什么。

3. 概述。

戏服一大作用就是——好看，其实，戏曲中的服饰，也是塑造角色外部形象的艺术手段之一。用来体现角色的身份、年龄、性格、民族和职业特点，并显示剧中特定的时代、生活习俗和规定情境等。在中国戏曲中习称"行头"。

二、行头的"前世今生"

（课件出示古代官员服装图片和官员戏服图片）

1. 观察二者的异同。

2. 分组讨论、汇总。

3. 汇报观察结果。

4. 小结：戏服就是古时候的人们，根据他们自己服装制作而成。同时又为了营造更好的舞台效果，进行更为夸张地改变。看看这长长的袖子，不仅在舞台上甩起来好看，而且还可以藏很多的表演道具。（从道具服中抽出一把扇子）。

三、行头的分类以及特点

活动一：

1. 分小组在网上查找一种常见的款式，了解他们的不同特点以及有哪些重要的角色穿过这款服装。

2. 小组长将搜查结果汇总并且利用彩印机打出来。

3. 反馈。（学生回到自己的位置）

讨论：

1. 小组讨论：舞台上的人，在选择穿着上有什么讲究吗？他们可以像我们一样，选择最漂亮的一件穿上吗？

2. 反馈

3. 小结：不同行当、不同年龄、不同官职，他们的服装都大有不同。我们的戏曲演员必须按照他们所扮演的角色来选择戏服。

活动二：

1. 每组选择教室一角，推选一人穿上戏服，其他同学帮忙，并且说说亲密接触戏服后的感受。

2. 组内同学交流自己的体会。

3. 学生上台演一演，甩起袖子走几步。

四、台下的"行头"

（学生脱下戏服，回到自己的位置）

1. 思考：戏服象征着身份，那么象征学生身份的，又是什么服装？

2. 穿上象征着学生身份的服装后，你们应该做哪些与身份相符的事？又能有哪些好处？

五、实践活动

课后去了解不同官职，戏服图案的不同之处。

活 动 实 录

一、初识"行头"

导入：今天大家都穿了自己最喜欢、最漂亮的衣服来到我们的课堂，老师也带了几件，你们瞧！

1. 欣赏讲台上的戏服（状元服、贵妃服、官员服）

2. 说一说你最喜欢哪一款，为什么。

生 1：这些衣服都很好看，上面绣了很多好看的图片，我喜欢状元穿的那件衣服，颜色很好看。

生 2：白色的那件官服很好看，上次看戏，我就看到一位演员穿了一件很像的。他演的是一位王爷。

生 3：我喜欢贵妃服，看着就很气派，上面还有凤。

师小结：你们的眼睛都被深深勾住了。可见，戏服一大作用就是——好看，其实，戏曲中的服饰，也是塑造角色外部形象的艺术手段之一。用来体现角色的身份、年龄、性格、民族和职业特点，并显示剧中特定的时代、生活习俗和规定情境等。在中国戏曲中习称"行头"。

二、行头的"前世今生"

（课件展示学校婺剧展演时，学生带妆照片）

（过渡）师：瞧，我们学校的小演员穿上戏服之后，也是那么闪亮。你们觉得这些戏服除了在戏台上、在杂志书本中看到，还有在什么地方看到类似的吗？

生：跟电视古装剧里的人，穿的衣服很像。

（课件出示古代官员服装图片和官员戏服图片）

讨论点二：

（过渡）师：仔细观察，两款衣服的异同，你更喜欢哪一件？为什么？

1. 小组讨论

2. 反馈

讨论组五：我们组主要来说说他们的共同点。这两个官员都有帽子，衣服很长，就像现在的连衣裙一样。

讨论组三：戏服的袖子很长，衣服也很大，而古代人穿的袖子要短一些。我们组觉得袖子短一点会更方便。

讨论组四：我们组觉得戏服的袖子长长的，甩起来很有派头，而且当官嘛，也不需要干什么活，所以还是更喜欢戏服。

师小结：你们看得很仔细，观点也很独到。其实这些行头就是古时候的人们，根据他们自己服装制作而成。同时又为了营造更好的舞台效果，进行更为夸张地改变。看看这长长的袖子，不仅在舞台上甩起来好看，而且还可以藏很多的表演道具。（从道具服中抽出一把扇子）。

三、行头的分类以及特点

（过渡）师：戏曲中的行头有许多种类。每个小组在网上查找一种常见的款式，了解他们的不同特点以及有哪些重要的角色穿过这款服装，并且把搜集到的资料和相应的图片打印出来。

活动一：

1. 分小组上网查资料。

2. 小组长将搜查结果汇总并且利用彩印机打出。

3. 反馈。

（学生回到自己的位置）

活动组一：

（1）彩绣十团龙红色蟒袍：这是戏曲舞台上扮演帝王、官员等角色使用量最多的一种蟒袍，扮演文臣武将的老生、小生、武生都可使用。在戏曲舞台上，常由蟒袍的色彩来区别剧中人的身份、地位与年龄。明黄与杏黄是扮演皇帝、番王、王子以及齐天大圣（孙悟空）的蟒袍专用色，其他角色不得使用。

活动组二：

（2）平金绣散龙黑色蟒袍：这是戏曲舞台上扮演花脸行当的文臣、武将的官服或朝服。除了白色，平金绣散龙蟒袍，一般不用淡色为地。舞台上常见的散龙蟒袍有黑、蓝、紫、绿、杏黄等色。散龙图案式样繁多，其造型比团龙活泼、豪放。如散坐龙、散升龙、散降龙等，均是散龙大蟒袍常用的图案。穿用人物有《秦香莲》中的包文正（包公）、《霸王别姬》中的项羽等。

活动组三：

（3）彩绣豆沙色蟒袍：戏曲舞台上扮演地位较高，而又不到苍老年龄的文职官员穿用。制作时要求色彩文雅，采用团龙图案，用雅彩裹金绣制海水江芽。穿用人物有《将相和》中的蔺相如。

活动组四：

（4）三蓝彩绣黄色凤凰女帔：戏曲舞台上扮演皇后、贵妃、公主等的专用服装。明黄、杏黄均属皇家专用色彩，制作时力求富丽堂皇。穿用人物有《二进宫》中的李艳妃、《龙凤呈祥》中的孙尚香、《霸王别姬》中的虞姬等。在《二进宫》中，明穆宗宴驾，太子年幼，李艳妃垂帘听政。其父太师李良欲篡明室江山，将艳妃锁进深宫，断尽水火。虽然李妃自遭不幸，仍不失先王后妃的身份，此时李妃着明黄色彩绣凤凰女帔

活动组五：

（5）彩绣红色团花男帔：这是戏曲舞台上青年文武官员的便服或结婚典礼时新郎穿的礼服。以红地为主，用彩绣团花，或绣散枝纹样，有的用平金绣团花图案，色彩与花纹力求富丽堂皇。

活动组六：

（6）彩绣粉红色女大靠：戏曲舞台上扮演女将、女统帅的战服。戏剧中使用的大靠与古代生活中的甲胄并不一样。随着戏曲艺术的发展，大靠的式样和

色彩逐渐增多，但距生活服装也越来越远。它纯属为了适应舞台表演的需要而设计。《杨家将》中的穆桂英，从《穆柯寨招亲》，到《大破天门阵》、《战洪州》、《穆桂英挂帅》，以及后来杨宗保为国捐躯，杨门女将出征，都穿大靠。

师小结：同学们在网上搜到的款式，你们在平常的戏台上应该都见到过。这只是服饰的冰山一角。单单是服饰上的图案，就值得我们研究，我们在课后可以在网上搜集更多的信息。

讨论点一：

（过渡）师：舞台上的人，在选择穿着上有什么讲究吗？他们可以像我们一样，选择最漂亮的一件穿上吗？

1. 小组讨论

2. 反馈

讨论组一：根据大家搜集的资料，我们组发现，不同年龄的角色，他们穿的戏服在色彩上是不一样的。

讨论组二：我们在整资料的时候，还看到戏台上有一些是书生，有一些是将军，他们的服装也有很大的不同。

讨论组三：我们组觉得当官的人有很多不同的衣服，有些官职大一些，他们的服装更加精美。

师点拨：你们都很会观察，也很会思考。没错，戏台上，华丽的服饰有着巨大的奥秘。不同行当、不同年龄、不同官职，他们的服装都大有不同。我们的戏曲演员必须按照他们所扮演的角色来选择戏服。

活动二：

1. 每组选择教室一角，推选一人穿上戏服，其他同学帮忙，并且说说亲密接触戏服后的感受。

2. 组内同学交流自己的体会

生1：穿上这件贵妃服，我感觉自己很像甄嬛，隔壁组穿大臣服装的，是不是要来请安？

生2：我现在是"状元"，不过还是要去"拜见甄嬛娘娘"。哈哈。（模仿演员作揖）

生3：陈大人。（模仿演员作揖）

生2：李大人。（相互作揖）

师小结：看来穿上戏服之后，大家的感觉都来了。自动进入了各自的角色当中。

四、台下的"行头"

（学生脱下戏服，回到自己的位置）

（过渡）师：戏台上人物穿着不同的衣服，代表不同的身份，刚刚大家演得都不错。其实我们的生活也像一个大舞台，大家穿着不同的衣服，扮演不同的角色。你们的身份是学生，你觉得最能体现这个身份的衣服是什么？

生：应该是校服。

师：你的思维很敏捷，校服就是我们学生的象征，穿上这个"行头"，就像刚刚你穿上戏服一样，要做与之相匹配的事，你们觉得哪一些是这个角色应该做的事呢？

生1：我觉得穿上校服之后，大家都知道我们是学生，所以起码要遵守纪律，好好学习。

生2：校服上还有学校的名字，如果我们做错了事情，比如乱丢垃圾，那么别人就会觉得我们学校的学生都是很不爱卫生的。所以我要更注意自己的行为。

师：是的，你穿着校服在公共场合的时候，别人不认识你，却能知道你来自哪里。一言一行都会给你自己，给学校带来影响。所以，你在做任何轻轻地时候，应该考虑到自己身上的"行头"。那么当你们穿着校服外出的时候，校服能给我们带来哪些好处呢？

生3：如果别人知道我是学生，当我有困难的时候，就会来帮助我。

生4：我们学校的校服很好看，别人看到了也会很羡慕。

师小结：没错，校服很多时候，还是给我们带来方便的，也是我们在社会上的"保护伞"。

五、实践活动：课后去了解不同官职戏服图案的不同之处

第4课时　由梅兰芳看角色

活 动 设 计

情景设置：

戏台上的人物与现实中一样有忠奸善恶，然而这只是演员扮演的角色。学生由于身心发展的限制，很容易将台上的情绪带到现实中，也会对演员产生相应的情绪。所以，帮助学生将台前幕后进行区分，很有必要的。不仅了解台上的人物，也要了解我们的演员。

活动目标：

1. 通过对梅兰芳塑造角色的理解，了解戏曲中的部分人物形象，感受一代知名艺术家的魅力。

2. 运用对比、探究等方法了解戏台上反面人物形象，并且明白戏中人与现实中人物的差别。

3. 提高学生戏曲艺术的鉴赏能力，激发学生学习传统文化，传承中华文化的兴趣。

活动过程：

一、认识台上的"梅兰芳"

导入：课前欣赏《穆桂英挂帅》选段

1. 在戏台上还有许多经典的女性形象，看看你认识几个？

（课件出示）

《霸王别姬》——虞姬

《游园惊梦》——杜丽娘

《抗金兵》——梁红玉

2. 简要介绍人物角色

虞姬是西楚霸王的爱妃，为了项羽，最后在乌江边自刎。

我知道梁红玉，她为了保卫自己的国家，在战场上英勇作战。

穆桂英，穆桂英原为穆柯寨穆羽之女，武艺超群、机智勇敢，后嫁与杨宗保，为杨门女将中的杰出人物。穆桂英与杨家将一起征战卫国，屡建战功。是中国通俗文学中巾帼英雄的典型形象。

讨论：说一说这些角色给你留下印象最深的是谁？为什么？

组内交流。

指名反馈。

二、了解台下的梅兰芳

1. 说一说你了解的梅兰芳

（欣赏《贵妃醉酒》选段。）

2. 介绍生平详事

播放"梅兰芳生平照片资料"幻灯片。

祖籍江苏泰州，10岁登台，于1949年前先后赴日本、美国、苏联演出，知名度远播海外，称为一代中国京剧表演艺术大师。其代表作有《贵妃醉酒》《天女散花》《宇宙锋》《打渔杀家》等，并先后培养、教授学生100多人。

3. 感受人格魅力

（1）讨论：生在兵荒马乱的战争年代，梅兰芳的风采也让日本人慕名而来。面对侵华的敌人，如果你是梅兰芳，会如何选择？

（2）介绍梅兰芳与日本人的佚事

1941年12月下旬，日军侵占香港，梅兰芳苦不堪言，担心日本人会来找他演戏，留蓄胡子，罢歌罢舞，不为日本人和汉奸卖国贼演出。

沦陷区汪伪政权特务机关的76号宅院，特务要求梅为中日亲善进行表演，并以血淋淋的刑具以及一铁罐硝镪水进行威胁，都被其斥责"硝镪水岂能毁掉国格和人格！"最后依然拒绝演出。

播放电影《梅兰芳》片段。（梅兰芳装病拒绝为日本人演出）

思考：从这几件事情中，你觉得梅兰芳是一个怎样的人？

走进剧中的"丑角"

1. 图片展示"丑角"，学生欣赏并讨论，你是否喜欢这个角色的着装打扮。

2. 指名谈一谈观点。

3. 介绍婺剧杰出演员——吴光煜。

讨论：在了解台下的吴光煜之后，你对他扮演的这个角色，有没有改观。

组内交流

反馈。

4. 小结，要将台上塑造的人物与台下的人物区别开来。懂得多方面了解一个人，而非以貌取人。

四、扩展练习

课后了解更多的戏曲演员，寻找他们的作品。（课件展示：中国"四大名旦"梅兰芳、程砚秋、尚小云、荀慧生）

------- 活 动 实 录 -------

一、认识台上的"梅兰芳"

1. 课前欣赏：《穆桂英挂帅》选段

师：你认识剧中的人物吗？

生：穆桂英。

师：在戏台上还有许多经典的女性形象，看看你认识几个？

（课件出示）

《霸王别姬》——虞姬

《游园惊梦》——杜丽娘

《抗金兵》——梁红玉

（过渡）师：也学大家对于这里面的一些角色并不是很熟悉，大家可以看一下黑板的介绍。

（课件展示）

虞姬是西楚霸王的爱妃，为了项羽，最后在乌江边自刎。

我知道梁红玉，她为了保卫自己的国家，在战场上英勇作战。

穆桂英，穆桂英原为穆柯寨穆羽之女，武艺超群、机智勇敢，后嫁与杨宗保，为杨门女将中的杰出人物。穆桂英与杨家将一起征战卫国，屡建战功。是中国通俗文学中巾帼英雄的典型形象。

讨论点一：

师：说一说这些角色给你留下印象最深的是谁？为什么？

讨论组一：虞姬有情有义；杜丽娘敢于向封建势力斗争；穆桂英是巾帼女英雄。

讨论组二：我喜欢杜丽娘的勇敢。

讨论组三：我喜欢穆桂英的英勇。

讨论组四：我喜欢美丽的虞姬。

二、了解台下的梅兰芳

1. 了解梅兰芳的艺术造诣

师：这些经典的人物角色曾经有许多人演绎过，然而有一位艺术家却能将这些角色演绎得如行云流水，尤为出色。他就是梅兰芳，你们对这位大师有了解吗？

生1：他是非常有名的戏曲大师。

生2：我跟爸爸一起看过一部电影，就叫《梅兰芳》，他一般演女的。

生3：是的，我也看过，他唱得很好听。

师小结：这位京剧大师，在其50余年的舞台生涯中，精心钻研，勇于创新，塑造了众多优美的艺术形象，发展、提高了旦角的演唱和表演艺术，形成了独树一帜的"梅派"表演风格。我们一起来欣赏他在舞台上的风采。

（播放《贵妃醉酒》选段。）

（过渡）师：刚刚看完梅先生的表演，是不是被这位艺术家的表演深深吸引了？

他在戏曲方面的成就是非常高的。

播放"梅兰芳生平照片资料"幻灯片。

祖籍江苏泰州，10岁登台，于1949年前先后赴日本、美国、苏联演出，知名度远播海外，称为一代中国京剧表演艺术大师。其代表作有《贵妃醉酒》《天女散花》《宇宙锋》《打渔杀家》等，并先后培养、教授学生100多人。

2. 感受梅兰芳的人格魅力

讨论点二：

（过渡）师：梅兰芳炉火纯青的造诣，却在那兵荒马乱的战争年代，给他带来不少麻烦，许多日本人都想一睹大师的风采。面对侵华的敌人，如果你是梅兰芳，会如何选择？

生 1：我不能为侵略祖国的日本人表演，我会装病。

生 2：我也会向梅兰芳一样吧，但是如果日本人时常来骚扰我，我也会很苦恼。

生 3：我会选择偷偷离开这个地方，逃到隐蔽的地方。

生 4：宁愿死，也不能给他们表演。

师小结：你们都是值得称赞的好孩子，都有一颗坚定不移的爱国心。可是真实中，梅兰芳所遭遇到的压力和迫害比我们想象中要难千倍万倍。他凭借着一个爱国的赤子之心，顶住了敌人的威逼利诱。这几件事，是比较出名的。

（课件介绍梅兰芳与日本人的佚事）

1. 1941 年 12 月下旬，日军侵占香港，梅兰芳苦不堪言，担心日本人会来找他演戏，留蓄胡子，罢歌罢舞，不为日本人和汉奸卖国贼演出。

2. 沦陷区汪伪政权特务机关的 76 号宅院，特务要求梅为中日亲善进行表演，并以血淋淋的刑具，以及一铁罐硝镪水进行威胁，都被其斥责"硝镪水岂能毁掉国格和人格！"最后依然拒绝演出。

3. 播放电影《梅兰芳》片段（梅兰芳装病拒绝为日本人演出）。

师：看完之前台上的梅兰芳，有了解了生活中的他。你觉得这位大师给你留下了怎样的印象。

生 1：他很爱自己的国家。

生 2：我最佩服他的是勇敢、和机智。

师小结：是的，台上台下的他，都值得我们敬佩和学习。

三、走进剧中的"丑角"

师：戏台上，有像梅兰芳演绎的那样善良勇敢之人，当然也有一些令人讨厌的坏人，这样我们的故事才会一波三折，富有趣味。就比如大家时常在戏台上看到的"丑角"和一些"坏人"。

（课件出示图片）

师：这是我们婺剧杰出演员——吴光煜。这形象是你们最喜欢的戏曲人物形象吗？

生：演的是个和尚吧，像济公。

生：不怎么喜欢他的打扮，看他的表情好像是个坏人。

师：他在场上其貌不扬，形象不得你们的心，但是台下的吴光煜却是一位德艺双馨的艺术家。他高超的表演技术，赢得了周恩来、朱镕基两位总理的高度赞扬。曾经有很多剧团出高价邀请他出场演出，但是他都不动摇。而后来有一个地方的民众再三邀请他，他却以每场 15 元的补贴，跑到乡下，为大家演出。

讨论点三：

（过渡）师：现在你觉得这个人物的形象在你的脑海里有改观吗？我们应该怎样更全面地去认识一个演员呢？

讨论组五：我觉得他非常值得我学习，这个形象突然就高大了。

讨论组六：他在戏台上演的很让人讨厌，但是这就说明了他技术很高。

讨论组四：我们可以去查找资料，去了解台下的演员。

师小结：你们很聪明，角色和演员们真实的性格有时候一致，有时候却有很大的不同。我们也要学会从多方面了解地他们，不能片面地下定论。

四、扩展练习

师：如果你想更进一步戏曲，了解戏曲人，可以在课后寻找他们的作品。（课件展示：中国"四大名旦"梅兰芳、程砚秋、尚小云、荀慧生）

主题活动　画脸谱，唱大戏

活动设计

活动背景：

戏曲的魅力，在于有声有色的表演。精美的脸谱，华丽的戏服，宽敞的戏台，圆润的唱腔都深深吸引着孩子们。这一堂活动课，我将地点设在活动教室和学校的戏台。利用场地之便，让每个学生都参与到"画脸谱，唱大戏"的过程中，让他们亲身体验传统文化带来的愉悦，进一步感受戏曲的博大精深。

活动目标：

1. 以小组为单位，设计并绘制脸谱。通过交流和评比，提高学生对中国戏剧脸谱的欣赏能力。

2. 通过带上脸谱上戏台的方式，与戏曲亲密接触。

3. 在活动过程中，感受传统文化的博大精深，激发学生学习戏曲热情。

活动难点：

在活动中认识到戏曲文化的魅力。

活动准备及适用年级：

1. 准备好未上色的黑白脸谱以及彩色笔。

2. 净角的戏服 6 套。

3. 本方案适用于小学生六年级。

活动地点：

美术教室、学校戏台。

活动过程：

（活动教室）

环节一：动手制脸谱。

课件先出示半张脸谱，再缓缓出现另外半张。

观察发现，脸谱的规律。

（1）指名说一说你的发现。

（2）师点拨：你们都观察地很仔细，从这黑白画中可以看出，脸谱以眉心、鼻嘴为中轴，脸部分成左右对称、均衡式不对称造型。花脸的眉、眼、嘴、鼻、脸颊、额头等部位进行图案话的夸张变形。

1. 以 6 人小组为单位，集体讨论、设计。

2. 确定人物类型。（红、黑、反派、正派……）

3. 涂画色彩。（有主色、黑色和白色）

4. 学生绘制，教师巡视、指导。

5. 优秀小组展示。

环节二：趣味展脸谱

主持人播放戏剧音乐。

1. 挂出"戏剧大舞台"作业展示板。

2. 学生评选，并说一说优秀的作品好在哪里。

3. 投票选取一张"脸谱之王"。

（学校戏台）

环节三：上台唱大戏

学生有序地前往校园戏台。

1. 学生自由组合，4—8 人一组。

2. 自由编演戏曲中的片段，任选说、唱、打、念中的一种或几种，要符合脸谱所展现的人物性格。

3. 穿上戏服演一演。

师小结：中华戏曲源远流长，你们是继往开来的新一代，戏曲传承是你们义不容辞的使命。

活动实录

环节一：动手制脸谱（活动教室）

师：今天我们第一个要完成的任务是制作色彩最鲜艳的大花脸。不同人物的性格以及他们的心情，全都掌握在你的手中。先瞧一瞧你们手上的黑白脸谱，想一想，你要让"他"成为什么样的人。再来看一看大屏幕，给脸谱上色，有什么重要的规律。

（课件先出示半张脸谱，再缓缓出现另外半张）

生1：我发现左右半张脸是一模一样的。

生2：我也发现了，而且他们的眼圈都画得很黑很大，额头上还有花纹。

生3：比我们长得夸张一些。

师点拨：你们都观察得很仔细，从这黑白画中可以看出，脸谱以眉心、鼻嘴为中轴，脸部分成左右对称、均衡式不对称造型。花脸的眉、眼、嘴、鼻、脸颊、额头等部位进行图案话的夸张变形。

师：我们知道了制作脸谱一定要讲究对称，不仅图案对称，色彩也要左右保持一样。现在大家可以选择教室里，装饰墙上的任意一张脸谱作为你涂色的样本，也可以自己创造想象。

1. 以 6 人小组为单位，集体讨论、设计。

2. 确定人物类型（红、黑、反派、正派……）

3. 涂画色彩。（主色、黑色和白色）

4. 学生绘制，教师巡视、指导。

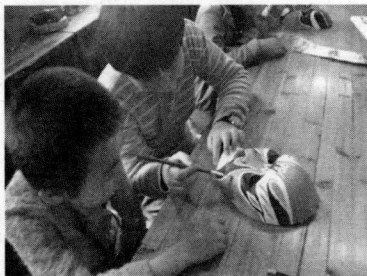

5. 优秀小组展示：

组长一：我们小组以红色为主色调，画了一张关公的脸谱，头上还有一个金黄的小太阳。

组长二：我们组画的是蓝脸的道尔顿，他额头开了一朵美丽的荷花，可以让他看起来没有那么可怕。

组长三：我们的组员画的是黄脸，这是一个阴狠的奸臣，头上有一团火，看起来更凶狠。

环节二：趣味展脸谱

播放戏剧音乐

主持人：经过大家的努力合作，我们小组的作品以经可以展现。大家一起来看一看展示台上的脸谱，哪一张更加惟妙惟肖呢？

1. 挂出"戏剧大舞台"作业展示板。

2. 学生评选，并说一说优秀的作品好在哪里。

生1：我喜欢蓝色的那张脸谱，因为他色彩很多，很鲜明，尤其是那朵花。

生2：我觉得紫色脸谱很不错，色彩选得很特别。

生3：我喜欢我们组的黄色，那团火焰像在燃烧。

3. 投票选取一张"脸谱之王"。

主持人：经过一番激烈的角逐，这几张脸谱获得了"脸谱之王"的称号。大家都觉得看到这张脸，似乎就看懂了这个人的性格。

环节三：上台唱大戏（学校戏台）

师：不同的"脸"，不同的"人"，相信接下来肯定是一场场好戏。让我们有秩序地前往学校戏台。

1. 学生自由组合，4—8人一组。

2. 自由编演戏曲中的片段，任选说、唱、打、念中的一种或几种，要符合脸谱所展现的人物性格。

3. 穿上戏服演一演。

4. 演前先交流：

活动组一：我们小组排的是关公和一个脾气暴躁的将军在路上打了一架。最后还是关公赢了。

活动组二：我们小组排演的是曹操和手下前去攻打刘备。

活动组三：我们的故事很简单，是张飞遇到了赵云，在路上聊天。

活动组四：我们小组是几位将军在讨论战况。

5. 学生正式演出，便演变组织讨论。

师小结：今天大家的表现都非常精彩，在同学们的活动过程中，我感受到了你们的专注和热情。中华戏曲源远流长，你们是继往开来的新一代，戏曲传承是你们义不容辞的使命。

第七主题　媒介德育与广告辨析

第1课时　初识缤纷的广告

活 动 设 计

情境设计：

时代在发展，今日世界是一个充满了广告的世界。而广告的好坏也影响着人们的思想行为。为了让学生们初步认识什么是广告，了解广告的起源以及广告的分类，老师先从学生课前自主选择的一则"广告"入手，相互交流讨论，再通过白板播放学生耳熟能详的系列视频广告，营造广告学习的氛围，最后再通过分析讲解、交流讨论和参与活动来进行进一步的学习。

活动目标：

1. 初步认知广告的定义。

2. 初步认知广告的历史与起源，分类与用途。

3. 初步体会广告与人们实际生活的密切联系。

课前准备：

自主寻找一则广告。（可以从报纸、杂志、广播、电视或者网络上获取）

活动流程：

一、导入（由学生课前收集的广告导入）

1. 小组内交流。

2. 班内交流。

3. 教师小结：如果我们需要买东西或者有其他需要的话可以找找广告，广告或许可以帮助我们更快地找到心仪的商品。

二、初识广告

1. 广告的定义

①浏览系列广告：

（以一天为线索，毛巾的广告；有关早餐的广告：伊利早餐奶；有关学习的广告：步步高点读机。关于食物的，KFC的；关于饮料的，可口可乐、雪碧透心凉的；关于服装的：安踏儿童的广告、鞋子的；关于住宿的：最近流行的民宿、酒店的；关于游戏的。）

②活动：广告，我来猜一猜

师生合作：师说广告词，生来猜，生1说广告词，大家一起来猜。

③小结：

广告就在我们身边，它就像空气一样，无处不在，和我们的生活密切相关，什么是广告？广告，即广而告知之。广告是为了某种特定的需要，通过一定形式的媒体，公开而广泛地向公众传递信息的宣传手段。

2. 广告的起源：口头广告

①听音频广告：古时走街串巷小贩的广告

②讨论交流：口头广告的特点

③给广告主题：《武大郎卖炊饼》学生来模仿表演广告

3. 广告的起源：幌子广告、悬物广告

①看广告：看古代的幌子和悬物广告，类似于横店、古镇街上飘扬的广告。（学生看图片广告《酒》，了解幌子广告和悬物广告）

②讨论交流：交流其他看到的悬物广告内容。

4. 广告的分类（按传播方式来说）

①交流：社会在发展，现在广告形式已经越来越多了，除了口头、悬物这些广告之外，大家还知道哪些广告？

生1：电视广告、报纸广告、杂志广告、网络广告，等等。

②讨论交流：与古代广告的区别，相比较古代的广告，我们现代广告内容与形式更多、影响的面更广，效果更大。

③小结：其实根据传播方式的不同，广告可以分为很多种，我们一起来了解下。他可以分为：电视广告、报纸广告、杂志广告、广播广告、户外广告、电影广告、包装广告、网络广告。

5. 广告的分类（按目的来分）

除了按照传播方式来分，广告还可以按照广告的目的可以分成两种——公益广告和商业广告。

（1）广告我来分一分

播放A广告。妈妈洗脚（45秒）：孩子不经意看到自己的妈妈给外婆洗脚，就学着妈妈，也端水给自己的妈妈洗脚，妈妈很惊喜，没想到自己的行为也会给自己的孩子带来教育作用。这个广告一方面是传达出敬老的意思，另一方面也告诉家长，家长是孩子的老师，教育好孩子也要从自身做起，给孩子树一个好榜样。

播放 B 广告：CCTV——Father and Mother I love you（1 分 40 秒）：运用了英语单词——Family，以动画的形式形象生动地展现出一个家庭随着时间的变化而产生的变化，虽然没有真人表演，但仍带给我们很大的感触。

播放 C 广告：雀氏纸尿裤，天才第一步。

②交流：这三支广告 A\B\C 可以怎么分？

公益广告是指公益性的，不以盈利为目的的广告。商业广告是为了销售某种商品而设计的公告，它是功利性的。

三、课堂小结

师：广告在我们日常生活当中处处存在：一个温馨警示牌、一张有创意的海报、一句微妙的广告语、一段有剧情的广告片等，正是因为这些种种形式的广告的存在，我们会在去学校的路上、坐公交时的窗外、看电视时的广告休息时间里得到各种各样的信息，有教会我们道德文明的，有告诉我们商品信息的，不知不觉当中，广告传递给我们的信息会对我们每一个人产生不同程度的影响。当然，每一个事物都有它的对立面，广告能带给我们文化与艺术等信息，也存在一些它的缺陷，我们下节课再继续来学习。

-------------------- 活 动 实 录 --------------------

一、导入

师：同学们，美好的一天又来到了，让我们美美地开始上课吧！昨天布置大家去找一则广告，找到广告的同学请举手。

师：看来这个找一找广告的任务一点都没把大家难住，那接着我们来交流一下？

1. 小组内交流

师：（先请同学们小组合作，四人一个小组，交流自己找出来的广告，并挑选出一个同学、一则广告全班交流分享。时间为 5 分钟。）

2. 班内交流

师：我们来交流一下，哪个小组先来交流，你们找到了什么广告？

生 1：我们找到这有一个培训的广告，它是关于美术培训的，它说我行我素画室搬迁到解放街大洋河小区 4 幢 201 室。画室成立 16 周年，注重色彩搭配，严抓基本功，实行小班化教育。招收 5 岁以上幼儿及青少年，开设儿童画、水粉、线描、漫画、素描、软笔、硬笔书法、电子琴等课程。

师：这则广告有没有注明联系电话等基本信息？

生 1：有的，联系电话是 15325196939。

师：还有吗？

生 2：我们看过很多出租或出售的广告。

师：举个例子？

生 2：我手机的是卖家具的，店名叫卡轩家居，主营现代、中式、欧式家具，软床、床垫、实木沙发、定制衣柜，办公家具等，也有地址和联系电话。

师：好的，这就是一则广告。如果家里需要装修买家具的话，可以请爸爸妈妈来参考下这个广告，说不定就能找到心仪的商品。

3. 小结

师：如果我们需要买东西或者有培训需要的话可以找找广告，广告或许可以帮助我们更快地找到心仪的东西。

二、初识广告

1. 广告的定义

（1）浏览广告

师：老师也给大家准备了很多广告，我们再一起来看看吧。

（浏览广告：以一天为线索，毛巾的广告；有关早餐的广告：伊利早餐奶；有关学习的广告：步步高点读机。关于食物的，KFC 的；关于饮料的，可口可乐、雪碧透心凉的；关于服装的：安踏儿童的广告、鞋子的；关于住宿的：最近流行的民宿、酒店的；关于游戏的：电话手表的广告。）

（浏览广告：墙面广告、平面广告，户外广告）

师：看了这么多广告，你能模仿着来说一说吗？现在，你就是广告主人公了。

生 1：小么小二郎啊，背着哪书包上学堂，不怕学习难，也不怕英语难，用哪小霸王。

生 2：什么能帮助我们有坚固的牙齿呢？用高露洁。高露洁的目标是——没有蛀牙。

生 3：雪碧，透心凉、心飞扬。

师：看来同学们和广告一点都不陌生，还是挺了解的嘛。

②活动（广告，我来猜一猜）

师：那就让我们一起来玩个游戏吧，看看你到底了解了多少广告。游戏就叫："广告，我来猜一猜。"我来说广告词：大家来猜这个广告的物品，开始喽！

师：今年过年不收礼，收礼还收——

生：脑白金。

师：小饿小困，喝点——

生：香飘飘奶茶。

③小结：

师：看了这些广告，同学们有什么想说的，你有什么感受？

生1：我们身边广告很多，有些广告设计的很漂亮

生2：我们看了这些广告就会想去买这些东西。

生3：如果我们刚好要买的话，它可以给我们提供一些参考。

师小结：大家都说得很对，广告就在我们身边，他就像空气一样，无处不在，和我们的生活紧密相关。什么是广告？就是广而告之。广告是为了某种特定的需要，通过一定的形式的媒体，公开而广泛地向公众传递信息的宣传手段。

2. 广告的起源：口头广告

①师：我们先来看广告的起源，在古代，就已经有了广告。大家听：A：音频，糖葫芦，卖糖葫芦喽！B：当当当，卖白糖喽。这些属于——口头广告。

（听音频：口头广告"利用打击声来传递商品的销售信息，以吆喝叫喊为主的广告形式"。）

②生讨论交流：听过看过哪些古代广告。

③表演交流：武大郎的卖烧饼广告（炊饼，卖炊饼喽）等。

3. 广告的起源：幌子广告、悬物广告

师：除了口头广告，还有很多其他的广告形式，大家看：（看古代的幌子和悬物广告，类似于横店、古镇街上飘扬的广告）

（学生看图片广告《酒》，了解幌子广告和悬物广告。）

生：交流其他看到的悬物广告内容。

4. 广告的分类（按传播方式来说）

①师：社会在发展，现在广告形式已经越来越多了，除了口头、悬物这些广告之外，大家还知道哪些广告？

生1：电视广告、报纸广告、杂志广告、网络广告，等等。

师：相比较古代的广告，我们现代广告内容与形式更多、影响的面更广，效果更大。生1刚才说得很好，其实根据传播方式的不同，广告可以分为很多种，我们一起来了解下。他可以分为：电视广告、报纸广告、杂志广告、广播广告、户外广告、电影广告、包装广告、网络广告。

（PPT出示各种广告形式，学生一起说一说。）

②师：在这其中，我们最常见最传统的广告是——

生：电视广告、报纸广告、杂志广告和广播广告。

生：网络广告。

师：是的，网络广告是近年来发展最快的广告形式。

③按传播分类，学生自主给广告分类

（课初学生收集交流的广告和老师准备的系列广告）

5. 广告的分类（按目的来分）

师：除了按照传播方式来分，广告还可以按照广告的目的可以分成两种——

公益广告和商业广告。

师：同学们可以通过观看这三个广告来分一分。

①师：播放广告

A：妈妈洗脚（45 秒）：孩子不经意看到自己的妈妈给外婆洗脚，就学着妈妈，也端水给自己的妈妈洗脚，妈妈很惊喜，没想到自己的行为也会给自己的孩子带来教育作用。这个广告一方面是传达出敬老的意思，另一方面也告诉家长，家长是孩子的老师，教育好孩子也要从自身做起，给孩子树一个好榜样。

B：CCTV——Father and Mother I love you（1 分 40 秒）：运用了英语单词—Family，以动画的形式形象生动的展现出一个家庭随着时间的变化而产生的变化，虽然没有真人表演，但仍带给我们很大的感触。

C：雀氏纸尿裤，天才第一步。

②交流：这三支广告 A \ B \ C 可以怎么分？

生：A 是公益广告。

生：B 是公益广告。

生：C 是商业广告

师：是的，公益广告是指公益性的，不以盈利为目的的广告。商业广告是为了销售某种商品而设计的公告，它是功利性的。

三、课堂小结

师：广告在我们日常生活当中处处存在：一个温馨警示牌、一张有创意的海报、一句微妙的广告语、一段有剧情的广告片，等等，正是因为这些种种形式的广告的存在，我们会在去学校的路上、坐公交时的窗外、看电视时的广告休息时间里得到各种各样的信息，有教会我们道德文明的，有告诉我们商品信息的，不知不觉当中，广告传递给我们的信息会对我们每一个人产生不同程度的影响。当然，每一个事物都有它的对立面，广告能带给我们文化与艺术等信息，也存在一些它的缺陷，我们下节课再继续来学习。

第 2 课时　认识商业广告

活 动 设 计

情境设计：

我们身边充满了各种各样的商业广告，广告丰富了我们的生活，让我们所见变得更加五彩。为了了解什么是商业广告以及商业广告的用途，引导学生学会从商业广告中获取需要的信息，从而进行合理消费，老师选择了计算机教室，因为学生们可以通过网络直接搜索各种形式的商业广告，更容易找到自己需要的物品。这样的学习更直观，学生学习兴趣会更加浓厚。

活动目标：

1. 了解商业广告的定义和用途。

2. 能一分为二看待商业广告，学会从商业广告中获取正确的信息。

活动流程：

一、认识商业广告

1. 全班交流

上节课我们学习了广告，知道广告是五彩缤纷的，今天我们来继续学习广告。先请同学们来交流一下大家收集的广告。

引导学生明白广告需要把商品的特点表达出来，比如说安慕希的广告把他的特点表达出来了，才吸引了我们去买。

2. 商业广告的定义

商业广告是指商品经营者或服务提供者承担一定的媒介和形式直接或间接的介绍所推销的商品或提供的服务的广告。商业广告是人们为了利益而制作的广告，是为了宣传某种产品而让人们去喜爱购买它。

了解为什么广告词简洁、视频广告时间较短，以 2016 年央视第一标 10 秒广告位被王老吉夺得，花费近亿人民币。

再让学生们了解下广告的贵。5 秒的广告需要 58400 元，《新闻联播》前 5 秒的广告就需要 105000 元。15 秒的话就需要 182000 元。

二、赏析商业广告

1. 观看视频广告

观看视频：士力架广告（1 分钟）：四个登山男子中一个因饿而没了力气，广告将其夸张成一个柔弱的悲情韩剧女演员，咬了一口士力架后就立刻恢复原样，以夸张的手法展现了士力架的作用。

观看视频：脉动广告（14 秒）：状态不佳以倾斜的状态表示，喝脉动后恢复正常的直立，赋予脉动饮料活力。

2. 学生小组合作讨论

问题 1：是否商业广告？

问题 2：想要推销的是什么商品？你想去买吗？

问题 3：这两个广告都使用了什么手法来达到广告效果？

（合作讨论）——夸张

3. 教师小结

师：很多商业广告都会采用夸张的手法来增加广告效果，从而促进销售，引导消费。

了解商业广告的分类。按媒体分类，可以分为：报纸广告、杂志广告、电视广告，广播广告，印刷广告，户外广告，网络广告等。按传播范围分，可以分为全国性广告、地区性广告、国际广告和商场广告等。

了解广告内容的要素应该包括标题、广告正文（广告语），企业名称，广告造型的构成要素包括商标、商品名称、插图等。

三、课堂小结：

广告的作用很大，为了树立品牌形象，引导消费，满足消费者，让消费者更快更便捷地买到自己需要的商品。而且广告种类很多，如果看到了就喜欢，喜欢了就买，买了又用不着，那就太浪费了。希望同学们都能做到从广告中获取需要的信息，和爸爸妈妈们一起合理消费。

活 动 实 录

活动流程：

一、认识商业广告

1. 全班交流

师：同学们，上节课我们学习了广告，知道广告是五彩缤纷的，今天我们来继续学习广告。先请同学们来交流一下大家收集的广告。

（请同学们学着广告里的语气来说一说广告词。）

生 1：《小葵花》妈妈课堂开课啦，小儿肺热咳喘口服液

生 2：我叫小雨，我上小学三年级啦！步步高点读机，哪里不会点哪里，妈妈再也不用担心的学习！So easy!

生 3：这一刻很清新，OPPO 音乐拍照手机。

生 4：伢伢乐儿童营养牙膏

生 5：天才第一步，雀氏纸尿裤。

生 6：东鹏特饮——就要醒着拼。

生 7：经常用脑，多喝——六个核桃。

生 8：安慕希，希腊好酸奶，浓浓的，超好喝。

师：这些广告都有一个共同的特点，是什么？

生 1：叫我们买东西。

师：是的，这些广告都是有商品推荐给我们买的。你买过吗？

生 1：买过，我买过安慕希酸奶，很浓，很好喝。

师：原来安慕希酸奶真的浓浓的，很好喝啊。看来安慕希的广告把他的特

点表达出来了，才吸引了我们去买。

看来大家都收集了很多，这些广告都是——商业广告，那什么是商业广告呢？谁来猜猜？

2. 商业广告的定义

师小结：商业广告是指商品经营者或服务提供者承担一定的媒介和形式直接或间接的介绍所推销的商品或提供的服务的广告。商业广告是人们为了利益而制作的广告，是为了宣传某种产品而让人们去喜爱购买它。

师：大家知道吗？我们电视上的广告为什么都不长？没几个字？如果广告长一点，不是能把商品的特点说得更清楚吗？

生：太长了，看着都会烦起来的。

师：同学们是更喜欢看动画片吧，中间穿插了广告是有点烦，可是如果没广告，商家生产的东西可能就没人知道了。我们买东西也不知道买什么好了。

生：老师，我知道广告很贵的。时间越长，广告费越多。

师：你真是见多识广，你说的一点都没错。

广告都是以秒计时的，非常贵。特别是《新闻联播》时段的广告，请大家看这则新闻。（PPT 出示图片新闻）

王老吉以9650万元蝉联2015-2016央视第一标，迎来2016年"开门红"

师：这是中央电视台 2016 中央电视台综合频道主要时段的广告价格，同学们可以了解一下，你看，5 秒的广告需要 58400 元，《新闻联播》前 5 秒的广告就需要 105000 元。15 秒的话就需要 182000 元。

CCTV 中国中央电视台

中央电视台 2016 年主要频道栏目及时段广告价格

栏目	播出时间		刊例价格（单位:元）			折扣
			5秒	10秒	15秒	
CCTV-1 综合频道						
《朝闻天下》 CCTV-1 和 CCTV-新闻同步 播出	A套 周一至周日 6:55　7:55	B套 周一至周日 6:20　7:15	58400	87600	109500	8.5折
	D套 周一至周日 6:35　7:30	E套 周一至周日 6:45　7:45				
	B套 周一至周日 6:10　8:10		44700	67000	83800	
	F套 周一至周日 8:25		28700	43000	53800	
《新闻联播》前	首播:周一至周五 18:04-18:55	广告播出时间: 18:48-18:55	105000	155000	182000	具体折扣视最 终投放量和投 放时长而定,最 低至5折。
《寻宝》	首播:周六 18:05-18:55;	广告播出时间: 18:48-18:55	105000	155000	182000	
《正大综艺》	首播:周日 18:05-18:55;	广告播出时间: 18:48-18:55	105000	155000	182000	
全天套 MINI 版	周一至周日 08:32 10:10、17:00、17:40		77000	116000	145000	

二、赏析商业广告

1. 观看视频广告

师：老师也收集了两个广告，请大家来判断一下，他们是不是商业广告呢？

（请大家点开电脑桌面，命名为商业广告的文件夹，点开士力架和脉动广告。带着问题看视频）

观看视频：士力架广告（1 分钟）：四个登山男子中一个因饿而没了力气，广告将其夸张成一个柔弱的悲情韩剧女演员，咬了一口士力架后就立刻恢复原样，以夸张的手法展现了士力架的作用。

观看视频：脉动广告（14 秒）：状态不佳以倾斜的状态表示，喝脉动后恢复正常的直立，赋予脉动饮料活力。

2. 学生小组合作讨论

问题 1：是否商业广告？

问题 2：想要推销的是什么商品？你想去买吗？

问题 3：这两个广告都使用了什么手法来达到广告效果？

（合作讨论）——夸张

3. 联系生活实际，说说小广告的危害

师：刚才我们谈论的比较多的都是电视广告。其实在我们生活中，还有很多的小广告，比如说在……

生 1："牛皮癣"。

生 2：嗯嗯嗯，很多小柱子上，墙上都贴这很多广告，卖生活用品的，下乡摆酒席的……

师：大家觉得这些广告有用吗？

生 1：没用。

师：真的一点都没用？

生1：没用的，有些是写着什么治疗的，我妈妈说那些广告都是假的。

生2：有些是有用的。

师：怎么说？

生3：我们村子里电线柱上经常有小广告，我就看到过一则，上面写着承办下乡酒席什么的。我奶奶生日的时候我爸爸就打过上面的电话，是真的。

师：有可能，广告有些可能是有用的，但是贴在柱子上，墙上，是不是不太好看？

生：嗯嗯，很难看，小膏药一样，一块一块地。而且每次擦洗的工人都很辛苦，而且擦不干净，看着一点都不好看。

师：所以我们长大了以后，如果制作广告的话，还是要提醒自己和大家伙儿不能乱贴。

4. 教师小结

师：很多商业广告都会采用夸张的手法来增加广告效果，从而促进销售，引导消费。

师：其实，商业广告也有很多，按媒体分类，可以分为：报纸广告、杂志广告、电视广告，广播广告，印刷广告，户外广告，网络广告等。按传播范围分，可以分为全国性广告、地区性广告、国际广告和商场广告等。

师：广告内容的要素应该包括标题、广告正文（广告语），企业名称，广告造型的构成要素包括商标、商品名称、插图等。同学们可以了解一下。

三、教师小结：

广告的作用很大，为了树立品牌形象，引导消费，满足消费者，但是广告并不一定都是真的，还有些是假的，我们要认真辨别，正确对待广告上出现的信息，不要被误导。如果遇到有疑问的广告，我们可以告诉爸爸妈妈，让大人一起来判断。更重要的是广告种类很多，如果看到了就喜欢，喜欢了就买，买了又用不着，那就太浪费了。希望同学们都能做到从广告中获取需要的信息，和爸爸妈妈们一起合理消费。

第3课时　辨析真假广告

活动设计

情境设计：

各种各样的商业广告，丰富了我们的生活，给我们的生活带来了很多方便。但是有些广告也会误导消费者，从而引发严重后果。初步培养辨析广告功效的能力，从生活案例处罚，引导学生们认识到虚假广告的危害，从而进行合理消费，以笑笑的烦恼为线，引导学生们通过网络直接搜索各种形式的商业广告，找到相应的虚假广告的信息，帮助笑笑解决她的烦恼。

活动目标：

1. 查阅了解虚假广告引发严重后果的案例，不轻信广告内容。

2. 能初步辨析广告的功效，并合理消费。

活动流程：

一、导入：笑笑的烦恼

笑笑是个爱美的小女孩，她今年 10 岁了，她特别爱笑。可是她有一个大烦恼：因为小时候不注意个人卫生，牙齿黄黄的，每一次开心想笑的时候她就特别不好意思，总用手捂着嘴巴，不想让同学们看见她的牙齿，时间久了，她就不爱笑了，大家有什么好办法帮帮她吗？

1. 生生小组相互交流。

2. 全班交流，推荐牙膏。

师：大家都有什么牙膏推荐？请各位同学上网搜索，选择你认为合适的牙膏，来帮帮笑笑。

3. 网上搜索，交流讨论。你为什么会选择这款牙膏？

4. 师设疑：有这样一款牙膏，大家也许很熟悉，是佳洁士双效炫白牙膏。这个广告最经典的广告词是——只需一天，牙齿真的白了。你看，小 S 她唇红齿白，巧笑嫣然，笑笑看到以后，会动心吗？

5. 学生讨论：这个佳洁士双效炫白牙膏效果的真实性。

（师引导学生产生怀疑：虚假广告。）　　　　（生百度搜索，交流共享。）

根据上海工商局的调查，画面中突出显示的美白效果不是真实的，而是后期通过电脑修图软件过度处理生成的，并非牙膏的实际使用效果。工商局定性这构成一个虚假广告，误导消费者，并对他进行了处罚，罚款 603 万元。

二、观看电视购物广告案例

1. 观看案例：关于虚假广告的案例还有很多，大家可以课后到网上搜索，多了解。日常生活中如果我们碰到一些虚假广告或者太夸张的广告时该怎么办呢？我们一起来看看这个电视购物案例。

讨论交流：从这个案例里看到了什么？有什么感想？

2. 联系生活实际，说说虚假广告的危害。

3. 查找交流：工商部门对虚假广告的处理案例。

4. 讨论交流：遇到虚假广告，该怎么办？

三、课堂小结

广告的作用很大，为了树立品牌形象，引导消费，满足消费者，但是广告并不一定都是真的，还有些是假的，我们要认真辨别，正确对待广告上出现的信息，不要被误导。如果遇到有疑问的广告，我们可以告诉爸爸妈妈，让大人一起来判断。

活 动 实 录

一、导入

1. 笑笑的烦恼

师：今天，有个新朋友来到我们中间，她叫笑笑，她有一个问题，需要我们的帮助，大家愿意帮助她吗？

> 大家好，我是笑笑，我是个爱美的小女孩，我今年 10 岁了，我以前特别爱笑。可是我现在有一个大烦恼：因为小时候不注意个人卫生，牙齿黄黄的，每一次开心想笑的时候我就特别不好意思，总用手捂着嘴巴，不想让同学们看见我的牙齿，时间久了，我就不爱笑了，大家可以帮帮我吗？

生：愿意。

2. 小组交流

3. 全班交流

生 1：每天刷牙。

生 2：选一款美白的牙膏。

师：大家都有什么牙膏推荐？请各位同学上网搜索，选择你认为合适的牙膏，来帮帮笑笑。

4. 网上搜索，交流讨论

生 1：牙牙乐儿童营养牙膏。

师：可以为大家读读广告词吗？

生 1：牙牙长得壮，要营养，营养在哪里呢？伢伢乐，有营养，鲜果的 VC 加 VE，伢伢乐，有营养，牙牙健康白又壮，纳爱斯伢伢乐儿童营养牙膏。

师：你为什么会选择这款牙膏？

生 1：广告里说了牙牙健康白又壮。

师：原来是这样，也许笑笑可以试一试。还有其他的推荐吗？

生 2：选择黑人牙膏。我爸爸说美白效果很好的。

5. 师设疑

有这样一款牙膏，大家也许很熟悉，是佳洁士双效炫白牙膏。这个广告最经典的广告词是——只需一天，牙齿真的白了。你看，小 S 她唇红齿白，巧笑嫣然，笑笑看到以后，会动心吗？

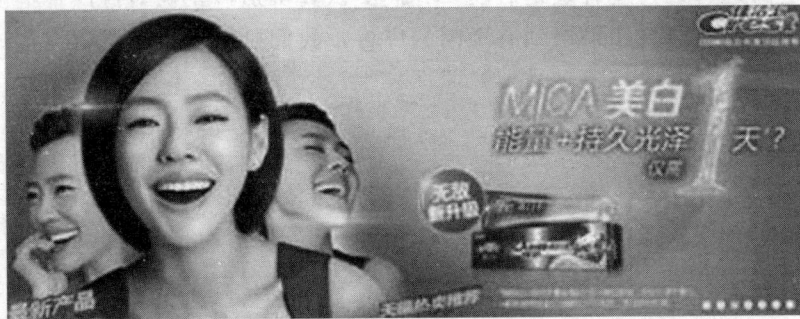

学生讨论

这个佳洁士双效炫白牙膏效果的真实性。（师引导学生产生怀疑）

生 1："只需一天，牙齿真的白了"是不是太夸张了，哪有这么明显的？

生 2：图片上小 S 牙齿真的很白，但是不一定是用这个牙膏刷出来的？

师：有可能，各位同学，再请大家百度搜索一下，这则广告只是采用了夸张的手法吗？它其实是一则虚假广告。

（生百度搜索，交流共享。）

生：根据上海工商局的调查，画面中突出显示的美白效果不是真实的，而是后期通过电脑修图软件过度处理生成的，并非牙膏的实际使用效果。

师：是的。工商局定性这构成一个虚假广告，误导消费者，并对他进行了处罚，罚款 603 万元。

二、辨析广告

1. 观看电视购物广告案例

师：关于虚假广告的案例还有很多，大家可以课后到网上搜索，多了解。日常生活中如果我们碰到一些虚假广告或者太夸张的广告时该怎么办呢？我们一起来看看这个电视购物案例。

电视购物买的上万元手表不能戴

2014-06-24 09:24 来源：　　[大 中 小]　　[打印]

本网讯(通讯员许伟记者赵碧莹)"商家还说是瑞士进口的,可到手后却没办法使用。"日前,来自箬横的江大爷提着一袋投诉资料和一对手表,来到当地工商部门维权。

江大爷91岁,去年9月生日时,他在吉林电视台上看到一个电视购物广告,正在推销一款名人诞辰的纪念对表。"电视上说这对手表是瑞士进口的,还是限量版,先到先得。"江大爷说,手表有国家鉴定机构的证书,发票和使用手册都齐全。于是,他花了13920元给自己和老伴买了一对。

谁知收到手表后,表带根本无法正常使用。"我打电话给电视台,对方说如果手表有问题,可以直接拨打他们的400售后服务电话,电视台不负责。"江大爷又拨打了400服务电话。电话里的工作人员声称会把情况反馈给公司,请江大爷等候回复。"从今年年初开始,他们一直给我这样的答复,事情却一直没有解决。"江大爷很是懊恼。

工商人员核对江大爷带来的资料后发现,使用手册上竟然没有生产企业或进口商的任何信息,鉴定机构证书上网查证后只有产品名称以及申请人(深圳某家公司)信息,增值税发票则是上海某贸易公司开具的。而拨打400售后服务电话问及公司地址时,对方却说在北京。

经过多方咨询,工商人员只能遗憾地告诉江大爷,到目前为止没有办法为其维权,表带的问题,建议其去钟表店自费进行更换。

工商人员提醒消费者,电视购物时,要选择有品牌和口碑的,不可一味相信广告宣传,尽量选择货到验货后再付款,看清生产厂家及相关证明资料,确保买到的商品货真价实。

2. 讨论交流

从这个案例里看到了什么？有什么感想？

生1：江大爷很吃亏,买的表很贵,还不能用。

生2：不能相信电视购物广告。

师：所有的都不能相信吗？

生2：要看生产厂家及相关证明材料。

师：我们可以从这则案例里学到什么呢？

3. 联系生活实际,说说虚假广告的危害

4. 查找交流：工商部门对虚假广告的处理案例

生1：上海可丽可心保健品有限公司发布虚假减肥产品广告案。2004年2月,该公司在本市某报纸发布广告,称"一个月减肥20斤,两个月40斤","45天就减30斤",并承诺少减1斤可全额退款。这些说辞没相关证明,片面夸大减肥效果,欺骗和误导了消费者。工商部门责令其停止发布违法广告并处罚款5000元。

生2：十大传世名画

案件当事人河北信超企业管理咨询公司制作、发布"国宝十绝——中国十大传世名画"的广告，自行或委托广告代理，在多地电视媒体进行发布。其内容含有利用虚构的"由国际收藏家协会监制"、"限量发行""中国梦文化惠民工程"夸大该书画为收藏品且具有较大升值空间，且宣称其书画是"免费赠送"消费者的事实。

利用知名艺人侯耀华等人员进行涉嫌虚假宣传，提升自身产品影响力。经工商部门调查核实，所谓的"传世名画"只是浙江某工艺品厂生产的丝绸制印刷品。其行为误导消费者并进行虚假宣传。

师：出示图片。

5. 自由交流课前收集到的虚假广告案例

师：课前你们还收集到有哪些虚假广告的案例？可以和同学们交流交流吗？

生：我们收集到了许多的案例。

生1：我有一个虚假广告案例：郭德纲代言的"排油茶"。以天价代言减肥茶的郭德纲，因"广告夸大其词"而被消费者投诉，最终告上了法庭。直到今日，郭德纲的半身形象配以"迅速抹平大肚子"广告语的"藏秘排油茶"的广告赫然印在北京很多公交车身和广告牌上。然而，消费者投诉，此产品竟是在有关部门查不到广告批号和卫生许可证的"黑户"，即涉嫌发布违法广告，又涉嫌违规生产。

生2：唐国强、解晓东代言"不孕不育医院"，全国20多家电视台以"集体轰炸"的形式频频播出由唐国强、解晓东代言的广告片，让很多人记住了北京新兴医院——这个专治不孕不育症的医院。片中一幕幕温馨感人的家庭故事、解晓东深情款款的歌声、唐国强充满诱惑的解说，给观众留下了深刻的印象。而之后，媒体揭露，北京新兴医院其实是用钱炮制了一个"送子"神话，所谓的高疗效是亿万元广告吹出来的。一时引发全国媒体关注此事，唐国强、解晓东两位明星也遭到质疑。

生3：李丁代言"补钙片"，老影星李丁代言补钙片的形象已深入人心，就连 2007 年央视春晚《策划》中牛群的台词都是这则广告改编，而广告中李丁也是以自己的切身体会，向需要补钙的老年观众庄重推介："我的一些老同志都在服用盖中盖，盖中盖补钙还真管用。"不过，这补钙片真的很管用吗？一片顶多少片也没有用，有消费者投诉，李丁老爷子现在"空手也爬不动楼了"，其代言广告的虚假可想而知。李丁自己也称补怕了，身体不适已卧病在床，决心告别广告生涯。

生4：陈鲁豫与"诺亚舟学习机"，代言语录："门门高分上名校；内容好，成绩当然好。"广告情况：去年 12 月 25 日，上海工商部门对查处"诺亚舟"英语学习机广告。该电视广告语中的"门门高分上名校"、"内容好，成绩当然好"等属于不科学的保证。另外，广告中关于"某学生使用产品后成为学习状元"的内容，其真实性无法证实，构成虚假宣传。

生5：成龙代言"洗发水"，一直给人健康形象的成龙因为一句广告词而导致形象大打折扣，成龙在央视热播的一句广告词中宣称某洗发水没有化学成分，不过只要有点常识的人都知道，洗发水这种东西不含化学成分是不可能的，而成龙代言的该产品原来只卖十几元，被其代言后翻了几倍成了贵族品牌，向来以做慈善公益广告的成龙，因其公信力特别强，所以也成了误导消费者的绝佳武器，后被消费者投诉涉嫌误导消费。

……

师：看了这些虚假广告案例，在日常生活中，我们应该怎样正确对待广告呢？

6. 讨论交流：遇到虚假广告，该怎么办？

生1：不要相信它，不要去买。

生2：我妈妈经常看电视购物的广告，还是关于减肥的。我要告诉妈妈一定不能上当。

生3：我妈妈也经常淘宝，图片上的很漂亮的，可是拿到之后却不好看。

师：所以……

生3：一定要先问清楚。

7. 教师小结：

电视购物时，要选择有品牌和口碑的，不可一味相信广告宣传，尽量选择货到验货后再付款，看清生产厂家以及相关证明材料，确保买到的商品货真价实。

三、课堂小结

广告的作用很大，为了树立品牌形象，引导消费，满足消费者，但是广告并不一定都是真的，还有些是假的，我们要认真辨别，正确对待广告上出现的信息，不要被误导。如果遇到有疑问的广告，我们可以告诉爸爸妈妈，让大人一起来判断。大家也可以记住 96315 这个投诉电话。

第 4 课时　广告里的爱意
——从公益广告 FAMILY 说起

-------------- 活 动 设 计 --------------

情境设计：

公益广告对于社会中的那些不文明现象，也许不可能药到病除，但是，一条公益广告就像是一盏灯，灯光亮一些，我们身边的黑暗就会少一些。以雨伞、拐杖、风雨和大树四幅图入手，让学生从设计单独的广告语开始，了解广告《FAMILY》产生的背景及故事，再通过交流学生收集的公益广告，让学生了解公益广告的定义、公益广告的作用，并尝试设计公益广告。

活动目标：

1. 认识什么是公益广告。

2. 了解公益广告的作用和意义，以及传播的途径。

3. 学习设计公益广告语。

活动流程：

一、温情导入：

1. 图片分享，说"雨伞"：说"雨伞"，给雨伞做广告

2. 图片分享，说"故事"

（1）做广告：出示图片拐杖、风雨和大树。

（2）编故事：四人小组合作，用"雨伞、拐杖、风雨、大树"试着编一个故事。

（3）故事分享。

3. 广告分享说《FAMILY》

（1）看一看

（2）观看视频广告，《FAMILY》

（3）说一说自己的看法

（4）教师分享：F 是 Father，M 是 Mother，I 是 I，每个字母再组个词儿，便凑成了 Father And Mother I Love You!（爸爸妈妈我爱你）的亲情表达，再配上不断演化的字母，"岁月荏苒，光阴似箭，有一天突然发现爸爸的

背已经驼了，妈妈的身体已经臃肿塌陷。我想，是时候尽一份子女的责任了，悉心呵护起这个家：给父亲一个依靠的臂膀，做他贴身的拐杖；为母亲撑起一把庇护伞，遮蔽盛夏的骄阳……"

（5）介绍广告制作者的故事。

介绍制作者张德元的故事。

这样的一则《FAMILY》温暖了千万家。这种广告就叫——公益广告。

二、议"公益广告"

1. 浏览身边的公益广告

（1）绿水青山就是金山银山。

（2）浏览平面公益广告。

学生小结：这些广告就是告诉我们该怎么做是对的，该怎么做才会更健康。

2. 赏析视频广告

（1）欣赏视频广告：《妈妈洗脚》。

思考：广告里的什么场景给你留下的印象最深刻?

交流：

（2）欣赏视频广告《心在一起》。

（3）议一议、说一说：我们刚才看了这么多的广告，它们有什么共同点?

3. 认识公益广告

（PPT 出示公益广告的定义）像这些不以盈利为目的，而为社会主义公众切身利益和社会风尚服务，传播社会主义和文明道德观念的广告就叫作公益广告。

出示公益广告的分类：按内容来分类，可以分成"创建文明城市"，"保护动物"、"保护环境"、"节约用水"、"诚实守信"、"反腐倡廉"、"关爱他人"、"禁毒"等等。

三、公益广告分一分

1. 学生活动：勾一勾、选一选

选一选，请你勾选出里面的公益广告，并请说说他们想表达的是什么?

（A 广告——保护水资源，B 广告——奥利奥饼干，C 广告——一双筷子）

学生看广告，自由勾选。

2. 交流

哪些属于公益广告呢?

重点交流第 3 支广告《一双筷子》的性质。

四、谈公益广告的作用

活 动 实 录

一、温情导入

1. 图片分享，说"雨伞"

师：今天老师给大家带来了一幅图，它是什么？看到它，有什么想说的？

生：雨伞。

师：这是一把雨伞，这是一把怎么样的雨伞呢？

生：这把雨伞很大，这把雨伞很漂亮。

生：下雨的时候，就会用到这把雨伞，它可以遮风挡雨。

师：是这样，没错，它的作用还挺大的呢！

师：那同学们可以为这把伞打个小广告吗？

生：漂亮的雨伞，十元钱一把。

师：好便宜，看来物美价廉。你来说说？

生：走过路过都来瞧一瞧，卖雨伞啦，晴天可以遮阳，雨天可以挡雨。

师：这样一来，雨伞的作用更明显了，而且这广告被吆喝得还挺像样。

2. 图片分享，说"故事"

（1）做广告

师：那也来给他们做做广告？（出示图片拐杖、风雨和大树）

生1：拐杖，拐杖，老了你就用到了。

生2：大树也能遮风挡雨。

（2）编故事

师：那如果把四幅图放在一起，同学们会想到什么？你能试着编一个故事吗？（四人小组合作，用"雨伞、拐杖、风雨、大树"试着编一个故事）

（3）交流

生1：有一天，风很大，雨也很大。大树都被吹得摇摇晃晃的，雨伞一跳一跳地走到了大街上，因为它和拐杖约好了一起去游乐场玩。

师：看来雨伞和拐杖是好朋友，都能遵守约定，那我想他们一定会玩得很开心的。

生2：有一根拐杖，年纪很大了，它常常陪着主人出去散步。可是他的主人生病了，拐杖有点伤心，想去看看他。可是他还从来没有一个人出门过呢，而且门外下着雨，拐杖只好带上雨伞出了门。一路上，他特别害怕过马路，所以过马路前总是小心翼翼地左看右看。但是大车小车都让着他，他很顺利地过了马路。在马路对面，他长长地舒了一口气，坐在大树休息了一会，又接着上路了。

师：很完整的故事，拐杖肯定能找到他的主人的。

3. 广告分享，说《FAMILY》

（1）看一看

观看视频广告《FAMILY》。

师：有一个人，他叫张继元，他利用这四幅图制作了一则广告，想看看吗？

生：想。

师：我们一起来欣赏。

（观看视频广告《FAMILY》。）

（2）说一说

师：广告看完了，同学们来谈谈自己的看法？

生：FAMILY 原来就是 father and mother I love you.

师：原来还真的是这样。还有其他想法吗？

生：小宝宝长大了，爸爸妈妈们也变老了。

师：是，一点也没错。一天天，一年年，我们慢慢长大，可我们的爸爸妈妈们也在慢慢变老，慢慢就步履蹒跚，需要拐杖了。

生：小时候，爸爸妈妈给我们遮风挡雨，长大了，我们也要爱爸爸妈妈，好好照顾他们。

师：真是一个孝顺、懂得感恩的孩子。

F 是 Father，M 是 Mother，I 是 I，每个字母再组个词儿，便凑成了"Father And Mother I Love You!（爸爸妈妈我爱你）"的亲情表达，再配上不断演化的字母，"岁月荏苒，光阴似箭，有一天突然发现爸爸的背已经驼了，妈妈的身体已经臃肿塌陷。我想，是时候尽一份子女的责任了，悉心呵护起这个家：给父亲一个依靠的臂膀，做他贴身的拐杖；为母亲撑起一把庇护伞，遮蔽盛夏的骄阳……"

（3）介绍广告制作者的故事

师：其实啊，这就是一个"爱的表达式"，我们的广告制作者张德元是来自山东滨州的一位贫家少年。3年来，他用"爱的表达式"让人们"开悟"家的温馨；创作动画的那一年，张德元19岁。这位1989年生的山东少年，没念过大学，高考失利后不顾母亲的反对报读了济南一家私立电脑学校，学习影视后期制作。2008年是父亲病逝五周年，思父之情让他一挥而就写下了那段文案，目的，只是想表达"树欲静而风不止，子欲养而亲不待"的遗憾。

这样的一则《FAMILY》温暖了千万家。这种广告就叫——公益广告。

二、议"公益广告"

1. 浏览身边的公益广告

（1）绿水青山就是金山银山

师：这个广告大家很熟悉吧。

生：绿水青山就是金山银山。

师：这个广告是要告诉我们：

生1：保护环境。

生2：环境好了，山青了，水绿了，就好像金子银子一样有价值。

师：说得真好。她是为了让我们买某件商品才设计的吗？

生：不是。

（2）浏览平面广告

师：再来看看这些。（出示平面广告：地球是我家，绿化靠大家；垃圾分类，环境OK；吸烟有害健康；说普通话、写规范字。）

生：这些广告就是告诉我们怎么做是对的，怎么做才会更健康。

师：说的太对了。其实除了我们刚才看的，这样的广告还有很多。

2. 赏析视频广告

（1）欣赏视频广告：《妈妈洗脚》

思考：广告里的什么场景给你留下的印象最深刻？

生：我印象最深刻的是孩子还很小，端着水晃悠悠地到妈妈面前，说"妈妈，洗脚"。

师：你想到了什么？

生：他这么小就能学妈妈的样子帮大人洗脚了，我都很少帮妈妈洗脚。

师：那你这个周末回家试一试，好吗？下周回校我们再分享，好吗？

生：好的，我会的。

师：孝敬老人是中华民族的优良传统，而孝心的培养要从娃娃抓起，里面的两位母亲，一位慈祥可爱，一位贤惠孝顺，而里面的两个孩子，一个以身作则，一个懂事可爱，受母亲的影响，小小年纪就懂得孝敬父母. 宣扬了中华民族的" 孝"，呼吁现在的人们要常回家看看，关爱老人与儿童.

（2）欣赏视频广告《心在一起》

师：我们再来欣赏一下这则广告，它有一个很温情的名字《心在一起》。

（学生观看视频广告《心在一起》。）

③议一议

师：说一所：我们刚才看了这么多的广告，它们有什么共同点？

生1：都让人很感动。

生2：都告诉我们应该怎么做。

3. 小结

（PPT出示公益广告的定义）像这些不以盈利为目的，而为社会主义公众切身利益和社会风尚服务，传播社会主义和文明道德观念的广告就叫作公益广告。

师：公益广告有很多，按媒体形式同样可以分为报纸广告、电视广告、杂志广告、广播广告、网络广告等。按内容来分类，可以分成"创建文明城市"、"保护动物"、"保护环境"、"节约用水"、"诚实守信"、"反腐倡廉"、"关爱他人"、"禁毒"，等等。

三、公益广告分一分

1. 学生活动：勾一勾、选一选

师：这是我们通过电视、网络受收集到的5支广告，让我们来看一看，选一选，请你勾选出里面的公益广告，并请说说他们想表达的是什么？

学生看广告，自由勾选。

2. 交流

师：哪些属于公益广告呢？

生1：A《保护水资源》是公益广告，美术课上，老师也让我们设计过广告的图片和广告语。这个广告告诉我们要节约用水，不然最后一滴水就是我们自己的眼泪。

师：大家同意他的看法吗？

生：同意。

师：好的，那么B广告呢，也是公益广告吗？

生：不是。

师：这么异口同声，哪儿让你这么肯定地给出答案的。

生：这是奥利奥饼干的广告。是为了让我们去买奥利奥的。

师：那你们有去买过吗？好吃吗？

生：买过，很好吃。扭一扭，还很好玩。

师：嗯，是的，那么C呢？

生1：C《筷子》不是公益广告。

师：大家同意吗？是为了让我们买筷子吗？

生2：不是，它是公益广告。广告里有很多情节很感动，是叫我们要感恩的。我看到那个妈妈教小孩子学筷子的时候，我想到了自己小时候也是这样，看了这个广告我觉得很感动，突然就想妈妈了。

师：想妈妈了？看来，这个广告真的包含了很多情感，它包含了启迪、传承、明礼、关爱、思念、睦邻、守望和感恩。你觉得广告里哪个场景或哪句话让你特别感动呢？

生1：小孩原来不会用筷子，后来慢慢学会了，她很开心。

生2：最后一个镜头小孩和奶奶全家一家人吃年夜饭，相互祝愿，我觉得这是很幸福的一家人，奶奶很爱孙子，孙子也很孝顺，很懂得感恩。

师：广告最后一句话说：一双筷子，承载中国数千年的情感。说的真是太感人了，一双筷子就让我们学习了传承优良传统，关爱家人、朋友、邻居、学会感恩，这筷子真是包含了太多幸福的味道了。

师：现在谁能来说说为什么有那么多的公益广告，它的作用是什么？

生1：传播正能量。

生2：让我们做正确的事。

生3：让我们更保护资源。

生4：让我们生活的世界更加美好，人们都更加幸福。

师：说得太好了。也许这则广告能成为我们找个问题的答案。

（学生观看濮存昕的广告。）

师：同学们，那就让我们行动起来吧，为我们的社会新风尚做出贡献。

四、小结 谈一谈公益广告的作用

"有人这样问过我，播出的一条公益广告，能不能改变我们生活中的那些陋习呢，我说不。公益广告对于社会中的那些不文明现象，也许不可能药到病除，一条公益广告就像是一盏灯，灯光亮一些，我们身边的黑暗就会少一些。并且我更相信，每个人的心灵就像是一扇窗，窗户打开，光亮就会进来……"

主题活动 我爱我校公益行

活 动 实 录

活动背景：
我校是一所农村寄宿制学校，学生在校时间长，一周在校时间长于在家时间。学校就是他们的家。此次活动通过让孩子们寻找校园内的各种广告，发现校园和同学们存在的一些问题，从而相互合作为校园制作新的公益广告，来培养学生爱校如爱家的情感以及主人翁精神。

活动目的：

1. 通过班队课中欣赏照片、视频等，让学生对学校办学历程、硬件设施、办学理念有一定的了解。激发学生热爱校园文化的思想感情。

2. 通过小组合作观察、寻找，发现校园内的公益广告、警示标语以及存在的不文明现象，从而尝试为校园制作新的公益广告。

3. 从自身出发，以实际行动来爱护美丽的校园，并带动身边的同学爱护校园，激发学生爱校护校的热情，做文明守纪的学生。

活动准备：

1. 通过收集、阅读材料，对学校的历史、现状有一定的了解。

2. 收集有关学校活动的录像、图片、资料，选好伴奏音乐。

3. 收集校园内张贴的各类广告、警示标语，收集学生不文明行为案例。

4. 要求学生以小组为单位，课前收集校园"节约用水"、"节约粮食"、"节约用电"、"爱护花草"、"爱护环境"、"诚实守信"、"卫生习惯"、"行为习惯"八个方面的广告和警示标语。

5. 活动实录。

导入：

欣赏歌曲《校园的早晨》。

歌词：沿着校园熟悉的小路，清晨来到树下读书，初升的太阳照在脸上，也照着身旁这棵小树。沿着校园熟悉的小路，清晨来到树下读书，初升的太阳照在脸上，也照着身旁这棵小树。亲爱的伙伴，亲爱的小树，和我共享阳光雨露，让我们记住这美好时光，直到长成参天大树，让我们记住这美好时光，直到长成参天大树。

主持 A：校园的早晨，空气清新，书声朗朗。

主持 B：校园的早晨，阳光照耀，处处美好。

主持 A&B：我们的校园，就是我们的家，我们在这里生活，在这里学习，在这里和小伙伴们追逐打闹，在这里和老师们亲密交往。大家看，这就是我们的一天。

主持 A：请大家观看视频《我们的一天》。

第一篇章：说我学校，爱我学校

主持 B：学习生活在这么美的校园，同学们觉得幸福吗？

生：幸福，很幸福。

主持 A：那同学们对我们的校园了解多少呢？

主持 B：我们来开展一个校园知识竞赛吧。请每个小队派出一名队员来回答。

主持 A：我们学校获得的国家级荣誉有哪些？

生 1：全国教育系统先进集体、全国和谐校园。

生 2：全国交通文明示范校。

生 3：全国红旗大队。

生 4：

主持 B：看来同学们课前真的做足了功课。对学校的所获得的全国性的荣誉都一清二楚了。除了国家级荣誉之外，我们学校还有很多的其他荣誉，我们一起来看看。

（PPT 出示学校其他的各类荣誉）

主持 A：第 2 个问题：我们学校有多少老师，有多少同学？

生 1：学校有三十几个老师？

生 2：我们学校有 32 个老师，499 名学生。

主持 A：准确。纳闷到我校来参观的客人有多少啦？

主持 A：听老师介绍说，来我们学校参观学习的叔叔阿姨已经达到 6 万多人了。

主持 B：哇，好多啊，有 6 万多！下一个问题：请同学们说说你最爱学校的什么？

生 1：我最爱学校的初级部，因为我最喜欢上书法课。

生 2：我最爱操场，因为我喜欢和同学们一起跳绳，我一分钟可以跳 200 多下。

生 3：我最喜欢学校的老师们，因为老师们对我们很好。

生 4：我最喜欢学校的美食节活动，每次美食节，我们都可以拿到美食券，可以吃到很好吃的东西。

生 5：我最喜欢六一艺术周，在那个星期里，我们可以上台表演，还可以看到老师们上台表演。

生 6：我觉得我们班的同学都很好，有同学生病了，班上的同学都能帮忙。

主持 A：大家说得都很好，我们的校园很美丽，我们的老师很亲切，我们的同学很文明。

第二篇章：寻校园广告，制作新广告

1. 自由说问题

主持 B：能在这么美好的校园里读书学习，真是太好啦！同学们，你们有没有看到过一些不和谐的现象？比如说同学说话不文明，比如说哪个角落经常有垃圾？同学们有发现过吗？

生1：有，吃饭的时候，我看到过同学洗手不好好洗，随便洗一下就算了，水龙头也不关掉。

生2：有一次，我看到一年级的同学倒了很多饭菜，太浪费了。

生3：上次运动会的时候，我看过六1班的王添晋在操场上摘树叶，把树枝都拉下来了。

生4：昨天，我们班的王少磊和毛金亮吵架了，毛金亮还哭了。

生5：平时，我们的学校可干净了，可是，星期五放学的时候，就有同学在操场上乱丢垃圾，操场都脏了。还有看电影的时候，也有同学会把零食袋随手就扔在地上，不扔在垃圾桶里。

生6：哦哦，对，还有，星期五的时候，有同学的爸爸在学校抽烟，还乱扔烟头。

生7：睡觉的时候，我们寝室里有同学会偷偷讲话，还把我们大家都吵醒。

生8：吃饭的时候，有同学会挑食。

主持A：这样的事还真不少，这是我们收集的不文明现象，大家看一看，想一想，有什么办法可以让这些不和谐的现象变少或者消失呢，谁有办法来提醒不文明的同学和爸爸妈妈们做得更好呢？

生1：让同学们回家和爸爸妈妈说不能在学校抽烟。

生2：提醒同学们不要乱扔垃圾，不要浪费食物。

2. 尝试解决问题

主持B：在学校各个区域，我们有很多广告、警示标语都在提醒同学们遵守秩序，传承美德，做个文明的学生。同学们课前都收集到了哪些？我们一起来交流。

（1）交流校内公益广告

第一小队：我们小组寻找的是关于"节约用水"的广告，学校每层楼水池边都有广告，写着：节约用水。

第二小队：我们小组寻找的是关于"节约粮食"的广告，广告出现最多的地方是我们的餐厅，有这些广告："一粥一饭当思来之不易，一丝一缕恒念物力维艰"、"有一种美德叫节约，有一种生活叫品味"，还有"谁知盘中餐，粒粒皆辛苦"。

第三小队：我们小组寻找的是关于"节约用电"的广告，但是我们在学校都没有找到。不过老师们平常经常说"请同学们随手关灯。"，我们觉得这也是口头广告。

主持A：你们第三小队真棒！口头广告都记住，用起来了。

第四小队：我们小组寻找的是关于"爱护花草"的广告，我们在操场草坪旁边找到了："茵茵绿草地，脚下请留情。"

第五小队：我们小组寻找的是关于"爱护环境"的广告，我们在校园里没有找到，但是我们之前在计算机课时，网上看到一些关于保护环境的广告，是一幅绿色的话，边上还写着"保护环境，从我做起"。

第六小队：我们小组寻找的是关于"诚实守信"的广告，我们的教学楼走廊下找到很多。都是关于三字经的，里面就有诚实守信的内容。

第七小队：我们小组寻找的是关于"卫生习惯"的广告，我们也有找到。水池上边有七步洗手法，厕所里也有广告："来也匆匆，去也冲冲。"还有老师们经常说起：饭前便后要洗手。

第八小队：我们小组寻找的是关于"行为习惯"的广告，我们在寝室楼梯和寝室墙上找到了同学们的温馨提示。

（2）为校园制作新的公益广告

主持A：校园是我家，有了老师的谆谆教导和处处的警示标语，我们才能更健康、快乐地成长，让我们大家一起努力让校园更加美好，大家听，校长有话要说。

播放音频：亲爱的同学们，我是刘校长，听闻今天我们班正在开展"我爱我校公益行"主题班队活动，我代表学校感谢同学们为美丽校园做出的努力。我有个小愿望，希望同学们帮我完成。我们学校有个很严重的问题：缺水很严重，寝室楼经常水很小，有时候还会没水，影响了同学们的生活。同学们能找找原因并设计一些公益广告提醒大家节约用水吗？

主持B：今天我们的任务是设计公益广告，那就让我们小队之间开展设计大赛吧。我先来宣布规则：今天我们设计的主题是——节约用水，大家别忘了广告一般要包括标题、广告语、插图，色彩。同学们可以采用口头广告或者演一演广告的方式来展示。

①小组合作，设计。

②尝试简单配图或以表演形式展出。

（3）交流展示：精彩广告比一比

主持A：请各个小队交流展示，说说广告设计，打算张贴在什么地方。

第一小队：我们小队采用的是平面广告的形式，我们小队一起想起了一句广告词"请同学们节约用水，不要让我一直流泪！"我们把自己当成了水龙头，希望同学们把我关好，不要让我一直流泪。我们还一起配上了插图，水龙头下是一颗颗悲伤的"眼泪"。我们想把他贴在餐厅门口水池那里，因为那时候很多同学会洗了手，就走开，不把水关好。

第二小队：我们小队打算直接用口头广告的方式，通过学校广告提醒同学说节约用水。特别是在吃饭铃声想起之后，音乐想起之前，我们队员一起录一句话：请同学们节约用水。

第三小队：我们小队画了一个动画人物，是一颗小水珠：我们给他取名为水水。我们四位小队队员都在旁边画上了自画像，我们四个人手托着水水：一起说：水，是生命之源，节约用水，从我做起。

第四小队：我们小队也是画画。我们的广告语是：节约每一滴水。

第五小队：我们小队想设计一个视频广告，但是我们没有手机。

主持 B：能仔细说说你们的想法吗？你们想拍什么？

第五小队：我们从昨天学过的公益广告《一双筷子》那里得到了启示，我们想拍校园里，还有家里，还有我们看到的小河这些地方，把一个个场景拍下来，比如说小河是水珠的家，所有的水珠都生活在一起，很开心。后来他们被分到了不同的地方，有的有了学校，有的到了我们家里，可是因为有同学不节约用水，我们被甩到了地上，都疼得哭起来了，还有的变得很脏很脏，最后小河里的水就越来越少，我们家里的亲人也越来越少，最后只剩下最后一颗水珠了。就这样连成一个广告，然后最后再加上广告语。

主持 A：真是个好创意，好主意。

第六小队：我们小队想建议所有的同学们做一份关于节约用水的手抄报。我们觉得这样也可以让很多同学知道节约用水。

第七小队：我们想用平面广告。画一块干涸的田，旁边配上干枯的树。

第八小队：我们想找一个明星来代言，让大家都节约用水。

第三篇章：祝福我校，越来越好

校园是我们共同的家，让我们积极行动起来，从我们自己做起，好好学习，保护校园的美好，让我们一起祝福我们的小小越来越好。

小结：通过这次班队活动课，相信同学们对校园的爱会更深一点，希望同学们这种爱校的精神一直继续下去，不单单是节约用水，如果你发现其他的不文明现象，你也可以让我们的公益走得更远一些，让公益行走在我们每一个不文明的行为身边，督促更多文明的出现。

第八主题　媒介德育与传统阅读

第1课时　品味网络语言

活 动 设 计

活动目标：

1. 引导学生关注生活，了解传统语言与流行新语言的异同点、特点，初步学会辨析并规范运用新语言。

2. 学会在比较、观察中了解传统语言特点，初步学习正确运用传统语言。

3. 引导学生了解祖国语言的特点，增强学生热爱祖国语言文字的思想感情。

活动重点：学会在比较、观察中了解传统语言特点，初步学习正确运用传统语言。

活动难点：初步了解网络语言与传统书籍语言有什么异同。

活动情境：电脑教室，每人一台可以上网的电脑，让学生可以直接接触网络。

活动过程：

一、猜一猜，玩转广告用语

（一）穿越古代，阅读广告语

1. 师：同学们，你们读过《水浒传》吗？认识武松吗？今天老师带同学们来玩一次穿越。

2. PPT出示：请同学们关注电脑，欣赏古代一句广告语，《水浒传》里景阳冈小酒铺广告："三碗不过冈"。思考：以你的想法，你觉得这广告言外之意是？

3. 生：它的意思是酒的质量很好、很浓，或者说酒的质量不言而喻。

（二）疯狂竞猜，认识网络语言

1. 师：让我们再看看下面这些有趣的广告用语，它们有什么特点呢？

①学生举手竞猜，一起猜猜"我"是谁？教师给学生发相应小奖品。

②奇幻小组用自己电脑展示奇妙广告，全班感受网络语言。

竞猜规则：主持人说广告语，其他同学猜猜是什么类广告，猜对小组加分。

③神话小组在自己电脑向汇报：欣赏奇思妙想的广告。

2. 师：同学们，我们欣赏了这么多奇妙的网络语言，那么网络语言的特点是什么？

3. 师生共同探究广告语特点：新鲜、形象、生动、风趣、幽默但有错误，负面影响大。

二、议一议，了解网络语言

1. 出示话题：一场辩论会。

师：同学们，今天老师给你们带来一份礼物——一场精彩的辩论赛。辩论有自己独特的魅力，它可以让我们在争辩中更加深刻认识。今天我们来欣赏一场辩论，这份论题是"学生玩网络游戏利大于弊还是弊大于利"。先来看看正反双方的代表的看法。

2. 教师指名学生朗读观点。

师：我们一起思考：看了正反双方的辩词，你认为哪一方的辩词更好，内容更丰富，表达更有力度，为什么？

提示：反方观点十分明确，运用了多变的句式，使语意的表达鲜明而强烈。

3. 网络与我们生活息息相关，看来网络不仅影响着我们的生活，还影响着我们的语言。

三、认一认，认识网络语言特点

1. 网络语言猜猜猜。

PPT 出示：让我们一起猜猜下列网络语言的意思：

2. 讨论交流："这样子"说成"酱紫"，"哥哥"称作"GG"、"886"表示"再见"……对这一现象，有人否定，有人肯定。同学们，你还认识哪些网络语言？

3. 互动探究：根据自己接触网络的实践和所闻，大家能总结出"网络流行语"有哪些主要特征？

4. 教师总结网络语言特点：①时尚性；②便捷性；③娱乐性；④不规范性。

从规范的汉语表达方式看，"网络流行语"中汉字、数字、英语字母，以及文本符号混杂使用，怪字、错字、别字层出不穷，完全是"病句"。

四、比一比，传统文学语言与网络文学语言的区别

1. 探究特点：通过这两首词，请你比较出传统文学语言与流行文学语言二者的特点各是什么。

PPT：钗头凤（陆游）

PPT：（校园版）钗头凤·戒烟

2. 师生探讨出结果：

①网络文学语言的亲切感强，但经典性欠缺；传统文学语言朴素深刻，严肃，经典性强。

②网络文学语言更新速度极快，生活气息浓，但深层表现力不如传统文学。

③网文语言清新贴近我们的生活，这一点是传统文学比不了的，一个是刚出炉的薯条和汉堡，一个是精心制作的金华火腿。

3. 你能读懂下面两篇短文吗？

> ××你好：
> 0376？请你 065，08376 好不好？04517，04551，0456，04535？02825？在我心中 0451392，O 时时刻刻都在想：0451392，偶想以后 04527，04527！真的，请你相信好吗？如果 U 不答应，偶将要 7 两 24 了！

学生先猜猜意思，经过翻译，这张纸条的内容是：

4. 师生小结：数字话语不规范，艰涩难懂，日常用语要避免数字化表达。

5. 网络语言。

> 早上起来，老妈见女儿没去上班，开门一看，女儿好像还在0o。(一．一)，可嘴里(^。^) y－～～。o0，再一看还是 ●＿●，老妈问为什么这样，女儿干脆 O (^_^) O，气得老妈 (⊙o⊙)，关门而去。女儿顿时欢呼 \ (0.0) /，还朝床头靓照 f '（＊∩＿∩＊）'

翻译内容：

6. 小结区别：符号文句，艰涩、难懂。网语时尚活泼，但规范不如传统文字强。传统文学语言作家用语规范，书面语气息浓厚，有时代气息，但对待写作还是很稳重。网文的作者则已经平民化，追求高速、时尚，主要以表情达意为主，语言的规范性标准在降低。网文大量数字、符号表达，艰涩难懂。网语数字化、符号化，艰涩难懂。

五、课堂总结

PPT 总结："舍弃母语就等于亡国。""亡了国，当了奴隶的人们只要牢牢记住他们的语言，就好像拿着一把打开监狱大门的钥匙。"

活 动 实 录

活动过程：

一、猜一猜，玩转广告用语

（一）穿越古代，阅读广告语

1. 师：同学们，你们读过《水浒传》吗？认识武松吗？今天老师带同学们来玩一次穿越。

2. PPT 出示：请同学们关注电脑，欣赏古代一句广告语，《水浒传》里景阳冈小酒铺广告："三碗不过冈"。思考：以你的想法，你觉得这广告言外之意是？

3. 生：它的意思是酒的质量很好、很浓，或者说酒的质量不言而喻。

（二）疯狂竞猜，认识网络语言

1. 师：让我们再看看下面这些有趣的广告用语，它们有什么特点呢？

①学生举手竞猜，一起猜猜"我"是谁？教师给学生发相应小奖品。

猜猜"我"是谁
夏天的"凉"友，冬日的"火"伴（电器）
实不相瞒，我的名气是吹出来的（电器）
今年二十，明年十八（日用品）
图文并茂出示答案：　空调　　电风扇　护肤品

②奇幻小组用自己电脑展示奇妙广告，全班感受网络语言。

竞猜规则：主持人说广告语，其他同学猜猜是什么类广告，猜对小组加分。

某眼镜广告：一明惊人
某蚊香广告：默默无蚊
某冰箱广告：领鲜一步
某服装广告：衣衣不舍
某烧鸡广告：鸡不可失
某饭店广告：食全食美
止咳药广告：咳不容缓

③神话小组在自己电脑向汇报：欣赏奇思妙想的广告。

沙场练兵：请班级小组展示奇妙网络语言：

非常可乐，非常选择	—— 非常可乐
没有摩擦的感觉象在飞	——某润滑油
百衣百顺	——电熨斗
一品黄山，天高云淡	——黄山香烟
声声百思特，遥遥两相知	——百思特
只要有梦想，凡事可成真	——香港电信
众里寻他千百度，想要几度就几度。	——伊莱克斯冰箱
简约而不简单	——利郎商务男装

2. 师：同学们，我们欣赏了这么多奇妙的网络语言，那么网络语言的特点是什么？

3. 师生共同探究广告语特点：新鲜、形象、生动、风趣、幽默但有错误，负面影响大。

二、议一议，了解网络语言

1. 出示话题：一场辩论会。

师：同学们，今天老师给你们带来一份礼物——一场精彩的辩论赛。辩论有自己独特的魅力，它可以让我们在争辩中更加深刻认识。今天我们来欣赏一场辩论，这份论题是"学生玩网络游戏利大于弊还是弊大于利"。先来看看正反双方的代表的看法。

教师指名学生朗读观点。

①正方观点陈述：

学生玩网络游戏应该是利大于弊的，我们认为是没有问题的。因为网络游戏新奇、多变、刺激、灵活，应该可以带我们进入一个全新的世界，丰富我们的想象力，让我们的思维得到锻炼，给我们带来不错的游戏体验。我身边的许多同学都有玩网络游戏的经历。他们对网络游戏的感受是：好玩，刺激，有新鲜感，觉得很好。网络游戏给我带来了不少的乐趣。

教师再次指名学生朗读观点。

②反方观点陈述：

学生玩网络游戏是弊大于利的。据统计，人们每次玩网络游戏的平均时间是 3.8 小时，这对于主要任务是学习的学生来说，不能不说是一个巨大的负面影响；网络游戏的内容以战争、打斗为主，过多地接受这些非主流的社会现象，学生对社会的认知会出现模糊，甚至会出现偏差。面对如此严重的弊病，我们还能说中学生玩网络游戏是利大于弊吗？

2. 师：我们一起思考：看了正反双方的辩词，你认为哪一方的辩词更好，内容更丰富，表达更有力度，为什么？

提示：反方观点十分明确，运用了多变的句式，使语意的表达鲜明而强烈。

3. 网络与我们生活息息相关，看来网络不仅影响着我们的生活，还影响着我们的语言。

三、认一认，认识网络语言特点

1. 网络语言猜猜猜。

PPT 出示：让我们一起猜猜下列网络语言的意思：

> ★ "潜水"：天天在论坛里待着，只看不聊，但注意论坛日常事务的人。
> ★ "大虾"：是"大侠"的谐音，指"计算机高手"。
> ★ "打铁"：写帖子，一般指有点儿分量的帖子。
> ★ "踩一脚"：也称踢一脚、留个爪子印等，都是跟帖之意。
> ★ "白骨精"：白领——骨干——精英。

2. 讨论交流："这样子"说成"酱紫"，"哥哥"称作"GG"、"886"表示"再见"……对这一现象，有人否定，有人肯定。同学们，你还认识哪些网络语言？

3. 互动探究：根据自己接触网络的实践和所闻，大家能总结出"网络流行语"有哪些主要特征？

4. 教师总结网络语言特点：

①时尚性：

网民们为赶时髦，挖空心思"创造出"令人感到新奇的网语，大有"语不惊人死不休"的劲头。

②便捷性：

既可提高交流的速度，又可节省输入的时间和上网的花费。

③娱乐性：

网民上网的一个重要动机就是"找乐"，而网民在互动过程中形成别具一格的"流行语"，无疑增加了实时交流的乐趣。

④不规范性。

从规范的汉语表达方式看，"网络流行语"中汉字、数字、英语字母，以及文本符号混杂使用，怪字、错字、别字层出不穷，完全是"病句"。

四、比一比，传统文学语言与网络文学语言的区别

1. 探究特点：通过这两首词，请你比较出传统文学语言与流行文学语言二者的特点各是什么。

PPT：钗头凤（陆游）

红酥手，黄縢酒，满城春色宫墙柳。东风恶，欢情薄，一杯愁绪，几年离索。错！错！错！

春如旧，人空瘦，泪痕红浥鲛绡透。桃花落，闲池阁，山盟虽在，锦书难托。莫！莫！莫！

PPT：（校园版）钗头凤·戒烟

本国烟，外国烟，成瘾苦海都无边。前人唱，后人和，饭后一支，神仙生活。错！错！错！

烟如旧，人空瘦，咳嗽喘气罪难受。喜乐少，愁苦多，一朝上瘾，终生枷锁。莫！莫！莫！

2. 师生探讨出结果：

①网络文学语言的亲切感强，但经典性欠缺；传统文学语言朴素深刻，严肃，经典性强。

②网络文学语言更新速度极快，生活气息浓，但深层表现力不如传统文学。

③网文语言清新贴近我们的生活，这一点是传统文学比不了的，一个是刚出炉的薯条和汉堡，一个是精心制作的金华火腿。

3. 你能读懂下面两篇短文吗？

> ××你好：
>
> 0376？请你065，08376好不好？04517，04551，0456，04535？02825？在我心中0451392，O时时刻刻都在想：0451392，偶想以后04527，04527！真的，请你相信好吗？如果U不答应，偶将要7两24了！

学生先猜猜意思，经过翻译，这张纸条的内容是：

> ××你好：
>
> 你生气了？请你原谅我，你别生气了好不好？你是我氧气，你是我唯一，你是我的，你是否想我？你爱不爱我？在我心中你是我一生最爱，我时时刻刻都在想：你是我一生最爱，我想以后你是我爱妻，你是我爱妻！如果你不答应，我将要缺氧而死了！

4. 师生小结：数字话语不规范，艰涩难懂，日常用语要避免数字化表达。

5. 网络语言。

> 早上起来，老妈见女儿没去上班，开门一看，女儿好像还在0o。（ー.ー），可嘴里(ˆ。ˆ)y─～～。o0，再一看还是●_●，老妈问为什么这样，女儿干脆O(^_^)O，气得老妈（⊙o⊙），关门而去。女儿顿时欢呼 \ (0.0) /，还朝床头靓照 f '（*∩_∩*)'

翻译内容：

> 早上起来，老妈见女儿没去上班，开门一看，好像还在睡觉，可嘴里抽着烟，再一看还是个大熊猫眼，老妈问为什么这样，女儿干脆戴上随身听，气得老妈目瞪口呆，关门而去。女儿顿时欢呼"万岁"，还朝床头靓照献上最可爱的一笑 。

6. 小结区别：符号文句，艰涩、难懂。网语时尚活泼，但规范不如传统文字强。传统文学语言作家用语规范，书面语气息浓厚，有时代气息，但对待写作还是很稳重。网文的作者则已经平民化，追求高速、时尚，主要以表情达意为主，于是语言的规范性标准在降低。网文大量数字、符号表达，艰涩难懂。网语数字化、符号化，艰涩难懂。

五、课堂总结

1. 师：新词语是随着社会的发展而产生并流行的；既有新创造的，也有旧词生新意的，还有音译外来词。但是传统书面语言有着不可替代的优越性，我们应该守护我们的文化家园。

2. PPT总结："舍弃母语就等于亡国。""亡了国，当了奴隶的人们只要牢牢记住他们的语言，就好像拿着一把打开监狱大门的钥匙。"

第2课时　体味语言传承

活 动 设 计

活动目标：

1. 引导学生关注生活，了解传统语言与流行新语言的异同点、特点，初步学会辨析并规范运用新语言。

2. 学会在比较、观察中了解传统语言特点，初步学习正确运用传统语言。

3. 引导学生了解祖国语言的特点，增强学生热爱祖国语言文字的思想感情。

活动重点：让学生在朗读古典文学中，初步感受中国语言文字的魅力。

活动难点：学生在比较、观察语言中，初步学习运用传统语言。

活动过程：

一、读一读，欣赏传统语言特点

1. 教师领读文章，再齐读传统文：蒹葭《诗经·国风·秦风》。

总结：汉语的主要特点，经济性 艺术性。

2. 欣赏文字美（书法艺术）。

3. 词汇美：叠音、拟声、双声叠韵词：如，寻寻觅觅，冷冷清清，凄凄惨惨戚戚

二、读一读，体会网络语言特色

1. 独特的量词、特殊的句型（排比、对偶等）利用流行语特点亦可构思出优美的作文。

2. 利用流行语特点构思出的优美作文：

小结：网络语言独特魅力。

三、比一比，感受语言的魅力

1. 欣赏例文，传统文：老舍《在烈日暴雨下》。
2. 欣赏例文，网文：《第一次亲密接触》。
3. 两段文字的景色描，各自的语言有何特点？

活动实录

活动过程：

一、读一读，欣赏传统语言特点

师：同学们，我们祖国的历史上下五千年，积淀着我们祖国的文化博大精深，尤其是古代经典的文学字里行间流露着语言独特的魅力。其博大精深的思想内涵对我国和谐社会的构建是一笔弥足珍贵的历史文化遗产，让我们走进一段传统的文学之旅。

1. 教师领读文章，学生跟读传统经典：PPT 蒹葭《诗经·国风·秦风》

蒹葭（jiān jiā）苍苍，白露为霜。所谓伊人，在水一方。溯（sù）洄（huí）从之，道阻且长；溯游从之，宛在水中央。蒹葭凄凄（qī），白露未晞（xī）。所谓伊人，在水之湄（méi）。溯洄从之，道阻且跻（jī）；溯游从之，宛在水中坻（chí）。蒹葭采采，白露未已。所谓伊人，在水之涘（sì）。溯洄从之，道阻且右；溯游从之，宛在水中沚（zhǐ）。

2. 教师总结汉语的主要特点：经济性：音节的简约和简明，汉字的简省性，构词的简洁性，语法的简洁性；艺术性：语音美：叠音、谐声、押韵等。

3. 师：同学们，祖国的语言文字的魅力不仅在文章流淌着，而且在我国古代书法作品流露着她的形态美，让我们一起欣赏祖国的文字吧。

PPT 展示：请同学们欣赏电脑中的书法作品。

3. 学生尝试学着交流感受，欣赏祖国语言美。

4. 请学生代表用手中电脑展示祖国语言文字的词汇美。比如，叠音、拟声、双声叠韵词：如，寻寻觅觅，冷冷清清，凄凄惨惨戚戚。

5. 同学们，我们祖国的语言文字如此丰富、多样、变化，你还知道哪些词汇是特别的美呢？

发散交流：重叠词、拟人化、拟声词……

二、读一读，体会网络语言特色

1. 师：同学们，独特的量词、特殊的句型（排比、对偶等）利用流行语特点亦可构思出优美的作文，让我们一起欣赏一篇奇葩文章吧。

阅读下面一则寓言，根据要求作文。PPT呈现文字。

有一个年轻人跋涉在漫长的人生路上，到了一个渡口的时候，他已经拥有了"健康""美貌""诚信""机敏""才学""金钱""荣誉"七个背囊。渡船开出时风平浪静，说不清过了多久，风起浪涌，小船上下颠簸，险象环生。船公说："船小负载重，客官须丢弃一个背囊方可安渡难关。"看年轻人哪一个都舍不得丢，艄公又说："有弃有取，有失有得。"年轻人思索了一会儿，把"诚信"抛进了水里。

①寓言中"诚信"被抛弃了，它引发你想些什么呢？

②同学们交流感受。

③教师再小结：象征的手法能把文字用活、用巧、用妥。

2. 利用流行语特点构思出的优美作文：

成长大学报名启示录

一年一度的高考结束了，但考生们和家长们的心还没有放下来，他们还不放心什么呢？报志愿。

成长大学作为世界上一流的学府，自然备受瞩目。成长大学领导经过研究，为了培养新世纪的人才，把原有的系重新分为七个系，即健康系、美貌系、诚信系、机敏系、才学系、金钱系和荣誉系。

成长大学招生简章

为了适应社会的发展，为了培养新世纪的人才，为了为人类更好的服务，我校领导决定把原有的系重新组成七个系，望广大考生踊跃报名：

1. 健康系——健康比什么都好；

2. 美貌系——沉鱼落雁，闭月羞花；

3. 诚信系——人很重要的品质；

4. 机敏系——聪明绝顶，绝顶聪明；

5. 才学系——才高八斗，学富五车；

6. 金钱系——没什么别没钱；

7. 荣誉系——身前身后名。

本大学网址：成长大学.com

简章登出第一天，成长大学网站的访问量突破一百万，其中金钱

系 21.5%；

美貌系 20.8%；健康系 17%；荣誉系 15%；才学系 13.2%；机敏系 12.5%；诚信系 0%。

教师导语：校领导看到以后，慌了，他们想：怎么一个报诚信系的都没有呢？经过商讨，又发了一份招生简章补充说明，鉴于实际情况，我校经研究，做出以下决定：

对于报诚信系的同学，录取分数可以降低 30 分，且不需要交纳多余钱款，更由蜚名世界的著名教授任教，成绩前 30%减免学费，并给予奖学金。其他系则无此待遇。

第二天，满以为报诚信系的学生会很多的校长接到电话，诚信系仍无人报名，其他系总数已超过五百万大关，其中金钱系已超过一百万。

校长放下电话，想了想，又做出决定，决心撤销诚信系，改为六个系，其中将金钱系的录取分数线比其他系提高 50 分，不够分者差一分须交 1 万元。

成长大学的第二篇补充说明又发出去了……

3. 教师直接简评：

本文紧紧围绕材料给出的"诚信"话题行文，中心突出，结构严谨。作者对"诚信"在社会现实中的窘境的审视与思考是冷静而深刻的，而这种思考却是在一个荒诞的"成长大学"招生的故事中含蓄地表达出来的，构思精巧又不着痕迹，想象丰富又贴切自然。结尾意味深长，给读者留下了广阔的思考空间；语言轻松流畅，于淡淡的幽默中显示出思辨的锋芒。

4. 师：其他同学们还有其他独特的感受吗？

5. 学生补充，教师即时表扬与点评。

四、比一比，感受语言的魅力

1. 师：我们的传统文学语言与网络语言又有什么区别呢？让我们共同探讨文学语言与网络语言的区别：

传统文：朴素语言传达着严肃的情感，蕴涵着深刻的道理。语言凝练精简，特讲究遣词造句。感情浓烈而且犀利，有的给人一种严肃的感觉，不能任意放纵自己的感情。语言充满严肃性。朴实而又追求一定的哲理性、深刻性。用语讲求四两拨千斤。

网文：生活化的语言表情达意非常直白、热切，不怎么追求深刻性。有一种亲切感，更贴近我们的生活。文字表达力不如传统文字强。语言规范意识不如传统文字强。

五、用一用，学习规范运用网络语言

1. 新闻大剖析

最近，部分领导讲话想汲取网络语言活泼幽默的优点，以适应这个时代分众化的传播趋势，"牛掰""然并卵""屌丝"等不雅网络语言频频出现在这些领导干部的讲话中，更有领导为取悦听众，使用"草泥马""蛋疼""我日"等粗鄙化表达。

2. 新病我来诊

这现象，同学们有什么看法，你认为这样的做法你赞同还是反对呢，为什么？我们先一起来给这社会现象把脉、诊断吧！

3. 我来开药方

学生观点一：这不仅违背了公序良俗，损害了党和国家的形象，也是对民族语言文化的亵渎。

学生观点二：这是哗众取宠、急功近利的思维在作祟，也是缺乏责任意识和社会担当的体现。

观点三：网络用语是语言文化在网络时代的发展结果，也是一种必然产物，笔者认为，在互联网时代，如何正确认识和使用网络语言，使它为活跃的文化生活服务，并经过健康合理的筛选，充实汉字。

4. 教师小结

领导干部的一言一行，都有很强的示范和引领作用。坚守社会责任，传承语言文化，将违背社会道德的网络低俗语言拒之门外，积极传播核心价值观，应当成为每位领导干部义不容辞的使命。

5. 网络语言吸收与摒弃

师：同学们，网络语言是一种新生事物，它的存在和发展有其历史的必然性。面对这样的新事物，我们如何做好迎接它呢？接下来有请我们班级四大小组的同学代表发表观点：

学生：对其汲取与发扬

观点一：网络语言中一部分词汇在经过长时间考验被人们接受后也可以进入基本词汇，因为当代汉语中每年大概出现 1000 个左右的语文性新词语，也是时代的产物。我们反对网络上的粗话、脏话和一些废话，但生动形象能体现网民"个性"的习惯用语无妨于社会的进步和发展，反而能丰富活跃我们的文化生活。

观点二：汉语长盛不衰，就是一个不断吸纳外来文化（语言）、不断自身调整的过程，而且这个过程是不可能用其他手段强制的。我们的母语——汉语的胸怀就像浩瀚的大海一样宽广无际，她张开巨臂能吸纳形形色色的文化和语言。

学生：对其批判与摒弃

观点一：不守口德，随意谩骂和进行人身攻击，例如：TMD（他妈的）、WBD（王八蛋）、NND（奶奶的）、0487（你是白痴）、BT（变态）。

观点二：有些人为使自己在网上受到别人的重视故意表现出另类性格和反

调言论，与现实社会的行为规范存在明显冲突，污染了网络浪漫的天空。例如有些人起粗俗下流、庸俗不堪的黄色网名和写黄色词句。

观点三：目前网络语言已不甘心只在网络上生存，有进入现实生活中的倾向。比如用"东东"代替"东西"，用"886"代替"拜拜了"，评价女孩这个是"食肉性恐龙"、那个是"食草性恐龙"。

观点四：网络语言过于求新在求新度方面有些过头，例如 E－mail 有电子邮件、电子函件、伊妹儿之称；版主也被写成"班主、版猪、斑竹、版竹"等。常常是一种创新还未定型又有一种创新出现了。这些问题不能不日益引起人们的担忧。

学生：理解使用人群

学生将是网络使用、交往的重要主体。他们大多有鲜明的个性。他们渴望在新的环境中多交流，但现实利益的冲突，使得一些年轻人更愿意到虚拟环境中去寻求友谊。他们是社会群体中最富有理想和激情、敢于探索和追求、具有开拓和创新精神的群体。他们也总是试图打破传统的规范，不断地寻求和尝试新的网络语言进行交流。

6. 教师总结

总之，面对流行的网络语言，汉语将又一次受到巨大的挑战和冲击，借用眼下一句时髦的话，这对汉语"既是挑战，也是机遇"，我们要用宽容的眼光和积极的态度去对待现实。

第 3 课时　妙用表情包

------------------------------ 活 动 设 计 ------------------------------

活动目标：

1. 通过学生欣赏、表演、游戏等活动体会各种表情所表达文字方式。

2. 学会在一定的情景中，进行简单的运用表情表达的能力。

3. 学会用恰当的表达方式关爱身边的人。

活动重点：学会用恰当的表达方式关爱身边的人。

活动难点：学会在一定的情景中，进行简单的运用表情表达的能力。

活动流程：

一、导入：欣赏视频，理解表达

1. 说说里约奥运会哪些镜头是让你难忘的，引出网红傅园慧采访：引出表情可以表达一个人的真实、可爱……

2. 那身边还有哪些视频的表情让你历历在目呢?

3. 选择《憨豆先生》欣赏,重点理解表情表达幽默,优酷视频欣赏,也可以选择孩子们熟悉的动画片欣赏。

4. 选择《喜剧之王》欣赏,夸张的表情让人有愉悦感,重点理解欢乐的表达方式。

5. 小结:恰到好处的表情可以表达、传递感情。

6. 小结:文字的理解的方式是可以丰富、多元的,表达也同样。

二、游戏:你来比画,我来猜

1. 学生游戏:你来比画我来猜。

2. 游戏规则:一位小裁判,另外两位同学面对面,其中一位同学根据裁判提供的词语,通过自己的理解运用表情、动作、肢体表达词语的意思,另一位同学根据表演在规定时间内猜出词语。

3. 游戏活动开始,其他同学注意观察,可以参与其中,是你的话,你会怎么去表达这个词语,谁表达的最好?

4. 颁发游戏小纪念品。

5. 心灵的采访:你刚刚的比画中有什么感受?

小结:表达的方式很多,可以用表情、动作、肢体以及其他可以表达的事物,表达过程也是很快乐,讲究学问的过程。

三、说一说,寻找表达金钥匙

1. 生活哪些地方需要我们的表达呢?我们怎么把握表达的三把金钥匙呢?

2. 节日的表达、喜事的祝福、痛苦的安慰、失败的鼓励。

3. 选择一种熟悉的情景(比如同学获奖),说说你是怎么表达你的祝福呢?

4. 教师提供一个情景,学生开展表达,我们进行"真情表白"。

情景一:同学考试失败的时候……

情景二:同学转学了,你的祝福……

情景三:同学获得奖状,你如何祝福他……

小结点评:表达的金钥匙:真诚、爱护、欣赏。

7. 奖励最佳表达者、最真诚表达者、最佳点评者……

四、聊一聊,感受丰富的表达方式

1. 听广播:体会用语言表达。作业:学习用几句语言表达对家乡景色的喜爱。

2. 看视频:观看激动的里约奥运镜头,体会解说员如何表达他激动的心情的,看着打动你的奥运镜头学习解说、表达你的喜悦。

3. 听相声:感受肢体语言,以及语言表达的艺术。

4. 请部分学生上台汇报谈感受。

五、演一演，学会切当表达我们的关怀

1. 由事先安排好的节目《校园碰碰车》让学生表演，体会相互包容、相互理解的作用。

2. 小结：生活需要观察、需要我们恰当表达我们的关怀。

------- 活 动 实 录 -------

活动过程

一、导入：欣赏视频，理解表达

（一）说一说，打开美妙表情包

1. 师：同学们，位于另一个半球的巴西里约，第 31 届夏季奥运会已经圆满落幕，为全世界体育爱好者带来了四年一度的饕餮盛宴。赛场上中国奥运健儿们，用自己的实际行动向我们诠释了奥运精神的内涵。在这美好运动盛宴里，留给了我们许许多多的记忆，同学们，谁来说说里约奥运会哪些镜头是让你难忘的？

生：在孩子讨论中引出网红傅园慧对表情包。

师：看来一个特别的表情可以表达一个人的真实、可爱，可以让人难以忘怀……

（二）聊一聊，我喜欢的表情包

1. 师：同学们，那在你的身边还有哪些视频的表情让你历历在目呢？今天我们的班长带来了一个精彩的影视片段，让我们一起走进那段美妙的影片。

2. 学生代表选择《憨豆先生》欣赏，重点引导同学理解表情表达幽默，优酷视频欣赏，也可以选择孩子们熟悉的动画片欣赏。

3. 学生代表选择《喜剧之王》欣赏，夸张的表情让人有愉悦感，重点理解欢乐的表达方式。

4. 教师小结：看来恰到好处的表情可以表达、传递我们的感情。文字的理解的方式是可以丰富、多元的，表达也同样。

二、游戏：你来比画，我来猜

1. 师：同学们，今天老师给大家带来了一个游戏，想玩玩吗？

生：好的！

2. PPT 出示：学生游戏：你来比画我来猜。

> 游戏规则：一位小裁判，另外两位同学面对面，其中一位同学根据裁判提供的词语，通过自己的理解运用表情、动作、肢体表达词语的意思，另一位同学根据表演在规定时间内猜出词语。

3. 师：游戏活动开始啰，老师提醒你，没有参与的同学注意观察，同时你也想一想，是你的话，你会怎么去表达这个词语，谁表达的最好？

4. 师生互动游戏开始。

5. 师：给表演最出色的孩子颁发游戏小纪念品。

6. 教师开展心灵的采访：

问题一：孩子们，你刚刚的比画中有什么感受？

问题二：你怎么通过对方的表演才认出来的？

教师小结：表达的方式很多，可以用表情、动作、肢体以及其他可以表达的事物，表达过程也是很快乐，讲究学问的过程。

三、说一说，寻找表达金钥匙

1. 师：那么我们生活哪些地方，什么情况需要我们的表达呢？我们怎么把握表达的金钥匙呢？

2. 生：比如节日的祝福表达、喜事的祝贺、痛苦的安慰、失败的鼓励。

3. 师：假如今天就是教师节，你会怎么去表达你对老师的祝福呢？我们先讨论讨论。

4. 生：祝福要真情实感，祝福语言可以口语化一些，祝福还可以配上一些动作，比如鞠躬、微笑……

5. 情景练习：你会怎么做？

情景一：同学考试失败的时候……

情景二：同学转学了，你如何话别他……

情景三：同学获得奖状，你如何祝福他……

学生先小组讨论，然后代表发言交流。

小结点评：表达的金钥匙：真诚、爱护、欣赏。

6. 教师给学生奖励最佳表达者、最真诚表达者、最佳点评者……

四、聊一聊，感受丰富的表达方式

1. 师：我们生活在互联网＋时代，我们的身边有许许多多的媒介，他们都在用自己独有的方式表达着自己观点与感情。现在让我们一起听一则广播，她又是如何在倾诉对家乡的感情呢？

2. 学生用心体会广播的语言表达，同时让学生学习用几句语言表达对家乡景色的喜爱。对于有困难的学生，老师提供家乡赞美的语句。

3. 教师点评：刚刚很多同学用自己独特的方式表达了自己对家长的赞美，很多同学语言感人、流露真情，恰如其分地表达了自己对家长的喜爱，现在老师要给这些同学颁奖拉！

4. 教师颁奖："百灵鸟"、"金话筒"、"小播音"奖项。

5. 观看视频：观看激动的里约奥运镜头，体会解说员如何表达他激动的心情。然后让学生看着打动自己的奥运镜头学习解说、表达你的喜悦。

（以女排获得冠军那场比赛为蓝本解说）

6. 欣赏相声：《语言的规律》，感受肢体语言，以及语言表达的艺术。

7. 请部分学生上台汇报谈感受。

8、师：我们生活中需要表达，而表达最需要的就是真是的感情、恰当的语气、贴心的语言。

五、画一画，我来给设计网络表情包

（一）学画网络表情包

1. 多媒体与我们的生活息息相关了，我们生活在微信、微博的微时代里，在这互联网时代也有自己独特的表情，今天让我们根据自己的需要来设计一个或者一组网络表情包吧。

2. PPT 展示设计要求：

①请根据人物的喜怒哀乐设计一组自己喜欢的表情；

②设计的时候可以参考网络表情包；

③设计好表情包，说说你设计的表情想表达什么，最想把这表情包表达给谁呢？

3. 学生开始设计，教师巡视指导，并注意收集代表性表情包。

4. 实物投影展示学生作品，学生一边展示一边介绍，教师即时给予点评。

5. 评选班级最佳表情包，教师给予颁奖。

（二）学会切当表达我们的关怀

1. 由事先安排好的节目《校园碰碰车》让学生表演，体会同学之间出现矛盾后要学会相互包容、相互理解。

2. 师：我们要学习在交流中先道歉、后解释，要诚恳、重关怀。

3. 教师小结：生活需要观察、需要我们恰当表达我们的关怀。

第4课时 影视作品与原著的异同赏析

活动设计

活动目标：

1. 引导学生了解影视作品和古代文学的基本特点。

2. 学会在比较、观察中了解影视作品与原著的区别。

3. 引导学生初步学会欣赏影视作品和原著，增强学生鉴赏能力。

活动重点：学会在比较、观察中了解影视作品与原著的区别。

活动难点：学会在比较、观察中了解影视作品与原著的区别。

活动过程：

一、认识影视作品

1. 从喜欢的影视作品谈起：你最喜欢的影视作品是什么？最喜欢的动画片是什么？简单说说你为什么喜欢？

2. 什么是影视作品：影视作为一个时尚的名词与我们现代的生活息息相关，那么我们几乎每天接触的影视到底是什么呢，谁来谈谈简单的认识？

作品分类：其实影视作品可以根据它的内容进行简单的分类。

3. 让一位学生上台PPT进行解说电影艺术的发展（5次重大变革）

第一次大变革（从无声到有声）

第二次大变革（从黑白道彩色）

第三次大变革（立体电影的出现）

第四次大变革（进去电子计算机时代）

第五次大变革（进入数字技术时代）

4. 影视作品的作用：先由学生自由阐述自己的观点，然后教师进行总结：审美认知、文化传递、教育宣传。

二、文学作品的欣赏

1. 很多著名的影视作品就是来源与我们身边许多文学作品的改编，比如，《三国演义》《水浒传》《红楼梦》……你喜欢阅读什么哪些古典文学作品呢？你知道中国有哪些著名的文学作品吗？

2. 学生选择自己喜欢的作品介绍，并要求简单点评作品。

教师：出示中国经典的文学作品：

钱钟书《围城》、曹雪芹《红楼梦》、罗贯中《三国演义》、吴承恩《西游记》、施耐庵《水浒传》等。

3. 许多经典的文学作品被翻拍成影视作品，在翻拍过程中有哪些区别呢？

三、影视作品与原著的不同

1. 作者曹雪芹呕尽心血，用了十年时间，写成了这部长篇小说。让我们一起阅读一部熟悉的影视作品《红楼梦》：

出示选段：《刘姥姥进大观园》片段。

引导学生在朗读、讨论，品词释句中体会文学作品细腻、传神的特点。

2. 观看视频（87版、10版红楼梦）

3. 学生交流两者不同之处。

教师小结：

4. 阅读《草船借箭》文章，你认为这文章哪里最吸引你？

5. 观看《草船借箭》视频。

6. 讨论两者不同之处：

7. 交流总结。

四、演一演，体会中国语言的不同表达方式

1. 以《三国演义》的"草船借箭"片段为蓝本，在阅读与表演中体会不同的表达方式，感受古典文学的魅力。

2. 颁发"最佳表演奖"。

3. 可以布置一些趣味作业"学生剧场"，让选一部喜欢的文学作品自编、自导、自演、自评，运用影视表达文学作品。

- - - - - - - - - 活 动 实 录 - - - - - - - - -

活动过程：

一、打开记忆魔方，认识影视作品

1. 师：同学们，你最喜欢的影视作品是什么？最喜欢的动画片是什么？简单说说你为什么喜欢？

2. 生：我最喜欢的电影是《疯狂动物城》，那部电影很好玩，很有趣……我最喜欢的电影是《冰雪奇缘》，因为……

3. 师：每部打动你的影片都伴随在我们的美好记忆，给你带来视觉、听觉以及其他不同的感受，它是生活的艺术。

4. 师：影视作为一个时尚的名词与我们现代的生活息息相关，那么我们几乎每天接触的影视到底是什么呢，谁来谈谈简单的认识？

学生讨论后教师小结PPT：剧影视作品是一种通过摄影机拍摄记录在胶

片上，通过播放器放映出来一种已完成艺术作品的统称。影视作品也是一种艺术作品，它由摄影艺术以及声音结合，融合了视觉与听觉艺术。

5. 同学们利用电脑搜索影视作品有哪些分类，PPT 展示：作品分类：其实影视作品可以根据它的内容进行简单的分类。

6. 师：电影艺术经历了哪些重大的变革呢，有请某某同学上台 PPT 进行解说电影艺术的发展（5 次重大变革）

7. 学生用电脑展示电影变革历程：

（1）第一次大变革（从无声到有声）

有声电影诞生的标志：1927 年，《爵士歌王》；中国第一部有声片是 1931 年《歌女红牡丹》。

（2）第二次大变革（从黑白道彩色）

1935 年，世界上第一部彩色电影《浮华世界》；中国第一部彩色电影是 1948 年舞台艺术片《生死恨》。

（3）第三次大变革（立体电影的出现）

中国第一部立体电影：1981 年《欢欢笑笑》。

（4）第四次大变革（进去电子计算机时代）

代表作品有《阿甘正传》、《真实的谎言》、《侏罗纪公园》、《泰坦尼克号》、《玩具总动员》。

（5）第五次大变革（进入数字技术时代）

2009 年，詹姆斯·卡梅隆导演的《阿凡达》开启 3D 电影元年，电影已经进入数字电影年代。

8. 师：这位同学能独立运用媒介找到这些资料与大家一起分享很棒！那么，影视作品有哪些作用呢？请同学们发表一下自己的观点。

9. 师：PPT 展示影视作品的作用：审美认知、文化传递、教育宣传。

二、打开文学宝库，开展作品欣赏

1. 师：同学们，很多著名的影视作品就是来源与我们身边许多文学作品的改编，比如《三国演义》《水浒传》《红楼梦》……你喜欢阅读什么哪些古典文学作品呢？你知道中国有哪些著名的文学作品吗？

2. 师：大家选择自己喜欢的作品介绍，并要求简单点评作品。

3. 教师：出示中国经典的文学作品代表，学生做交流：

生 1：钱钟书《围城》：文采不错，细节描写独到，人物心理描写也令人惊叹，不过语言平淡中透着辛辣。

生 2：曹雪芹《红楼梦》：红楼梦这本书是千古以来著名的文学著作，书中的人物共有四百多位，而更难能可贵的是作者能一一地剖析书中人物的个性。经由他的笔下使自己创造出来的人物栩栩如生。

生 3：罗贯中《三国演义》：不仅是较早的一部历史小说，而且代表着古代历史小说的最高成就。小说采用浅近的文言，明快流畅，雅俗共赏；笔法富于变化，对比映衬，旁冗侧出，波澜曲折，摇曳多姿。又以宏伟的结构，把百年左右头绪纷繁、错综复杂的事件和众多的人物组织得完整严密，叙述得有条不紊、前后呼应，彼此关联，环环紧扣，层层推进。

生 4：吴承恩《西游记》：向人们展示了一个绚丽多彩的神魔世界，人们无不在作者丰富而大胆的艺术想象面前惊叹不已。然而，任何一部文学作品都是一定社会生活的反映，作为神魔小说杰出代表的《西游记》亦不例外。

生 5：施耐庵《水浒传》：是中国文学史上的一朵奇葩，历来为人们所称道，成为后来长篇小模仿的典范，以性格透露人物本质特征。它在艺术结构上取得了卓越的成就，其情节的展开已开始由单线勾勒式向细致描绘式过渡，其主题思想、艺术风格、人物刻画都是在这样的结构建构中得以完成。而语言风格在民间口语的基础上创造出了一种通俗、简练、生动、富于表现力的文学语言。

4. 师：同学们，我们身边的许多经典的文学作品被翻拍成影视作品，在翻拍过程中它们之间又有哪些区别呢？

三、影视作品与原著的不同

1. 师：作者曹雪芹呕尽心血，用了十年时间，写成了这部长篇小说。让我们欣赏一部熟悉的影视作品《红楼梦》：

PPT 出示选段：《刘姥姥进大观园》"凤辣子"就是王熙凤，她是《红楼梦》里的一个主要人物。书中以贾宝玉和林黛玉的爱情故事为主线，展现了封建大家族由盛而衰的历史，刻画了众多性格鲜明的人物，王熙凤就是其中的一个。下面这个片段节选自第三回，写的是林黛玉初进大观园，与众人相见时的情景。

一语未了，只听后院中有人笑声，说："我来迟了，不曾迎接远客。"黛玉纳罕道：这些人个个皆敛声屏气，恭肃严整如此，这来者系谁，这样放诞无礼。心下息时，只见一群媳妇丫鬟围拥着一个人，从后房门进来。这个人打扮与众姑娘不同，彩绣辉煌，光若神妃仙子：头上戴着金丝八宝攒珠髻，绾着朝阳五凤挂珠钗；项下戴着赤金盘螭璎珞圈；裙边系着豆绿宫绦双鱼比目玫瑰佩；身上穿着缕金百蝶穿花大红洋缎窄褃袄，外罩五彩刻丝石青银鼠褂，下罩翡翠撒花洋绉裙。一双丹凤三角眼，两弯柳叶吊梢眉。身量苗条，体格风骚，粉面含春威不露，丹唇未启笑先闻。

黛玉连忙起身接见。贾母笑道："你不认得他。他是我们这里有名的一个泼皮破落户儿，南省俗谓作辣子，你只叫他'凤辣子'就是了。"……

这熙凤携着黛玉的手，上下细细地打量了一回，便仍送至贾母身边坐下，因笑道："天下真有这样标致的人物，我今儿才算见了。况且这通身的气派，竟不像老祖宗的外孙女儿，竟是个嫡亲的孙女。怨不得老祖宗天天口头心头，一时不忘。只可怜我这妹妹这样命苦，怎么姑妈偏就去世了。"说着，便用帕拭泪。贾母笑道："我才好了，你倒来招我。你妹妹远路才来，身子又弱，也才劝住了，快再休提前话。"这熙凤听了，忙转悲为喜道："正是呢，我一见了妹妹，一心都在他身上了，又是喜欢，又是伤心，竟忘记了老祖宗，该打该打。"又忙携黛玉之手，问："妹妹几岁了？可也上过学？现吃什么药？在这里不要想家。要什么吃的，什么玩的，尽管告诉我。丫头老婆们不好了，也只管告诉我。"

2. 师：请位大家自由读读这个片段，想想这片段给你最大的感受是什么？

3. 生：这文学片段写得很细腻，人物特点写得鲜明。

4. 生：文章也写得很传神，尤其是人物的外貌描写很细、很传神。

5. 师：那么当这些优秀的文学作品排成影视作品的时候，它又什么不一样呢？让我们一起观看视频（87版、10版红楼梦）。

6. 师生共同欣赏（87版、10版）《红楼梦》学生交流两者不同之处：

7. 学生交流大致情况：细节改动处都太多，总的来说87版有一些大刀阔斧的修改删减，还有一些添加（比如贾珍和秦可卿的私会），而10版基本没有大情节上的改动。不过在服装发型道具上10版离原著就差太多了，包括大观园的环境和原著相比也相去甚远。87版就好一些。

8. 教师小结：PPT呈现，指名读区别。

人物形象的差异：原著"好人完全是好人，坏人完全是坏人"的单一写法，真是写出人物性格的丰富性与复杂性。比如，《林黛玉进贾府》中写黛玉来到贾府的刻画，"步步留心，时时在意，不肯轻易多说一句话，多行一步路，唯恐被人耻笑了他去。"而影视作品要求"形神兼备"，但很难拿捏。

情节故事的差异：基本忠实于原著，会对某些内容进行强化与省略。亦真亦幻，让你感觉又真又假，又像梦境，又像现实，在虚实之间，这意境电影做到了。

主题思想的差异：作家通过最普通的社会生活的朴素描绘灌注了自己对人本问题的思考，这些问题关乎人的精神生活，使作品具有一种深厚的终极关怀意蕴。李少红作为唯美主义倾向的女性导演，以她细腻、感性的女性视角解读大作，借助造型、画面、音乐等影视技巧使得《红楼梦》达到亦真亦幻、典雅幽昧的整体艺术效果。

4. 师：同学们，《红楼梦》是我国文学史上成就最高的一部古典小说，也是世界文化史上能够代表一个民族的文化且具有人类文化普通价值的少有杰作之一。它是一个旷世奇才历经坎坷和不幸对人生和社会的悲剧性感知和把握。它是由欢而悲，由合而离，是中国古典小说中真正具有悲剧意义的作品。

让我们走进一部经典的小说阅读《草船借箭》。一起阅读其中一篇文章，并想想你认为这文章哪里最吸引你？

PPT：《草船借箭》周瑜看到诸葛亮挺有才干，心里很妒忌。

有一天，周瑜请诸葛亮商议军事，说："我们就要跟曹军交战。水上交战，用什么兵器最好？"诸葛亮说："用弓箭最好。"周瑜说："对，先生跟我想的一样。现在军中缺箭，想请先生负责赶造十万支。这是公事，希望先生不要推却。"诸葛亮说："都督委托，当然照办。不知道这十万支箭什么时候用？"周瑜问："十天造得好吗？"诸葛亮说："既然就要交战，十天造好，必然误了大事。"周瑜问："先生预计几天可以造好？"诸葛亮说："只要三天。"周瑜说："军情紧急，可不能开玩笑。"诸葛亮说："怎么敢跟都督开玩笑？我愿意立下军令状，三天造不好，甘受惩罚。"周瑜很高兴，叫诸葛亮当面立下军令状，又摆了酒席招待他。诸葛亮说："今天来不及了。从明天起，到第三天，请派五百个军士到江边来搬箭。"诸葛亮喝了几杯酒就走了。

鲁肃对周瑜说："十万支箭，三天怎么造得成呢？诸葛亮说的是假话吧？"周瑜说："是他自己说的，我可没逼他。我得吩咐军匠们，叫他们故意迟延，造箭用的材料，不给他准备齐全。到时候造不成，定他的罪，他就没话可说了。你去探听探听，看他怎么打算，回来报告我。"

鲁肃见了诸葛亮。诸葛亮说："三天之内要造十万支箭，得请你帮帮我的忙。"鲁肃说："都是你自己找的，我怎么帮得了你的忙？"诸葛亮说："你借给我二十条船，每条船上要三十名军士。船用青布幔子遮起来，还要一千多个草把子，排在船的两边。我自有妙用。第三天管保有十万支箭。不过不能让都督知道。他要是知道了，我的计划就完了。"

鲁肃答应了。他不知道诸葛亮借船有什么用，回来报告周瑜，果然不提借船的事，只说诸葛亮不用竹子、翎毛、胶漆这些材料。周瑜疑惑起来，说："到了第三天，看他怎么办！"

鲁肃私自拨了二十条快船，每条船上配三十名军士，照诸葛亮说的，布置好青布幔子和草把子，等诸葛亮调度。第一天，不见诸葛亮有什么动静；第二天，仍然不见诸葛亮有什么动静；直到第三天四更时候，诸葛亮秘密地把鲁肃请到船里。鲁肃问他："你叫我来做什么？"诸葛亮说："请你一起去取箭。"鲁肃问："哪里去取？"诸葛亮说："不用问，去了就知道。"诸葛亮吩咐把二十条船用绳索连接起来，朝北岸开去。

这时候大雾漫天，江上连面对面都看不清。天还没亮，船已经靠近曹军的水寨。诸葛亮下令把船头朝西，船尾朝东，一字摆开，又叫船上的军士一边擂鼓，一边大声呐喊。鲁肃吃惊地说："如果曹兵出来，怎么办？"诸葛亮笑着说："雾这样大，曹操一定不敢派兵出来。我们只管饮酒取乐，天亮了就回去。"

曹操听到鼓声和呐喊声，就下令说："江上雾很大，敌人忽然来攻，我们看不清虚实，不要轻易出动。只叫弓弩手朝他们射箭，不让他们近前。"他派人去旱寨调来六千名弓弩手，到江边支援水军。一万多名弓弩手一齐朝江中放箭，箭好像下雨一样。诸葛亮又下令把船掉过来，船头朝东，船尾朝西，仍旧擂鼓呐喊，逼近曹军水寨去受箭。

天渐渐亮了，雾还没有散。这时候，船两边的草把子上都插满了箭。诸葛亮吩咐军士齐声高喊"谢谢曹丞相的箭!"接着叫二十条船驶回南岸。曹操知道上了当，可是这边的船顺风顺水，已经驶出二十多里，要追也来不及了。

二十条船靠岸的时候，周瑜派来的五百个军士正好来到江边搬箭。每条船大约有五六千支箭，二十条船总共有十万多支。鲁肃见了周瑜，告诉他借箭的经过。周瑜长叹一声，说："诸葛亮神机妙算，我真比不上他!"

5. 师生观看《草船借箭》视频。

6. 让我们一起讨论讨论两者不同之处：

7. 教师总结：区别就是电视剧有很多删减的成分，没有完全的展示<u>三国演义</u>的内容。电视剧有点是比较直观地体现了<u>三国演义</u>的现场，让人们更加认识的那个时代。小说则针对喜欢读书，喜欢这段历史的人来讲的，能够更加突出这段历史的气场，深刻的了解各个人物的性格刻画。鲜明地体现了那个时代高手之间的博弈。

四、演一演，体会中国语言的不同表达方式

1. 师：今天，我们以《三国演义》的"草船借箭"片段为蓝本，开展一次表演，我们一起在阅读与表演中体会不同的表达方式，感受古典文学的魅力，感受到祖国语言文字的魅力。

2. 教师给孩子颁发"最佳表演奖"。

3. 布置作业：趣味作业"学生剧场"，让选一部喜欢的文学作品自编、自导、自演、自评，运用影视表达文学作品。

主题活动　小绘本，大道理
——绘本《别让鸽子开巴士》活动课例

活 动 设 计

主题解析：绘本是以简练生动的语言和精致优美的绘画紧密搭配而构成的儿童文学作品，强调视觉传达的效果，而多媒体技术在绘本教学中的有效运用，能使教学内容更形象直观，色彩更鲜艳，更栩栩如生，从而使绘本教学变得更加生动，很好地激发幼儿的学习兴趣。如何在绘本教学中高效地运用好多媒体，我以《别让格子开巴士》教学活动做了实践与思考。

活动目标：

1. 利用媒介呈现，引导学生在听故事的过程中与绘本进行互动，感受阅读的乐趣。

2. 让学生在绘本阅读的体会中能初步感受换位思考，理解家长为什么说"不"，学会为对方考虑。

3. 学会面对无法接受的请求时，要学会恰当说"不"。

活动难点：能初步感受换位思考，理解家长为什么说不。

活动重点：感受绘本带来的阅读乐趣，学会理解别人。

活动流程：

一、猜谜底，导新课

1. 我们今天故事的主人公，不是一只普通的鸽子，它的脑袋里总是充满稀奇古怪的想法，它想干什么？

2. 今天我们讲的故事就是——别让鸽子开巴士

二、讲故事，明道理

1. 听录音，PPT：司机说话，孩子们你们听到了什么？司机放心地离开了。

2. PPT：瞧，小鸽子不安分了，它想什么呢？

孩子读读鸽子的话，读得神气十足。

女孩子，你们同意吗？为什么？引导孩子当我们无法接受请求时要学会拒绝。

3. PPT：求求你，我很小心的。女生读出诚恳。

男生你们同意吗？为什么？引导有礼貌地拒绝。

4. PPT：我跟你说，我转转方向盘就行，我的表哥赫伯几乎每天都开巴士。

鸽子说这是什么意思？希望我们同意它开巴士。

你们同意吗？我们已经拒绝了好多次，可是这件事情是真的不能同意的，我们该怎么说才会让鸽子接受我们对它的拒绝？

我们不能同意你开，因为——司机说了，不安全，表哥会开不代表你会开

引导孩子拒绝是有理有据。

5. 刚才想了很多理由拒绝鸽子，接下来会怎么样呢？

全班模拟鸽子读一读，做一做动作。

个别采访：你同意让鸽子开吗？

6. 唉，玩得这么开心也不同意？不玩了。

PPT："不行？我什么事都做不成。"

你会同情这只小鸽子吗？

7.PPT：录音：嘿，我有个好主意。我们来玩"开巴士"游戏吧！我先玩！

孩子们，你们同意给它先玩吗？

使劲浑身解数，还是不能开巴士。

8.PPT："求你啦！就在这条街上转一圈。"

个别学生：找个你觉得会同意的同学说

9. 孩子们，你们觉得鸽子会放弃吗？他还会想出什么理由呢？

10. 请学生表演，请小朋友当评委，哪一组能学会由礼貌地拒绝。

11. 看看绘本中鸽子的各种想法。

12.PPT：满地打滚，大吵大闹——让我开那辆巴士!!!

接下来怎么样？

13. 听录音：我回来了，你没让那只开巴士，对吧，非常感谢你。

三、回故事，重导行

1. 孩子们听完这个好玩的故事，你觉得这是一只怎样的鸽子？

四、联系自身话规矩

1. 小朋友们看到这么一只可爱淘气的鸽子，你会想到谁？

2. 家里的爸爸妈妈为什么说"不"。

3. 在家里爸爸妈妈有对你说不的时候吗？也请你来画一画。

---- 活 动 实 录 ----

活动流程：

一、猜谜底，导入新课

1. 师：可爱的同学们，今天老师给大家带来新朋友，睁大你的大眼睛，看过来。

你看到了什么？

2. 学生猜测，教师在画面角落插入一幅鸽子图作提示。

3. 师：这老师给你们的一个小提示，其实我们看的绘本中有很多画面都藏着作者想告诉我们的小秘密，你可要睁大眼睛哦！

4. 师：他就是我们今天故事的主人公，这可不是一只普通的鸽子，小鸽子的脑袋里总是充满稀奇古怪的想法，它想干什么？

5. 师：你们怎么知道的？随机表扬：小

PPT：蝴蝶页的鸽子巴士图

细节被你们发现了，说明你们善于观察。

6. 师：今天我们讲的故事就是——《别让鸽子开巴士》。同学们，每本绘本的封面都藏着许多秘密，今天这本绘本你发现了什么？

7. 生：作者是谁，翻译是谁，图文结合。

8. 师：有什么问题想问？慢慢读读这本绘本.

二、讲故事，明白道理

1. 学生开始听录音。

PPT：司机说话：孩子们你们听到了什么？司机放心地离开了。

2. PPT：瞧，小鸽子不安分了，它想什么呢？

指名让孩子读读鸽子的话，提示语气要读得神气十足。

3. 师：孩子，此时此刻，老师要采访你一下，你们同意吗？为什么？

采访小结：引导孩子当我们无法接受请求时要学会拒绝。

4. PPT出示鸽子请求的话语：求求你，我很小心的。引导学生女生读出诚恳。

师：男生你们同意吗？为什么？引导有礼貌地拒绝。

5. PPT：我跟你说，我转转方向盘就行，我的表哥赫伯几乎每天都开巴士。

师：鸽子说这是什么意思？希望我们同意它开巴士。

师：你们同意吗？我们已经拒绝了好多次，可是这件事情是真的不能同意的，我们该怎么说才会让鸽子接受我们对它的拒绝？

我们不能同意你开，因为——司机说了，不安全，表哥会开不代表你会开

引导孩子拒绝是有理有据。

PPT：真的。

6. 刚才想了很多理由拒绝鸽子，接下来会怎么样呢？

PPT：怎么回事？

课件操作：呜——呜——嘟嘟——滴滴——呜——呜——

全班模拟鸽子可怜的样子，读一读，做一做动作。

个别采访：你同意让鸽子开吗？

7. 唉，玩得这么开心也不同意？不玩了。

PPT："不行？我什么事都做不成。"

师：你会同情这只小鸽子吗？

8. PPT鸽子话语录音：嘿，我有个好主意。我们来玩"开巴士"游戏吧！我先玩！提问：孩子们，你们同意给它先玩吗？

使出浑身解数，还是不能开巴士。

9. PPT："求你啦！就在这条街上转一圈。"

师：找个你觉得会同意的同学说。

10. 师：孩子们，你们觉得鸽子会放弃吗？他还会想出什么理由呢？

同桌合作：鸽子、看巴士的。

PPT：出示合作小诀窍：快速分好角色、鸽子想出 2 个或 3 个理由，看巴士的学会有礼貌地拒绝；完成任务后举手。

11. 请学生表演，请小朋友当评委，哪一组能学会由礼貌地拒绝。

12. 让学生看看绘本中鸽子的各种想法。

13. PPT：满地打滚，大吵大闹——让我开那辆巴士！！！

接下来怎么样？

14. 听录音：我回来了，你没让那只开巴士，对吧，非常感谢你。

谢谢咱们班的小朋友，你们完成任务啦！

三、回故事，注重导行

1. 师：孩子们听完这个好玩的故事，你觉得这是一只怎样的鸽子？为达到目的，这只鸽子到底使出哪些小花招呢？

生：表现很有礼貌，恳求引起别人的同情，做出保证，证明鸽子可以开巴士。

生：会耍小聪明，引诱别人上当。

生：老师，我们认为它们是赖皮、淘气、可爱、狡猾的猴子。

2. 师：孩子们，为了达到目的，这只鸽子都使出哪些小花招呢？

3. 通过投影我们一起再来看一遍？PPT：配音自由看绘本。

4. 生：老师，这只鸽子是礼貌的鸽子。

生：它请求很恳求。

生：它也是一只耍小聪明、引诱别人上当、耍赖的鸽子。

四、联系生活，话规矩

1. 师：小朋友们看到这么一只可爱淘气的鸽子，你会想到谁？

2. 出示学生之前画好的绘本，读一读？

3. 家里的爸爸妈妈为什么说"不"。

4. 在家里爸爸妈妈有对你说不的时候吗？也请你来画一画。

五、总结故事，谈风格：

1. 师：这是一本简单到不能再简单的绘本，整本书从头至尾，除了在开始和最后各出现一次的巴士司机外，只有一只鸽子。鸽子的画法也再简洁不过了，用黑色蜡笔勾勒出的鸽子的轮廓，涂出黑色的眼睛，然后为鸽子的身体填上蓝色，嘴巴填上黄色。

2. 师：作者莫·威廉斯也承认，这样的画每个孩子都能轻松画出，他之所以如此设计，就是为了让每个孩子都敢于动手去画这样一只鸽子。这样一本简单的绘本得到美国绘本最高奖——凯迪克奖的青睐。这是莫·威廉斯为孩子们创作的第一本绘本，一出版就登上了《纽约时报》畅销书榜，并荣获 2004年凯迪克大奖。

PPT 引出：《别让鸽子太晚睡》。

3. 出示《别让鸽子太晚睡》的封面生说看到了什么。

4. 通过图引发学生思考。

5. 小组合作猜想鸽子为了达到目的——晚点睡，它又会使出什么花招呢？并分角色表演出来。

6. 汇报演出。

7. 推荐另外一本书《鸽子捡到一个热狗》，重点指导：看图，特别是颜色，字的大小的神态等。

【活动反思】

现代社会，随着多媒体技术的不断提高，多媒体课件在教学中的运用已经非常的广泛。它是一种模拟性、启发性的直观手段，感染力强、新颖生动。由于它可以打破时间、空间上的限制，能够让幼儿清楚地看到事物发展的全过程，化虚为实，化静为动，化繁为简，使原本枯燥的知识趣味化，抽象的语言形象化，深奥的道理具体化，同时又容易诱发幼儿的学习动机，激发幼儿的学习兴趣，又有利于幼儿加深对所学知识的理解，记忆和巩固。为了进一步的提高教学质量，激发幼儿的学习热情，使幼儿能更加乐意主动地加入到活动中来，我们会把教学过程中静态的绘本动态化。

多媒体是集图像、文字、声音、合计算机、投影仪为一体的现代化教学手段。绘本是当下十分流行的图画书，但又与图画书不同，它是以一种独立的形式存在的，强调文字与图画的内在联系。在讲故事中文与图共同担当重要角色，图画不再仅仅是诠释和辅助文字，它们相互依托，共同营造绘本不一样的感觉，为绘本教学增添无限的风采。

第九主题　媒介德育的新闻读写

第1课时　初识新闻媒体

活 动 设 计

活动目标:

1. 通过身边熟悉的新闻片段欣赏,初步了解新闻媒体的种类以及分类的方法。

2. 比较、探究新闻媒介的表现手法,知道新闻媒体的功能。初步养成留心新闻的好习惯,逐步学会搜集新闻、运用新闻,善于和别人交流新闻。

3. 感受新闻媒体的独特功能,激发学生学习新闻的乐趣。

活动情境: 在一个有上百种以上报刊杂志的阅览室,让每一位学生选择一种自己喜欢的一种报刊杂志并初步浏览一下。

活动流程:

一、初识新闻媒体(由新闻媒体导入)

1. 同学们:现在我们就分小组进行交流(说说你选择这一本报刊杂志的理由是什么?)

好奇又新鲜,挑选了自己喜欢的报刊杂志。

有一位同学马上跳起来说:"杂志是一本本的好拿,而报纸是一张张的太大不好拿呢"。

然后再由同学们说一说杂志和报刊有什么区别。

生:报纸都是最近发生的事,比较新鲜的事,而杂志都是比较专注某一方面的事。

先小组合作交流,教师总结报纸媒介传播的特点。

①易于保存,便于流传后世。

②便于携带,便于选择内容,阅读的灵活性更强。

③以文字符号为主，适合传播思辨性内容，更具深度和权威性。

师：还有吗？今天这节课我就和大家探讨一个很有趣的话题。在开始这个话题之前我先来考考大家，谁的反应最快。

2. 依次出示当下的新闻媒介片段，谁能马上猜出这是什么媒体？

新闻报刊、微信、新闻网、新闻影视等。

师：从刚才的反应来看足以证明我们班的同学对这些媒体的关注，更可以看出双休日大家都在家干什么了。

3. 那么什么才是新闻媒体呢？

师总结并引导讨论：小组讨论并推荐总结，什么是新闻媒体？

师：看来同学们的课外生活不是一般的丰富。新闻媒体的基本含义是：新闻媒体亦称大众媒体，是二十世纪二十年代以后出现的一个概念。一般来说，新闻媒体包括纸质媒体（报刊）和电子媒体（广播、电视）两种。随着互联网的兴起，作为"新电子媒体"的网络逐渐成为一种新的媒体类型。

二、新闻媒体知识探究。

面对这么多媒体，你最喜欢哪一种呢？为什么？（自由说）

学生说自己对某种媒体的认识，其他同学补充完整。

接下去，大家说说对什么新闻媒体还有兴趣呢？

三、不同新闻媒体的认识

除了手机新闻外，还有其他哪些新闻媒体呢，谁来说说？不同新闻媒体的传播分别功能是什么？

生讨论、发言，师小结指导。

四、新闻媒体的价值认识

1. 新闻传播的作用

（1）传递消息，新闻就是对时效性、重要性、显著性、接近性以及趣味性的事实进行有效传递。使人们尽快地知道想知道的事实真相。

（2）舆论监督，新闻在于客观和公正地报道事实真相，全面反映一些社会问题，努力营造良好社会公信力，取得广大群众对它们的理解和支持。

2. 新闻传播不仅仅需要有价值，还要具备三要素呢

（1）真实性：要求报道真实的事实。

（2）时效性：新闻报道必须迅速及时地发表。

（3）准确性：新闻报道中的语言，要力避笼统、含糊，力求明确、具体，给人一种真实、确实、科学的感觉

3. 深入的了解各自媒体的独特性，那么这些新闻媒体有什么异同

播放新闻的集景（包含好的与不好的内容）

五、新闻媒体的知识拓展

1. 课外思考：

新闻传播除了必须具备有真实性，时效性和准确性外，还可以包含哪些特性。做一个有心人，找找身边有趣、重要的新闻。说一说你认为最重要的特性是哪一个。

小组讨论交流：

教师小结：刚才各小组同学都表达了对于我们身边的各种媒体有了基本的了解，发现了新闻媒体各自的独特性，希望同学们能带着一定的批判意识，去其糟粕，取其精华，让新闻媒体为我们所用。

活动实录

一、初识新闻媒体（由新闻媒体导入）

教学情境：在一个有上百种以上报纸杂志的阅览室，让每一位学生选择一种自己喜欢的一种报纸杂志并初步浏览一下。

同学们：现在我们就分小组进行交流
（你选择这一本报纸杂志的理由呢？）

生：好奇又新鲜，挑选了自己喜欢的报纸杂志。

有一位同学马上跳起来说："杂志是一本本的好拿，而报纸是一张张的太大不好拿"。

然后再由同学们说一说杂志和报刊有什么区别呢？

生：报纸都是最近发生的事，比较新鲜的事，而杂志比较专注某一方面的事。

师：还有吗？今天这节课我就和大家探讨一个很有趣的话题。在开始这个话题之前？我先来考考大家，谁的反应最快。

依次出示当下的新闻媒介片段，谁能马上猜出这是什么媒体？

生1：这是微信，可以发图片及新闻等，还可以抢红包呢。

生2：还有呢，可以发朋友圈，哪里发生什么事件马上就可以知道了。

师：看来同学们对微信真的很熟悉了，用得也很不错哦！

师又问：那这又是什么新闻媒介呢？

生：这是电脑上的新闻网嘛。

师：你们平时看新闻吗，最喜欢看什么新闻呢？

生1：我最喜欢看军事。

生2：我最喜欢看社会上发生的事。

师：对的呀，通过新闻，我们能了解国家大事和世界动态，能看到社会上发生的事，能增长我们的见识。

师：你们认识这个新闻媒介吗？

生：我知道，我昨天还用它看过电影呢。

师：是的，这个叫作影视。那么除了看电影，还能拿来看什么呢？

生1：还可以看电视。

生2：我还用它看过搞笑视频。

师：看来同学们对这个新闻媒介并不陌生。我们再来看看最后这个新闻媒介到底是什么呢？

生：新闻报刊。

师：从刚才的反应来看足以证明我们班的同学对这些媒体的关注，那么什么才是新闻媒体呢？

生小组讨论并总结发言。

师引导总结。

师：同学们讨论可真激烈，概括能力也很棒。同学们请看：新闻媒体的基本含义是：新闻媒体，也称大众媒体，是二十世纪二十年代以后出现的一个概念。一般来说，新闻媒体包括纸质媒体（报刊）和电子媒体（广播、电视）两种。随着互联网的兴起，作为"新电子媒体"的网络逐渐成为一种新的媒体类型。

二、新闻媒体知识探究。

师：我们刚才已经认识四种新闻媒介，那么面对这么多媒体，你最喜欢哪一种呢？为什么？

生思考，抽生发言谈谈自己喜欢的新闻媒介，并谈谈对自己喜欢的新闻媒介的认识。其他同学补充。

师：通过同学们刚才的发言，大多数同学都喜欢手机中的微信这种媒体，今天我们就先来聊一聊微信吧。

师播放微信中的抢红包。

师：如果有人在微信群里发红包，你的心情是怎样的呢？

生1：期待。

生2：兴奋。

师：在微信群里抢红包，很多情况会抢不到，抢到的也是几分几毛。那么你们为什么那么期待呢？

生1：在红包这里抢到的一分钱比现实中的一分钱高兴多了。

生2：能抢到说明我动作快。

生3：我觉得抢到红包很幸运，虽然有时只能抢到一分钱。

生4：我会觉得很兴奋，因为抢红包拼的是运气，有一句话：来得早不如来得巧。

师：刚才同学们都说得很好，正是因为微信红包的不确定性，才让我们既期待又莫名兴奋。

师：那么微信除了可以抢红包，还能做什么吗？

生1：微信还可以聊天。和爸爸妈妈聊，和同学老师聊。

生2：微信还可以发状态，我们可以把自己想说的话，想分享的东西发出来。

师：既然微信这么受欢迎，那谁来说说微信的功能呢。

生：微信使我们沟通更加方便、快捷、经济、实惠。

师：可以发表精炼简短文章，都会看公众号中阅读精美的文章。每天第一时间就会更新新闻，及时了解外面的新闻，比起慢时代的报纸新闻快得多吧，增加了的阅读量。

师：接下去，大家说说对什么新闻媒体还有兴趣呢？

生自由交流并发表意见。

三、不同新闻媒体的认识

师：除了手机新闻外，你还知道哪些新闻媒体呢，谁来说说看？

生1：电视新闻，我爸爸最喜欢看《新闻联播》了。

生2：报刊啊，我们家每天都会买报纸。

生3：广告。

师：不同新闻媒体的传播功能是什么？

学生小组讨论、发言。

师小结指导。

师：新闻和传播相互联系，谁也离不开谁。

生：为什么新闻和传播谁都离不开谁呢？

师：因为只有新闻没有传播，那么新闻只能是一堆废纸。所以只有拥有快捷的传播方式，才能让新闻得以如虎添翼，实现它的价值。

四、新闻媒体的价值认识

师：看了这么多新闻媒体，那么你们觉得新闻传播有什么作用呢？

生：可以传递消息。

师：说得真好。新闻就是对时效性、重要性、显著性、接近性以及趣味性的事实进行有效传递。使人们尽快知道、想知道的事实真相。

生：新闻比较公正，客观反映事实真相。

师：你说得很专业。很大程度上来说，大部分的新闻都能反映一些社会问题，努力营造良好的社会公信力，取得广大群众对它们的理解和支持。

师：你们知道吗。新闻传播不仅仅需要有价值，还要具备三要素呢。同学们开动脑筋想想看，你觉得新闻哪三个要素比较重要呢。

生1：新闻要真实，不能胡编乱造，有违事实真相。

生2：新闻要及时。

师：说得真好。首先新闻报道要有真实性，要求报道真实的事实。

师：通常在什么样的情况下记者会做出不符合"真实性"的新闻呢？

生：为了博人眼球，让更多的人看。

生：责任心不强，没有核对事实，就肆意发布。

师：对啊。记者责任心不强，没有核对事实；为谋求轰动效应，蓄意进行炒作；过分追求出稿率，夸大事实本身等。同学们千万不能这么做哦！

师：新闻的第二个要素是时效性。新闻报道必须迅速及时地发表。

师：除了真实性和时效性，新闻还有其他要素吗？

师：同学们，你知道"一年之余"和"一年有余"的差别吗？

生：一年之余就是整整一年，一年有余就是一年多。

师：虽然一年之余和一年有余就相差一个字，但是表达的意思却是完全不同。

生：我知道了，新闻要准确，像说明文一样，用词要准确。

师：你说得真好，懂得迁移运用。新闻报道中的语言，要力避笼统、含糊，力求明确、具体，给人一种真实、确实、科学的感觉。

师：虽然新闻很实用，但是新闻表现出来的一定都是好的吗？

生：不是，新闻也会带许多负面、不良的信息。

师播放新闻的集景（包含好的与不好的内容），让学生欣赏。

五、新闻媒体的知识拓展

师：对于新闻中那些积极向上的内容，我们应该怎么做呢？对于那些消极的，我们又该怎么做？

小组讨论交流：

反馈汇报，小组交流想法。学生自由谈感悟：

生1：我们应该扬善除恶。

生2：我们要传播正能量，弘扬社会正气。

生3：要有辨别的能力。

生4：对那些消极的，我们不能被影响。

生5：我们要抵制低俗的新闻。

生 6：我们不能煽风点火。

生：消极的：如恶俗或低俗的调侃，煽风点火等。

2. 教师小结：刚才各小组同学都表达了对于我们身边的各种媒体有了基本的了解，发现了新闻媒体各自的独特性，希望同学们能带着一定的批判意识，去其糟粕，取其精华地为我们所用。这节课就上到这里，下课。

第 2 课时　新闻大比拼

-------------------- 活 动 设 计 --------------------

活动目标：

1. 初步认识新闻媒体的常识，知道不同新闻媒介的种类以及优势和劣势。

2. 比较、探究新闻媒介的优劣势，懂得不同新闻媒介的选择。

3. 感受不同新闻媒介的独特功能，激发学生学习新闻的乐趣，传播正能量。

活动流程：

一、回顾新闻媒介，学习新知

回顾什么是新闻媒介，生讨论交流，老师总结归纳要点。

新闻媒介有什么价值呢？它由哪些要素组成呢？生回顾并回答，老师给予纠正并补充完整。

二、新闻大比拼

1. 新闻按照传播途径来区分，有哪几种新闻媒介呢？

学生交流并回答，有手机，电脑，电视等。

2. 拓宽视野、自由地说。

3. 归纳总结出网络新闻的优势并出示 PPT：

（1）时效性强，反应速度快。

（2）资料保存性强，可反复查阅。

（3）传播范围广，网络无国界。

（4）制作成本低。

（结合放课件）

举一反三，类比学习迁移，比较报刊新闻的优势和劣势。出示报刊新闻的优劣势对比的 PPT。

三、学习消息写作方法

新闻消息跟记叙文很相似，主要由五大新闻要素所构成。当我们弄清了消息的五要素之后，知道"我要说什么""怎么说清楚这些内容"，这就可以着手安排消息的结构了。

接下来请同学们以小组讨论的方式，出示 ppt 上的一则消息，认真思考、用心分析这则消息的结构是怎么样的？

学生小组讨论合作，学生评议，再选择代表发言。

消息的具体结构：（1）标题（2）导语（3）主体（4）背景（5）结尾。

四、新闻大擂台活动

注重培养学生的创造思维，鼓励学生打破常规，并利用辩论的方式训练学生的表达能力及思维能力。

设计一：新闻袋袋裤

结合前面所收集到的新闻和消息积累，进行一次新闻播报比赛。

设计二、表演赛，小组演新闻

（1）"我演你猜"，新闻情景的再现，让同学们猜出什么新闻。

生：警车，救护车聚集，猜这是突发事故发生了……

（2）"主播风采"，模拟电视主播人风采，播报一段新闻。

生：观众朋友们，晚上好，今天是 9 月 3 日，欢迎您收看《新闻联播》节目，今天的主要内容有……

（3）"答记者问"，生：请你就此事进行提问，我来回答……

五、评出"金牌主播"和"黄金搭档"

从模仿到创造，有扶有放，培养学生的创新思维，从而提升学生的媒介素养。

活 动 实 录

一、回顾新闻媒介，学习新知

1.（回顾）师：通过前面的学习，我们对新闻媒介有了初步的认识了，大家回顾一下什么是新闻媒介呢？

生 1：新闻传播过程中传播者和受众的中介，是新闻信息的物质载体。（其他同学补充）

师：那么新闻媒介又有什么价值呢？她由哪些要素组成呢？

生 1：新闻价值要素是指新闻事实自身具备传播价值的主要因素，也叫新闻价值标准，它是新闻传播者对新闻事件进行选择的主要依据。

生 2：新闻价值所包含的要素有：新鲜、重要、接近、显著、趣味。

2. 师：那么今天我们再进一步了解新闻媒介，来一场新闻大比拼。

3. 师：同学们，最近有谁在关注 2016 年的里约奥运会呢？（生举手回答）。

生：回答里约奥运会相关的知识。（其他学生补充回答）

4. 师：同学们回答得真好！是的，这段文字就是我们平常所说的新闻，又可以称作为消息。那么今天我们再进一步地了解什么是消息？消息有哪些特征、种类呢？

生（齐答）：好的！（激动无比，积极参与）

二、新闻大比拼

1. 师按照传播途径来区分，有哪几种新闻媒介？

生 1：可以是手机，电脑，这些依托网络传播的。

师：对的，回答的很好，这种可以称之为网络新闻。

2. 师：说说看这种网络新闻有什么特点？在传播过程中有什么优势和劣势呢？

（小组合作 讨论并推荐总结——网络新闻的优劣势，全班集体交流）

师：首先，我们请第一小组的同学发表自己的观点。（鼓掌欢迎）

第一小组代表：我们小组认为网络新闻有很多优势，例如：

（1）时效性强，反应速度快，从采集到发表中间环节最少，数分钟之内就可以发布。

（2）资料保存性最强，可供反复查阅，信息数字化保存，不会霉变、腐烂等。

师：第一小组的同学的观点很好，还有补充的吗？

第二小组代表：我们小组认为，除了上面的优势外，网络新闻还有两个优势：

（3）传播范围最广，网络无国界，只要可以上网就可以查阅到。

（4）作成本低。

师：总结得很好，那么，网络新闻又有什么弊端呢？请接下来的两组同学回答。

第三小组代表：网络虽然有很多优势，但它的弊端也很多。我们举以下两个个观点：

（1）受接受条件限制大，比如需要有可以上网的电脑，还需要懂得如何操作。

（2）停电了或者没有网路信号都无法完成了。

师（总结）：刚刚三组同学的表现都很棒，通过这个事例告诉我们，所以事情都有它的两面性。好，接下去我们下一个话题，继续讨论。

3. 师：那么你们看得最多的还是电视吧，每天打开电视无形中都向我们传递着各种体育、政治、娱乐等新闻。那么电视新闻的优势又是什么呢？

（小组合作 讨论并推荐总结——电视新闻的优劣势，全班集体交流）

师：首先，我们请第四小组发表自己的观点。（鼓掌欢迎）

第四小组代表：我们小组认为电视新闻有很多优势，例如：

（1）时效性较强，一般是当天可以播出。

（2）声画并茂，生动形象，视觉冲击力强，播报效果好。

师：第四小组的同学的观点很好，还有补充的吗？或者不一样额观点。

第五小组代表：我们小组认为电视新闻也有自己的劣势，例如：

（1）受众接受讯息也需要一定的物质条件支持，比如有电视机，有电，有信号，这和网络的劣势差不多。

（2）资料保存性最差，一般无法提供反复查阅，播过就过了，资料保存费用也很高昂（现在实行数字化有明显改善）。

（3）制作成本高（设备、耗材很昂贵）。

师：第五小组的同学的观点很好，接下去，我们请第六小组的同学发表自己的观点。

第六小组代表：我们小组认为电视新闻除了第四小组所说的优势外，还有一个优势。

（4）受众群范围大，对收视群没有太大限制，老少皆宜。

师（总结）：刚刚三组同学的表现都很棒，说明你们都是经过充分的讨论，总结出的答案。接下去，我们继续探讨另外一个话题。这次的话题小组讨论过后，以个人为单位，进行回答。

4. 师：请同学们学会举一反三，类比学习迁移，比较报刊新闻的优劣势。

（小组合作 讨论并推荐总结——报刊新闻的优劣势，全班集体交流）

师：好了，经过讨论，请同学们踊跃举手，来发表你们对报刊新闻的观点。

生1：经过上面的讨论学习，我也找出了报刊新闻的优势。

（1）资料保存性强，可供反复查阅；

师：还有补充的吗？

生2：（2）对受众接受讯息条件限制最少（不需要电脑、电视、信号、电），只要识字就可以阅读；

师：既然有了优势，那么也会有它的弊端，请其他同学踊跃举手。

生3：（1）受众范围较小（具体看发行网络）；

生4：（2）时效性最差，一般都隔天才刊出；

生5：（3）生动性、视觉冲击力不如网络和电视，（现在网络也可以进行视频播报，报纸只能是图片）

5. 师：通过这么多新闻媒介的学习，那你最喜欢哪一种呢？

生1：网络新闻，想看自己想看的新闻就行。

生2：电视新闻，好看又好听，是一种享受，我最喜欢了。

生3：报刊新闻，可以带着看，随时随地反复地看。

三、学习消息写作方法

师：大家想一想，我们平时写一篇记叙文，要运用到哪些要素呢？

生：时间、地点、人物。（其他同学补充回答）

师：这跟我们的新闻消息很相似，我们的消息由五大新闻要素所构成。

（当我们弄清了消息的五要素之后，知道"我要说什么""怎么说清楚这些内容"，这就可以着手安排消息的结构了。）

师：接下来请同学们以小组讨论的方式，认真思考ppt上的这则消息，用心分析这则消息的结构是怎么样的？

生：小组讨论合作，选择代表发言。

消息写作的具体结构

（1）标题——标题是消息的眼睛，可以吸引读者；拟写得差，一篇好消息也会被埋没。消息标题有主题（正题）、引题（眉题）、副题（次题）三种。

（2）导语——导语是指一篇消息的第一自然段或第一句话。它是用简明生动的文字，写出消息中最主要、最新鲜的事实，鲜明地提示消息的主题思想。

（3）主体——这是消息的主干部分。它紧接导语之后，对导语作具体全面的阐述，具体展开事实或进一步 突出中心，从而写出导语所概括的内容，表现全篇消息的主题思想。

（4）背景——写新闻有时要交代背景，目的在于帮助读者深刻理解新闻的内容和价值，起到衬托、深化主题的作用，也就是回答五个"W"中的Why（为什么）。

（5）结尾——新闻的结尾有小结式、启发式、号召式、分析式、展望式……等等。这些结尾写作与一般记叙文结尾的写作并无大的不同。

四、新闻大擂台活动

1. 竞赛制

结合前面所收集到的新闻和消息积累，进行一次新闻播报比赛。

生：可以在多媒体上展示新闻内容，也可以上讲台现场播报。

生：选择一个当下热点新闻进行播报并作现场答辩，团队的作用就是协助主播查找相关的背景资料，并模拟比赛现场进行答辩，提出改进意见。

2. 表演赛：小组演新闻

如果说播报式主要训练学生倾听能力，口语表达能力和面向大众说话勇气的话，表演或竞赛式主要就是训练学生合作和应对的能力。

（1）"我演你猜"，新闻情景的再现，让同学们猜出什么新闻。

生：警车，救护车聚集，猜这是突发事故发生了……

（2）"主播风采"，模拟身边的电视主播人风采，播报一段新闻。

生：观众朋友们，晚上好，今天是 9 月 3 日，欢迎您收看《新闻联播》节目，今天的主要内容有……

（3）"答记者问"。

生：请你就此事进行提问，我来回答……

五、评出"金牌主播"和"黄金搭档"

1. 三级竞赛下来，不在乎学生最后表演、比赛有多精彩，在乎的是，整个过程中学生各方面的进步。主要通过学生播报的语言表达、动作配合、神态赞助三方面进行点评，有意识地引导学生说好、听好、反应好。

2. 评价人员主要有任课老师、家长代表和班主任组成。

3. 个人和团体的评分标准：

项目得分 选手号次	语言表达 （5分）	答辩情况 （2分）	舞台感觉 （1分）	综合表现 （2分）	总得分 （10分）
1					
2					
3					

第__组　评委签名：_____

2016 年__月__日

4. 活动的形式较为固定，目的是让学生有充分准备时间。

5. 活动的形式较为丰富，目的是让学生在趣味式地"演说"情境中快乐地接受知识，学习交际。

第3课时　新闻真假辩

----- 活 动 设 计 -----

活动目标：

1. 初步知道新闻也有真假，要学会辨别区分。

2. 学习辨别新闻媒介真实性的基本方法和知识，及如何积极应对虚假新闻。

3. 热爱并善于捕捉新闻信息，传播新闻媒介的正能量，提高学生的媒介素养。

活动准备：培养小主持人，准备课上相关活动材料。

活动过程：

一、初读新闻，辨别真实性

依次出示当下的新闻媒介片段，说说这些新闻媒体传播的新闻消息是否真实：读一读新闻，议一议新闻，交流并进行辩论。

外国小伙扶摔倒中年女子疑遭讹诈，微信朋友圈里的一起案件。

二、学会辨别新闻媒介真假的基本方法

1. 为什么会有假新闻

合作探究，交流讨论。

师总结，虚假新闻产生的原因有：炒作、以讹传讹、试探、阴谋……

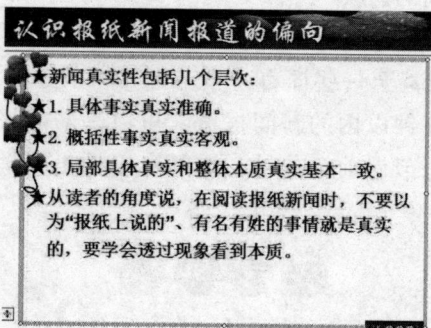

认识报纸新闻报道的偏向

★新闻真实性包括几个层次：
　★1. 具体事实真实准确。
　★2. 概括性事实真实客观。
　★3. 局部具体真实和整体本质真实基本一致。
★从读者的角度说，在阅读报纸新闻时，不要以
　为"报纸上说的"、有名有姓的事情就是真实
　的，要学会透过现象看到本质。

2. 通过小组合作交流、班级集体交流，教师知识性点评启示来认识各新闻真实性

包括以下几个层次：

（1）具体事实真实准确。

（2）概括性事实真实客观。

（3）局部具体真实和整体本质真实基本一致。

（4）从读者的角度说，在阅读报纸新闻时，不要以为"报纸上说的"、有名有姓的事情就是真实的，要学会透过现象看到本质。

3. 怎样识别真假新闻，比如报纸新闻报道的新闻偏向

（1）将名人趣事、日常事件及带煽动性、刺激性的犯罪新闻、暴力事件、灾害事件、体育新闻、花边新闻等软性内容作为新闻的重点。

（2）极力软化新闻，力图从严肃的政治、经济变动中挖掘出娱乐价值。

（3）在传播技巧上，强调新闻的故事性和情节性，片面追求趣味性和吸引力，强化事件的戏剧悬念或煽情刺激的方面，"新闻故事化"、"新闻文学化"针对琳琅满目的新闻，我们怎样学会辨别其真伪？有哪些方法？

师生总结：

方法一：看新闻的来源。

方法二：百度搜索。

方法三：查看细节。

4. 如何应对假新闻

（1）提高新闻从业者的职业道德素质。

（2）建立健全各类新闻传播的规章制度。

（3）提高信息辨别能力，明辨真假新闻。

三、拓展练习，辨别真假新闻，传播正能量

今后在生活中接触的各类新闻中，一定要新闻传递积极的力量，媒介内容不等于现实内容，如动画人物是想象出来的，魔术是某种特殊效果的产物，广告和电视节目是有区别的。

布置作业

（1）收集虚假新闻甚至一些谣言，下节课带来展示并分享。

（2）准备一段1分钟以内的新闻报道。可以是新闻报刊文章改编，也可以是学校驱蚊的报道。每节课前5分钟，老师可以抽出同学进行播报。

活 动 实 录

一、创设情景　初识新闻的真假性

（一）天上掉馅饼的"好事儿"

主持人A：老师们、同学们大家好！

主持人B：好什么啊？我一点儿都不好。昨天被我爸狠狠地收拾了一顿。

主持人A：不会吧！为什么？你可是有名的好学生哟！

学生1：（插话）乖学生也偷懒啦？

学生2：肯定是有什么秘密，被老爸发现了吧！

主持人B：（一脸苦恼）唉，都不是。

主持人A：快说吧，说出来让我们听听，看你爸有没有冤枉你？（一副幸灾乐祸的表情）

主持人B：唉，别提了。前阶段，我们不是知道了一些关于新闻、消息之类的知识吗，从那以后，我就对各类信息产生了兴趣，没事，就喜欢在网上浏览各类信息。那天，我在某网页上看到，只要输入身份证号码、手机号码、电子邮箱等信息，就可以玩一种新游戏，还能获得一部新款手机。我很高兴，就把爸爸的相关信息输入进去，并且成功提交，却发现根本没有游戏，而是一个色情网站。而爸爸的手机却被扣掉了不少话费，并不断收到骚扰短信，爸爸因此感到非常烦恼。重重地惩罚了我。唉（说完，红着脸，低下了头）

主持人A：同学们，你们怎么看这件事？

学生1：他也不知道结果是这样的，他爸爸不该惩罚他。

学生2：网络信息可以开阔视野，及时了解时事新闻，获取各种最新的知识和信息，这是好事儿，不过也不能什么都相信，毕竟没有天上掉馅饼的好事儿。

学生3：有些东西不能信，要擦亮双眼哟！

主持人A：同学们，这里也有一则消息，请大家来看看。

（二）大屏幕出示案例

1.【外国小伙扶摔倒中年女子疑遭讹诈】

12月3日早上5点多，由中国国际广播电台主办的中央重点新闻网站"国际在线"发布了一组"老外街头扶摔倒大妈遭讹"的图片，图中大妈一脸痛苦，外国小伙一脸无辜。报道称，一名东北口音女子在经过一个骑车老外旁

边时突然摔倒，随即瘫软倒地不起。外国小伙下车急忙搀扶女子，却被女子一把揪住，自称被老外撞到腿部受伤无法行走，需要该老外负责。外国小伙大惊失色，却被女子死死拖住。最后双方在调解下，外国小伙不得不给付 1800 元"医药费"，女子方才作罢自行离开。

（1）对以上的这则新闻同学交流讨论一下，对此你有什么看法呢？

生 1：相信这新闻，理由是这新闻是由中国国际广播电台主办的中央重点新闻网站权威发布的，当然真实可靠。

生 2：值得怀疑，这样偶发性事件，不能片面孤立地看待下结论，而应该调查新闻的前因后果，全面客观的报道。

主持人 A：是的，这条新闻被广泛传播，深受关注。图片拍摄者李先生说，12 月 2 日上午 10 时 30 分许，他驾车路过北京朝阳区香河园路与左家庄东街路口时，看到一名四五十岁的女子摔倒在路上，一名外国男子将其扶至路边，两人发生拉扯。还联系到了外国男子的女友王女士，她证实，经检查女子有轻微的皮外伤。稿件还证实，支付 1800 元是在警方的调解之下。

（2）教师点评，对此新闻媒体最后是做出怎样的报道呢？

北京警方 12 月 3 日晚回应称，外籍男子因存在无证驾驶、驾驶无牌照摩托车及交通肇事行为，将被进行处罚。在警方监控探头拍摄的画面上，可以清晰地看到，12 月 2 日 10 时 33 分许，一辆载有两人的摩托车转弯时在斑马线上撞上一名身穿黑色大衣的女子。该报道被证实为虚假新闻。

2.【微信里的一则消息】

那天在妈妈朋友圈也看到一则信息：丽水服务区里传出四、五声的枪声，还有警笛声，肯定出大事了，明天肯定有大新闻了。

（1）学生讨论交流：

学生 1：嗯，我也看到了。

学生 2：很多人都转发了。

学生 3：我们那里的邻居都在猜测到底是什么事。

主持人：通过核实，公安局指挥中心也未曾收到相关警情，该信息为虚假事实。转发的网络红人魏某某被公安局依法治安拘留三天。

（2）教师点评：网络信息在给我们带来益处的同时，有时也会使我们受到损失和伤害，原来网络信息有真有假，我们应时刻提高警惕。

学生 1：我们也分不清哪些是真哪些是假？

学生 2：学嘛！我觉得那些迷信的、欺骗的、色情的东西都不能信。

学生 3：有一些自己不确定真假的消息不能传播。

主持人 A：是啊，大家说得对，但从根本上，我们要学会辨别信息的真伪？

主持人 B：说得轻巧，怎么辨别？你说说看。

主持人 A：大家想想看，为什么会有假新闻？

学生 1：网络时代，信息传播得快，有些不法分子，想利用网络骗钱。

学生 2：有一些商家为了达到某种目的，夸大宣传。

学生 3：部分记者对于新闻真实性的认知不足，没有职业道德。

主持人 B：这些假信息可是把人害惨了。可是针对琳琅满目的新闻，我们

二、怎样学会辨别其真伪呢？大家有哪些方法？

学生 1：看看是从哪里来的，一般来自正规的报纸、电视台、国家通讯社，应该是可信的。

学生 2：百度搜索。百度搜索不是搜索相关主题的报道，而是搜索新闻来源和传播范围。例如《××市成为直辖市》的报道，尽管网上转载率很高，但是百度一下就会发现，没有一家门户网站转载，只能在论坛或博客中看到。

主持人 B：看来大家的办法真不少。现在虚假信息较多，防不胜防。我们该如何应对虚假新闻呢？

学生 1：作为信息时代下的新闻读者，我们要提升自己的科学素质，不要轻信谣言，更不能传谣。

学生 2：看待问题要保持冷静与客观公正，避免受到虚假新闻的误导和欺骗。

学生 3：记者的职业道德也应该进一步提高。

学生 4：应加大惩处力度，惩处一些传播或制造虚假信息的人或网站

主持人 A：我们也应该向身边人宣传，要新闻传递积极的力量，不相信或转发一些虚假信息。

主持人 B：我看，课后我们分头收集虚假信息，这样既可以提高我们的辨别能力，再跟别人讲的时候，也更有说服力。

学生 1：好，赞成。

学生 2：这个办法好，做成虚假信息小报，扩大宣传。

主持人 A：好，那我们分头行动。

三、德育提升，说实话做真人

师：作为信息时代下的新闻读者，我们要怎样提升自己的科学素质，不要轻信谣言，更不能传谣？学生一起交流讨论。

生：1. 首先不要轻易去造谣，耳听为虚，眼见为实。

2. 不要轻易传谣，更不能添加主观色彩。

3. 看待问题要保持冷静与客观公正，避免受到虚假新闻的误导和欺骗。

四、拓展练习，辨别真假新闻，传播正能量

师：今后在生活中接触的各类新闻中，一定要新闻传递积极的力量。

1. 媒介内容不等于现实内容，如动画人物是想象出来的，魔术是某种特

殊效果的产物，广告和电视节目是有区别的。需要关注儿童玩具、故事和游戏中可能会造成这种恐惧感的内容。如果教育得当，能帮助儿童更好地接受此类媒介信息。这种理念也应该贯穿于课堂教学之中。

2. 凡所报道的新闻理应真实，不真实的信息便不能成为新闻，更不能报道。电视新闻的镜头表现手法也应该真实。新闻价值的大小，取决于其社会影响力的大小和群众的关注程度。影响的范围越大，受关注的程度越高，其新闻价值就越大。比如说，某个社区投资新购进了一批高档座椅，如果是给领导用的，没有任何新闻价值；如果是给单位职工用的，新闻价值一般，可以发一个小稿，说你单位如何关心职工；但如果把这批座椅放到服务大厅，让前来办事的老百姓坐，那意义就大了，可以上升到我们单位以人为本，全心全意服务群众的高度来报道了。

3. 布置作业

(1) 收集像下列形式的虚假新闻甚至一些谣言，下节课带来展示并分享。

(2) 小结反思：同学们，网络信息化时代，我们在利用网络学习的同时，也要保持头脑清醒，分清虚假与真实，并及时宣传我们所学，让更多的人看清虚假新闻的真面目。

(3) 对于网络，团中央，教育部，文化部还联合制定了《全国青少年网络文明公约》，让我们齐读：

要善于网上学习，不浏览不良信息，要诚实友好交流，不侮辱欺诈他人，要增强自护意识，不随意约会网友，要维护网络安全，不破坏网络秩序，要有益身心健康，不沉溺虚拟时空。希望大家时刻谨记。

第4课时　新闻里的社会

活动设计

活动目标：

通过新闻案例让小学生能够更加真实地认识社会和了解社会，并且培养自己的责任感意识。

(1) 知识目标：让学生更好地认知、理解道德的含义，能够做好尊老爱幼，乐于助人。

（2）能力目标：引导学生认识课本所学知识和社会现实之间的差距，明白造成这种现象的原因，提高学生的是非判断能力和解决问题的能力。

（3）态度目标：让学生能够明白提高其道德水平的重要性，进而帮助其树立乐观向上的人生态度，为其后续学习和工作奠定基础。

活动准备：新闻案例教学在德育课程教学中一直贯穿，让小学生更好地认识社会。我们就小学生从新闻案例中认识社会的德育课程进行设计。

活动过程：

（一）新课导入

利用教师的多媒体设备为学生播放一段最近新闻报道非常多的新闻案例—老人摔倒该不该扶。

（1）创设情景，出示两则新闻案例：

一个是浙江一个小学生在放学回家的路上扶起来一位摔倒的老奶奶，但是老奶奶的家人声称是小学生撞到了老人，并且要求其赔偿老人的医疗费用。

另一个新闻中则是一个大学生扶起老人后，其家人找到这个大学生并且向其表示感谢，学校也给其授予了乐于助人的称号。

各小组讨论，形成初步的意见，教师采用提问的方式跟小学生进行对话。

师生总结提升。

（2）角色扮演

给时事新闻事件重新演绎过程中，每个小队成员可以扮演一个角色，一方面实现对小学生表达能力和表演能力的培养，另一方面能够让小学生以主人公的身份去感受，去处理，提高他们处理问题的能力。

（二）班组讨论（马加爵案例的引入）

1. 首先简述马加爵事件。

（用PPT做辅助进行点示）：

（1）坏人的典型化与彻底化

（2）严肃新闻娱乐化

（3）马加爵事件的报道留给我们的思考

（三）学会多角度，多种形式的认社会

（四）讨论认识社会还有哪些新闻手段呢？

（五）最适合我们小学生认识社会的新闻媒体是什么呢？

学生分组交流讨论，说一说自己的理由。预设总结

1. 最具权威的《新闻联播》，是我们国家政治经济最新的时事动向。

2.《小学生时代》，都是我们同龄人的新闻，贴近我们实际。

3. 学校的"时事政治园地"，亲切又直观。

三、活动总结

整个课新闻视频的引入，充分激发了小学生的学习兴趣。再加上班队课的组织形式，让学生通过小队讨论和演绎，提高了学生团队合作意识。

实现德育教学面的不断拓展，在课程教学中引进新闻案例，让学生通过新闻更好地了解当前社会的发展，并且在新闻中验证自己所学德育知识。新闻案例教学中教师要做好学生的德育引导工作，让他们对案例中的事件形成正确的认识，并且引导他们树立正确的道德观。

活 动 实 录

活动准备：

新闻案例教学在德育课程教学中一直贯穿，让小学生更好地认识社会。我们就小学生从新闻案例中认识社会的德育课程进行设计。

活动流程：

（一）情境导入：

1. 创设情景，出示两则新闻案例：

视频播放一段最近新闻报道非常多的新闻案例－老人摔倒该不该扶。

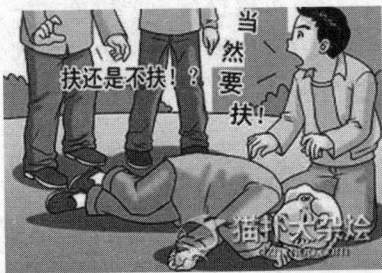

视频1：一个是浙江一个小学生在放学回家的路上扶起来一位摔倒的老奶奶，但是老奶奶的家人声称是小学生撞到了老人，并且要求其赔偿老人的医疗费用。

视频2：一个大学生扶起老人后，其家人找到这个大学生并且向其表示感谢，学校也给其授予了乐于助人的称号。

学生认真观看视频。

师：遇到这种问题你应该怎么办？

小组讨论：是选择视而不见，还是选择扶起老人进行辩论赛。

引导各个小组充分讨论，各个成员都对这两个新闻案例有了深入的了解，并且形成了自己初步的意见后，引导辨析交流。

老师：当你在马路上看到老奶奶摔倒时，你是选择扶起老奶奶，还是不扶呢？原因是什么？

学生1：不扶。在老师播放的视频中，那个小朋友扶起老奶奶后，家人反而赔偿了老奶奶医疗费，扶人的小朋友也被认为是做错了事情。我不想被爸妈说，也不想给老奶奶家钱。

师：咱们以前是不是学过要尊老爱幼，当别人遇到困难时，是不是应该伸出我们的双手，给予他人帮助。正所谓助人也助己。老奶奶摔倒了没人扶，是不是也特别可怜呢？

学生2：老师，我认为还是扶起来吧。也许老奶奶没事，只是一下子摔倒了。也不是所有人都像视频中的老奶奶家人，要求扶起她的人赔偿医疗费用的。我在德育课上也学过，老师一直教导我们要乐于助人，能够帮助老奶奶我会非常高兴。

师：那到底要不要扶呢？

PPT做辅助指导：近年来，因扶老人被敲诈的现象非常多，有些人甚至因此惹上官司。这些不良现象经过媒体的报道和口口相传后，很多人在道路上再遇到老人摔倒的事件一般都选择绕道而行。其实不是人情冷漠，是因为大家不敢深处援手，这也说明我国道德文明和道德底线受到了非常强烈的冲击。小学生正处于身心发展的关键阶段，这时候肯定有家长教育自己的孩子，不能扶，如果任由这种现象蔓延，那么这个民族就真正失去了其道德底线。

4. 重新演绎新闻事件。

请同学扮演角色，重新演绎一遍。

便演绎边讨论正确的做法。

（二）班级讨论（马加爵案例的引入）

1. 首先简述马加爵事件。

用PPT做辅助进行提示：

2004年2月23日，在云南大学学生公寓一宿舍柜子内发现4具被钝器击打致死的男性尸体。杀人的凶手正是马加爵。

马加爵在父亲和老师的眼里："都是平时都说长大了要报答父母恩，学习优秀的好孩子。"

2. 再次在新闻中认识社会

从马加爵事件看新闻娱乐化

★媒体≠媚体。

★重新审视、剖析、探讨媒体的妖魔化、媚俗化、严肃新闻娱乐化现象，从而认清并警示媒体职责、道德与人伦关怀的苏醒与提升。

★媒体，不应该总是严肃地板着面孔。但是，如果认为什么都可以拿来娱乐一下，则容易丢失媒体生存的社会价值根基。

（1）坏人的典型化与彻底化

★"马加爵从小性格孤僻、内向，没有朋友，也不愿意接受他人的批评。"

★"马加爵个人的兴趣仅限于上网，经常浏览色情、暴力、黄色网站。"

★"同学说在楼道里看见他，觉得这个人非常阴森恐怖，带着一种杀气。"

★马加爵至少是一个凶残暴戾、人格缺失、他人不得近身的"混世魔王"、杀人不见血的冷酷之人。

（2）严肃新闻娱乐化

★对马加爵案件的肆意炒作，使这一原本残暴的凶杀大案、严肃的法律案件，悄然演化成一场富含媚俗化、低俗化、娱乐化倾向的炒作。

★马加爵之歌

★马加爵版 Flash

★《马加爵在哪里之诗歌版》

★其他：星象学解释、电视剧、"加爵"牌铁锤

（3）马加爵事件的报道留给我们的思考

★"一个严肃的话题奇异地充满了娱乐性。以媚众和无立场为立场的传播代替了传统，最终沦为单一化的事，不关己不正经不负责的娱乐，娱乐压倒一切。善与恶的黑白分明于是在事不关己的起哄中让位给色彩斑斓而混乱的——搞笑。"（人民网）

★是否真切体味到五个支离破碎的家庭，四个无辜少年的悲惨离去，以及深藏马加爵背后的理性思考？

★单纯为吸引受众眼球而乐此不疲的媚俗报道，千方百计地大炒一些子虚乌有的笑料，实乃违背新闻传播者应有的职业道德与人伦关怀。

（三）学会多角度，多种形式的认社会

师生感悟：马加爵新闻既可以典型化与彻底化，又可以娱乐化。

同样的新闻，不同的群体有着不同的看法。

举例身边的新闻事件让同学们不同角度议一议。

展示自我平台，不断提升解决问题能力。

（四）讨论认识社会还有哪些新闻手段呢？

生 1：可以在的微信朋友圈里点赞和评论。

生 2：也可以在写读后感，等等。

生 3：报纸上。我爸爸天天看报纸，知道很多大事。

生 4：我们学校公告栏的时事也应该算吧！

生 5：电视、网络，哦，对了，还有手机上，现在看这些很方便的。

（五）最适合我们小学生认识社会的新闻媒体是什么呢？

1. 学生分组交流讨论，说一说自己的理由。

小学生学习生活主要都在家庭和学校之间，当然主要侧重也在这范围之内吧。

2. 学生代表说出自己的观点。

手机微信，电视新闻，等等。

3. 预设总结

（1）最具权威的《新闻联播》，是我们国家政治经济最新的时事动向。

（2）《小学生时代》，都是我们同龄人的新闻，贴近我们实际。

（3）学校的"时事政治园地"，亲切又直观。

（六）在教学中引进新闻案例，让学生通过新闻更好地了解当前社会的发展，并且在新闻中验证自己所学德育知识。

主题活动　新闻采写实践

活 动 设 计

活动目标：

1. 复习新闻的特点及组成部分。

2. 学习如何撰写新闻稿。

3. 向学生展示优秀新闻稿，并在课堂上通过对学生习作分析，进行修改。

活动准备：带上并收集课前事先准备采访到新闻稿子。采访到了什么新闻呢？采访过程遇到了什么困难吗？

活动流程：

一、谈新闻写作的特点

小组讨论课前采访一位家长或老师的新闻稿子，可以图片，也可以是对话录，等等。

1. 学生介绍自己采访的目的，收获到哪些好的新闻价值？

2. 同桌互相点评，指出写得稿子不足之处。推荐一篇或者两篇优秀的新闻在全班进行交流。

3. 是啊，写新闻稿子不简单嘛？

回顾什么是新闻

用事实说话

二、谈新闻写作的要素

从【案例】找出六个要素

标题、导语和主体——新闻的结构

怎样把好人好事写成报道

自己文章的修改

三、标题、导语和主体——新闻的结构

分析明确新闻的结构

四、怎样把好人好事写成报道

五、自己文章的修改

- - - - - - - - - - - - - 活 动 实 录 - - - - - - - - - - - - -

活动过程：

一、谈新闻写作的特点

（一）课前采访一位家长或老师的新闻稿子，这可以是图片，也可以是对话录，等等。

1. 学生介绍自己采访的目的，收获到那些好的新闻价值？

2. 同桌互相点评，指出写得稿子不足之处。推荐一篇或者两篇优秀的新闻在全班进行交流。

3. 是啊，写新闻稿子不简单嘛？

（二）教师点评，引入怎样写新闻。

1. 师：同学们，在我们的日常生活中，我们要经常和新闻打交道。那么我们可以通过什么方式获知新闻呢？小组合作活动，再小组讨论。

生1：我会从手机上看新闻。

生2：我会用电脑看新闻。

生3：每天晚上我爸爸都会看《新闻联播》。

生4：我喜欢看报纸了解新闻。

师：看来同学们获取新闻的途径真不少啊。既然我们对新闻都不陌生了，那么谁知道什么才是"新闻"呢？

生1：新闻就是把一些事报道出来。

生2：新闻要通过载体表现。

2. 师：那可以通过什么载体呢？

生1：报纸杂志，我们上次去阅览室看过了。

生2：电视新闻。

生3：互联网。

生4：广播。

师：说得真好。通过这些途径，我们可以知道最近发生了什么事，了解到新闻。新闻啊，可从来没有一个放之四海皆准的定义。也许我们可以借助十九世纪一位编辑的话来理解"新闻"。他说："狗咬人不是新闻，而人咬狗才是新闻。"

师：现在新闻越来越多，我们的很多信息都是从媒体像报纸、电视、网上得到的，因此我们作为小记者要在报道的时候要做到什么？

生：要从事实出发。不能说假话，报道不实的新闻。

师：是的，记者在报道时要重视新闻的真实性——用事实说话。因此，作为一名小记者，切不可从自己的感情出发，随意地夸大或缩小事实。比如"同学们非常喜欢这次班会"，"同学们比较喜欢这次班会"，"同学们觉得这次班会还可以"。这三句话之间有差别吗？

生：非常喜欢。

师：很喜欢，比较喜欢是说相比之下觉得还不错，还可以是觉得大致上还好，没有特别喜欢。

师：你体会的真不错。这其中的细微差别，是需要你们仔细揣摩的。

二、谈新闻写作的要素

师：同学们，你们还记得小说的三要素吗？

生齐答：人物、情节、环境。

师：那么我们来想想看新闻写作包括哪些要素呢？

生1：我觉得和小说一样，新闻也要有人物。

生2：情节，就是发生了什么事。

生3：还要有时间。

生4：我认为还要有地点。

师：那我们一起来总结一下。在什么时间，什么地方，什么人做了什么事？对吗？

生：对。

师：其实啊，优秀的记者们曾经总结出了一个"5W＋H"的公式，那么什么是"5W＋H"呢？他们认为要说清一件事，必须要包含下面几个因素："Who"（何人）、"What"（何事）、"When"（何时）、"Where"（何地）、"Why"（为什么）、"How"（怎样），就是说记者一定要告诉读者：什么时间、什么地点、什么人发生了什么事，为什么以及怎样发生的。这几个因素就被称为新闻的六要素，它们成了新闻必不可少的六个部分。

师：我们现在一起来回顾一下六个要素。

师：第一个是什么？

生：Who。就是何人的意思。

师：第二个呢？

生：What。

师：就是何事。

师：接下去还有什么？

生1："When"（何时）。

生2："Where"（何地）。

生3："Why"（为什么）。

生4："How"（怎样）。

师：看来同学们都已经知道了新闻的六个要素。接下来就让我们牛刀小试一下。请同学们找出新闻的六个要素。

课件出示案例：

我们是值周班

——王雨晴

光阴似箭，日月如梭，一个学期一次的值周又轮到我们五4班了。上一周11月7日至11月11日第11周就轮到我们五4班进行管理、值周，执行这个光荣的任务。五4班的家长共有25位主动报名参加值周管理工作！桥头值岗的五位家长都早早地到岗，分成两队，站如松，精神奕奕在桥头两侧进行管理，维护着交通秩序和同学们的安全，展现了五4中队家长的风貌。11月7日是星期一，要进行国旗下讲话。这次讲话的主题一增加小学生的消防安全意识，进行"消防宣传日"的宣传；主题二发起"牵手杭网义工，捐留守儿童过冬衣物"的活动。这次国旗下讲话时由陈奇鹏、夏天、王雨晴、樊婷、黄山河、郑妍洁六位同学承担。这六位同学承担了这项任务，积极准备。台下十年功，台上一分钟。最后，这六位同学们精神十足地走上了主席台，昂首挺胸，声音响亮、富有感情地讲话，吸引了台下同学们注意倾听，操场上一片安静。我们的国旗下讲话还得到了校长的好评，这给我们很大的鼓励。在五天的值周里，黄老师每天早早到校，站在校门口微笑地欢迎同学们地到来。

我们班级的进行各班值周的同学变得忙忙碌碌，虽然有些辛苦，但是能为班级工作，觉得很光荣。在黄老师的带领下，在全体家长的配合下，在全体队员的努力下，顺利地完成了值周工作！

师：同学们都读完了吗？请在小组内讨论，然后告诉我新闻的六要素。

小组讨论，总结。

师：刚才同学们都讨论得很激烈。哪位小朋友愿意来试一试？

生1：时间是上一周11月7日至11月11日。主要讲了五4班值周这件事。

生2：通过两个主题，我们顺利完成了值周工作。

师：刚才同学们都说得很好哦，看来都已经掌握了。

三、标题、导语和主体——新闻的结构

师：我们刚刚已经分析了新闻的六个要素，那我们现在一起来看看新闻的结构。同学们平时用报纸看新闻，用手机、电脑看新闻的时候，有没有注意到新闻的组成。

生：我看的新闻都是有标题的。

师：对啊，新闻就像一篇文章，每一篇新闻都会有标题。

生：还有文章内容。

师：对，每篇新闻都会有内容，这就是新闻的主体。

师：植物由根、茎、叶，橡树一样，新闻也有几部分组成，即标题、导语、主体。每篇新闻都离不开标题、导语和主体三部分。新闻的标题，能够概括、揭示新闻内容，帮助阅读新闻，好的标题还能够吸引读者的眼球，使人产生强烈的阅读兴趣。例如"一道公文背着二十二颗印章旅行"，"富士蚕食胶片市场，柯达求助美国总统"，既形象生动，又一针见血。

生：有些新闻的标题很夸张，与内容都不符合的。

师：导语，就是新闻的开头，它包含着新闻事实中最重要与最精彩的内容。

生：很多新闻一开始会先把内容概括总结一下。

师：所以很多时候我们一看新闻的导语，就能把新闻的大意基本上都了解了。

生：有些时候，我都只看导语，因为主体就是把导语部分叙述得更详细。

师：说得真好。新闻的主体要对所报道的内容作具体的叙述和进一步的说明，也是发挥与表现新闻主题的关键部分，可以对导语中的事实通过具体叙述来补充，也可以加进新的材料，使文章更加完备丰满。

生：看到感兴趣的新闻我会再认真去看主体部分。

师：新闻写作一般采用倒金字塔结，如果三角形的宽度代表文章各部分所蕴含的信息量，那么，从导语向下，信息量是逐渐减少的，而前面提到的"5W＋H"——新闻的要素，则在导语中就已经出现了，这是不是很像一座倒放的金字塔？

生：是，我们现在就打好基础着呢。

四、怎样把好人好事写成报道

师：我们对新闻的结构和要素都有所了解之后，我们来想一想，我们怎么把身边的好人好事写成报道呢？比如说，课余时间，同学们去慰问社会上的孤寡老人，为他们打扫屋子、洗衣服，送去温暖和热情；休息日，同学们拿着课外读物看望残疾人，与他们谈心、交流，送去缕缕暖风；放学回家，同学们利

用课余时间打扫社区花园、绿地、给小树、小草挂"护绿卡片"，清除社区死角里的垃圾，给社区送去了片片新绿„„

师：这些都是平常的小事，那么，怎样才能避免把这些事写成一般的好人好事表扬稿？

生：要写得和别人不一样。

师：怎样才能不一样呢？

生：和别人比，有什么不一样。

生：他为什么要这么做。

师：是啊。首先，要从"新"字入手来写。看看现在这件好事和过去那件好事之间有什么区别，是在什么背景下做的。

师：新闻新闻，从选材上就要求新，别人写过的自己再写，意义就不大了。其次，要从"高"字入手来写。写好人好事表扬稿，往往孤立地就事写事，写出来的稿件往往不深刻，没有思想。我们要善于从高度，比如从为社会精神文明做贡献的高度来看待这些事，这样就赋予一般的好人好事以深刻的的思想背景了。

师：第三，要从"特"字入手来写。新闻文体有自己的特殊性，因此要善于运用新闻文体来写好人好事。如果当了小记者依然还不知道什么叫"导语"，也不知道怎样使用新闻的叙述方法，还用过去写作文的方法来写"新闻"，难免会给人手法陈旧的感觉。

五、自己文章的修改

师：写文章的最后一道工序就是修改。可是，许多小记者却忽视了这最后一道工序，文章写好了，总是心急火燎匆匆忙忙投出去。这样不经过修改就投稿的习惯可是不好。

生：可是，怎样修改自己的文章啊？我写了即使有错也要看不出来。

师：这里老师就要告诉你一个"窍门"：跳出来修改。

生：什么叫跳出来啊？

师：就是请你戴一副"客观眼镜"来审视自己的稿件，保准会发现许多不足之处。到那时你再下手删也好补也好，就目的明确了。下面给你提供几条"自言自语问自己"的问题，希望能帮助你。

1. 中心思想正确吗？

2. 介绍的事实符合实际吗？

3. 语言通顺吗？

4. 人名、地名、数字、时间准确吗？

5. 标题和文章正文一致吗？

6. 有错别字吗？

7. 有知识性的错误吗？

8. 字数符合要求吗？

师：在"自言自语问自己"的过程中，如果发现了问题，就立刻进行修改，千万不要敝帚自珍手发软。要知道，你把有错的内容纠正过来，就会减少编辑的工作量，也会增加编辑对你的认可程度，你自己也会在一次又一次的修改中提高水平。

六、拓展练习　记一次新闻的采访实践活动

1. 可以采访学校的校长，对我们学校的一群《处州晚报》小记者有什么要求吗？

要具体，把提问变为交谈。

小记者："校长好！"

校长："你们好，请坐。"

小记者："校长您好，今天我们有 60 多名小记者参加此次处州晚报小记者大赛，通过这次比赛我们将选出一部分同学参加市里的决赛，您能对他们说一些建议和鼓励的话吗？"

校长："这是今年我们小记者第一次大规模的比赛，他给我们提供了舞台，这是对我们很好的锻炼。但是，十分遗憾，由于工作太忙，没能亲自去看同学们的比赛。我希望通过这次比赛，推选出优秀代表，取得好成绩，为我们学校增光添彩。让小记者走出校门，走向社会，写最好的文章，拍最好的画面。把这次比赛看成展示自我的舞台，勇敢地去飞翔！"

小记者："谢谢校长。"

小记者又问："校长您好，在您的心目中，好学生是什么样的？在您的心目中怎样做才能成为一名优秀的小学生呢？"……

（2）采访活动评价交流总结阶段

各小组汇报采访成果。当你看到学校或是社会上有新闻发生，并值得报道的事件。你就可以以小记者的身份开展采访，并撰写新闻稿子，积极向《处州晚报》，《小学生周报》等报刊投稿，让更多人知道这件事。

第十主题 媒介德育的报刊分析

第 1 课时 走近报纸媒介

活动目标：

1. 学生初步认识制定"传统媒介——报纸"活动计划书的相关要点。

2. 小组初步完成制定一份科学合理的"走进传统媒介——报纸"活动计划。

活动准备：相关的问卷、计划书及 PPT

活动过程：

（一）确立主题，导入课堂

1. 讨论作为一种传统的媒介——报纸，有哪些可以研究的内容。（包括报纸的生产过程，怎样选报读报，剪报实践，设计电子小报等）

2. 汇报各组确立的研究主题。

3. 引出课题：走进传统媒介——报纸（活动策划课）

（二）理清思路，研究计划

1. 讨论交流：要走进传统媒介——报纸，应该制定一份详尽的计划书研究它，计划书应该包含哪些内容。

2. 出示计划书样本，讨论好在哪里，还有哪里需要修改。

3. 小组交流制定好活动计划书需要注意哪些方面，并填写下来。

4. 擂台赛：展示自己组的活动计划书，其他小组提出修改意见。

5. 评出优秀小组，宣布比赛结果。

6. 教师小结。

（三）动手实践，修改计划

1. 小组修改活动计划书。

2. 讨论交流修改后的计划书。

（四）课堂总结，课外延伸

1. 课堂总结。

2. 课外延伸：根据活动计划书来逐步进行你这个单元的实践活动，希望大家此次的活动能取得圆满成功！

-------------------- 活 动 实 录 --------------------

一、确立主题，导入课堂

师：报纸是一种传统媒介，是我们生活的老朋友了，本单元我们将通过这种传统媒介开展一个主题单元活动，请同学们同桌讨论下有哪些可研究的主题？

生：同桌讨论。

师：那个小组先来说说？

生：有报纸的生产过程，选报、读报的技巧，采访报社，我和报纸，设计电子小报等。

师：（师逐一展示课件）这些同学都说得非常好。现在请各小组选定一个研究主题来制研究定计划。

生小组确定主题

师：那小组先来介绍？

生 1：我们小组想研究报纸的生产过程。主要是弄清楚报纸是怎样印制出来的。

生 2：我们小组想采访报社。我们想要去采访报社的编辑叔叔阿姨们，去了解他们的工作和生活。

生 3：我们小组想研究怎样有选择地读报。

生 4：我们小组想实践怎样做电子小报。我们想通过小组成员自己的创作，制作出电子小报。

生 5：我们小组想自己设计出一份属于自己的报纸。所以我们会先了解一份报纸主要的结构。

师：听了这 5 位同学的介绍，老师真为大家感到高兴，大家都具有团结协作的精神，而且非常富有成效。（板书：团结协作）

师：我们该怎样去完成这些实践活动呢？

生：写活动计划书。

师：说得太对了！这节课我们主要就是来讨论计划书的内容，为我们本次的综合实践活动做准备。（出示课件：走进传统媒介——报纸）

二、理清思路，研究计划

师：出示活动计划书样本，你认为一份活动计划书应该包括哪些内容呢？

生 1：有研究的主题。

生 2：内容和过程。

生 3：研究的步骤。

生 4：活动的成员，小组长。

生 5：具体的人员分工。

生 6：准备的物品。

师：接下来请同学们开展小组制定计划书，时间为 5 分钟。

生：小组制定计划书。

师：那个小组先来展示组内计划书

生上台展示。

师：大家对这份计划书你有什么看法？好在哪里，不好在哪里？谁来说一说？

生：我觉得他写得很完整，每个项目都填写了。

师：嗯，你觉得他的内容写得很详尽。

生：我觉得他们是经过充分的讨论之后写出来的，因为连活动的时间也确定得很准确。

生：我觉得他的每个人的分工写得比较具体。

生：虽然他每一项都写了，但是我觉得他的活动内容写得太啰嗦了。

师：哦，你是觉得他的语言不够精练。

生：我还发现他的分工不是很科学，有的同学工作多些，有些同学的事情少些。

师：你觉得应该根据每个同学的特点来分工，对吗？

生：他的活动准备也没有写明确，准备的东西好像不够。

师：刚刚通过大家的仔细阅读和观察，我们很快就发现了活动计划书的优点和缺点，并且同学们也基本概括出了写一份活动计划书应该注意的要点。

师：总结完别人写的活动计划书，大家自己开始心痒痒了吗？下面啊，就对自己小组的计划书进行一番精心修改吧。

（学生小组修改，教师深入小组巡回指导。）

师：好，现在修改结束了，老师刚刚下去走了一圈，发现同学们都讨论得很热烈，修改得很有成效，接下来我们就来进行一个小游戏。这个游戏的名字叫作擂台赛。我们小组之间互相比一比，介绍自己小组的计划书。你觉得自己的计划书好，哪里好，可以夸张一些。其他小组可要竖起耳朵认真听，因为在别人介绍的时候你得听清楚别人的破绽，这样才能打擂台呀，我们看看哪个小组能笑到最后。下面，哪个小组愿意自告奋勇的向大家介绍介绍你们的计划书呀？

师：好的，吴艳雪这组很积极。我们请这组来给大家介绍。大家掌声给她鼓励好吗？

生：（展示台进行计划书展示）我们这一组研究的主题是怎样选报、读报。通过我们组员的讨论我们准备采用问卷调查的方式。所以我们的活动步骤是，先派一个同学设计问卷，然后打印问卷，发放问卷，回收问卷，统计问卷，最后把统计的结果总结出来展示给大家。我们的具体分工：吴文萱负责设计问卷，张立涛打印问卷，温霞和小敏负责在社区发放问卷和回收问卷，我和刘许西最后统计问卷，最后我和王海一起写出统计结果。

师：吴艳雪她们这组介绍完了。谁再来介绍介绍自己组的，然后说说你们和刚刚吴艳雪这个组谁好？

师：好，江雅琦有话要说，你来。

生：我先来说说我觉得她们这组的优点吧。她们的优点是任务布置得很具体，保证了每个同学都有事情做。但是呢，我觉得她们的分工不均匀，有的同学事情多，有的同学事情又太少。比如设计问卷，一个人把问卷设计出来我就觉得有点不公平，因为一份调查问卷最重要的就是题目，但是题目都给一个人设计，我觉得不太合理。

师：那么你给他们出个什么主意呢？

生：我觉得在设计问卷这里，可以他们小组的成员找个时间聚在一起，共同讨论出问卷的题目，小敏可以做记录，这样也可以保证题目的水准，毕竟是靠大家的智慧想出来的。这是我觉得她们组的不足。

师：刚才是吴晓君的意见，还是很有道理的。大家都还是围绕着怎么把计划书写得具体又完整来讨论的。同学们都非常不错。下一个，谁来？

师：好的，林柯嘉这组来吧。

生：我们这组的主题是采访报社。我们准备先联系菇城报社的工作人员，然后小组成员约定好一个时间，大家一起去到报社采访。我们的分工是我和张翼飞负责采访，黄伶俐负责记录和拍照，吴可佳负责联系报社，陈良琦负责查找报社资料，任晶莹和黄梦婷负责采访资料的最后整理。杨子立负责最后的总结汇报。

师：这是他们这组的计划。老师已经在里面发现了一个很严重的问题，谁也发现了问题，希望是和老师一样的意见？

生：我觉得他们的活动步骤太简单了。

师：你觉得可以怎么修改？

生：可以先联系报社，然后讨论商量哪些人去报社，那些人不去，什么时间去，要考虑所有同学的实际情况。

师：这是你的看法。也很好。但是还是没有发现那个最重要的问题。谁还要来说一说？

生：我觉得黄伶俐又拍照又记录好像有点不太合理。应该安排两个人。而且最好是把整个采访过程录下来，最后再播给同学们看。

师：这个建议很合理，非常不错。

生：啊哈，我觉得我可能发现那个最重要的问题了。我发现他们好像没有采访记录表，就是采访的时候问的问题，他们没有列出来，连这个步骤都没有！

师：他的意见和老师不谋而合。采访最重要的是先要把你想要采访的问题列出来，这样才能在采访的时候有话可说，假如你问题都没准备好，怎么去采访别人呢？并且呀，这个采访问题还不能只交给一个同学去做，要小组成员大家一起讨论，最后再把采访记录表填写好！

师：现在我们再请最后一个小组向大家介绍。请其他同学认真听。来，刘海涛这组。

生：我们这个小组是做报纸的工艺品。经过我们组员的集体商量我们决定用旧报纸做一座埃菲尔铁塔。我们会收集组员家里的旧报纸，然后会把这个埃菲尔铁塔的图像在纸上画出来，每个人分配一个部分，最后把大家的作品合在一起，形成一个完整的埃菲尔铁塔，再由一个同学拍照并且最后整理。收集旧报纸的工作是全组同学都可以做，刘佳妮和袁楚萌负责画图像，我，赵子鑫，周凯波，邓淞允，邓颖卓每个人负责一个部分的制作，阳洋最后拍照和总结。

师：老师也试着来评价这组啊，在老师看来这个组的分配非常的好，保证了每个同学都有事情做，但是还是要提出一个小小的意见。就是建议大家在做艺术品之前也还是适当的找一些关于报纸艺术品的资料。这样能方便大家更好地去做。

师：好了，已经有四个小组的同学向大家展示了他们的活动计划书，这个擂台赛就告一段落，大家觉得哪个小组能够得到最优秀小组呢？

生：江雅琦。

生：吴艳雪。

师：我们来举手表决吧。

师：经过最后的统计，我们胜出的小组是——吴艳雪这个小组。大家掌声鼓励他们！

师：还有几个小组还没有向大家展示计划书的，但是老师相信，通过刚才听了其他小组的计划书的内容，也一定给了你们一些启发，从中发现了自己小组还存在哪些问题。

三、动手实践，修改计划

师：现在老师再给大家3—4分钟的时间，完善自己的计划书，把好的地方保留，觉得不足的地方进行相应的修改，学习其他小组的方法，尤其对具体分工这一块，请组长安排得更合理一些，充分考虑到每个组员的特点。

生：小组讨论修改。

师：刚刚大家都很积极地在设计自己的活动计划书，由于时间的关系我们不能在课堂上完成，那么请大家没有完成的在课后去完成。

四、课堂总结，课外延伸

师：今天老师看到了大家小组合作的团结精神，小组间的交流是互相学习的一个过程，我们在认真倾听他人的活动计划的同时，也吸取他人计划中的闪光点。然后在此基础上不断创新，融合成为自己的想法，还要学会对他人的不足之处提出自己独到的见解，取长补短，这样才能使各自的计划更完善，活动时才会更顺利，活动的效果才会更理想。希望我们今天活动计划书的讨论、填写能够为大家的活动做好充分的准备，希望大家根据活动计划书来逐步进行你这个单元的实践活动，希望大家此次的活动能取得圆满成功！

第2课时　报纸的"成长史"

------------ 活 动 设 计 ------------

活动背景：

21世纪是一个信息化的时代，电视、报纸、网络等信息媒体都在快捷地传递着社会生活中的每一个变化，它们已经成为人们获取信息、了解社会的有效途径，是人们日常生活中重要的信息获取渠道。

活动目的：

1. 通过对报纸制作过程的调查，使学生了解传媒的内部运作和信息加工流程，懂得一份报纸需要许多人付出辛勤的汗水；

2. 了解报纸的选稿的重要性，自觉抵制不阅读不健康的内容；

3. 体验团队协作完成任务的工作方式，进一步培养学生合作意识与能力。

活动过程：

（一）创设情境，引入报纸的"成长史"

1. 教师讲述从报纸上看到的两个感人事件。

2. 出示报纸，初步感知报纸的成长来之不易。

3. 提示主题：通过一周的实践，今天这节课我们要来分享成果。

4. 板书课题"报纸的成长史"成果分享。

（二）成果展示，分享报纸的"成长史"

1. 实践活动过程与成果分享。

2. 谈谈活动感受。

3. 交流主题采访活动方法与注意事项总结。

（三）讨论剖析，了解采稿的重要性

1. 汇报交流报纸的制作过程。

2. 交流策划与选稿需要注意的问题。

3. 交流报纸中不该出现哪些不健康的内容。

4. 交流新闻的三大特性。

5. 教师小结：从刚才调查研究小组的汇报中，我们深刻认识到报纸在选稿过程中需要选择健康的、符合报纸主题的内容来编辑，同时要关注新闻的三大特性，看来一份好报的产生包含了很多工作人员付出的辛勤劳动！

（四）活动总结，升华情感体验

1. 小结：看到了一幕幕工人劳动的画面。我们感受到了报纸这个信息传递媒介的巨大魅力。作为你们，亲自体验了这个过程，你们的心情是怎样的？此时此刻，你们最想对大家说什么？

2. 总结：每一件事情的背后都有许多人默默地奉献着，作为学生我们要做的就是尊重他们，尊重他们的劳动成果，其实这也是尊重自己。

---------------- 课 堂 实 录 ----------------

一、创设情境，引入报纸的"成长"

一碗泡面

他是个单亲爸爸，独自抚养一个七岁的小男孩。每当孩子和朋友玩耍受伤回来，他对过世妻子留下的缺憾，便感受尤深，心底不免传来阵阵悲凉的低鸣。这是他留下孩子出差当天发生的事。因为要赶火车，没时间陪孩子吃早餐，他便匆匆离开了家门。一路上担心着孩子有没有吃饭，会不会哭，心老是放不下。即使抵达了出差地点，也不时打电话回家。可孩子总是很懂事地要他不要担心。然而因为心里牵挂不安，便草草处理完事情，踏上归途。回到家时孩子已经熟睡了，他这才松了一口气。旅途上的疲惫，让他全身无力。正准备就寝时，突然大吃一惊：棉被下面，竟然有一碗打翻了的泡面！这孩子！他在盛怒之下，朝熟睡中的儿子的屁股，一阵拍打。为什么这么不乖，惹爸爸生气？你这样调皮，把棉被弄脏要给谁洗？这是妻子过世之后，他第一次体罚孩子。我没有……孩子抽抽咽咽地辩解着：我没有调皮，这……这是给爸爸吃的晚餐。原来孩子为了配合爸爸回家的时间，特地泡了两碗泡面，一碗自己吃，另一碗给爸爸。可是因为怕爸爸那碗面凉掉，所以放进了棉被底下保温。爸爸听了，不发一语地紧紧抱住孩？看着碗里剩那一半已经泡涨的泡面，啊，孩子，这是世上最最美味的泡面啊！

师：上课之前首先跟大家分享两个小故事。（课件出示故事）：

师：这两个故事都是我从报纸上看到的（出示一张"浙江日报"）同学们，这是我们生活中的好朋友——报纸，看似薄薄的报纸，却承载着丰富的信息，上边有许多最新的消息和感人的故事。

师：同学们也带了一张报纸，请拿出来翻阅，看看报纸上面都刊登了那些栏目的信息，你最喜欢的是哪个栏目，并与同桌交流一番？

生：翻阅报刊，并与同学交流。

师：请同学说一说，你带来的是什么报纸？上边都有那些栏目信息？

生：我带的是 2016 年 4 月 21 日的"浙江日报"，上边刊登了"要闻、社会、政治、经济、文化"五个栏目。

师：你比较喜欢哪个栏目？

生：我和爸爸都喜欢"要闻"这个栏目。

师：（打趣道）"看来有其父必有其子"这句老话真的是说绝了！还有哪位同学也来说一说？

生：我带的是《丽水日报》，上面有"天下、文体新闻"栏目，我看到上边有一条报道说"澳大利亚袋鼠岛海滩发现疑是马航 370 客机残骸"，我感到特别惊奇。

师：是的，同学们，一张承载着丰富信息的报纸，你知道它是怎么做成的吗？它包含着多少人的辛勤劳动呢？通过一周的实践，相信已经有了丰硕的成果，今天这节课就让我们好好交流一番吧。

师：板书课题：报纸的"成长"。

二、成果汇报，分享报纸的"成长"

师：各小组在实践活动中确实收获不小，同时也收集了许多过程材料，接下来就来分组汇报吧，说说自己组的实践过程和收集到的资料，要求声音清晰、响亮。那组先来？

生：我们通过走访"菇城印刷厂"和"激光文印中心"，还有"忙的来文印社"，了解到报纸的编辑过程主要包括五步：

第一步：选稿

稿件来源于需求单位或客户，每一份报纸由一组人员共同选出，稿件优先选登内容积极，文笔优雅的稿子！过于低沉，粗俗的文章不登！内容体裁根据板块而定。

第二步：分版

将选出的稿件按照每个版面的内容题材分于固定版面，每个版面的文字不超过规定字数。

第三步：画版

根据每个版面所需文章主题，在每个版面上分四个位置后，配上文章并插上图片。每个版面的主办单位或客户检查后上交于执行主编。

第四步：编辑

由执行主编带最多两名部员去编辑室编辑！并打下样版，将每个版面交于部员校对，每个版面至少校对两次，再由主编（或者主编安排人员）带到编辑室去校对、修正。同时将上传好的图片配与样版上，再次打印小样，校对。

第五步：印刷

整个报纸的编辑已经完成，等待印刷纷发即可。

师：了解得非常详细、全面，你们小组的成员是否有补充？

生1：打字店和印刷厂编辑报纸的过程与报社是不相同的，因为他们的报纸基本是由业主单位人员自己基本编辑好，只需排版，校对也由业主负责。

生2：还有就是印刷厂里的报纸主动权在业主那里，基本上按业主的需要去执行。

师：补充得很好，通过实践研究，每个组员有什么感受与体会？

生3：看是一份简单的报纸，可制作过程却是复杂又烦琐，来之不易啊。

生4：我们平时可能随手就可以丢弃一张报纸，但通过这次的实践，我发现我们丢掉的不是纸张，而是大量的知识与信息啊。

生5：一张报纸来之不易，凝聚了许多人的智慧与血汗，而且里面也有许多知识，我们还是要爱护好每一张报纸，即使是废报纸也不乱扔。

师：看来这次实践活动收获很大，从中一定也总结出一些主题采访调查活动的方法吧，哪位同学先来说说？

生1：在采访调查前，要先做好采访计划。

师：对，我们不打无准备之仗，有计划才能有实效。还有哪位同学来说说？

生2：采访调查时要做到有礼貌，有耐心，比如采访时要先问好，如果被采访对象正在忙，那么要耐心等待，不可操之过急。

师：哇，好一个"不可操之过急"，你讲的确实很有道理。

生3：采访时还要及时记录，不然容易忘记。

师：是的，带上采访计划，按计划步步为营，尊重他人，及时记录，这样才能有实效。这些都是很有价值的经验。

三、讨论剖析，了解采稿的重要

师：要完成一份报纸，首先要采稿，也就是让记者把新闻稿件采集好，以便编排成报纸，这是非常重要的工作，你觉得他们需要关注什么？

生1：需要关注稿件的质量。

生2：需要关注稿件撰写的主题是不是符合这份报纸，甚至是这期报纸。

生3：还有就是，稿件的内容是否健康向上和它的真实性，要避免虚假的报道。

师：是的，报纸的内容是关乎千百万读者的大事，的确需要慎重对待。只有健康、积极向上的内容才能登报，这是为读者负责，也是为出版社负责，有哪些内容是不健康的呢？

生1：我认为一些暴力事件的报道是不健康的。

生2：我觉得报纸中出现的一些成人用品广告是不健康的。

生3：还有一些知识性错误的内容也影响我们。

生4：还有一些一看就是虚假的报道，我特别讨厌。

师：是的，同学们说得非常好，可见在策划、采稿过程中，需要工作人员认真选择与核对才能办好一份报纸。

师：我们知道，许多报纸中有一块重要的内容，即新闻，同学们，你们经常关注吗？

生：我偶尔看下，我爸爸经常看。

师：哦，的确，大人对新闻的关注会多一些。其实阅读新闻可以让我们了解国家大事，开阔我们的视野，你觉得新闻需要具备哪些特性？

生1：我觉得要真实，正像刚才吴钰同学说的那样"新闻采稿要避免虚假"，虚假新闻是犯法的！

师：说得太对了，报虚假新闻是要承担相关法律的。

生2：我觉得新闻要及时报，不然就不是新闻了。

师：（打趣道）对那就该叫"历史"了。

生3：还要准确，新闻报道中涉及的时间、地点、人物、事件等需要准确无误。

师：是的，真实性、实效性、准确性被称为新闻的三大特性，是记者报道新闻必须要做到的。

四、活动总结，升华情感体验

师：看来同学们不但收获了报纸的制作过程，了解了采稿的重要性，新闻的三大特性，亲自体验了这个过程，你们的心情是怎样的？此时此刻，你们最想对大家说什么？

生：报纸是一本书，里边有我们需要的知识，我们要多读书，多看报，从中获取更多的知识与信息。

生：通过这次的实践，我真正体会到报纸来之不易，我们要好好珍惜参与制作报纸人们的劳动成果。

生：多读书，多看报，从中获取知识营养，使自己茁壮成长。

师：同学们说得非常好，感受很深刻，同学们，报纸的"成长"经历了许多的艰辛，里边流淌着许多人的汗水，凝聚着众多的信息量。让我们尊重他们，尊重他们的劳动成果，其实这也是尊重自己。下课。

第3课时　学会选报读报

活动设计

活动目标：

1. 初步知道各类报纸的特点，了解哪些报纸适宜我们阅读，哪些不适宜我们阅读。

2. 学会有选择地看报纸，掌握正确的阅读报纸的方法。

3. 热爱看报，提高分辨优劣报纸的能力和识别媒介的素养。

活动过程：

一、创设情景，认识报纸的种类

1. 课前谈话。（为什么今天到学校阅览室上课）

2. 由世界读书日 4 月 23 日导入课堂。

3. 谈谈平时自己喜欢阅读的书报。

4. 出示报纸，初知报纸类别。

5. 交流学习报纸的类别。

6. 小结：报纸的种类多，据 2009 年不完全统计已超过 1935 种，它承载了众多的信息量和知识，是我们生活中的老朋友了。

二、精挑细选，学会选报

1. 说说生活中看过的报纸。

2. 小组讨论交流课前收集的资料。

3. 学生讨论交流课前收集的材料，师课件出示：《体坛晚报》、《钱江晚报》、《中国证券报》、《少年报》、《中国少年报》、《浙江日报》、《丽水日报》、《处州晚报》、《菇城报》……

4. 这么多的报纸，是不是所有的报纸都适宜我们看呢，有哪些选择的方法？

5. 学生同桌讨论。

6. 汇报总结方法：适宜读，有帮助。

7. 师小结：选择对学习有帮助的，适宜读的报纸容阅读才有利于自己的成长。

三、小组合作，学会读报

1. 引出问题：适宜我们读的许多报纸承载着丰富的信息，我们该怎样做到有效阅读呢？

2. 学生小组讨论我们该怎样去读报。

3. 汇报，教师板书：做摘记　贴剪报

4. 讨论交流做摘记、贴剪报的方法。

5. 因为我们每个人的爱好不同，喜欢阅读的报纸也会有不同，那么在一份报纸中哪些内容是我们适宜读的，哪些又是不适宜我们阅读的呢？

6. 学生讨论。

7. 教师小结板书：有甄别

8. 说说甄别的妙招。

四、课后实践，拓展延伸

1. 准备一本摘记本，每周阅读报纸，按学习方法类、新闻类、知识类做好摘记或张贴剪报。

2. 课堂总结：要有选择地读报，获取所需知识，养成正确读报的方法，做一个健康、积极向上的人。

课堂实录

一、创设情境，认识报纸的种类

师：同学们好，今天我们第一次来到学校阅览室上课，你知道为什么吗？

生1：是不是今天的课跟阅览室有关系？

生2：是不是今天的课跟书报有关系。

师：同学们，我们先不着急猜，但老师要告诉你们的是，今天是4月23日，是一个重大的日子，你们知道是什么日子吗？

生：是老师的生日，祝您生日快乐！

师：谢谢这位同学的祝福，但今天不是我的生日，这个日子跟我们每个人都有关系，对于我们每个人都很重要。

生：好像是世界环境日！

师：世界环境日是6月5日，倡导我们要爱护环境，而今天4月23日是世界阅读日，倡导我们要热爱阅读。这也是今天我们要到这里上课的原因。同学们你们平时都喜欢阅读些什么书报？

生1：我喜欢读一些童话书。

生2：我喜欢读沈石溪的动物小说，特别精彩。

师：是的，读书能让我们丰富知识，开阔视野，是学习的好载体。同学们看这是什么？（师出示一张报纸）

生：（齐）是报纸！

师：对，这是一张《处州晚报》，这一版是学生优秀习作版，刊登了许多学生的优秀习作呢。

师：（再出示一张报纸）这是一张《浙江教育报》，上边有"文化"、"叙事"、"课堂"、"教育评论"、"教育展台"等版面。

师：这是一份《丽水日报》；这是一份我们家乡的报纸《菇乡庆元》……

师：报纸的种类多，数量大，同时历史悠久，那么报纸作为一种传统媒介，你知道哪些类别？不着急，我们先来阅读一段资料。教师课件出示资料：

报纸的分类

1. 以报纸内容分：有综合性报纸和专业性报纸
2. 以发行范围分：有全国性报纸和地方性报纸
3. 以出版时间分：有日报、晚报、周报和星期刊报
4. 以版面大小分：有大报和小报之分
5. 以从属关系分：有党报和非党报、机关报和非机关报
6. 按所使用文字分：有中文报纸、外文报纸、汉文报和少数民族文字报纸

（阅读资料）

师：读了资料，你有什么发现？

生1：我发现报纸大致可以按六种类别进行分类。

生2：报纸的种类真的是很多，是我们看不完的。

师：同学们，据2009年不完全统计已超过1935种，它承载了众多的信息量和知识，是我们生活中的老朋友了。

二、精挑细选，学会选报

师：生活中，你看过那些报纸？

生1：我比较喜欢读《菇乡庆元》，上边有许多我们家乡的人和事。

生2：我是个体育爱好者，我比较喜欢读《体坛晚报》。

生3：我比较喜欢读《科学发现报》，因为我喜欢科学。

……

师：1900多种报纸，我们读过的可能不多，课前让同学们收集你知道的20钟报纸的名称，接下来请小组交流共享收集成果。

生1：我知道的报纸有《浙江日报》、《丽水日报》、《处州晚报》、《菇乡庆元》、《少年报》……

生2：《英语报》、《处州晚报》、《菇乡庆元》……

生3：《人民日报》、《经济日报》、《中国日报》……

师：课件出示：《体坛晚报》、《钱江晚报》、《中国证券报》、《少年报》、《中国少年报》、《浙江日报》、《丽水日报》、《处州晚报》、《菇乡庆元》……

师：这么多的报纸，是不是所有的报纸都适宜我们看呢，有哪些选择的方法？请同学们同桌讨论一番。

（生同桌讨论）

师：那位同学先来说一说？

生1：我觉得对我们学习有帮助的报纸适宜我们阅读。

师板书：有帮助。比如说有哪些报纸是适宜我们阅读的呢？

生1：有《小学生》、《少年科学画报》、《英语周报》等。

师：是的，这些报纸都适宜我们阅读，怎样选择适宜我们阅读的报纸呢？

板书：适宜读

生2：我觉得，可以从报纸的主标题上看出来，比如我妈妈订了一份《今日女报》，是一份大人看的报纸，我们小学生就不太适宜看。

生3：对对，我爸爸比较喜欢看《娱乐快报》、《杂文报》等也不太适宜我们阅读。

师：是的，一些成人读的报纸，不是特别适宜我们阅读。当然一些新闻内容我们是可以读的，因为有助于增进对世界的了解。

生4：对，我就是喜欢看新闻，我觉得通过读新闻让我认识了外边精彩的世界！

师：好的，喜欢读新闻挺好的，说明你是一个关心国家大事的同学，值得表扬。

师：同学们，因为报纸的种类多，有些是适宜大人读的；有些又是适宜一些专业人员读，因此阅读前，我们要进行一番选择，这样才能提高阅读的质量。

三、小组合作，学会读报

师：适宜我们读的报纸都承载着丰富的信息，但是否读得越多越好，越全越好？我们该如何有效阅读呢？请同学们四人小组讨论一番吧。

（学生小组讨论，教师走访各小组）

师：同学们讨论地很热烈，接下来我们进行一个汇报交流活动吧。

生：我们认为在读报的时候要做摘记，把自己感兴趣的，对学习有帮助的知识摘记到本子上，这样可以经常翻阅。

师：（竖起大拇指）是的，做摘记是很好的阅读方法，值得向大家推广，那么该怎样做好摘记呢？板书：做摘记

生1：准备一本摘记本，每次看到报纸上有用的知识按时记录下来。

生2：要标注上摘记的主题，然后在旁边写上年月日，怎样更清楚。

生3：还要对摘记进行分类，比如科学知识、时事新闻、感人故事、好词好句等，每次阅读时把相关的内容摘抄到相应栏目中。

师：很不错，一下讨论出了许多摘记的方法，希望同学们课后好好去实践一番。还有那些读报方法？

生：摘记是不错，但有一种方法可以更省时间，那就是做剪报，把需要的，有用的内容剪下来，然后贴到本子上，同样按类别标注上剪贴的日期。

师：是的，这种方法更省时间，也是不错的方法，但与"做摘记"比较起来可能会不够精练，因为不可能所有有用的知识都在一个片段里。

板书：贴剪报

师：因为我们每个人的爱好不同，喜欢阅读的报纸也会有不同，那么在一份报纸中哪些内容是我们适宜读的，哪些又是不适宜我们阅读的呢？

生 1：对学习没有太大帮助的，我们可读可不读。

生 2：一些暴力的报道不适宜我们阅读。

生 3：广告我们可以不读。

生 4：自己不喜欢的可以少读。

……

师：是的，我们阅读的内容应该是健康，对学习有帮助的，充满正能量的，因此我们要有选择，有甄别地阅读报纸。那么怎样做到在一份报纸中有甄别地阅读，你有哪些妙招呢。

板书：有甄别

生 1：可以通过标题知道，一看标题，发现没多大意思的就不看了呗。

师：哦，也就是自己不感兴趣的就不看。还有吗？

生 2：广告可以不用看，一般广告都在中缝里，我们完全不用去看它，免得浪费时间。

生 3：不对，有时广告语写得特别好，我们可以学学。

师：从语文的角度读读广告语，也是可以学到一些表达方法，提高语文素养的。

生 4：篇幅比较长的，大部分都是大人读的，我们可以不读。

师：你是说可以从文章篇幅的长短来甄别吗。其实也是一种不错的方法。

师：同学们报纸是我们的好朋友，做摘记、贴剪报、有甄别地读报纸，才能真正发挥报纸的媒介功能。我们才能真正与报纸交上好朋友。

四、课后实践　拓展延伸

师：让阅读从今天——4 月 23 日开始，课后请每位同学准备一本摘记本或剪报本，每周阅读报纸，可以按学习方法类、新闻类、知识类做好摘记或张贴剪报。我们将每周举行评比，评出"摘记手"和"剪报手"。同学们，让我们有选择的读报，获取所需知识，养成正确读报的方法，做一个健康、积极向上的人。下课！

第 4 课时　我的报纸缘

活 动 设 计

活动目标：

1. 通过开展"剪报"、"设计版面"、"办小报"等自主实践活动，激发学生关注和参与社会生活的热情。

2. 在综合实践活动中养成合作意识、民主意识，善于交往。

3. 初步掌握从媒介中获取信息和处理信息的能力，做一个健康向上的人。

课时设计：三个主题分三课时完成

活动流程：

主题一："欣赏我的剪报"

1. 深入了解剪报的意义和作用。

2. 剪报欣赏，指导剪报制作的方法。

3. 总结剪报的方法。

主题二："设计版面"花边

1. 欣赏各种报刊上的版面设计。

2. 了解版面设计的有关知识。

3. 学习版面设计。

4. 绘制各种花边。

5. 组织有关比赛、展示交流。

6. 课堂小结，课外延伸。

主题三：办小报活动

围绕"我和环境"这一主题进行一次办报实践

1. 教师指导学生如何自主收集信息（各种渠道）。

2. 学生运用各种方法开展实践活动及收集信息。

3. 小组合作办报。

①收集信息，加工、整理；

②排版设计；

③交流、展示、评比。

-------- 活 动 实 录 --------

　　师：同学们，通过前几个主题的学习，我们和报纸已经结下不解之缘，建立了深厚的感情，今天的综合实践活动课，我们就一起来讨论交流剪报、办报、设计版面等实践活动，好好和"报纸"这个好朋友进行一次心灵的对话。

第一课时：

主题一："欣赏我的剪报"

1. 介绍剪报的意义和作用。

师：同学们，剪报是一项非常有意义的学习活动方式，什么是剪报呢，前边一课已经提到过。哪位同学来回顾一下？

生：就是按类别把平时报纸上有用的或感兴趣的页面剪下来，粘贴在剪贴本上。

师：是的，这位同学大致说出了什么是剪报，我们再来看一段材料，请看投影：

什么是剪报

　　我们平时在阅读报纸、杂志时，常常会发现有许多自己感兴趣的知识或优美的语言、图片等。但是，时间一长，当我们需要用到它们时，却很难再找到。这种情况是否也在你们的身上出现过？那么，该怎么办呢？为了避免此类事情的出现，很多人自制了剪报！

　　报纸、网络、电视、广播是文献信息主要来源。尤其是报纸，据专家统计，如果每人每天想读完国内外主要报刊，即使 24 小时不休息也必须在 2 分钟之内读完一份。在报刊数量激增、信息量如此之大的时代（据不完全统计，全中国每天的信息量大约是 20 亿条），如何及时、有效地获取有关信息，对单位、对个人都是难题。且不说订阅上百种报刊是一笔庞大的开支，仅整理每天的信息也非三五个专职人员能熟练地完成的，所以简（剪）报公司就孕育而生了……

师：读了的资料，你对剪报又有哪些新的了解？

生1：我知道了"剪报"就是把平时在阅读报纸、杂志时，把自己感兴趣的知识或优美的语言、图片剪下来收集在一起'

生2："剪报"是因为当前信息量大，人们无法全部查阅与获取，因此才进行剪报的。

生3：现在还有剪报公司的出现，我感到特别新奇。

2. 剪报欣赏。

师：投影出示几份剪报，请学生欣赏与评价。

师：看了几份剪报，你发现了剪报有什么特点？

生1：每一份剪报都有一个主题。

师：是的，没有主题岂不成了大杂烩了。

生2：我还发现每份剪报都是图文并茂，排列整齐、美观。

师：是的，上节课老师就布置大家去制作剪报，请同学们把你的剪报本拿出来，小组同学之间欣赏、交流一番。

（学生小组交流）

师：接下来请同学们把你的剪报拿出了向全班同学介绍。

生1：我的剪报主题是"环境保护"，我们整理了许多报纸上与主题相关的许多材料，在排版后又进行了美化，你们觉得怎么样？

生 2：我觉得你的剪报主题鲜明、排版美丽、内容丰富，很好。

生 3：接下来我来介绍下我的剪报，我们的主题是"时事新闻"……

生 4：这个同学的剪报，内容很丰富，而且图文并茂，很好。

师：你觉得还有什么地方需要修改的吗？

生 5：我觉得内容排列的太挤了点，留一定的空间会更好看。

生 6：我做得剪报是"科学知识"主题，总共整理了两个版面，每一块内容我特意标注了一个关键词。比如：海底探秘、太空、植物成长等。

师：用关键词标注是非常不错的方法，为你的创意点赞。

3. 总结剪报的方法

师：通过刚才的讨论交流，我们一起总结一下剪报的一些方法。

生 1：有主题、有图文。

师：是的，说得非常好。

板书：有主题、有图文

生 2：排版整齐合理、可以标注关键词。

师：好的。

板书：整齐、标关键词

生 3：还要内容丰富，也就是同一主题内容要丰富一些。

师：是的，内容丰富多彩也是剪报的一个要求。

板书：内容丰富

师：剪报是学习的一种好渠道，它还像日记一样记录着我们的成长，是非常有意义的一件事，但愿每位同学都成为剪报的爱好者。

第二课时：

主题二："设计版面"花边

师：报纸的版面排列是一门艺术，因为好的版面设计能提高一份报纸的质量，让读者既学到知识又赏心悦目。

1. 欣赏各种报刊上的版面设计。

师：课件出示各种报刊的版面设计，浙江日报、浙江教育信息报、丽水日报、处州晚报、地方报纸……

师：每份报纸都有"头版"，同时会按主题进行分类，每个版面一个主题。

2. 了解版面设计的有关知识。

师：让我们来了解版面设计的相关知识，请看投影。

报纸版面设计知识

1. 设计版面应该遵循的原则是：形式为内容服务。版面的设计不是为了装饰而是为了解释；不是为了引起轰动，而是为了让读者感到亲切；不是只看同事的反应，而是更要注重读者的反应。

2. 标题扣住心弦，图片吸引读者。

3. 在横排报纸的版面上，左上角要比右上角重要。

4. 与报头同在一面的，称为头版。

5. 在同一版面上，不同位置受关注的程度也不一样，根据文字排列的走向，人们的视觉生理，以及读报的习惯等因素，通常上比下重要，左比右重要。

6. 报纸编辑工作的内容包括策划、编稿和组版三部分。

7. 版面编辑要根据文章的重要性、与整版主题的关联性等因素来确定文章在版面中的位置，也就是我们常说的头条新闻，二条三条和"倒一条"等。

8. 一个好的版面，使人感到既有可读、可视的版面内容，又有较高的思想性、艺术性，是思想内容、新闻内容与艺术美完整的结合体。一个有特征的版面是由各个有特征的版区、有特征的标题和有特征的照片，科学地、艺术地组合而成。

9. 如何设计美化版面？画龙点睛——精心制作标题。引人注目——慧眼巧选图片。嗅觉敏锐——选文突出"两新"。

10. 版面"两新"：新闻、新鲜。

11. 横照片宽高比 5：3，竖照片宽高比 3：5，给人平稳、安详感。

12. 新闻要排成四方形。

13. 尽量题盖文，尽量图片不要断文，不要置底。

14. 版面设计的美学原则：平衡、对比、统一、韵律、动势。

师：从上边的知识中你知道了什么？

生1：我知道了制作报刊的许多知识，比如美化版面要精心制作标题，要慧眼巧选图片，选文突出"两新"等。

生2：我知道了报刊版面要"两新"，既：新闻、新鲜。

生3：我了解到横照片宽高比 5：3，竖照片宽高比 3：5，给人平稳、安详感

3. 学习版面设计。

师：接下来，我们一起实践版面设计。

（动手实践版面设计）

师：同学们都完成了吗，那么我们就来展示一下我们设计的版面。

生：介绍自己小组的版面设计特色。

4. 绘制各种花边。

师：锦上添花是报刊版面设计的又一要求，因此，在设计好版面外，我们还要为版面中的各个板块和整体进行一次全方位的修饰，使报刊更加美丽和吸引读者。

（生小组合作绘制花边）

5．组织有关比赛、展示交流。

师：接下来我们一起展示各自小组的版面花边，哪个小组先来？

生1：我们组的版面花边现状各式各样，有树叶，有爱心，有星星，并且色彩也各不相同，显得漂亮与大方。

生2：我们组设计的花边不仅考虑形状不同，颜色搭配，还考虑排版上各个位置使用的不同花边，让整个版面看上去更美观。

生3……

6．课堂小结

师：今天的这节课，同学们认识、了解了剪报、学会了报纸版面设计，下课课后请与同学合作试着动手设计一份报纸，下课！

第三课时：

主题三：办报活动

课前布置任务

师：同学们，本周五我们将围绕"我和环境"这一主题进行一次办报实践活动。因此，请利用两天的时间通过"网络、报纸、书籍、电视、广告"等途径搜集与主题相关的信息，并分点记录下来。

（查找资料并记录下来）

课中活动过程。

师：同学们，上节课我们已经学习研讨了报纸的版面设计，今天这节课，我们一起小组合作办报，然后进行展示，请同学们拿出工具和材料做好准备。

（小组合作办报刊，教师巡回指导）

师：各小组已经完成本次办报，现在请各小组代表把自办报纸拿上来展示。

生1：我们组通过分工合作完成了"我与坏保共成长"主题报纸。版面布局非常合理，看起来特别大方；内容丰富多彩，图文并茂，特别是"节约水资源"这块中的荷花最满意了。

师：确实不错，但我要提一个小建议，我觉得内容多了些，显得有点挤。

生2：我们组完成的是"保护环境"主题报纸。我们一样图文并茂，排版合理，文字底色、外框等都经过精心考虑，视觉效果很好。

师：同学们觉得怎么样？

生3：我觉得中间的葫芦造型不太美观，很显眼。

生4：我觉得标题"保坏境"太过随意，不漂亮。

师：提得有道理，希望这组同学采纳，还有一些小组没有完成，因为时间关系，请同学们课外继续完成。

师：今天的这节课，每个小组共同合作创编了报纸，更加深入了解了制作一份报纸要注意的事项，本节课成效很好，课后请大家把陆续完成的报纸张贴到宣传栏的黑板报中，下课！

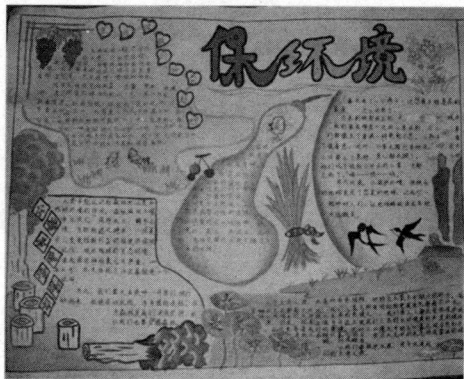

主题活动　我的电子报

活动设计

活动目标

一、知识与技能：

1. 通过欣赏制作精美的电子小报作品，观察艺术字和图片的使用，掌握美化电子小报的方法；

2. 通过观察出示的小报作品，帮助学生找出电子小报的制作要素及版面设计的特色；

3. 通过制作子小报，帮助学生掌握 Word 文档中艺术字、插入图片、文字边框和底纹、图文混排等常用操作的设置。

二、过程与方法：

1. 通过自评与互评提升学生作品的质量，并培养学生的创新意识。

2. 通过学生小组分角色的合作探究，培养学生的合作意识和探究能力。

三、情感目标：

1. 通过作品的制作与评价，培养学生的审美情趣；

2. 通过学生积极参与小组合作学习，使学生在小组合作中感受到共同学习的乐趣并激发学生的团结互助精神。

活动重点

掌握美观的图文混排。

活动难点

利用综合知识制作出完整的作品。

活动准备

相关主题的文字及图片资料。

活动过程

一、创设情境，引出任务

大家好！同学们今天老师为大家带来了几份电子作品（课件出示几件设计精美的电子小报和用 Word 文档排好版的几份文字材料），请大家认真欣赏，说说哪个更具吸引力？（生答）这几篇图文并茂的作品就是电子小报，是利用我们熟悉的文本加工软件 Word 制作出来的，大家已经学习了用 Word 制作文档的方法，想不想尝试自己动手也来制作一份精美的小报？有没有信心做好？（板书：制作电子小报）

二、探究方法，完成任务

（一）讨论分析，认识小报

1. 要制作出精美的小报我们就要了解小报都由哪些部分组成。（结合出示的小报，明确电子小报制作的要素：报名、刊号、出版单位或出版人、出版日期、插图等）

2. 同学们观察小报，小组讨论一下，这么精美的小报都是应用了 Word 中的哪些技术手段实现的？讨论好了可以发言。（分析和交流小报中知识点的应用：艺术字，文字边框和底纹，插入图片，图文混排，分栏）

3. 我们再来观察小报的版面，谁能说说小报在版面设计上都有哪些特色？（提示学生归纳出版面设计特色）

（1）整体版面布局；（2）文字、图片、色彩的搭配；（3）形式与内容的和谐统一。

（二）介绍小组合作学习任务

大家对电子小报已经有了清楚地了解，接下来就请开始你们的创作之旅吧。老师为大家准备了五个创作主题，同学们可以从老师提供的这五个主题（1. 海底世界；2. 保护地球；3. 我们可爱的班级；4. 中国名胜游；5. 动物世界－奇妙的色彩）中任选一个主题，也可自己确定创作的主题，并围绕该主题综合运用 Word 的基本知识和操作，设计、制作一份小报。

（三）小组分工，确定主题

现在就请各小组讨论研究确定主题，并明确分工，选出组长、绘图师、文字整理员、图片整理员，并根据主题在纸上设计小报版面，完成文字和图片材料的收集及整理。（课件出示：1. 明确分工，选出组长、绘图师、文字整理员、图片整理员；2. 根据主题在纸上设计小报版面，完成文字和图片材料的收集及整理；3. 完成作品制作。）

（四）小组协作，完成作品

设计好小报的小组可以根据设计好的版面上机完成作品。（老师巡视学生的制作情况，对有困难的学生给予适当的辅导。）

（五）自我评价，修改作品

请各小组成员在完成作品后对自己的表现及作品展开自评，并根据小组的自评意见修改作品。（对于理解能力、动手能力强以及综合能力强的同学，指导他进一步的扩展内容。留意各小组的完成情况，在心中挑出不同层次的作品。）

三、成果展示，交流情感

大家都完成了作品，那哪个小组想把你的成果展示给大家欣赏呢？现在就请各小组派一名同学代表全组展示作品，并作简要的介绍，其他同学认真欣赏，并依据 Word 小报作品评价表给出中肯的评价，我们同共来评选出最优秀的作品。（实现相互交流、学习的目的。）

四、总结升华，拓展延伸

同学们都能根据小报的制作要素去设计制作小报，在使用艺术字和图片时能做到与版面的整体布局谐调统一，色彩搭配也很和谐。做得非常好。各小组根据同学提出的意见课后对自己的作品进行修改，让我们的作品更完善。

课 堂 实 录

活动过程：

一、创设情境，引出任务

师：同学们好！

生：老师好！

师：同学们今天我们到"电脑房"上课，是为了更好地指导大家操作。老师首先为大家带来了几份电子作品（课件出示几件设计精美的电子小报和用 Word 文档排好版的几份文字材料），请大家认真欣赏，说说哪个更具吸引力？

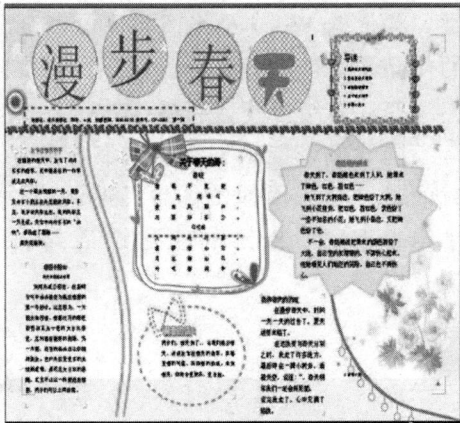

生1：我比较喜欢"学海无涯"这份电子小报，我觉得版面很漂亮，内容也很丰富。

生2：我比较喜欢"书香圣菲"这份小报，我觉得版面排列很合理，色彩也很漂亮。

生3：我喜欢"漫步春天"，你看它内容多么丰富多彩啊！

生4：我喜欢"奥运福娃"这份小报，我觉得内容非常好，也许是我个人比较喜欢运动的原因吧！

师：这几篇图文并茂的作品就是电子小报，是利用我们熟悉的文本加工软件 WORD 制作出来的，想不想尝试自己动手也来制作一份精美的小报？有没有信心做好？（板书：制作电子小报）

二、探究方法，完成任务

（一）讨论分析，认识小报

师：要制作出精美的小报我们就要了解小报都由哪些部分组成？请同学们观察一下刚才老师出示的电子小报，看看一份电子小报可以可以由哪些部分组成？

生1：题目。

师：对，题目也叫"报名"。（板书：报名）还有哪些方面？

生2：第几期。

师：也叫"刊号"（板书：刊号）

生3：那个班级。

师：叫"出版单位"。（板书：出版单位）

生4：还有日期、作者。

师：是的，除此外还要有相关插图。（板书：日期、作者、插图）

师：再请同学们小组讨论一下，这么精美的小报都是应用了Word中的哪些技术手段实现的？讨论好了可以发言。

（学生小组讨论交流）

师：同学们讨论好了，那组同学先来说说？

生1：首先要用到"艺术字"，因为电子小报从某个程度上讲是一件艺术品，所以用艺术字更美丽一些。

师：很好，艺术字的使用是必不可少的。

生2：还要用到"文字边框和底纹"，你看，"漫步春天"那份电子小报右边的版块，文字边框和底纹非常搭配，很漂亮。

生3：还要把栏目分出来，让每一块内容都很清楚。

师：是的，也就是我们Word文档中学过的"分栏"。

生4：还有插入图片，我们可以选择与主题相配的图片用Word文档中的插入法进行插入。

师：是的，图片的插入是制作电子小报的重要步骤，还有一项是"图文混排"技巧的使用。

师：我们再来观察小报的版面，谁能说说小报在版面设计上都有哪些特色？

生：四份电子小报版面布局各不相同。

师：是的，这叫"整体版面布局"，可以根据主题和内容以及自己的喜好进行版面布局。

生2：还有色彩搭配。

师：文字、图片、色彩的搭配也是电子小报比较关键的一个部分内容。同时还要关注小报的形式与内容的和谐统一。

（二）介绍小组合作学习任务

师：大家对电子小报已经有了清楚地了解，接下来就请开始你们的创作之旅吧。老师为大家准备了五个创作主题，同学们可以从老师提供的这五个主题中任选一个主题，也可自己确定创作的主题，并围绕该主题综合运用 Word 的基本知识和操作，设计、制作一份小报。（课件出示：1. 海底世界；2. 保护地球；3. 我们可爱的班级；4. 中国名胜游；5. 动物世界）

（三）小组分工，确定主题

师：各小组首先确定主题，请小组讨论一下。

（学生小组讨论）

生 1：我们小组选的主题是"海底世界"，因为我们对这个主题比较感兴趣。

师：好的，海底世界蕴含万物，具有丰厚的底蕴，非常值得探索，你们就借制作电子小报这一载体，去好好探究一番吧。

生 2：我们小组选择"保护地球"这个主题，因为地球是生命的摇篮，是人类赖以生存的地方，通过制作电子小报呼吁大家保护地球、爱护地球。

师：好的，非常有目的性，相信你们小组一定等做好这份电子小报。

生 3：我们小组选择的是"中国名胜游"，因为我们都是旅游爱好者，节假日里，爸爸就曾经带我游览过许多地方，如：黄山、三清山、太姥山等。

师：好的，看你侃侃而谈就知道你是个热爱旅游的同学，爱旅游是爱生活的体现，很棒。

生 4：我们选择的也是"中国名胜游"这个主题。

生 5：我们组想选择"我们可爱的班级"这个主题，因为我们觉得我们的班级有那么多可爱的同学，发生了那么多有趣的事情，非常值得宣传。

师：是的，电子小报是一种宣传媒介，把我们班的风采通过报刊宣传出去，让别人认识、了解我们班的人和事是一件非常有意义的事。

生 6：我们想选择"保护地球"这个主题。

生 7：我们选择"动物世界"这个主题，课余时间，我们都喜欢看动物类的电视节目和书，都被同学取了外号叫"动物迷"了。

生 8：我们想做一起关于鲁迅的主题小报，因为他太伟大了，有很多的作品都读过，比如《从百草园到三味书屋》、《故乡》、《狂人日记》等，写得太精彩了。

师：哇，看来你是个不折不扣的文学爱好者，好，祝你们成功。确定主题后，现在就请各小组做好以下几项事情。（课件出示：1. 明确分工，选出组长、绘图师、文字整理员、图片整理员；2. 根据主题在纸上设计小报版面，完成文字和图片材料的收集及整理；3. 完成作品制作。）

师：同学们特别要注意在不同的环节，每个小组成员都要承担一定的任务，都要结合自身特点，发挥各自的优势！

（生小组分工，师巡回指导小组分工。）

（四）小组协作，完成作品

师：请小组同学先把版面设计用记号笔在纸上画一画，形成一个整体版面，并在旁边标注好每一板块的色彩、字体、底色等。

（学生小组讨论设计版面。）

师：版面设计好的组请按设置好的板块收集和整理好相关材料。

（生收集和处理材料。）

师：完成好材料整理的组可以开始制作电子小报了。

（老师巡视学生的制作情况，对有困难的小组给予适当的辅导。）

（五）自我评价，修改作品

师：请各小组成员在完成作品后对自己的表现及作品展开自评，并根据小组的自评意见修改作品。

（教师对理解能力、动手能力强以及综合能力强的同学，指导他进一步的扩展内容。留意各小组的完成情况，在心中挑出不同层次的作品。）

三、成果展示，交流情感

师：大家都完成了作品，哪个小组想把你的成果展示给大家欣赏呢？现在就请各小组派一名同学代表全组展示作品，并作简要的介绍，其他同学认真欣赏，并依据 Word 小报作品评价表给出中肯的评价，我们同共来评选出最优秀的作品。

生1：我们小组完成的是"海底世界——海洋探秘"，主体色调为海洋的主色浅蓝色，并以此颜色作为整张小报的外框，底下用彩色珊瑚为外框，显得富有动感。内容主要分为：海底森林、新的海洋空间利用、各种各样的鱼三个方面。版面编排横竖交叉，各具特色，同时插入了许多小雨的图案作为陪衬。我们觉得特别满意。

师：同学们觉得他们组完成得怎么样？

生2：我觉得太棒了，色调非常美，布局也很合理。

生3：我觉得很不错，但是内容好像不够丰富了一点，可以再加一个板块"人们探索海洋的小故事"。

师：是的，你的评价很有道理，但是要考虑版面的有限性，不能太挤。

生4：我们小组完成的是"保护地球－生命呼唤绿色"，与刚才小伟的小组一样，我们选择了各种绿色作为主色调，同时插入了地球、蝴蝶等图案。内容分为：低碳生活童谣、温室效应、什么是低碳生活三个方面。我们想倡导大家爱护地球、保护家园。

师：想法很好，也请其他小组评价一下这组的小报。

生5：他们组的作品插图用得特别好，很凸显主题，也很漂亮，但是外框不是特别漂亮，建议用绿色的柳叶作为外框图案会更漂亮。

师：是个好建议。还有哪个小组已经完成了。

生6：我们组完成的是"动物世界—我家的小仓鼠"，我们用仓鼠的图片，包括卡通图片来作为插图，色调非常美丽，内容也分外三个方面，其实我们准备的内容有很多，但版面有限，所以只用了三个方面。我们没有选择外框是因为这样显得大气些。我们想倡导大家爱护动物，因为善待动物就是善待自己。

师：说得非常好，作品完成也很不错。因时间关系，请各小组先把作品发送到自己的邮箱，然后保存好，课外继续修改完成。

四、总结升华，拓展延伸

师：同学们都能根据小报的制作要素去设计制作小报，在使用艺术字和图片时能做到与版面的整体布局谐调统一，色彩搭配也很和谐。做得非常好。各小组根据同学提出的意见课后对自己的作品进行修改，让我们的作品更完善。下课！

实践手记

构建课程化、活动化的小学媒介德育体系

　　长坑小学位于浙江省丽水市缙云县东渡镇，它是由 1943 年创办于家族祠堂的私立国民初级小学改制的全日制完全小学，是丽水市规模较大的农村寄宿制小学之一，有 12 个教学班，200 多位留守儿童，不少孩子的家离学校较远，走路最远的需要 4—5 个小时，所以学校 542 名学生全都寄宿在学校。

　　多年的农村教育实践，学校对如何办好农村小学教育，形成了自己独到的认识，积累了很好的办学经验，取得了丰硕的办学成果。一直以来，学校坚持认为基础教育的核心是提高国民素质，所以在办学过程中不以一时一地为念，不盲目跟随城区学校的"风向"，不被办学条件困住发展的步伐，从平凡的小事入手，大力倡导生活即德育，德育即生活的理念，关注学生的生活态度、生活方式和生活情趣。倾力构建农村小学生活德育办学模式，实践农村特色的素质教育。

　　农村的孩子在物质资源上已经相对贫困了，更需要学校教育以富足的精神生活来加以滋养。在长坑小学，为孩子们提供富足的精神食粮逐渐成为全校教师的共同工作信条，学校严格控制学习时间，严格控制学生的作业量，在抓好

常规教学活动的同时，大力组织开展丰富多彩的校园文化活动、强化学校各类学生体验基地建设、努力拓宽校外教育资源。这些措施的推行，不仅极大地丰富了学生课余生活，而且增长学生的才干，陶冶学生的情操。现在长坑小学的学生人人会演奏一样乐器，有规模较大学生民乐队，人人会下一种棋，人人都是跳绳小能手，人人都学会了适合自己的一样兴趣特长。

学校狠抓学生良好习惯的养成教育，狠抓每个细节对学生进行教育，进行精神的模塑。积极开展艺术特长教育、生活自理教育、劳动体验教育，社会实践教育等。多年探索实践，学校形成了一套"生活化的德育目标，人格化的环境建设，象征化的校园活动，亲情化的教育方法，因地制宜的实施途径，全员参与的德育管理"，有鲜明长坑小学特点的生活德育模式，开创了极具长坑特色的农村素质教育范式，使长坑小学各项工作得到了社会的广泛认同和群众的普遍赞誉。长坑小学也由一所偏远落后的山区农村小学一跃成为全国教育先进集体，吸引了全国各地成千上万的教育界人士前来参观学习。

在实践生活化德育教育，致力于建设具有缙云乡村特色的教育的过程中，也出现不少的问题，比如：很多孩子放学在家，他们的课余生活大多都是和电视相伴，而且随着社会进步，电脑、网络、手机等占据了孩子们课余生活的大部分，不可否认，不管是电视还是电脑，包括通过其他媒介接触到的信息，对学校教育都能起到积极正面的作用。但同时，也有一些内容对学校教育起到反面作用。有一段时间，日本动画片《蜡笔小新》很流行。小孩子很喜欢这部动画片。这部动画片有不少有意义的内容，但是，小孩子从这部动画片中学到的更多是恶搞、恶作剧的内容，比如男孩子经常把裤子脱了看小鸡鸡。而据老师们反映，孩子们在校因为课外活动很多以及学校的规定，没有太多时间和机会使用电脑和手机。但是，周末放假回家，祖父母很难对孩子的媒介使用（包括内容和时间）进行约束。为此，长辈通常不让孩子出去玩，孩子在家里只有看电视、玩电脑。

这些现象出现极大冲击了学校的德育工作，随着社会进步，电视、电脑、手机、网络等，肯定是避免不了的。怎样扬长避短，教会孩子正确对待，接受一些正能量的信息，并且让现代媒介能为学校教育服务，能为学校德育服务。2007年，校长通过偶然的机会认识浙江传媒学院的王天德教授，王教授当时提议，学校可以开展媒介素养教育。在王教授的指导下，学校开始进行媒介素养教育实践，寄希望能够通过这种教育能够规范学生的行为，能够有利于学校德育工作的开展。

随着对媒介素养教育了解地加深，学校对媒介素养教育目标也在发生着变化。相比较而言，乡村儿童接受外来信息的渠道比较狭隘，其信息来源主要是电视和网络。由于对信息没有足够的认识，他们很容易受到电视或网络中负面信息的影响。因此，学校开展媒介素养教育的目的既关注"德育功能"，也关注孩子们们"批判思维的培养"，还应该要教会孩子们如何甄别、吸收、批判信息，教会孩子们在面对信息的时候，要保持清醒的头脑，不被媒介信息所左右。比如，孩子们看到武打片里的人，怎么打都不死，从很高的地方跳下来也不会有事。但是，在现实中，情况不是这样的。孩子们如果具有了批判思维，他们就不会绝对相信一则信息，而是会通过自己的思考，自己的经验，做出自我的判断。对小学阶段的孩子来说，媒介素养教育一定要和他们的生活结合起来，不能太大、太空。通过媒介素养教育，让孩子们知道，你所接触到信息，都是人为建构的。你看到的，和生产这个产品的人的价值观是有关系的。媒介素养教育的批判思维可以扩展到日常交往之中，这样媒介素养教育的意义和价值，在此就实现了。

为此，长坑小学从 2008 年开始，致力于探索在小学教育中，引入媒介素养教育教学体系，以期望建立一个课程化、活动化的与长坑小学原有生活德育相融合的媒介德育体系，形成媒介德育工作的合力，从而达到全面提升学生现代文明素质的目的。

一、开展媒介德育的目的意义与基本原则

作为首创在校学生中探索媒介德育体系的学校，媒介德育的教育目的、教育意义、教育责任以及基本原则，以及具体的操作体系，都还无法找到现成的、可参考的先例。为此，我们专门研究了国内外相关资料，努力消化和吸收国内外零散或系统的经验和做法，做出了如下归纳和总结。

（一）媒介德育的目的意义

1. 在认知方面，帮助孩子初步了解媒介所承载和播出信息的本质及其形式的能力，熟悉寻求信息的方法，并具备评估、解释、判别、选择、组织及总和信息的能力；

2. 在情感方面，帮助孩子们初步了解媒介信息的价值和力量，判断其适当性，合乎法律和伦理性；

3. 在技能方面，帮助孩子们初步具备和提高操作媒介工具的基本能力，包括利用计算机、媒介系统和网络进行信息检索、处理及传播；

4. 在营造环境方面，帮助孩子们不断重视科学地利用媒介，积极参与制造适宜、健康地媒介生态环境和氛围。

总之，通过实施媒介德育活动，让孩子们能选择适合自己的多种媒体接受信息，让学生初步掌握对信息进行正确判断、吸收的方法，养成定期使用媒介接受信息的习惯，培养他们识别选择信息的能力，让他们能够驾驭各种媒体信息形成自己的知识结构，并且主动吸收对自身有益的、健康向上的信息，自觉屏弃一些不良信息是非常有意义的。

（二）媒介德育的基本原则。

在开展媒介德育系列活动的时候，我们认为应遵循如下原则：

首先，媒介德育应与社会发展主流主题相一致。比如可以涉及的几大主题——政治、经济、文化、环境保护。从某种意义上来说，这四个主题关系着人类社会的未来发展。我们开展媒介教育，一是为了提高人的综合素质，从而提高整个国家的素质。可在另一方面，我们认为媒介德育的终极目标还是促进整个社会沿着良性发展的道路前进。

其次，媒介德育应该针对不同年龄段人的特点制定出不同的教育目标。不同年龄段的孩子们身心发展的特点不一样，要因人而异，切忌一刀切。

第三，媒介德育要充分利用媒介资源。由于我们开展媒介德育尚处于起步阶段，还没有系统的、深度的关于媒介德育理论方面的研究，更谈不上开展媒介德育方面的事例。我们倡导的媒介德育，应该和媒介结合起来，利用媒介强大的资源优势，提供媒介德育所需要的各种资料。

第四，重视媒介德育中的合作、探寻、重述、质疑、互动和创新的作用，加强学生在媒介德育中的主导作用。媒介德育不同于传统的教育模式，它增强了教育者和受教育者之间、教育者之间和被教育者之间的互动与合作。尊重学生对于媒介及媒介信息的理解和认识，建立一种平等的学习模式。让学生学会如何搜集信息，如何与人交流与合作，培养对各种议题的敏感度，增强团队意识。

第五，重视媒介传播所包含的各个部分——媒介信息的传播者和媒介信息的受众、媒介产业以及与媒介有关的各种制度。信息社会，信息充斥着我们的生活。忽视媒介传播的任何相关部分都会使信息的传播出现障碍，从而达不到信息传播所要达到的目标。

第六，加强媒介德育师资的培训。媒介德育理念的引进，需要有实施者。强化媒介德育师资的培训。加快媒介德育理念的本土化、媒介德育教材体系是摆在我们面前亟待解决的问题。

第七，实现本地区域优秀的传统文化与媒介德育的融合，促进地方优秀文化的发展与创新。我们应该将更多的目光集中在如何实现本地区域优秀的传统文化与媒介德育的融合，实现传统文化与现代文化，本土文化与外来文化如何融合、创新和发展。

二、构建课程化、活动化的小学媒介德育工作具体实践

（一）开设媒介德育活动课，夯实基础

我们确定的媒介德育活动课目标体系：

以科学有效的媒介德育工作为目标，完善"四位一体"的媒介德育体系，我们结合校本课程，把媒介德育活动课引入学校课程设置，明确目标，形成知识体系。媒介德育活动课的教学活动目标：

媒介德育活动课的教育目标应该从横向、纵向两个维度复合考察并确立。从横向上来看，媒介德育的目标应当从低年级到高年级有一个整体的考虑与安排，明确每一阶段的目标，同时使几个阶段有机地衔接起来。从纵向上来看，媒介德育的目标体系应该包括知识目标、方法目标和价值观目标三个层次。横向目标可在每个学龄阶段以纵向目标为框架设立符合每个年龄段心智可以达到的目标体系。纵向目标简析如下：

1. 知识目标：是指以认识媒介为目标，要求通过媒介德育，使学生掌握一定程度的媒介知识，理解媒介的主要概念。教学活动目标和要求应该共同一致，所有的学生都应该达到我们所规定的最低要求。比如初步了解，初步达成等等最基本的认知。

2. 过程目标：是指以运用媒介为目标，通过媒介德育活动课，使学生掌握运用媒介知识和判断、使用媒介的能力，理解媒介的工作流程和传播过程。在这一过程中初步引导学生形成运用媒介知识辨别、筛选各种信息的能力，使每位学生具备对我们所接受的信息具有一定的批判、质疑意识。

3. 价值观目标：通过媒介德育活动课，使学生认识到大众媒介的优势和局限性，初步学会用批判的眼光看待媒介现象，初步了解媒介信息如何传递、如何组织起来以及如何建构现实的理解和享受，借助现代媒介手段，融入学生核心素养特别是小学生思想品行方面的教育。

我们确定的媒介德育活动课内容体系：

媒介德育活动课要有长效功能，就必须纳入学校课程体系，我们将媒介德育活动课作为学校拓展性课程里面的基础必修课单独开设；从三年级开始，整合国家课程中的品德与生活（社会）课程，每班每周拿出一节课，用作媒介德育活动课程，每学期大约有 18 课时，计划用 9 课时时间作课堂教学，9 课时时间做媒介德育调查实践类的活动。

内容编排从纵向上看，每一阶段的媒介德育活动课，根据上面设计的教学目标，从大的方面相应地分为媒介知识、媒介运用和媒介批判三大块。

媒介知识主要包括媒介的具体含义、媒介的性质、媒介的种类与沿革、媒介的主要功能、媒介的几种制度、媒介存在的形式以及技术背景、各种媒介之间的联系及其区别、媒介的主要节目或栏目形态。

媒介运用主要包括掌握媒介基本技术，并能把握传播者、信息、受众三个重要环节之间的关系，从而认知传播效果与媒介现实之间的差异。

媒介批判主要包括理解媒介与生活的关系，辨析媒介与人的生活方式、价值观念的关系，与社会发展的关系，认识影响媒介运行的社会因素以及媒介发展的趋势，从而树立批判和变革媒介的观念，正确评价自己的传播行为，并且能够利用媒介完善自我、服务自我。

基于以上内容体系的认识，我们寻找与我们学生生活紧密结合的 12 个媒介教育主题，把这些媒介教育主题与我们学校的德育紧密结合，通过梳理媒介素养与媒介德育活动课程体系、媒介素养与传统道德的关系，探索媒介德育活动课程的教学活动体系。并思考在当今媒介生存环境里，怎样努力实现和充分利用媒介这个平台和原有传统文化蕴含的道德内涵的结合；通过实践，提供媒介德育活动课的有效范本。在具体的操作上，学校选择 12 位老师，分 12 个主题备课，采用老师就准备一个主题，轮流上课的方法，减轻老师的工作量，确保老师的积极参与。

我们确定的 12 个媒介德育活动课主题：

课时	主题	课时	主题
第一课	媒介与网络	第七课	图片的德育功能
第二课	媒介与阅读	第八课	媒介与广告
第三课	媒介与新闻	第九课	媒介与流行文化
第四课	媒介与报刊	第十课	媒介德育的视频文化
第五课	媒介与动画	第十一课	媒介德育的礼仪文化
第六课	媒介与摄制	第十二课	媒介德育的健康理念

在具体课程内容编排上，我们对照目标体系、对照活动主题，遵循学生认知能力的阶段性特征，分解确定具体的课时内容，形成具体课时教案，形成符合青少年心智水平的课程内容编排体系。

（二）注重各学科教学渗透，全面铺开

学生媒介德育素养培育，在具体实践中，我们还努力贯穿和渗透到各个学科的日常教学中去，比如信息技术课程，努力培养学生的网络使用能力，学习与网络学习、正确网络生活等有关的各种技术手段；其他学科在教学中也注重媒介德育素养的培育。在语文学科的具体教学中，我们就进行了尝试，结合新课程的内容，对学生进行润物细无声式的以手机等移动媒介的泛在学习素养培育，寄望建构语文学科的媒介德育素养培育体系：

比如在高年级阅读教学中，如何借助新型媒介，充分利用网络丰富的素材，使阅读广度和深度有所拓展，对作者、作品有一个系统地了解和认识；对教材中新出现的许多新媒介作品，如图片、新闻、戏剧、影视等，在手机端随时随地随需地进行阅读、欣赏、评价的指导和练习等，从而培养学生基本的网络学习阅读素养。在写作教学中，如何借助泛在学习方式，利用网络资源，围绕网上的热门话题，随时随地即兴开展思考、发帖、修改、交流等，培养学生即兴写作及表达能力，特别是人机、师生以及个人与网络的对话能力。

在具体实践中，我们形成语文媒介德育素养培育的三种具体思路：一是在语文课程中增加媒介德育素养教学的内容。这条思路比较有基础，因为目前新课程标准下的新教材就已经提供了新闻、图片、影视、戏剧、网络等需要借助手机端进行拓展性阅读和学习的必修、选修内容。只要以此为基础，以借助新媒体进行网络学习素养为目标，就能很快摸索出一套较为细致合理的编排序列，较容易形成语文泛在学习素养的培育体系。二是将媒介素养融入学校层面的综合学习活动课程。作为以培育综合实践能力为指向的课程，实践的地域、时间都无法局限于教室内、学校里、上课时间，因此更适合也更有利于泛在学习的实施，所以可以把语文的综合实践活动成为其中一个必不可少而且很可能是重要的组成部分，使泛在学习素养的培育，成为一种跨学科的学习手段。三是将语文媒介德育素养作为一种课外活动内容。教师根据自身条件，在日常教育教学中，力所能及地培养一些基本的媒介德育能力，边学边教，积累经验，进一步提高学生网络学习素养打好基础。

基于上述理解，我们以语文学科阅读为例，在日常教学中，利用新型媒介指导学生掌握不同文体的阅读方法，其实也就是对不同媒介的阅读，有利提高学生的阅读能力和鉴赏评价水平，适应信息社会。反之也可以作为提高媒介德育提升的落脚点，进行媒介素养的教学指导和培养强化手段。具体做法是：

1. 文学作品的阅读

文学作品是社会生活在作家头脑中反映的产物，它以生动鲜明的艺术形象反映现实生活，具有认识、教育、美育作用，而且教材中大部分还是文学作品。因此，它是阅读指导的重点。指导内容有：

（1）小说的阅读，要了解小说中人物生活的环境（包括自然和社会，一般通过衬托和对比的方法来反映人物性格和形象），理解故事情节（概括一定社会关系和矛盾冲突、揭示人物性格形成和发展的一系列生活事件，是反映主题的重要手段，一般分为"序幕、开端、发展、高潮、结局、尾声"六个部分，理解的关键是细节描写），着力于人物形象的分析——主要从描写人物形象的方法入手（即肖像、动作、语言、心理等描写手法），准确把握主题思想（通过人物去分析和认识），玩味小说语言——看其形象化程度、有无鲜明个性、是否新鲜活泼、是否凝练含蓄、是否有音乐美和节奏美，理解作品的写法（作品的构思及人称），辨体分类灵活阅读——指古代与现代、现实与意识流，现实主义与浪漫主义等各类小说。

（2）散文的阅读，要抓住作品的思想感情脉络，探求散文的意境美——即饱含作者思想感情，蕴含动人的生活激情、精辟的生活哲理、深刻的艺术美感的艺术画面（写山川景物的，常用借景抒情、情景交融、依情出理、托物言志的方式创造意境，写风土人情的，往往用情不直抒、理不直陈、寓情于事、因事明理的方式创造意境），品味散文的语言美——抓住关键字、词、句（指遣词造句和艺术手法），细致体会其表达作用（或庄或谐、或藏或露、或委婉、或平直、或纤浓、或清淡），抓住"文眼"——就是作者着力表现的中心点、文章结构的枢纽点。

（3）诗歌的阅读，要朗读吟诵、整体感受；披词入情、激发感情，展开想象、捕捉意境（境，就是诗中描绘的具体景物和生活画面；意，就是蕴蓄在这些景物和画面中的诗人的强烈的思想感情），品味诗歌语言、感受音韵美、领略节奏感。

（4）对剧本文学的阅读，要了解作家的写作宗旨——即作者在一定背景下对某些人物、事件所持有的观点和看法，通读全剧、掌握剧情，以台词为重点、分析人物和情节，辨体分类（按表现形式，分为话剧、诗剧、歌剧、舞剧、戏曲、电视剧、广播剧等；按内容性质，可分为悲剧、喜剧、正剧；按照题材分，有现代剧、历史剧、神话剧、科幻剧、童话剧、儿童剧；按篇幅分，有独幕剧和多幕剧），因体而读。

2. 科技读物的阅读

（1）科普读物，要先掌握其科学性、文艺性，通俗性的特点，再理清读物的脉络与思路，然后把握其不同的表现形式（抒情散文式——对科学内容作具体、完整、合乎逻辑的表述和描绘，人物游记式——以某个人物或动物或事物的游历为线索，由点到面，由部分到整体地说明科学知识；科幻小说式——用幻想手法，以现实科学知识为依据、小说为形式却重在科学知识的传授为主；戏剧对话式——用两人或多人的对话把科学原理通过思辨、回答、探讨的形式表现出来；物体自述式——科学技术对象用第一人称来介绍和说明自身情况的一种形式。

（2）科技说明文，先要把握说明的事物的特征（区别于他事物的根本标志），再弄清其说明顺序（如时间、空间、逻辑顺序等），然后注意说明事物的方法（定义法——用准确简洁的语言，明确事物的内涵和外延，把事物所包含的本质意义概括出来，其语言形式是"某某是什么"或"某某是怎样的"；诠释法——对事物的状貌、性质、特征、成因等作简明、概括的解说；分类法——对事物按照一个统一标准进行分门别类地逐一说明；比较法——把两个以上彼此有一定联系或相同点的事物作比较，从而介绍某种事物的性质、发展变化；数字法——用具体数字介绍事物特点）。

（3）科技应用文，要讲究及时阅读、讲求时效，把握语义、理解内容（准确反映客观、表述明确可行、材料真实可靠、语言朴实严密），明确对象、酌情处理（科技建议书只供上级有关部门决策时参考；科技合同书只供合作双方当事人及相关人员阅读；工程设计说明书或产品说明书给建筑单位和产品使用者看；科研可行性报告、科研工作总结等给委托、布置者看），注意格式、检查内容（如科技实验报告一般由实验名称、实验目的、实验材料与方法、实验过程、实验结果、结论、备注或说明等组成）。

3. 新闻媒体的阅读

本文体的特点是以客观事实为本源，"新近"发生，有一定新闻价值，语言准确严谨、简明扼要、鲜明生动、通俗易懂。具体分类别进行指导：

（1）消息，它从篇幅长短看，有长消息、短消息、简讯和一句话新闻，从反映事实的性质分，有事件性、非事件性消息；常见分类法是动态消息（包括会议消息）、综合消息、评述性消息、经验消息等。它的阅读主要是注意其六要素（人物、时间、地点、事件发生的原因、经过、结果）和结构五要素（标题：主标——用来概括消息的主要事实；引标——用来交代背景、说明原委、烘托气氛，引出主标；副标——或补充消息的主要事实，或进一步点明中心；导语，正文的第一句或第一段，用来吸引读者阅读下文，往往集中概括消息的主要事实，点明主题；主体，它是反映主题思想的关键部分；背景，就是有关新闻事件的历史和环境的材料；结语，或照应全文、略作交代，或点明意义，议论作结，或结尾表态、显示中心，或提出希望、激励鼓舞。）

（2）通讯，其特点是内容真实客观，报道详细深入，具有多种表现方法（如叙述、描写、议论、抒情等）；其阅读要注意把握其典型情节和细节，注意文中议论抒情的语句，品味语言的生动性和形象性（主要是多种修辞手法的运用，引用诗歌、民谣阐明问题等）。

（3）评论，它分社论——对某些带有方向性、根本性的重大事件或重要问题发表的有鲜明针对性、政策性和指导性的评论；

短评——针对某些带有思考价值的具体事件或问题发表的有针对性、启发性的评论；

述评——一种以夹叙夹议方式反映新闻事实、融叙述说理于一体的评论；

编者按——编者对某些文章中的观点和材料所发表的有很强针对性的意见。

阅读评论，先要了解有关的消息或通讯，两相印证；次要看评论对该事件或问题的观点和态度；再要注意评论是从哪些方面或通过怎样的方式阐述观点和态度的。总之，要看与自己的关系、疏近来决定去精读或略读。

4. 屏幕即视频作品也即通称的传媒作品的阅读

这主要是随着电影、电视和电脑等多种媒体共存的现实而带来的一种媒体，它借助屏幕图像、声音和文字等多种媒介来传输信息，作为新生事物，特别需要我们进行指导。具体的指导是：

（1）电影媒介，首先要了解其特点，即真实性——把间接的艺术形象直观化、虚构的艺术形象 真实化，达到一种逼真性；假定性——即镜头感，是电影的特技造成的；形象的直观性。再是把握屏幕阅读的方法：首先它是在影院这个规定情景下的阅读，是一种不间断的连续欣赏，多为一次性接受，注重的是第一次阅读时的直觉感悟和直觉判断，不可能退回重读；其次它是外层形象的丰富自足，与深层意蕴阐释的出入，一般读者接受屏幕信息都方便明白而无太大出入，但其深层意蕴的开掘则因介入主体即读者、观众自身学识、艺术修养、审美情趣的不同而有很大的出入；最后它影响阅读接受的因素很复杂，如明星效应、大投资与大制作、尖端科技的介入，都影响到电影的思想意义、深层意蕴及艺术特色等。

（2）电视媒介，其特征是传媒的兼容性、内容的丰富性、视读的家庭化，其阅读方法也就不同：首先是家庭性视读氛围，一般都在家庭的客厅，人们无法产生影院时的梦幻感觉，日常生活场景也阻碍观众进入电视制造的特定情景，不时地交谈也打断着观众对电视的介入，故读电视一般都是旁观而很少认同体验；其次是间断性与连续性兼有的视读特点，电视节目安排是板块式的，使电视节目永远无法一次从头看到尾，可它偏偏又以电视连续剧为主角，上映世间永无休止的恩恩怨怨，所以那一个个悬念、疑问，力求唤起观众的心理期待，从而表现出观赏的连续性；最后是内容的有限选择性，就是遥控器及电视节目的丰富性，给观众在"阅读"时以一定的主动选择权，所以我们观看时要选择那些切合己用、有价值、内容优秀的去视读，而不要被那些伪劣的节目消耗掉宝贵的时间。

（3）电脑媒介，它的阅读与一般的纸介质印刷符号、光介质电影、电子束介质电视三种屏幕的阅读有很大区别，它有信息的极大丰富性、信息资源的网络化、选择信息的主动性、信息交流的快速性的特征，促使你不得不去适应它、亲近它、使用它。阅读时，首先要注意定向检索法，就是从一定的需要和目的出发，按照一定的方向检索出你要阅读的内容，为阅读做好准备；其次要营造良好的阅读氛围，摒除家庭环境因素的影响；再者要采取眼耳脑同步共用法，因为电脑文本既有文字读物的间接性，又增加了时空交错、动静配合、声色图兼备的直观性，所以阅读时不仅要用眼视读，还要用耳朵听，而大脑则及时加工处理眼、耳传来的图、文、声的信息；最后是图文整体摄取法，就是开发利用右脑的图式识别能力，把图像、声音、字幕同时整体地加以摄取和理解。

（三）切实提高教师媒介素养，引领提升

媒介素养是指人们对大众传播的认识、利用和参与方面的基本素养。媒介德育从字面来看，就是由教师主导进行媒介素养方面的教育。其中教师的媒介素养，直接关系到大众传媒能否在学生的日常成长中，发挥正面的引导作用。同时，教师还对学生的媒介素养具有"言传身教"的影响。因此，在信息时代，媒介德育就是要让孩子们正确欣赏理解，并建设性地享用大众传播资源的教育，培养他们具有健康的媒介欣赏评鉴能力，使我们的乡村小学生们能够充分利用媒介资源来完善自我，健康成长并参与社会建设。

要给学生一杯水，自己先要有一桶水，更要成为长流水，教师作为媒介德育的引路人，就要求首先提高自身的媒介素养：既对信息社会里各种媒介有充分的认识和正确的理解，同时又能结合所教课程，合理组织和运用各种媒介进行教学；此外，还要在教育教学实践中，引导学生对媒介信息进行正确地识别、获取、分析、理解、评鉴和传播等。

为此，学校采取了以下措施来改进和提升乡村小学教师的媒介素养：

1. 纳入计划，提高认识

学校把媒介德育纳入学校工作计划，专门成立"媒介德育"工作领导小组，校长亲自担任组长，以教导主任、政教主任、班主任为组员。制定切合学校实际的"媒介德育方案"，有组织有计划开展宣传教育，每学期第一周就组织全体教师学习"媒介德育"方案，使师生都知道媒介德育的重要性；定期研究学生媒介德育工作，协调解决工作中存在的问题，及时总结推广班级"媒介德育"经验。

　　学校领导重视，宣传到位，使得全校师生都重视并提高了对媒介德育的认识。

　　2. 集中培训，逐步提升

　　学校积极主动邀请浙江传媒学院教授、媒介素养研究所所长王天德、原缙云中学副校长，现浙大附中施永忠老师为学校的全体教师开设媒介德育专题讲座，通过概念讲解和案例分析，使老师们明白媒介素养的作用和如何研究媒介素养、开展媒介德育的方法与意义。

　　自开展媒介德育活动以来，我们不断加强对媒介德育的拓展探索和研究提升。抓住一切机会，请媒介德育的专家到学校指导调研。2015 年，中国传媒学院卜卫老师来校调研，我们两位老师展示了两堂媒介德育课：三年级的"什么是网络"，上课老师用夏洛的网作为引子，将网络的概念引出，其中还穿插一些小调查，从而把知识点说得很清楚，教学手段比较多样化，视频、投影、提问、头脑风暴都有，课堂讨论占了课堂时间的一半；六年级讲的是"流行文化与网络"，老师在课堂上讲了流行音乐、流行的电视剧、流行的服饰等。这些都是学生比较感兴趣的内容。课堂讨论也很多。课后，卜卫老师点评了长坑小学两位老师的媒介德育课，认为老师们设计的课程结构和目标都非常清楚。特别是在课后的小型研讨会中，中国社科院新闻与传播研究所卜卫教授、季芳芳老师、博士生王晓艳、香港中文大学邱林川副教授、浙江传媒学院王天德教授、丽水学院廖峰副教授，以及学校上媒介德育课的四位老师，都积极地参与了讨论。

同时，学校拿出三千多元，开展了"你读书，我买单"活动，鼓励学校教师多读书、读好书。教师们自行到新华书店去购买媒介素养的相关书籍，然后凭发票到学校报销。要求教师在读书之后写上一篇读书心得在每月一次的教师读书心得交流会上交流。一个学期，老师至少阅读了二十多万字的内容。另外，还发放《中国媒介素养研究报告》等书刊，要求教师们自由安排时间学习。

在此之外，我们还引导教师们借助各种媒介，上专题网站、进微信公众号，学习媒介德育的相关文章，写读书笔记，并经常性地进行读后反思，讨论交流等教学研究活动。一年来，先后组织教师学习了《让媒介德育走近农村孩子的课堂》、《媒介对留守儿童成长的影响调查研究报告》、《中小学生媒介德育内容初探》等20多篇论文或专著，在一定程度上促进了教师对媒介素养的深入理解，提高了教师对媒介德育的引领能力。

3. 走出山乡，开阔视野

缙云县处在浙江的西南，经济、教育发展都比较落后，特别是地处乡村的长坑小学，相对城镇小学而言更是比较落后和闭塞。所以，为了进一步提升媒介素养，开阔视野，强化学校教师的媒介德育理念，刘勇武还在紧张的经费情况下，有计划地组织学校教师走出山村，前往开放的城镇以及先进学校考察学习。

几年来，学校先后组织全体班主任到临安晨曦小学考察媒介德育，语文老师到杭州考察，全体数学教师到绍兴考察学习。既开阔了老师们的媒介德育视野，也进一步明确老师自身发展的方向和途径，激发了他们奋发向上的内在驱动力。

（四）构建媒介德育四全管理，提高实效

系统论告诉我们，整体各要素必须在控制条件下排除干扰，各自按自身规律协调和谐地运行，才能实现整体优化效应。真正要推行以媒介德育活动课为突破口开展开展媒介德育活动而"四全管理",就是全员管理:全面管理、全程管理和全方位管理。其实也就媒介德育工作从领导向全体教职工延伸,从教学领域向生活领域延伸,从校内向家庭、社会的延伸。

1. 全员管理

学校推行媒介德育工作全员参与管理的模式,通过课堂、实验室、图书室等给学生以系统学习渗透,通过校园环境管理创建良好的媒介德育工作环境;让每位老师在日常工作中,管起"份内"及"份外"的事,自觉进行媒介德育工作宣传、教育、辅导工作,形成一种良好的媒介德育工作氛围。

2. 全面管理

学校按照学科特点,提出各科渗透道德教育的指导意见,全面发挥课堂教学在媒介德育工作中的主渠道作用,使学校各方面工作都渗透德育因素,发挥三个系统的道德育人作用:一是必修课组成的主渠道系统,充分落实各科教材中的道德内容;二是以选修课组成的辅助系统,针对学生道德教育中的热点问题进行辅导;三是以课外活动组织的补充系统,在活动中强化和内化道德教育的内容。

3. 全程管理

我们从制定发布"媒介德育工作活动方案"开始,就建立一种跟踪监督机制,对每个班级、每个学科或年级组的媒介德育工作情况,进行定量和定性相结合的考核评定工作,全面掌握学校媒介德育工作活动情况。然后针对学生存在的问题,及时提出整改意见,指导及时修正,使媒介德育工作活动真正地得到落实,使道德教育真正落到实处。

4. 全方位管理

以往有一种说法:校内的五天教育不如周末的二天,校内一节课不如网上三分钟。且不说这样讲有无道理,换个角度,也说明我们学校的教育工作没有做到家,其重要原因就在于对学生课外、周末生活的管理不到位。因此,我们在媒介德育工作中,将师生的课外及周末生活都列入道德教育的范畴,一方面加以正确引导,为学生安排丰富多彩的道德教育活动或内容;一方面与社区、家庭等加强联系,统一要求,协同管理。从而消除道德工作"被遗忘的角落",既防止违反道德规定的事件发生,也为了创设良好的道德氛围。

(五) 强化媒介德育内化途径,把握重点

媒介德育要求小学教育必须面向全体学生。同样,师生的媒介道德意识、媒介道德习惯,也需要常抓常新,日积月累地去培养和养成。为此,我们重点抓了媒介行为规范化、媒介环境渗透化、媒介教育立体化和媒介实践系列化。

1. 媒介行为规范化,就是通过日常管理,辅之以各种日常竞赛活动,培养师生最基本的媒介道德行为规范。主要抓了三个方面:

（1）提出了"争做媒介道德卫士"十条建议。

（2）抓师生的媒介道德行为习惯。学校细化活动方案，把媒介德育活动要求纳入到日常班级行为规范检查。每周一比，每月一小结，评比结果作为班级月综合考评重要依据。对学生个体，到学期末做出等级评定，作为评比三好学生、优秀学生干部的重要参考条件，这既是对学生的一种养成教育，也是对一些媒介道德习惯不良者的一种熏陶和改造。学校也因此被评为全国德育工作先进集体。

（3）抓媒介文明示范岗。几年来，我们学校一直坚持设立"媒介素养文明示范岗"，一方面检查、规范师生的仪表仪容；一方面配合媒介道德教育，对违反道德规定的师生进行教育、纠正。从而推动和促进全体师生对媒介道德知识及规范的学习和应用。

2．媒介环境渗透化，就是学校校园，应该为学生媒介道德习惯的养成提供良好的客观环境，形成一种文明健康，人人处处讲道德的小气候。因此，我们抓了三个方面：

（1）校园媒介素养教育氛围的建设。近几年来，先后筹集资金上百万元，用于校园网、学校墙面、学校媒介设施、媒介德育用具的更新等，不断改造校园，做到校园媒介环境的规范化，创设一种园林化的媒介素养育人环境。

（2）班级媒介道德教化氛围的营造。从班级环境布置、主题确立、标语宣传、媒介教育教学设施配置等，都力求按照媒介道德的要求去做，做到科学安排，合理配置，以良好的媒介道德氛围，抑制不良道德行为的产生或发生，形成了良好的班级媒介道德教化氛围。

（3）校园媒介德育文化建设。书籍、影视、美术作品、网络、宣传橱窗、黑板报、征文等，对学生的影响很大，有时还超过课堂上的教育。因此我们在美丽校园创建过程中，投资几百万元添置了相关的摄像、电视、音响、图书等媒介德育的硬件设施、材料，把与媒介德育有关的书籍、刊物、报纸、影视、网上信息等及时地推荐给师生，并通过系列活动社团、道德征文、媒介用语征集、演讲比赛等形式加以强化。同时，也在科技节、文化艺术节及平时的节假日活动中，都突出媒介德育的内容，使媒介德育的内容成为校园文化的一个重要组成部分。

3．媒介教育立体化。校园是一个开放式的小社会，媒介德育更应是一项无所不在的工作，因此，需要建立一种立体化的媒介德育网络。为此，学校重点抓了五个系统的建设。

（1）管理育人系统。由校长、政教处到班主任系统，主要负责教育和引导工作，并协调其他几个系统的关系，沟通和协调学校媒介德育工作与社会、家庭的关系，以形成一个协同一致的媒介德育系统。

（2）教书育人系统。由教务处、教研组到教师组成，主要负责媒介德育主渠道——课堂的畅通，既要求教师在教学中渗透媒介德育的要求，在学科教学中落实媒介德育的目标、内容；又要求教师在教学及日常生活中率先垂范，言传身教，培养学生良好的媒介素养和品质。在学科教学中，由于各学科的协同努力，媒介德育已成为学科教育中的热点问题，因此，在学科教学中，媒介德育已成为学校教学的一大特色。

（3）服务育人系统。由总务处、食堂、门卫等部分组成。他们在水电管理、公物维修、食堂就餐、校园绿化、体育设备养护等工作中，做好符合媒介素养规范的管理，扫好自家门前雪；同时积极为前三个系统提供媒介素养教育的物质资料和后勤服务。

（4）榜样育人系统。主要是依托学校少先队，把媒介德育活动纳入少先队主要工作范畴，学校少先队大队部定期评选媒介德育活动先进中队；在学生中，评选文明学生。然后通过各种手段加以宣传，树为榜样，供全校师生学习。同时，也及时介绍、宣传中外著名的媒介素养人士，以及一些重大的媒介德育事件，为广大师生提供参照系。

（5）学生自我育人体系。主要由依托少先队红领巾文明志愿者这一活动开展，让学生自愿有选择参与学校媒介德育工作，按照媒介德育的要求特别是"未成年人道德建设规范"管理各班以至学生的日常行为，把媒介德育工作落实到每一个学生、每一个场所、每一个时间。

4. 媒介实践系列化。任何媒介素养的行为习惯和道德品质，都需要在实践中检验、内化、升华。为此，学校以"社会责任感"教育主题活动为主线，建立了从校内到校外，从简单到复杂这样阶梯式的媒介德育活动实践系列：

低段年级以基础性的媒介素养和规范为主要内容，在班级、在家庭进行初步实践并在班队活动课程中设立专题的研究，进行一些力所能及的媒介素养参与实践。

中段年级以争做"公益小天使"为主要内容，在校园、社区，开展媒介德育工作的实践活动，并在走入社区的公益活动中，广泛地向村民宣传媒介素养知识。

高段年级则以"六一儿童节"或毕业典礼为契机，结合开展一些力所能及的媒介素养实践活动，如旧学习用品交流、收废旧电池、节电节水节粮宣传、种纪念树，走访社会媒介素养专家或媒介传播单位等，扩大视野，立志为祖国的媒介事业出一份力，尽一份责。

几年来，通过不间断地媒介德育实践活动，不少老师、学生对媒介素养产生了极大的兴趣。在每年的学校科技节活动中，学生们共提出了上百条媒介素养培育建议，在这些活动中，学生们不仅学到了许多课本上学不到的知识，增长了才干，培养了他们的科学精神和科学意识，涌现了许多优秀人物，更重要的是培养了他们的社会意识，向社会负责的高尚品质。

（六）丰富媒介德育活动形式，多姿多彩

乡村小学的学生一般自我约束能力差，如果不加以适当地引导，学生会耗费过多时间接触各种媒体，甚至影响学业；同时，学生过度与电视、电脑为伴，缺少与同伴的交流，会导致学生自我封闭，与他人交往的能力和沟通能力减弱；同样，过度依赖图像信息，也会减少学生的文本阅读兴趣，导致思维简单化、平面化。作为一所乡村寄宿制学校，学生在校时间长，可以说基本是以校为家。因此如何利用学生在校课余时间，充实和丰富他们的业余媒介生活就显得特别重要。

　　根据学校的地域特点和学校传统文化，积极通过"七彩童年"的活动来丰富乡村学校学生的课余生活，努力减少媒介对学生的消极影响。

　　1. 加强学生社团建设，培养学生各种兴趣特长

　　学校先后组建民族乐器（二胡、笛子、古筝、扬琴、月琴、锣鼓、班级普及笛子）、乒乓球、篮球、围棋、中国象棋、国际象棋、书法（毛笔、硬笔）、美术、科技、鼓乐队、唱歌、舞蹈等若干个社团，每个社团下设若干个活动组，学生根据自己的特长和喜好全员参与，利用每周二、四下午第三节兴趣活动课以及每天早、晚闲暇时间开展活动。学校还坚持以班级为单位，开展"人手一件乐器"活动，从而达到了每个学生会一种乐器、一种球类、一种棋类，更为重要的是，借助这些媒介，使学生减少对电视、网络的沉迷，却能在社团活动中培养他们的社会交往和沟通能力。

　　2. 举办校园"四节"，开展各种趣味竞赛

　　根据寄宿学校的特点，学校利用学生"学余饭后"时间，在每年4月、6月、10月和12月，分别设立了读书节、游戏节、体育节和艺术节；同时，不定期组织举行放风筝、踢毽子、跳绳、拔河、乒乓球、棋类等多种比赛，以趣味盎然、张弛有度的活动丰富住校生的生活。既丰富了乡村住宿生的课余生活，又培养了小学生的兴趣特长，使大多数学生都能学得一技之长，练就一些课堂中不能学到的本领。

　　3. 开设周二影院，建立优秀电影和录像库

　　利用学校的闭路电视，每周二晚上组织学生观看优秀的影视作品。这些作品按照一定的主题来进行组织，比如围绕"亲情"主题，学校播放了《世上只

有妈妈好》、《鲁冰花》、《我的兄弟姐妹》、《世界上最疼我的那个人去了》等优秀中外影片。一个主题结束，还引导学生开展讨论、写观后感，使孩子们不仅从中得到思想教育，也开阔眼界、增长知识，不知不觉中提高了学生们的媒介素养。

（七）充分利用学校现有媒介，正面引导

1. 有线电视进教室，进行润物细无声的引导

为了使电视更好为教育教学服务，使之成为影响教育的有利因素。学校对电视播放进行控制，在规定的时间内观看规定的节目。每天由值班老师组织观看《新闻联播》、少儿频道等。并由值班老师进行正面引导。比如在 5·12 汶川大地震期间，每天组织学生观看地震抢救新闻，给学生以正面引导教育，学生在少先队发起的捐助活动中的表现就明显比以往的公益捐助活动更加自觉和主动。

学校专门把每天下午的 13：00—13：20 定为读书时间，语文老师有目的有计划地开展读书读报指导，每天 18：20—19：00 专门用于看课外书，做读书笔记。平时，让学生每天带一本课外书进校门，利用课余时间自主阅读，同学间互换图书。还特别规定：凡是课堂作业做好了，允许学生取出自己喜爱的图书阅读。每周五放学让学生带一本课外书回家，布置 30 分钟至 2 小时阅读等作业。学生有了充足的读书时间，才能提高读书效果，同时从书本中提高媒介素养。

2. 多媒体进教室，掌握多种媒体学习的技巧和方法

多媒体给老师教学带来极大的方便，也让学生能够通过各种渠道了解外面更多更远的世界。为更好地应用多媒体设备，学校组织了全体教师基础网络技

术培训。在课堂上根据教学内容的需要，通过声音、视频、图片、文字等各种媒介，充分利用和发挥了各种媒介的优势，高效益地对学生进行教育教学。

3. 充分利用计算机房，在老师引导下科学健康地上网冲浪

学校根据小学课程纲要，在三到六年级开设了信息课。在信息课上，学生们能根据自己的兴趣获取各种各样的信息。学校积极为学生打造一个健康文明的网络环境。统一在学生上网用的电脑上安装防火墙和绿坝花季软件，教师可以随时监控学生的上网情况，查阅学生的电脑使用情况。对学生的电脑使用坚持全程引导和管理。同时，学校主动出击，把学生的注意力引导到积极有益的网络活动上来。学校先后进行了电脑绘画比赛、学生课件制作比赛、打字比赛等。用科学有益的活动引导学生正确、合理地使用电脑。在县里小学生课件制作比赛中共有 12 人次获得二、三等奖。

4. 巧妙运用媒介手段转化媒介素养问题学生

吕某，男同学，脑瘫儿童，自我控制能力差，是非观念淡薄，行为习惯差，学习成绩不理想。别人叫他干什么就去干。特别喜欢说黄色的话语，经常偷看同学上厕所，或是去抱女同学。当有人玩老虎机，他就迷恋游戏机，周末偷家里的钱去打游戏。虽然看不懂，但他最爱看社会上成人类的书。

经过了解分析，吕某的这些异常表现归根结底还是和其家庭教育方式有关。他的父母平时忙于种茶叶，无暇照顾孩子，孩子的生活、教育是自由式的。因此吕某结识了社会青年，因为缺少是非观念，获得信息的渠道缺乏正确的教育和引导，从而导致其思想和行为上也出现了偏差。

在经过一段时间观察的基础上，学校运用媒介德育策略对其进行个性化的教育：

（1）学习媒介知识，提高抵制能力。对吕某进行媒介德育，就是帮助他掌握基本、必要的媒体知识，从而知道怎样合理地获取、利用信息，辨别和传播信息。帮助他建立必要的心理防范意识和抵制能力。教他如何成为一个具有批判能力的电视观众。

对其父母进行媒介素养的教育，加强对吕某的媒介德育，以使他们能够更好地趋利避害，从媒介接触中获得教益。

（2）以爱为本，真情融化。学校老师不讨厌，歧视这个孩子，而是用平等、关爱、宽容的心态对待他，少指责、多鼓励，少埋怨、多理解，少冷漠、多关心，少否定、多肯定，与他建立一座心灵相通的爱心桥梁，为他营造平等愉悦的学习和生活氛围。加强师生间的交流沟通，及时了解他对自己的评价、心中的想法，并从他思维上、行为上的具体表现入手，做深入细致的教育工作，鼓励他向进步前进，将各种不良思维、行为消灭在萌芽之中。

一个学期过去了，吕某在思想上表现得比以往健康多了，行为习惯上也有

所变化，不再爱做黄色动作。在以后的学习、生活中，任教老师仍以十分的耐心，加强对其进行媒介德育和引导，帮助其健康成长。

5. 借助媒介手段开展主题班队会教育

如四（1）班的"信息的传播"、"我爱动画片"主题队会精彩纷呈。五（1）班开展了"电脑"、"我学普通话"主题队会，六（1）"我与电视"、"争做文明少年"队会……这些主题队会的开展，提高了学生对媒介素养的认识，增强了学生收集信息，处理信息的能力，培养和提升了学生的媒介素养。

（八）构建开放式媒介工作格局，形成合力

随着经济的发展，道德问题日显严峻，媒介德育活动的干扰也日益增大。为此，我们学校主动出击，努力开发社会、家庭的媒介道德教育资源，把学校教育与家庭、社会教育融合在一起，从而形成一种开放式媒介德育工作格式，形成了学校独特的道德教育特色。

1. 请进来，让社会上各方面道德人士到校宣讲，进行一种全新的媒介素养理性教育

媒介德育工作日益引起了社会的关注和重视，也涌现出不少这方面的名人志士，学校就根据学生的身心特点及对媒介素养的认识程度，先后请县教研室、县文明办等单位的专家到学校给老师或学生开设讲座，畅谈他们对德育工作的认识，社会上媒介道德工作现状，特别是缙云县几年来争创"省市道德模范城市"的做法和成就，为学生们提供了一种校园内、书本上所没有的具体生动的理性教育。

2. 走出去，走出校门看社会，进行一种具体实在的感性教育

学校利用节假日，组织学生开展各种媒介德育社会实践活动，以及利用周末到所在乡村的大街小巷，小手牵大手，宣传道德知识，了解本社区（村落）道德建设状况。学校还利用新课改选修课时间，专门组织学生考察社区媒介德育工作。正是从这些活动中，使学生们认识到自己家乡的媒介德育工作现状，增强荣誉感，强化道德意识，坚定媒介素养培育的信心。

3. 大胆介入，积极引导，实现家庭生活的媒介德育渗透性

对媒介的认识和接触是培养媒介素养的基础。学生对媒介的认识和接触深受家庭媒介拥有情况的影响。在受调查的学生中，仅有 2.62% 的学生家里没有电视，所以近七成的学生都确定电视是媒介。由于电视在家庭媒介中占据了主导地位，所以 74.60% 的学生是不经常听广播甚至从来不听广播的。农村家庭很少有订报纸的条件或习惯，学校订的报纸读者往往以老师为主，这就造成了约七成的学生只能读到两种或两种以下的报纸和杂志，甚至一种也没读过。八成多的学生每天的课外阅读时间不超过 2 个小时。受经济条件的制约，农村许多家庭没有电脑，所以学生除了在学校之外就很少有机会接触网络。

　　同时，家长在培养儿童媒介素养方面具有其他培养途径所不能比拟的接近性和亲和力优势。但因学生各自家庭原因，有的家长媒介德育意识淡薄，对媒介德育工作乏理解和支持，再加上"应试教育"的大氛围，往往不少家庭不重视媒介德育工作，造成一种不良的教育氛围，不利于学生媒介道德意识、习惯的养成。在使用媒介方面，经过成年人尤其是家长指导的儿童比未经过其指导的儿童更有自觉性，更能熟练地获得和理解媒介信息，更经常主动地利用媒介解决现实问题。

　　基于上述的实际情况，学校针对学生家长开展了一系列旨在提高家长媒介素养的专题讲座，辅导家长们如何开展媒介德育的知识和方法，使家长们能够正确认识传播媒介的重要性，使家长能够给学生一些正面地引导。

　　（1）开设家长学校

　　针对不同年级家长的不同情况开设家长学校，对家长进行媒介德育方面的培训活动。培训活动做到有方案、有计划，明确任务、各司其职，认真开展各项工作。

　　通过开展一系列的家教讲座活动，提高了家长对媒介的认识。让家长认识到大众媒介对心智尚未发育成熟的儿童的社会化、学习及娱乐等的积极影响，更认识到其对儿童的消极影响与危害，重视培养儿童的媒介素养，抽出足够的时间，同儿童一起并指导儿童接受书刊、网络、影视等媒介信息。

　　通过家长学校的活动，直接提高了学生家长的媒介素养，也使家长能够引导儿童有节制、合理地使用媒介，不能影响正常的生活和荒废学习，以责任心和爱心努力做好儿童媒介使用的守望者。

（2）确定家长开放日

为了增进家校之间的沟通和交流，促进教师与家长之间的交流，学校设立了家长开放日。邀请家长们参加升旗仪式，观看学生的早操情况。家长们自由选择班级，与孩子一起上课，身临其境地感受学校的媒介德育行为。教师们与家长面对面谈话，使家长从多方面了解自己的孩子，知道孩子的优势与不足。教师们以平等交流的心态，虚心听取家长的意见，与家长研讨教育孩子的方法。

家长开放日活动架起了家长、学校之间沟通的桥梁，增进了家长对学校管理、教师教育教学情况、孩子在校表现的了解，争取了家长对学校工作的支持。通过交流，向家长传递了科学的家庭教育知识，密切了家庭教育、学校教育和社会教育的联系，为形成家校教育合力打下了基础。

（3）利用现代通讯联络手段

手机的普及也为教师与家长的交流开辟了又快、又方便的交流通道。学校要求班主任、任课教师每月与家长通一次电话，交流学生的情况并为下一阶段的教育提高信息。每次遇到重大节日活动，学校通过校讯通向家长发送信息引导家长对学生进行监督教育。

4. 积极争取，净化学校道德教育的社区环境，实现社区道德教育的综合性

社区（村落）教育是新时期教育的一种自然需要，联合社区（村落）内各种教育力量共同搞好媒介德育工作，净化优化社区环境，无疑是一项重要的工作。因此，学校积极主动地与社区（村委会）联系，一方面配合社区做好"文明社区"建设，开展"公益小天使"志愿服务活动，负责卫生大扫除，清除街面"牛皮癣"，如绿化地的白色垃圾、公共站牌上的乱涂乱写，同时进行媒介素养宣传及美化社区媒介环境活动；一方面及时向社区反映学校周边情况，对于那些违反道德规定的情况，及时请社区有关部门给以协助解决，以营造良好的媒介德育环境。

多年的实践，因为牵手媒介德育，成就了长坑小学每位孩子精彩的童年。由于媒介德育的推行，学校重视学生在校的幸福指数，严格控制学习时间，严格控制学生的作业量。并在原有课外活动体系的基础上针对媒介活动进行进一步开发和完善。30个红领巾社团活动任由学生自主选择参加，不定期各类文体比赛，校园"四节"活动等。极大地丰富了学生课余生活，让每位孩子在校勤奋学习、快乐生活、全面发展成为他们具体实践的目标。城里孩子纷纷到长坑小学就读，在校学生542名，一半来自外地，外学区学生就有300多名，很多原本在当地老师家长眼中比较调皮的孩子在长坑小学学习生活一段时间，都有长足进步。家长放心，孩子安心，老师尽心，长坑小学现已成为缙云农村优质教育的品牌。

牵手媒介德育，成就了长小每位老师的精彩。媒介德育品牌的创建，对老师要求地提高，无形中形成了学校自己独特的教师培养模式。10年时间，从长坑小学走出了16位县级教坛新秀，2位县级学科带头人，3位丽水市教坛新秀，1位浙江省特级教师，造就了一大批优秀老师，为缙云教育输送了一大批骨干老师。缙云县教育局把长坑小学定位为缙云农村学校校长培训基地，现在已为兄弟学校输送了多名优秀校长。这些校长在长坑都经历从政教主任到副校长的锻炼，因在长坑小学多年，都深谙学校所倡导的媒介德育及长坑小学的管理模式；到别的学校任职后，立马成为缙云县农村的明星校长。人们纷纷称赞长坑小学为缙云教育的黄埔军校，这是对长坑小学的肯定，也是对媒介德育工作的认可。同时因为媒介德育工作的推行，学校刘勇武校长被聘担任浙江省媒介素养教育研究会常务理事，并被丽水市教育局、丽水学院聘为浙江省领雁工程农村小学骨干校长班实践指导师，丽水市新陶行知农村小学校长培训班指导老师，被浙江苏泊尔股份有限公司聘为苏泊尔小学办学顾问。学校成为第九世界、童缘项目等助学公益组织培训西部乡村教师的基地，2008年至今来长坑小学蹲点学习培训的中西部地区老师已达200多人。《浙江教工》杂志人物风采专栏以《创新农村素质教育的理想主义者》、《丽水日报》教育专栏宣传学校先进事迹，深受大家好评。

牵手媒介德育，也成就了学校的辉煌。多年来探索和实践，学校形成了一套有鲜明长坑小学特点的媒介德育模式，使长坑小学的德育工作得到了社会的广泛认同和群众的普遍赞誉。学校先后获得了全国教育系统先进集体、全国和谐校园、全国德育工作先进集体、浙江省文明学校、浙江省首批和谐校园、浙江省艺术教育特色学校、浙江省廉政文化进校园示范校等诸多荣誉。省长吕祖善、省政协副主席盛昌黎等省市县领导多次到校调研指导，高度评价了长坑小学的浓厚办学特色和独特的"媒介德育模式"。各级领导盛赞长坑小学是"农村学校的典范"、"一朵不凋谢的山花"、"山村学校的楷模"、"培养社会主义新农民的摇篮",等等。辽宁、青海、贵州、新疆、福建等及本省各地教育局、学校纷纷组织人员来到长坑小学参观学习,目前累计到校参观人员已达 6.2 万人次。长坑小学现已成为缙云农村窗口学校,目前学校的办学模式正在缙云县的各级各类学校推广。

偏于山野一地,却在逆境中博空长击,面对匮乏的物质,却以精神的富足灿然傲笑,在媒介德育实施中全体老师以勤奋收获了属于自己的累累硕果,也凭执着塑造了属于学校的永不凋谢的山花精神。如今,面对着众多成绩与荣誉,大家始终保持着朴实谦逊的本色,依然默默奉献在自己平凡的岗位上,牵手媒介,为自己的德育梦努力着,为自己的教育理想耕耘着,期待着成就更精彩的明天!

附录：山区小学生网络使用情况调查问卷

为了解山区小学生媒介素养情况，特别是网络使用情况，特进行以下调查（第二题需填写，其余在选项上打勾即可）

1. 是否会上网？（会、不会）

2. 平均每天使用网络的时间。（以小时计）

3. 上网地点。（学校、自己家、同学家、网吧、其他）

4. 获得网络知识的渠道。（父母、学校教育、传播媒体、同学交流、自学、其他）

5. 与家长对使用网络的看法是否存在分歧的情况？（没分歧、对内容选择有分歧、对利弊判断有分歧、对内容理解有分歧、对使用时间长短有分歧、对使用频率有分歧、其他）

6. 对是否充分利用网络的看法？（充分利用、没有时间、没有经济条件、周围没有、师长不允许、没兴趣、对内容不理解、不会用）

7. 获取网络信息的依据？（选择放弃、依自己爱好、依老师建议、依家长意见、受同学影响、学校统一安排、公共场所提供）

8. 使用网络的目的？（聊天、玩游戏、看新闻、了解与学习有关信息、看电影、收发邮件、听音乐、其他）

9. 关于个人对网络信息理解和分析能力的判断？（选择放弃、完全能、部分能、不能、说不清）

10. 对访问色情网站或阅读色情信息的看法？（放弃选择、这是不道德的、这是正常的信息需求、这只是一种好奇、无事可做寻刺激、说不清、其他）

11. 对病毒邮件的做法？（删除、删除并告知其他网友、报复性的大范围转发、寻找杀毒方法、寻找杀毒方法并与人共享、其他）

12. 对与网友见面的看法？（不应该见面、慎重考虑后再决定、当然可以减免、说不清）

13. 对网上交友的看法？（放弃选择、可以很容易地交到真正的朋友、很难交到真正的朋友、无聊者的游戏、根本交不到真正的朋友、到处都是坏人设下的陷阱、其他）

14. 对利用高水平的技术制造和散发病毒、侵犯别人隐私等破坏和恶作剧的行为的看法？（放弃选择、崇拜他有条件我也这么做、佩服他的技术但他的行为上是不道德的、讨厌这种人应该给以严惩、这只是一种游戏、其他）

15. 对网上的不文明语言甚至漫骂的看法？（放弃选择、不道德没修养、是一种可以理解的发泄、言论自由无所谓、应采取方法制止）

16. 对在网络中上当受骗者的看法？（放弃选择、愿者上钩不值得同情、吃一堑才能长一智、太幼稚值得同情、应得到大家的同情和帮助、其他）

十分感谢你的参与！

结 语

参加工作 22 年，一直扎根山区农村学校，致力于生活化德育的实践，在这过程中，我们取得了一些成绩，当然也碰到了不少的困惑与难题。比如：很多孩子放学在家，他们的课余生活大多都是和电视相伴，而且随着社会进步，电脑网络手机等占据了孩子们课余生活的大部分，不可否认，不管是电视、电脑还是手机，包括通过其他媒介接触到的信息，在一定程度上对学校教育可以起到极正面的作用。但同时，由于孩子们的自制力、辨析力等发展的限制，使用不好，更多是带来一些负面的效应，对学校教育起到反面作用，这些现象出现极大冲击了学校的德育工作。而我们也清楚地知道，在信息社会，这些问题是我们学校教育者所必须面对的。

众所周知，随着社会发展，科技的进步，传播媒介迅猛发展，人类社会进入到信息时代，信息环境影响着人们生活方式、价值观念和深层次的精神模塑，媒介信息对于少年儿童的社会化，理性认知，核心价值观的形成有着重要影响。对于少年儿童来说，媒介是他们社会信息的根本来源。同时我国又具有非常丰富和非常优秀的传统道德文化，如何使用媒介和运用信息培养青少年独立思考能力，研究根植于中国传统道德文化的现代性表达范式，把媒介素养教育与传统德育相结合，形成媒介德育的建构，培养青少年在媒介领域正确进行道德选择和评价的能力与水平，培养青少年在媒介领域正确进行道德自我培育与自我实践的能力与水平，是我们从 2008 年开始致力研究与实践的。

在研究实践中，怎样充分利用媒介这个平台和原有的传统开展青少年媒介道德教育，从本质上看，既是青少年媒介素养教育的一个重要组成部分，又是青少年传统德育教育的领域拓展和内容延伸。所以，需要研究传统文化、道德内涵与媒介素养本义的交融性、共通性、互动性和它们的矛盾统一性；研究传统文化、道德内涵的媒介传播以及传播方法的使用；研究青少年德育中的媒介素养使用和媒介素养教育中的德育功能。基于此，我们认真探索构建课程化、活动化的小学媒介德育体系，在提升小学生对媒介信息的使用以及辨析方面，对媒介德育功能的开发和利用方面，对媒介生活的正向养成和渗透方面进行深入地实践，形成了学校"生活德育教育"、"劳动德育教育"、"艺术德育教育"、媒介素养教育发展出的"媒介德育教育"、农村留守儿童"幸福生活能力教育"相互融合,相互渗透的三位一体新型德育教育模式,开发了新的德育学科课程体系和课程链条,使学校的德育教育走出了一条德育教育内容网络化、德育教育管理网格化的新路子,开创了新的局面。

今天,在国际知名媒介研究专家、浙江省媒介素养研究所王天德教授等指导下,在各级领导专家、同行的大力支持和帮助下,结合自己实践,把我们在媒介德育课程化方面的一些粗浅做法,汇编成《小学媒介德育课程教学活动实录》这本小册子。在整理这本册子的过程中,我们对我们在媒介德育课程化研究实践的思路做法,又重新梳理了一遍,也发现了下一阶段我们需要改进的很多方面,并对我们总体的实践思路、实践方向、实践路径进行了系统的反思小结,对许多方面重新进行了设计,这可能是我们编写这本册子自己最大的收获。同样,让我们一线大多都是师范毕业,在没有扎实的媒介素养专业知识背景的小学老师,去研究、实践,动手设计、做实录,去做一些取舍也是很不容易的。对我们所选取的研究主题、课堂实录,有些在大家眼里可能会非常的肤浅、稚嫩,敬请包涵。对选取的实录,我们只求表情达意,不求精雕细琢,所以册子中难免会存在一些文字、语句的错误,请各位谅解!

在此要感谢许许多多的人,感谢各级领导多年来对学校工作一如既往的扶持和帮助,感谢王天德教授、吴怡老师、施永忠老师等诸多专家对媒介德育研究实践的引领与指导,更要感谢长期实践在媒介德育一线的老师们,因为没有老师们的辛勤努力、辛苦付出,就不会有今天我们的阶段小成果。

最后想说,编集此册子的目的在于激励我们自己,希望能给同行一些借鉴,若真能达到这一目的,足矣。

刘勇武

2017 年 2 月 5 日